MARKUS DRAEGER

NEUE DENKRÄUME
FÜR DIE FÜHRUNG
VON MORGEN

LEISTUNG ENTWICKELN
STATT ERGEBNISSE MANAGEN

Verlag Agentur Altepost

Hinweis zur geschlechtergerechten Sprache

Die in diesem Buch gewählte Form der Geschlechtsbezeichnung bezieht sich immer zugleich auf weibliche, männliche und diverse Personen. Auf eine Mehrfachbezeichnung wurde zugunsten einer besseren Lesbarkeit verzichtet.

Markus Draeger:	Lektorat: Carsten Tergast, Timo Görlitz
Neue Denkräume	Umschlagbild: freepik
für die Führung von morgen	Autorenporträts: Jasper Graetsch
© 2025 by Verlag Agentur Altepost,	Satz und Gestaltung: KleiDesign, Bielefeld
Hörstel	Druck & Verarbeitung:
www.agentur-altepost.de	Rudolph Druck GmbH & Co. KG, Schweinfurt

1. Auflage 2025

Bibliografische Information der Deutschen Nationalbibliothek
Die Deutsche Nationalbibliothek verzeichnet diese Publikation in der Deutschen Nationalbibliografie; detaillierte bibliografische Daten sind im Internet über **http://dnb.d-nb.de** abrufbar.

ISBN 978-3-982242-873
ISBN E-Book 978-3-982242-880

MARKUS DRAEGER

NEUE DENK RÄUME

FÜR DIE FÜHRUNG VON MORGEN

LEISTUNG ENTWICKELN
STATT ERGEBNISSE MANAGEN

Die Spielidee

Kabinengeflüster

Die letzten Strahlen der untergehenden Sonne tauchten den Kraftraum des Handball-Bundesligisten SG Flensburg-Handewitt in warmes Licht. Eine lange, zermürbende Einheit neigte sich dem Ende zu – eine Einheit, die nicht den Körper, sondern den Geist der „Athleten" an ihre Grenzen brachte. Statt nach Schweiß roch es jedoch nach Pizza.

Obwohl auch zwei ehemalige Nationalspieler anwesend waren, handelte es sich bei den übrigen Teilnehmern um Unternehmer, Führungskräfte und Wissenschaftler. Mehrmals im Jahr lädt die sogenannte „Erfolgsmannschaft" zu einem Austausch zwischen Experten aus Sport, Wirtschaft und Wissenschaft ein. Diese Veranstaltung, die längst Kultstatus erreicht hat, lässt tiefgehende Gespräche zu, in denen konträre Standpunkte nicht nur toleriert, sondern ausdrücklich erwünscht sind.

Wir von der „Erfolgsmannschaft" nennen dieses Format „Kabinengeflüster".

Die Teilnehmer sitzen dort, wo sonst die Profis ihre Krafteinheiten absolvieren – auf unbequemen Umkleide- oder Hantelbänken, um manchmal noch unbequemere Wahrheiten ans Licht zu bringen. Die goldene Regel: Was in der Kabine besprochen wird, bleibt in der Kabine – genauso, wie es in jedem noch so kleinen Verein sein sollte. Doch weil wir unter uns sind, mache ich eine Ausnahme.

Wir hatten schon einige dieser „Kabinengeflüster" abgehalten, und jedes Mal waren die Teilnehmer überrascht, wie viel der Sport von der Wirtschaft lernen kann und umgekehrt. Besonders beeindruckend war, welche wissenschaftlichen Erkenntnisse die Wirtschaft über Jahrzehnte hinweg erfolgreich ignoriert hatte. Doch dieser Sommerabend sollte mich länger beschäftigen und schließlich den Anstoß für dieses Buch geben.

Als sportpsychologischer Experte wurde ich an jenem Abend gefragt, wo ich die größten Unterschiede zwischen der Leistungskultur im Sport und der in der Wirtschaft sehe. Meine Antwort kam für einige überraschend – sie war weder wissenschaftlich fundiert noch besonders diplomatisch formuliert.

„Ich habe den Eindruck, dass viele Unternehmen nicht wirklich wissen, was Leistung ist – geschweige denn, dass sie den Unterschied zwischen Leistung und Ergebnissen erklären könnten", gab ich zum Besten. „Während nachhaltig erfolgreiche Vereine leistungsorientiert arbeiten, sind viele Unternehmen eher ergebnisgetrieben. Sie fokussieren sich nicht auf die Leistung an sich, sondern jagen ihren eigenen Zielen hinterher, ohne den Weg dorthin zu hinterfragen."

„Aber Ergebnisse sind doch der Grund, warum wir überhaupt existieren? Ist das im Leistungssport nicht genauso?", warf ein Teilnehmer ein. Der Leiter der „Talentschmiede" sprang mir zur Seite und merkte an, dass Ergebnisse zwar wichtig seien, sie diese aber lediglich als Folge der täglichen Arbeit betrachten – nicht als das alles dominierende Ziel. Er unterstrich seine Aussage, indem er die Erfolge seiner Schützlinge aufzählte, die sich einstellten, als sie die Arbeit im Nachwuchsleistungszentrum auf diesen Ansatz umstellten. Es wurden nicht nur mehr Titel gewonnen, sondern auch eine signifikant höhere Anzahl an Talenten schaffte den Sprung in den Handball-Profikader.

Jan Holpert, der in stolzen 245 Länderspielen für die deutsche Handball-Nationalmannschaft zwischen den Pfosten stand, fügte hinzu, dass Leistung nicht „gemanagt" werden könne, sondern kontinuierlich entwickelt werden müsse. Dies rief einen Manager eines globalen Konzerns auf den Plan, der seit Langem ratlos war, warum ihr ausgeklügeltes „Performance Management System" keine Früchte trug und es ihnen nicht gelang, ihre sogenannten „Low Performer" zu motivieren. Ganz im Gegenteil – die Anzahl der Fehltage pro Mitarbeiter steige seit Jahren stetig an.

Es entstand ein „Kabinengeflüster", das alle Anwesenden so sehr fesselte, dass sie die Zeit vergaßen und mit neuen Denkanstößen den Heimweg antraten. Bei einer Sache waren sich alle einig: Spitzenleistungen, Gesundheit und Nachhaltigkeit schließen sich nicht aus, sondern bedingen einander.

Hatten wir am Ende neue Antworten gefunden? Vielleicht einige wenige, aber viel entscheidender war, dass sich die Fragen, die wir uns stellten, verändert hatten – bewusst oder unbewusst. Was bedeutet eigentlich Leistung? Was ist Erfolg? Und welchen Einfluss haben unsere Ziele auf das, was wir erreichen?

Veraltete Erfolgsformel

Vor allem bei den Teilnehmern aus der Wirtschaft hinterließ das Gespräch ein fast irritierendes Gefühl. In einer Welt, in der es vermeintlich nur um Bestzeiten, Siege und Niederlagen geht, scheint der Sport dem Ergebnis weniger Bedeutung beizumessen als die Wirtschaft. Dort sind Ergebnisse „nur" die Folge, nicht das ultimative Ziel. Ich bin überzeugt, dass genau diese Perspektive die Sportpsychologie so wirksam macht. Sie unterstützt Athleten, sich auf die entscheidenden Elemente zu konzentrieren, die den Erfolg wahrscheinlicher machen – während ihre Konkurrenten verbissen auf die „Anzeigetafel" starren.

Gleichzeitig wurde uns klar, dass Spitzenleistungen, Gesundheit und Nachhaltigkeit keine Gegensätze sind, sondern einander bedingen. So einfach, so einleuchtend – und dennoch weit entfernt von der Erfolgsformel, die in vielen Unternehmen noch immer Anwendung findet.

„Erfolg = Talent + harte Arbeit" – diese Formel, die während des „Kabinengeflüsters" von einem Wirtschaftsvertreter auf den Flipchart geschrieben wurde, war lange Zeit für viele von uns die Wahrheit. Doch heute lässt sie uns ratlos zurück. Es wirkt beinahe zynisch, dass niemand Geringerem als Basketballlegende Michael Jordan diese Formel zugeschrieben wird.

Die Zeiten ändern sich

Während wir weiterhin auf diese veraltete Erfolgsformel setzen, hat sich der Kontext, in dem sie angewendet wird, grundlegend verändert. Der Arbeitsmarkt hat sich gewandelt. Wir predigen unseren Mitarbeitern, dass Veränderung die einzige Konstante sei und sie sich flexibel anpassen müssten, während viele Führungsetagen bemerkenswert unbeweglich bleiben – oder, wie es heutzutage heißt, resilient. Nach jeder Krise kehren sie in ihren ursprünglichen Zustand zurück. Zwar werden kurzfristig Maßnahmen ergriffen, um die zum Teil selbst verursachten Krisen zu überstehen, doch die zugrunde liegenden Denkmuster werden selten hinterfragt oder an die neuen Realitäten angepasst.

Hier liegt das eigentliche Problem: Diese Veränderungen sind keine vorübergehenden Erscheinungen oder nur der Wunsch der sogenannten Generation Z. Sie spiegeln vielmehr eine sich tiefgreifend verändernde Gesellschaft wider, die menschliche Bedürfnisse und Werte in den Vordergrund rückt, die wir lange Zeit verdrängt haben – und zwar generationenübergreifend.

Ein genauerer Blick auf die Gleichung „Talent + harte Arbeit = Erfolg" zeigt, dass sich nicht nur die Rahmenbedingungen verändert haben, sondern auch die einzelnen Komponenten dieser Formel einem tiefgreifenden Wandel unterliegen.

Die Komponente „Talent": Während im Fußball weiterhin ein Überangebot an Talenten existiert, kann sich die Wirtschaft nicht mehr auf das altbewährte „hire & fire"-Modell verlassen. Der Fachkräftemangel ist allgegenwärtig, und die Bereitschaft, Führungsverantwortung zu übernehmen, ist auf einem historischen Tiefstand[1].

Dies hängt auch damit zusammen, dass die zweite Komponente der Erfolgsformel, „harte Arbeit" oft als Synonym für endlose Überstunden und persönliche Opfer in Bereichen wie Familie, Gesundheit oder Freizeit gesehen wird. Ein Preis, den immer weniger Menschen bereit sind zu zahlen.

Meine Altersgenossen, die in den 70er- und 80er-Jahren geboren wurden, sahen ehrfürchtig zu den Führungsetagen auf. Wir durchstöberten Karriereratgeber, um eines Tages selbst in den erlauchten Kreis der Führungskräfte aufzusteigen. Die jüngeren Menschen hingegen begegnen diesen Etagen mit wachsendem Zweifel. Zu groß erscheinen

Die Spielidee

die Opfer, die mit dem klassischen Karriereweg verbunden sind, und zu hoch der Preis, der für den vermeintlichen Erfolg gezahlt werden muss.

Doch anstatt diese neuen Werte als Chance zu begreifen, überdenken wir unsere Arbeitsweisen kaum. Statt die Gemeinsamkeiten zwischen den Generationen zu erkennen und als solides Fundament zu nutzen, suchen wir nach Beweisen, dass früher alles besser war. Wir halten an der Überzeugung fest, dass es keine neuen Lösungen für altbekannte Probleme gibt. Die Haltung ist klar: „Wir wissen, wie man Krisen bewältigt. Da müssen wir halt durch."

Während die einen glauben, wir müssten noch härter arbeiten als früher, um unseren Wohlstand und unsere Wettbewerbsfähigkeit zu erhalten, strebt die andere Gruppe nach weniger Arbeit – oder vielleicht nur nach weniger sinnloser Arbeit?

Die Antwort auf die Frage, wie wir damit umgehen, hängt davon ab, wie wir Erfolg definieren.

Eine veränderte Erfolgsdefinition

Damit sind wir beim dritten Teil der Gleichung angelangt: dem Erfolg. Wie vieles andere hat sich auch die Definition von Erfolg im Laufe der Zeit gewandelt. Ergebnisse, ein hohes Gehalt und eine steile Karriere sind für immer mehr Mitarbeiter nicht mehr die alleinigen Maßstäbe für Erfolg. Aspekte wie kontinuierliches Lernen, eine ausgewogene Work-Life-Balance und die Sinnhaftigkeit der Arbeit haben sich längst von „geschätzten Nebenprodukten" zu „unverzichtbaren Grundpfeilern" entwickelt. Diese veränderten Erwartungen betreffen nicht nur die jüngeren Generationen. Auch für die Generation 50 plus gewinnt Zeit zunehmend an Bedeutung gegenüber finanziellen Aspekten – schließlich bleibt immer weniger Zeit nach dem Berufsleben. Sinnstiftende Arbeit übertrifft dabei den Wert von Status und Karriere, und lebenslanges Lernen ist längst auch für so manchen „Silberrücken" keine unbekannte Größe mehr.

Eine zunehmend kleinere Gruppe von Menschen würde sich heute als erfolgreich bezeichnen, wenn diese Elemente keine Berücksichtigung finden. Dennoch bleibt es unabdingbar, dass Unternehmen Gewinne erwirtschaften, um wettbewerbsfähig zu bleiben und in die Zukunft investieren zu können. Doch die Definition von Erfolg ist vielschichtiger geworden – und das ist eine überaus positive Entwicklung. Dies anzuerkennen, ist ein bedeutender, aber notwendiger Schritt auf dem Weg zu nachhaltigem Erfolg.

Spitzenleistungen, Gesundheit und Nachhaltigkeit bedingen einander

Die gute Nachricht ist: Niemand muss auf Spitzenleistungen in Unternehmen verzichten. Ich selbst bin ein großer Verfechter von Höchstleistungen und davon überzeugt, dass wir sie brauchen, um im globalen Wettbewerb zu bestehen. Die neuen Bestandteile der Erfolgsdefinition stehen traditionellen Elementen nicht im Weg, sondern ergänzen diese. Ganzheitliche Leistungssteigerung kann gesund und nachhaltig sein – nein, sie muss es sogar sein. Dies zeigt uns die Sportpsychologie bereits eindrucksvoll.

Wenn Nachhaltigkeit, Gesundheit und persönliche Weiterentwicklung zentrale Bestandteile unserer Erfolgsdefinition geworden sind und den Wunsch nach Status und Karriere zunehmend verdrängen, müssen wir unser Handeln entsprechend ausrichten. Wenn die Währung „Zeit" wertvoller ist als „Geld", die Fälle von Burnout zunehmen und sowohl das Engagement als auch die Loyalität der Mitarbeiter sinken, dann ist es an der Zeit zu hinterfragen, ob uns Überstunden wirklich näher an unsere Erfolgsvorstellungen bringen. Es könnte vielmehr eine neue Herangehensweise erforderlich sein, um mit weniger Einsatz mehr zu erreichen.

Die wachsende Sorge, dass Leistung heute kein anerkanntes gesellschaftliches Prinzip mehr ist, existiert tatsächlich. Der Vorwurf lautet, die jüngeren Menschen seien weder leistungswillig noch leistungsfähig. Insbesondere das Infragestellen traditionsreicher Institutionen wie der Bundesjugendspiele lässt einige „Experten" bereits das Ende der Leistungsgesellschaft prophezeien. Da kommt es zur Unzeit, dass man im Jugendfußball zunehmend auf Tabellen verzichtet – für Kritiker ein weiteres Zeichen des vermeintlichen Niedergangs.

Ich bin hingegen überzeugt, dass wir auch in Zukunft leistungsbereite Sportlerinnen und Sportler sowie ambitionierte Trainerteams sehen werden, die mit ihren Mannschaften herausragende Erfolge erzielen – so wie in den vergangenen Jahren.

Während sich unsere erfolgsverwöhnten Frauen- und Herrenfußballnationalmannschaften derzeit eine Titelauszeit nehmen, treten andere Teams in die Bresche. Unsere Nationalmannschaften im Eishockey, Feldhockey, Handball, Basketball, oder die U17-Fußballer sammelten in den letzten Jahren regelmäßig Gold-, Silber- und Bronzemedaillen sowie Welt- und Europameistertitel – und das über Geschlechter und Altersgruppen hinweg.

Wir sind also nach wie vor in der Lage, Höchstleistungen zu erbringen – insbesondere im „Team". Was sich nicht geändert hat, ist das menschliche Bedürfnis, Wirkung zu entfalten, etwas zu schaffen, auf das man stolz sein kann, das anerkannt wird und einen positiven Unterschied macht. Menschen haben weiterhin Lust auf Leistung, aber auf eine, die Freude bereitet, das eigene Potenzial entfaltet und nicht in den Burnout führt.

Gute „Trainer" braucht das Land

Bemerkenswert ist, dass erfolgreiche Trainer aus allen Altersgruppen stammen. Von Jung bis Alt sind sämtliche Generationen vertreten. Es ist nicht das Alter, das diese Trainer auszeichnet, sondern die Haltung, mit der sie ihren Spielerinnen und Spielern begegnen, sowie die Motivation, mit der sie ihre Arbeit ausführen. Den Unterschied macht also nicht das Alter, sondern vielmehr die Einstellung, die Rahmenbedingungen, die geschaffen werden, und die Art und Weise, wie Teams geführt, gecoacht und unterstützt werden – davon bin ich überzeugt.

In den vergangenen Jahren konnten wir Vereine beobachten, die trotz begrenzter Ressourcen erfolgreich agierten – und das nicht nur in einer einzigen Saison, sondern über einen längeren Zeitraum hinweg. Sie schaffen es Jahr für Jahr, das Potenzial einzelner Spielerinnen und Spieler sowie des gesamten Teams zu entfalten und aus begrenzten Mitteln maximale Ergebnisse zu erzielen. Interessanterweise trainieren sie oft nicht *mehr*, sondern – wenn überhaupt – anders.

Ungenutztes Potenzial

Apropos Potenzial: Mentale Arbeit im Sport hat in den letzten Jahren zwar an Bedeutung gewonnen, dennoch ist sie längst nicht dort angekommen, wo sie hingehört. Es ist unbestritten, dass mentale Stärke heute einen höheren Stellenwert hat als noch vor zehn Jahren. Athletik, Technik und Taktik sind fast schon Hygienefaktoren, während die kleinen Unterschiede zwischen Sieg und Niederlage oft im Kopf der Athleten entschieden werden. Ralf Rangnick, Vordenker und Fußballtrainer, drückte es treffend aus: Der entscheidende Unterschied liegt „oberhalb der Schultern".

Dieses weitgehend unangetastete Potenzial findet sich auch in der Wirtschaft. Viele Arbeitsplätze erfordern heute geistige Leistung, doch das bedeutet nicht zwangsläufig, dass unser Denken zielführend und erfolgversprechend ist. Im Gegenteil: Wir wundern uns über vermehrte Krankheitstage, zunehmende Burnout-Fälle, schwindende Motivation und die oft kritisierte Einstellung der Generation Z. Auf der Suche nach einer Lösung werden immense Anstrengungen unternommen: Umstrukturierungen, großangelegte Employer-Branding-Kampagnen, Seminare zu Stressbewältigung und Achtsamkeit sowie die Einführung von „Wellbeing"-Managern und agilen Teams. Obstkörbe werden bereit- und Tischtennisplatten aufgestellt, Bonuspakete geschnürt und reflexartig Vier-Tage-Wochen eingeführt – alles im Wettbewerb um Talente und Fachkräfte.

Die schlechte Nachricht: Viele dieser Maßnahmen bleiben wirkungslos, solange grundlegende Rahmenbedingungen und Denkmuster nicht hinterfragt werden.

Die gute Nachricht: Oft braucht es keine radikale Transformation, sondern nur kleine Anpassungen, die große Wirkung zeigen können, wie Studien belegen[2].

Auf der Suche nach diesen kleinen, wirkungsvollen Veränderungen habe ich Orte besucht, an denen bereits Rahmenbedingungen für eine nachhaltige und gesunde Leistungssteigerung geschaffen wurden. Ich sprach mit Olympiasiegern, Weltmeistern und aufstrebenden Talenten. Ich traf Profitrainer, Akademieleiter, Athletiktrainer, Performance-Coaches und Schlafwissenschaftler, die in Teamsportarten wie Fußball, Handball, Hockey und Basketball zu Hause sind.

Darüber hinaus diskutierte ich mit sportpsychologischen Kolleginnen und Kollegen über die Erfolgsfaktoren, die zu einer nachhaltigen Leistungssteigerung führen. Was motiviert die Leiter und Trainer der „Talentschmieden" und welches Profil haben sie? Welche Umgebung ist nötig, um Potenziale auf allen Ebenen zu entfalten und gleichzeitig punktgenau abzuliefern? Was unterscheidet langfristig erfolgreiche Trainer von weniger Erfolgreichen? Und welche Rahmenbedingungen braucht es, damit Trainer ihr volles Potenzial ausschöpfen können? An welche Grenzen stößt der Sport, und was hat möglicherweise nicht funktioniert?

Diese Erkenntnisse führten mich schließlich zu der Frage, welche dieser Erfolgsfaktoren aus dem Sport auf die Unternehmenswelt übertragbar sind. Kurz gesagt: Was können wir vom Sport lernen, um unsere Leistung nachhaltig und gesund zu entwickeln?

Die Einsichten von Trainerlegenden und Vordenkern aus Sport, Wirtschaft und Wissenschaft spielten dabei ebenso eine Rolle wie Gespräche mit CEOs, Geschäftsführern, Personalleitern und meinen Kolleginnen und Kollegen aus der Welt des Executive Coachings.

Leider wurde im Rahmen meiner Recherchen und zahlreicher Interviews deutlich, dass im Spitzensport, trotz vieler positiver Beispiele, noch immer vieles im Argen liegt. Umso bemerkenswerter ist es, dass einige Trainer und Vereine einen gesunden und nachhaltigen Weg eingeschlagen haben – mit erstaunlichen Erfolgen. Wenn ich also im Folgenden vom „Sport" spreche, beziehe ich mich auf genau diese „Inseln" und möchte keinesfalls den Sport pauschal glorifizieren. Auch hier gibt es noch viel zu tun.

Eigener Erfahrungsschatz

In meiner beruflichen Laufbahn habe ich zahlreiche Veränderungen erlebt – erfolgreiche wie erfolglose. Diese Prozesse durfte ich nicht nur beobachten, sondern auch aktiv gestalten, begleiten und leiten. Manchmal war ich in der Rolle des Projekt- oder Teamleiters, manchmal Teil des Teams, manchmal Berater und gelegentlich stand ich nur als Beobachter am Spielfeldrand.

Ein entscheidender Erfolgsfaktor der erfolgreichen Veränderungsbemühungen war, dass die Mitarbeiter als Mitdenkende, Mitlenkende und Mitfühlende in die Veränderung einbezogen wurden. Wann immer ich in diesem Buch von Mitarbeitern spreche, schließe ich somit diese drei Rollen mit ein.

Diese dynamische Beteiligung der Mitarbeiter war auch ein zentraler Punkt meiner eigenen Führungserfahrung. Sie hat dazu beigetragen, dass ich mich über die Jahre als Führungskraft weiterentwickeln konnte. Acht verschiedene Führungsphilosophien haben mich in meiner Karriere begleitet und geformt. Der Luxus, von diesen Ansätzen zu lernen, prägte mich und half mir, meine Überzeugungen zu entwickeln und zu schärfen.

Das bringt uns zum nächsten wichtigen Begriff in diesem Buch – „Führungskraft". Ich habe mich mit diesem Begriff arrangiert, da auch die künstliche Intelligenz keine befriedigenden Alternativen bietet. Synonyme wie „Leiter" oder „Vorgesetzter" empfand ich als noch weniger passend. Somit bleibt es bei diesem Ausdruck, auch wenn mein Verständnis von Führung im Verlauf dieses Buches deutlich herausgearbeitet werden wird.

Das Spielergebnis: Neue Denkräume für Führungskräfte, Personalverantwortliche und Unternehmer

Dieses Buch richtet sich an Führungskräfte, Personalverantwortliche und Unternehmer und bietet ihnen Denkanstöße oder, wie es der Titel sagt: neue Denkräume. Es lädt dazu ein, einen Perspektivwechsel vorzunehmen und die Herausforderungen der heutigen Arbeitswelt durch die Linse des Sports zu betrachten. Da ich mich zahlreichen Beispielen aus dem Sport und insbesondere aus der Sportpsychologie bediene, mag das Lesen dieses Buches sportaffinen Lesern noch mehr Freude bereiten als bekennenden „Sportmuffeln". Aber auch diese Leser sollen sich keinesfalls ausgeschlossen fühlen.

Anstatt nur härter zu arbeiten, ermutigt das Buch dazu, den Fokus auf nachhaltige und gesunde Leistungsentwicklung zu legen. Es bietet Optionen für Unternehmen, die über die Einführung der Vier-Tage-Woche nachdenken, die erfahrene Fachkräfte und die jungen Arbeitnehmer gleichermaßen anziehen und beide erfolgreich zusammenbringen möchten.

Otto Rehhagel, einer der erfolgreichsten deutschen Fußballtrainer, sagte einmal scherzhaft: „Was nützt mir ein diametral abkippender 6er, wenn er nicht mit dem linken Fuß schießen kann?" Mit dieser Aussage zielte er darauf ab, die immer komplexer werdenden taktischen Raffinessen mancher Trainer auf die Schippe zu nehmen. Ähnlich geht es in diesem Buch darum, die „Basics" zu beherzigen und nicht den neuesten Trends hinterherzujagen. Es geht darum, die Essenz nicht aus den Augen zu verlieren – oder wie unser Bundestrainer Julian Nagelsmann nach seinem Amtsantritt sagte: „Wir müssen einfach wieder kicken."

Es waren eben nicht die komplizierten taktischen Konzepte von Julian Nagelsmann, die uns bei der Fußball-EM 2024 beinahe ein zweites Sommermärchen beschert hätten, sondern die neue Haltung, mit der Trainer, Spieler und das gesamte Umfeld an die Herausforderungen herangingen. Es war weder „New Work" noch „New Soccer".

Dieses Buch stellt traditionelle Mythen infrage, die einer nachhaltigen und gesunden Leistungssteigerung im Weg stehen. Es hinterfragt konservative Denkmuster, die in den Chefetagen oft zu falschen strategischen Entscheidungen führen. Sie werden in diesem Buch über 100 Denk- und Verhaltensmuster begegnen, die Unternehmen daran hindern, ihre Potenziale voll auszuschöpfen. Diese nenne ich im Sinne des Sports Taktikfehler.

Dieses Buch ist kein klassischer Ratgeber, der fertige Lösungen liefert. Vielmehr möchte es Impulse geben, um Denk- und Handlungsprozesse anzustoßen. Es schafft neue Denk- und Handlungsräume, ohne pauschale Antworten vorzugeben. Ziel ist es, festgefahrene Denkmuster zu hinterfragen, wissenschaftliche Erkenntnisse anzuerkennen und die nötige Geduld aufzubringen, um neue Denkweisen und damit verbundene Verhaltensweisen zu kultivieren.

Eintrittskarte Sport

Daher werde ich mich in diesem Buch nicht auf die oberflächlichen Diskussionen über Generationenkonflikte einlassen – vor allem, weil viele Studien hierzu wissenschaftlich fragwürdig sind. Vielmehr basiert die Essenz dieses Buches auf soliden Gemeinsamkeiten. Natürlich beeinflussen Alter und Lebensumstände unsere Haltung, aber die grundlegenden menschlichen Bedürfnisse haben sich über Jahrhunderte kaum verändert. Wissenschaftlich herrscht Konsens darüber, dass wir alle auf einem stabilen Fundament gemeinsamer menschlicher Bedürfnisse stehen.

Zudem bediene ich mich einem weiteren verbindenden Element – dem Sport. Nur eine Minderheit im deutschsprachigen Europa bezeichnet sich als „Sportmuffel". Der Sport entpuppt sich häufig als ideale Eintrittskarte, um Managementteams und Führungskräften neue Denkräume zu eröffnen, die ihnen im hektischen Tagesgeschäft zu häufig verschlossen bleiben.

Ganz gleich, welchem Jahrgang oder welchem Geschlecht Sie sich also zugehörig fühlen, ich hoffe, dass Sie beim Lesen dieses Buches den einen oder anderen „Aha-Moment" erleben werden – ähnlich wie die Teilnehmer unseres „Kabinengeflüsters". Diese Momente des Nachdenkens und Erkennens sind der Grund, warum ich Coach und sportpsychologischer Experte geworden bin und warum ich dieses Buch geschrieben habe.

Ich bitte um Verständnis, dass ich in diesem Buch das generische Maskulinum verwende und auf alternative Formen wie „Mitarbeiterinnen und Mitarbeiter" oder „Mitarbeitende" verzichte. Diese sprachliche Wahl schließt jedoch ausdrücklich alle Geschlechter ein und dient ausschließlich der Vereinfachung.

Ich ermutige Sie, das Buch von vorne bis hinten zu lesen, um die Abhängigkeiten der Denkmuster und Taktikfehler in ihrer Gesamtheit zu erfassen. Es steht Ihnen aber ebenso frei, von hinten zu beginnen und gezielt diejenigen der über 100 Taktikfehler herauszupicken, bei denen Sie sich besonders „ertappt" fühlen. Dazu finden sie eine Auflistung aller Taktikfehler am Ende des Buches sowie den Verweis auf die relevanten Seitenzahlen.

Limitierende Denkmuster

Wussten Sie, dass Sepp Herberger, der Trainer der deutschen Fußballweltmeistermannschaft von 1954, seinen Spielern während der Partie das Trinken verbot? Herberger war überzeugt, dass das Trinken während des Spiels die Leistungsfähigkeit minderte. Diese Auffassung hielt sich hartnäckig bei vielen Trainern bis in die 1970er Jahre, bevor man erkannte, dass die damit verbundene Dehydrierung die Spieler erheblich schwächte. Es dauerte eine Weile, bis sich diese Erkenntnis durchsetzte und das Umdenken in den Köpfen der Verantwortlichen stattfand. Der Fußball ist seit jeher ein Beispiel dafür, wie tief verwurzelte Überzeugungen und Denkfehler – wie der Wahrnehmungsfehler des „Social Proof" – das Handeln prägen. Dieser Effekt, der uns dazu bringt, Dinge so zu tun, wie wir sie immer getan haben oder weil es andere genauso machen, bleibt allgegenwärtig. „Das haben wir schon immer so gemacht" – kommt Ihnen das bekannt vor?

Die zentrale Hypothese dieses Buches lautet: Gesunde und nachhaltige Leistungsentwicklung funktioniert generationenübergreifend und kann mit weniger Aufwand bessere Ergebnisse erzielen, als wir heute annehmen. Doch um dieses Potenzial zu nutzen, müssen wir herausfinden, was uns bislang daran gehindert hat, diese neue Definition von Erfolg zu realisieren. Ein wichtiger Schritt dabei ist, die eingefahrenen Denkmuster in den Führungsetagen kritisch zu hinterfragen.

Einige dieser Denkmuster ähneln dem Trinkverbot von Herberger – sie sind fest verwurzelt und fast unverrückbar. Während meiner Recherchen habe ich insbesondere drei solcher Denkmuster identifiziert, die auf einer überholten Erfolgsdefinition basieren und veralteten Prinzipien folgen.

1. Wir spielen ergebnisorientiert

„Es gibt nur eine Möglichkeit: Sieg, Unentschieden oder Niederlage", sagte Franz Beckenbauer einst und brachte damit die Einfachheit des Fußballs auf den Punkt. Im Fußball zählt am Ende nur das Ergebnis – Tore, Tore und nochmals Tore. Die Ästhetik des Spiels rückt in den Hintergrund, sobald es um Punkte und Siege geht. Trainer sprechen hier gerne von „ergebnisorientiertem Spiel". Als Zuschauer mögen wir uns zwar ein kreatives, kunstvolles Spiel wünschen, doch spätestens nach dem Schlusspfiff fragt niemand mehr nach dem „Wie". Fehlpässe, verpasste Chancen und die mangelnde Kreativität werden schnell vergessen, solange gewonnen wird. Wir akzeptieren, dass nur das messbare Ergebnis zählt. Dieser Mentalität ordnen wir vieles unter – wir sind es gewohnt. Wichtig ist nicht, wie der Sieg zustande kam, sondern dass er errungen wurde. Fußball ist ein Ergebnissport.

In vielen Unternehmen wird genauso „gespielt". Die Regel lautet: „Du erreichst, was du misst." Also machen wir uns auf die Suche nach messbaren Erfolgskriterien. Und um es noch einfacher zu gestalten, setzen wir Erfolg mit einem konkreten Ergebnis gleich, sei es Umsatz, Gewinn oder eine andere Kennzahl. Die Überzeugung lautet: „Wir bekommen, was wir messen." Doch diese Denkweise birgt einen fatalen Fehler: Sie macht uns zu Getriebenen unserer eigenen Zielvorgaben. Um diese nicht zu verfehlen, greifen wir oft zur „Brechstange" oder anderen kurzfristigen Maßnahmen. Diese einseitige Fokussierung auf Ergebnisziele führt dazu, dass kurzfristige Ergebnisse über nachhaltige Erfolge gestellt werden.

2. Wir müssen die Spieler motivieren

Jürgen Klopp, von seinen Anhängern liebevoll „Kloppo" genannt, ist zweifellos eine lebende Trainerlegende. Egal, ob bei Mainz, Dortmund oder Liverpool, mit Kloppo kamen Erfolg und Titel. Laut der Meinung zahlreicher Fußballbegeisterter verdankt er seinen Ruhm in erster Linie seiner Fähigkeit, Spieler zu motivieren. Schließlich war er als Fußballer eher für solide Hausmannskost bekannt. Wir staunen über seine leidenschaftliche Körpersprache am Spielfeldrand und stellen uns vor, wie er sein Team vor jedem Spiel „einpeitscht" und sie täglich zu Höchstleistungen anspornt. In Führungstrainings gilt „Kloppo" oft als das Sinnbild eines motivierenden Gewinnertyps. Viele sind überzeugt, dass charismatische Persönlichkeiten mit emotionalen Ansprachen das Unternehmen zum Erfolg führen und die Motivation des Teams steigern.

Doch genau hier liegt unser limitierendes Denkmuster. Wir versuchen, die Leistungsbereitschaft unserer Mitarbeiter zu steigern, anstatt sie bei der Optimierung ihrer Leistungsfähigkeit zu unterstützen. Es lohnt sich, diesen Gedanken nochmals zu vertiefen: Wir bemühen uns um die Steigerung der Leistungsbereitschaft, anstatt die tatsächliche Leistungsfähigkeit zu optimieren. Überraschenderweise hat sich Jürgen Klopp nicht aufgrund seiner mitreißenden Ansprachen und Motivationskünste einen Namen gemacht, sondern weil er die individuellen Fähigkeiten jedes Spielers im Sinne des Teams maximiert. Dazu später mehr. Auf die Frage, wie er seine Spieler motiviert, antwortet „Kloppo" wie viele andere erfolgreiche Trainer auch: „Ich muss meine Spieler nicht motivieren, sonst wären sie ja nicht hier."

Im Irrglauben, dass Mitarbeiter ständig motiviert werden müssen, entwickeln wir Werkzeuge, die sie antreiben sollen. Wir investieren viel Energie in die Steigerung der Leistungsbereitschaft, anstatt die Selbstwirksamkeit und Effizienz der Teams und jedes einzelnen zu fördern. Diese Denkweise ignoriert die Tatsache, dass echte Motivation von innen kommt und dass Mitarbeiter ihr Bestes geben, wenn sie sich wirksam fühlen und ihre Stärken sowie Fähigkeiten einbringen können.

3. Wir rennen mehr als unsere Gegner

Schauen Sie gelegentlich Biathlon? Wenn ja, sind Ihnen sicher die Regeln bekannt: Macht ein Athlet beim Schießen Fehler, muss er für jeden Fehlschuss eine Strafrunde laufen und verliert dabei wertvolle Zeit im Vergleich zu seinen Konkurrenten. Dies sollte uns zum Nachdenken anregen. Insbesondere über die Art und Weise, wie wir im Geschäftsleben Überstunden als erstrebenswert und als Symbol für hohe Leistungsfähigkeit betrachten. Oder ist es möglicherweise eher die Leistungsbereitschaft, die wir hochhalten?

Tatsächlich verwechseln wir in diesem Denkmuster oft die Leistungsbereitschaft mit der tatsächlichen Leistungsfähigkeit. In unseren Stellenanzeigen suchen wir Mitarbeiter, die bereit sind, die „Extra-Meile" zu gehen. Diese Kandidaten gelten als „High Potentials". In vielen Unternehmen loben wir Mitarbeiter für Überstunden und harte Arbeit, da sie zu hervorragenden Ergebnissen beigetragen haben. Besonders diejenigen, die mit müden Augen auf ihren nächsten Urlaub warten und dabei auch noch zu „familienfreundlichen" Zeiten E-Mails beantworten sowie an Videokonferenzen teilnehmen, erhalten Dank und Anerkennung.

Im Gegensatz dazu vergessen wir häufig, jenen zu danken, die effizient arbeiten, Projekte kritisch hinterfragen und „Not-To-Do-Listen" erstellen, um unnötige Meetings zu vermeiden oder gar nicht erst einzuleiten. Auch die, die rechtzeitig Feierabend machen, um ihre Energiereserven bei der Familie oder im Sport wieder aufzuladen, erhalten selten Anerkennung. Die Quantität der geleisteten Arbeit fungiert viel zu oft als Maßstab.

Wenn im Sport harte Arbeit zwangsläufig zu Titeln und Meisterschaften führen würde, bräuchten wir wahrscheinlich keine „Kloppos" oder ähnliche Trainerpersönlichkeiten. Empathische Trainer mit einem

Interesse am Menschen und innovativen Spielideen wären im Schatten des harten Arbeitens und der Ergebnisgetriebenheit verborgen geblieben. Stattdessen sind es genau diese Trainer, die langfristig erfolgreich arbeiten. Der Slogan „Try harder" ist im Profisport ein Relikt der Vergangenheit und gilt, insbesondere wenn es darauf ankommt, eher als Garant für Niederlagen als für nachhaltige Erfolge.

Wir hingegen glorifizieren die „Extra-Meile" und befördern diejenigen zu Führungskräften, die am härtesten für den Erfolg arbeiten und ihre Anstrengungen zur Schau stellen. Dieser Kult um die Überanstrengung führt dazu, dass wir Leistung mit Quantität statt mit Qualität gleichsetzen. Die Konsequenz ist eine Sackgasse, in der wir immer mehr Arbeit als notwendigen Schlüssel zum Erfolg betrachten, während innovative und nachhaltige Lösungen oft auf der Strecke bleiben.

Denkmuster führen zu Taktikfehlern

„Der Kopf ist rund, damit das Denken die Richtung wechseln kann." Mit diesem Zitat prägte der französische Künstler Francis Picabia eine Ära, in der die Welt in Trümmern lag und eine junge Künstlerbewegung alles in Frage stellte. Sie überdachten ihr Schaffen und gingen neue Wege. Zwar befindet sich unsere Arbeitswelt nicht in Schutt und Asche, doch auch wir müssen unsere Denkweise ändern. Es bedarf keiner radikalen 180-Grad-Wende, sondern vielmehr einer Anpassung unserer aktuellen Denkmuster.

Die zuvor skizzierten Denkmuster erzeugen einen sich selbst verstärkenden Teufelskreis. Sie stehen in direkter Korrelation mit zahlreichen Taktikfehlern, die sich über ein Geschäftsjahr hinweg anhäufen und eine gesunde, nachhaltige Leistungsentwicklung verhindern. Stattdessen führt diese Denkweise dazu, dass wir immer mehr und härter arbeiten, ohne signifikant bessere Ergebnisse zu erzielen. In den kommenden Kapiteln begegnen wir über 100 solcher Taktikfehler. Diese sind zwar nicht so offensichtlich wie Sepp Herbergers Verbot der Flüssigkeitsaufnahme, wirken jedoch ebenso leistungshemmend. Im Fußball gilt: Je mehr Taktikfehler ein Trainer macht, desto geringer sind die Chancen auf Erfolg.

Im Business umgeben Mythen das Thema Führung und Motivation, geschürt von selbsternannten Management-Gurus und Beratungsfirmen. Mit erstaunlicher Konsequenz ignorieren wir wissenschaftliche Erkenntnisse und handeln nach dem Motto: „Was die Wissenschaft weiß, tut die Geschäftswelt nicht." Insbesondere Personalabteilungen surfen von einer Trendwelle zur nächsten und wundern sich, warum all das Streben keinen nachhaltigen Effekt hat. Genau das passiert bei den meisten Veränderungsprojekten.

Neue Konzepte, Prozesse und Instrumente werden einem Patienten verordnet, dessen Denkmuster überholt sind. Diese Muster widersetzen sich bewusst oder unbewusst der veränderten Definition von Erfolg. Die Erfolgsaussichten sind dabei ungefähr so hoch wie bei einer Brigitte-Diät: eher enttäuschend.

Wir müssen unsere Denkweise hinterfragen und anpassen, um die Möglichkeiten zur Leistungssteigerung zu erkennen. Nur so können wir den Teufelskreis durchbrechen und echte, nachhaltige Veränderungen erzielen.

Neue Denk- und Spielräume

Lassen Sie uns nun herausfinden, was passiert, wenn man eine neu definierte Erfolgsstrategie mit alten Denkmustern zu bewältigen versucht, und welche neuen Denk- und Handlungsspielräume sich eröffnen, wenn man die Richtung des eigenen Denkens justiert. Noch bedeutender: Was können wir von den Athleten und Vereinen lernen, bei denen blinder Ergebnisdruck einer gesunden und nachhaltigen Leistungsentwicklung gewichen ist? Was machen Vereine, Trainer und Teams anders, die ihre Erfolgsdefinition angepasst und veraltete Denkmuster über Bord geworfen haben?

Wir werden uns dabei an den grundlegenden Bausteinen für eine gesunde und nachhaltige Leistungsentwicklung orientieren und schrittweise die Verhaltensweisen aufdecken, die wir in Organisationen – oft getrieben von traditionellen Denkweisen – bewusst oder unbewusst begehen.

Auf dem Weg zu einer nachhaltigen Leistungsentwicklung geht es darum, unterstützende Rahmenbedingungen zu schaffen, Potenziale zu erkennen, Leistung zu entwickeln, abzurufen und schließlich zu erhalten. Diese Bausteine lassen sich nicht linear abarbeiten, sondern sind eng miteinander verwoben, überschneiden sich und beeinflussen sich gegenseitig. Ihre Umsetzung ist komplex. Um Ihnen jedoch das Lesen so angenehm wie möglich zu gestalten, haben wir die Themen entlang der oben genannten Elemente strukturiert:

- Rahmenbedingungen schaffen
- Potenziale erkennen
- Leistung entwickeln
- Leistung abrufen
- Leistung erhalten

Rahmenbedingungen schaffen

In den letzten Jahrzehnten hat man im Sport viel Aufwand betrieben, um Athleten die idealen Rahmenbedingungen für ihre Leistungsentfaltung zu bieten. Dies führte teilweise zu Übertreibungen, wie sie in den Nachwuchsleistungszentren des Fußballs zu beobachten sind. Diese Einrichtungen ähneln oft luxuriösen 5-Sterne-Hotels, in denen den Spielern viele Aufgaben abgenommen werden, damit sie sich ganz auf ihre sportliche Leistung konzentrieren können. Kritiker bemängeln, dass solche Rahmenbedingungen dazu geführt haben, dass es auf dem Spielfeld keine echten Charaktere mehr gibt – Typen, die in kritischen Momenten Verantwortung übernehmen.

Ich möchte mich jedoch nicht in die Reihe der Kritiker einordnen, da sich in den letzten Jahren viel verändert hat und die Nachwuchsleistungszentren keineswegs über einen Kamm geschoren werden können – die geschaffenen Rahmenbedingungen und zugrunde liegenden Philosophien unterscheiden sich zu sehr. Dennoch hatten diese Rahmenbedingungen sowohl leistungsfördernde als auch leistungshemmende Effekte, die in dieser Form weder geplant noch vorhersehbar waren. Genau darum geht es im nächsten Kapitel.

Auch in Unternehmen haben sich die Rahmenbedingungen für Mitarbeitende in den letzten Jahren deutlich verändert. Allein die fortschreitende Digitalisierung, flexiblere Arbeitszeiten und die Zunahme von Homeoffice-Möglichkeiten haben zu neuen Arbeitsstrukturen geführt. Für manche waren diese Veränderungen ein Segen, für andere hingegen ein Fluch. Während einige davon profitierten und ihre Leistung steigern konnten, führten die neuen Rahmenbedingungen bei anderen zu Leistungseinbußen.

Um dies besser zu verstehen, kann man sich der Feldtheorie von Kurt Lewin bedienen, einem der bedeutendsten Pioniere der Organisationspsychologie. Laut Lewins Formel lässt sich das Verhalten eines Mitarbeiters durch zwei Faktoren erklären: zum einen durch die Eigenschaften der Person selbst – ihre Werte, Motive, Erfahrungen, Fähigkeiten und Denkmuster – und zum anderen durch das Umfeld, also die vorgefundenen Rahmenbedingungen.

Während wir stolz verkünden, dass wir uns durch flexiblere Arbeitszeiten, Homeoffice-Angebote und Maßnahmen wie Obstkörbe und Tischtennisplatten auf die neuen Anforderungen des Arbeitsmarktes eingestellt haben, übersehen wir häufig, dass viele der tief verwurzelten, historisch gewachsenen Rahmenbedingungen unangetastet bleiben. Wir haben diese einst geschaffen, um die Leistung des Einzelnen zu steigern, müssen jedoch erkennen, dass sie bestenfalls noch einen „Placebo"-Effekt haben. Bei näherer Betrachtung zeigen sich jedoch weitreichendere Konsequenzen: Diese vermeintlichen „Placebos" bringen erhebliche Nebenwirkungen mit sich, die inzwischen nicht mehr leistungsfördernd, sondern leistungshemmend wirken – ähnlich wie bei den eingangs erwähnten Talentschmieden.

Lassen Sie uns diese Nebenwirkungen im nächsten Kapitel genauer beleuchten.

Von Titelträumen und Stadionwürsten

Stellen Sie sich vor, der FC Bayern München verpflichtet einen neuen Trainer, und in seinem ersten Interview sagt dieser überraschend: „Unser Ziel für die kommende Saison ist ein einstelliger Tabellenplatz." Kein Wort von der Pflicht, Deutscher Meister zu werden oder gar das Triple zu holen. Gleichzeitig erstaunt der normalerweise für Understatement bekannte SC Freiburg mit der Ankündigung, dass sie „Deutscher Fußballmeister werden wollen".

Nun, glauben Sie, dass die Münchner Spieler nach dieser Zieländerung weniger motiviert sind und öfter abends ausgehen? Oder dass die Freiburger, beflügelt von ihrer ehrgeizigen Zielvorgabe, im Training mehr Einsatz zeigen und noch mehr und schneller laufen? Anders ausgedrückt: Beeinflussen geänderte Zielvorgaben tatsächlich die Arbeitsweise der Spieler?

In der Unternehmenswelt sind wir fest davon überzeugt, dass sie es tun. Wir sind geradezu besessen von Zielen. In vielen Unternehmen und Konzernen gilt eine schriftliche Zielsetzung als der ultimative Erfolgsgarant. Ohne messbare Ziele, so die Überzeugung der Entscheidungsträger, werden wir nichts erreichen. Oder besser noch: „Um seine Ziele zu erreichen, bedarf es gut gewählter Ziele." Dieser Satz legt nahe, dass es kompliziert werden könnte. Es scheint fast wie ein Teufelskreis, ein Hund, der versucht, seinen eigenen Schwanz zu fangen. Nochmals langsam: „Um seine Ziele zu erreichen, bedarf es gut gewählter Ziele."

Aber was ist mit dem Sport? Dort, wo es nur um Tore, Siege, Meisterschaften und Titel geht. Sie werden vielleicht überrascht sein, aber vom Sport können wir lernen, dass man keinerlei messbare Ziele benötigt, um erfolgreich zu sein. Bill Walsh, einer der erfolgreichsten Footballtrainer der Welt, sah sich zu Beginn seiner legendären Ära bei den San Francisco 49ers heftiger Kritik ausgesetzt. Ihm wurde vorgeworfen, keine klar messbaren Ziele vorzugeben. Doch seine Kritiker verstummten schnell, als die 49ers Sieg um Sieg einfuhren. Der Erfolg stellte sich durch die unermüdliche tägliche Arbeit von selbst ein – oder wie Walsh es formulierte: „The Score takes care of itself"[3]. Diese Haltung fand längst bei vielen Teams und Athleten Anklang.

Tatsächlich sind Ziele oft überbewertet. Sie bergen mehr unerwünschte Nebenwirkungen als die meisten verschreibungspflichtigen Medikamente, die in deutschen Apotheken erhältlich sind.

Woher kommt dieser Zielfetisch in Unternehmen? Er entspringt unseren Denkmustern. Ohne messbare Ziele gibt es keine Ergebnisorientierung – so die allgemeine Überzeugung. „Wir erhalten, was wir messen", lautet die Devise. Somit befriedigt das Ziel-Paradigma in Unternehmen unser tief verwurzeltes Bedürfnis nach Messbarkeit.

Die gängigste Regel für Ziele ist die SMART-Regel. Unsere Ziele sollen also smart sein, nicht clever. SMART steht für spezifisch, messbar, attraktiv, realistisch und terminiert. Diese Regel geht auf das US-amerikanische Unternehmen General Electric zurück und hat ihren Ursprung bereits in den 1960er-Jahren. Über Jahre hinweg hat der Konzern das Konzept verfeinert, und bereits in den 1980er-Jahren wiesen Studien einen positiven Zusammenhang zwischen der SMART-Regel und dem Erfolg des Unternehmens nach. Doch selbst „spezifisch" war nicht spezifisch genug, und so wurden die Ziele auf „spezifisch UND messbar" erweitert. Der Grund? Sie ahnen es. Man kann schließlich nur erreichen, was man messen kann.

Wenn man von Zielen sprach, ging es nicht mehr um die Vision oder das Wofür. Fortan mussten Ziele messbar sein. Diese Denkweise hat folgende Konsequenzen: Manager lenken ihre Aufmerksamkeit verstärkt auf kurzfristige Ergebnisziele. Unsere Dashboards, gespickt mit roten und grünen Ampeln, tragen dazu bei. Viele grüne Punkte auf dem Dashboard können eine Beförderung bedeuten. Der liefert ab!

Um zu verhindern, dass Manager ihre Ziele senken, um also grüne Ampeln sicherzustellen, wurde die Diskussion um „stretched targets" (ambitionierte Ziele) angestoßen. Jack Welch führte bei General Electric die Idee der „stretched goals" ein. Das Konzept bedeutete im Grunde „SMART kombiniert mit ambitionierten Zielen". Kritiker könnten argumentieren, dass es immer noch „SMART" ist, aber das „A" für „attraktiv" wurde durch ein „A" für „ambitiös" ersetzt. Die strategischen Ziele, die das „Wofür" repräsentieren, werden dabei häufig vernachlässigt. Der Fokus auf nachhaltigen Erfolg geht verloren. Und warum auch? Wer kann schon sicherstellen, dass er immer noch im Amt ist, wenn das langfristige Ziel erreicht wird?

Diese „Streckung" von Zielen führte jedoch hauptsächlich zu einem Effekt, der im Widerspruch zu den hier geäußerten Gedanken steht. Die Ziele wurden zunehmend von oben diktiert oder zumindest überprüft. Das Ergebnis war, dass unrealistische Ziele formuliert wurden, die zudem top-down kommuniziert wurden. Die Beteiligung der betroffenen Mitarbeiter blieb auf der Strecke.

Die Frustration der meisten Mitarbeiter stieg, und Sarkasmus wurde zum täglichen Begleiter am Arbeitsplatz. Dennoch hieß es weiterhin voller Begeisterung von den Führungsetagen: „Wenn man weiß, wie man das Ziel erreicht, ist das Ziel nicht ambitioniert genug.» Daher wurden Ziele oft zu hoch angesetzt, um die Mitarbeiter zu Höchstleistungen zu provozieren.

Doch haben wir uns jemals gefragt, was wir eigentlich meinen, wenn wir von einem „Ziel» sprechen? Gibt es eine einheitliche Definition? Ein Blick in die Businesswelt genügt, um festzustellen: Nein, eine solche einheitliche Definition existiert nicht. Im Gegenteil, die Definition dessen, was ein Ziel ist, wird von Jahr zu Jahr komplizierter. Je mehr Performance-Gurus auftauchen, desto mehr Begriffsdefinitionen halten Einzug in den Alltag von Führungskräften. Für den einen ist es das Endziel, für den anderen sind es Meilensteine auf dem Weg dorthin, für den nächsten sind es Visionen, und für den letzten kommen Ziele in Form von Schlüsselindikatoren daher. Es gibt Ergebnis- und Prozessziele, Etappenziele, Inhalts- und Funktionsziele.

Aber braucht der Mensch nicht ein messbares Ziel? Die Antwort lautet: nein. Weder im Sport noch im Business sind messbare Ziele unerlässlich. Im Folgenden finden Sie einige Gründe, warum das so ist:

1. Bei einem Fußballspiel haben beide Mannschaften dasselbe Ziel: Sie wollen gewinnen. Aber nur einer Mannschaft wird das gelingen. Oder aber man teilt sich am Ende die Punkte. Das Ziel scheint also nicht den entscheidenden Unterschied zu machen. Viele Fußballvereine setzen sich vor der Saison das Ziel, nicht abzusteigen, aber einige erwischt es dennoch. Auch hier scheint das Ziel keine entscheidende Rolle zu spielen. Im Business haben unsere Wettbewerber oft ähnliche Ziele wie wir. Doch nur einer bekommt den Auftrag vom Kunden. Auch hier zeigt sich, dass das Ziel allein keinen Unterschied macht.

2. Ziele sind entweder zu niedrig oder zu hoch angesetzt: Wenn sie zu niedrig sind, könnte man möglicherweise sogar mehr erreichen, ohne Ziele festzulegen. Denn Pferde springen in der Regel nur so hoch, wie es notwendig ist. Wenn die Ziele zu hochgesteckt sind, neigen wir dazu, zu „suboptimieren". Mit anderen Worten: Wir beginnen, Dinge zu tun, die wir ohne diese Ziele nicht tun würden, selbst wenn sie dem gesunden Menschenverstand oder der Nachhaltigkeit entgegenstehen. Wir reagieren, statt strategisch zu handeln. Dies macht uns zu Opfern unserer eigenen Zielsetzung. Wir sehen die Ergebnisse nicht mehr als Produkt unserer Arbeit, sondern werden von den vordefinierten Zielen getrieben. Im Englischen wird dies noch deutlicher ausgedrückt: „Instead of driving results we are driven by results.» Anstatt also den Erfolg aktiv zu gestalten, lassen wir uns von (zu hohen) Zielen treiben. Das Schlimmste sind Ziele, die so hochgesteckt sind, dass sie selbst durch Suboptimierung nicht erreicht werden können, was oft zu zynischen oder frustrierten Mitarbeitern führt.

3. Die Abstimmung von Zielen über Funktionen hinweg ohne Zielkonflikte ist nahezu unmöglich: In einer Organisation mit verschiedenen Funktionen und Abteilungen erfordert es immense Anstrengungen und erhebliche Koordinationsbemühungen, Zielsetzungen so zu gestalten, dass sie organisationsübergreifend

aufeinander abgestimmt sind. In der Regel gibt es Zielkonflikte, die dazu führen, dass Abteilungen parallel an ihren eigenen Zielen arbeiten. Die eine Abteilung wird beispielsweise an geringen Lagerbeständen gemessen, während die andere auf schnelle Lieferung setzt. Projektmanager werden an der Einhaltung von Terminen gemessen, was die Qualität beeinträchtigen kann, an der wiederum andere Funktionen gemessen werden. Führungskräfte werden unter anderem an der Mitarbeiterzufriedenheit gemessen, während der Controller alle Reisen, Veranstaltungen und Weiterbildungsmaßnahmen ablehnt, um die finanziellen Monatsziele nicht zu gefährden. Das große Ganze gerät aus dem Blickfeld, die interne Zusammenarbeit wird eher behindert als unterstützt. Die Abstimmung der Funktions- und Abteilungsziele wird zu einer nahezu unmöglichen Aufgabe. Die angestrebte konstruktive funktionsübergreifende Zusammenarbeit wird degradiert zu Diskussionen, bei denen immer einer gewinnt und der andere verliert. Ein idealer Nährboden für dysfunktionale Organisationen.

4. Wir leben in einer Zeit ständiger Veränderung, während wir bei der Zielsetzung traditionell bleiben. Ziele sind oft starr und passen nicht mehr zu den aktuellen Rahmenbedingungen. Selbst dramatische Veränderungen in unserer Umgebung, wie die COVID-19-Pandemie oder geopolitische Krisen, führen oft nicht dazu, dass Unternehmen ihre unter gänzlich anderen Bedingungen definierten Ziele anpassen.

Interessanterweise wurden auch die häufig zitierten Studien der Harvard- und Yale-Universitäten zum Effekt von Zielsetzungen als Mythos entlarvt. Diese Untersuchungen behaupteten, dass Studierende, die ihre Ziele schriftlich festhielten, ihre Kommilitonen in Bezug auf Gehalt und Reichtum deutlich übertrafen. Diese Überzeugung hielt sich hartnäckig in den Köpfen vieler Entscheidungsträger. Doch letztlich stellte sich heraus, dass diese viel zitierten Studien in Wirklichkeit nie existierten – sie waren schlichtweg „Fake".

Mittlerweile sind sich die Experten einig, dass Algorithmen und die künstliche Intelligenz zahlreiche, weniger komplexe Aufgaben und Entscheidungen in den Unternehmen übernehmen werden. Diese Aufgaben werden sinnigerweise algorithmische Aufgaben genannt. Sie folgen einem klaren Prozess, um ein bestimmtes Ergebnis zu erreichen. Die andere Art von Aufgaben – die sogenannten heuristischen Aufgaben – werden zu einem bestimmten Teil weiterhin von Menschenhand und -hirn verrichtet werden. Und genau für diese Aufgaben taugen unsere starren Zielsysteme nicht. Ziele sind nicht die Antwort auf die komplexen Herausforderungen der heutigen Geschäftswelt.

Aber nicht nur deshalb wird es Zeit, die starre Fixierung auf Ziele zu überdenken und stattdessen den Fokus auf eine flexiblere, werteorientierte Herangehensweise zu legen. Der übermäßige Fokus auf Ziele in Unternehmen führt dazu, dass wir selbst bei strategischen Überlegungen die kurzfristigen und messbaren Erfolge in den Vordergrund stellen. Anstatt eine Vision zu entwickeln, die die Emotionen und Gedanken der Mitarbeiter berührt, konzentrieren wir uns oft auf messbare Kriterien.

In Englands Stadien gibt es eine treffende Weisheit: „Sell the sizzle, not the sausage" – wörtlich übersetzt: „Verkaufe nicht die Wurst, verkaufe das Brutzeln!" Genauso verhält es sich mit der Motivation. Es sind nicht die reinen Zahlen, die Sportler antreiben, sondern die Emotionen, die diese Zahlen umgeben. Das anfängliche Ziel – sei es der Meistertitel oder die persönliche Bestzeit – erscheint in einem neuen Licht, sobald die tieferen Beweggründe klar werden. Die Motivation entspringt immer dem „Wofür" und den damit verbundenen Gefühlen. Oder wie es Jürgen Klopp einmal ausdrückte: „Man muss den Jungs die Sonne zeigen." Es geht also nicht um die bloße Zahl, sondern um die Emotionen und Konsequenzen, die dahinterstecken. Mehr dazu wird in einem der nächsten Kapitel folgen.

Wir hingegen neigen dazu, das Messbare zu bevorzugen, weil es uns Sicherheit gibt. Die Würste können wir zählen, das Brutzeln nicht. Doch wir versuchen trotzdem, das Brutzeln in Zahlen zu fassen, um das Unmessbare greifbar zu machen. In den meisten Fällen scheitert dieser Versuch und führt dazu, dass wir wichtige Aspekte vernachlässigen – nur weil sie sich nicht in bloßen Zahlen ausdrücken lassen.

Die jährlichen Mitarbeitergespräche sind eine weitere Hürde, die es schwermachen, von diesem zielorientierten Ansatz abzurücken. „Was sollen wir denn beurteilen, wenn keine klaren messbaren Ziele vorhanden sind?", hallt es aus dem einen oder anderen Chefzimmer. Auch dazu später mehr.

Um den Herausforderungen der heutigen Arbeitswelt gerecht zu werden, benötigen wir dringend neue Ansätze, die über die üblichen Zielsetzungen hinausgehen. Die Zeit und Energie, die in die Erstellung von komplexen Zielsystemen gesteckt wird, könnte besser in andere Aspekte der Wertschöpfung investiert werden. Im Sport hat man erkannt, dass es nicht allein um die Ziele geht, sondern um die Faktoren, die die Wahrscheinlichkeit des Erfolgs positiv beeinflussen. Das Ergebnis ist nicht das alleinige Ziel, sondern die Konsequenz fokussierten und konsistenten Handelns. Man beherrscht seine Ziele, während wir im Business zu oft von unseren Zielen beherrscht werden. Dies lässt viele Unternehmen ergebnisgetrieben reagieren statt leistungsorientiert handeln.

Das heißt nicht, dass wir nun sämtliche Ziele einfach über den Haufen werfen und uns gar keine mehr stecken. Natürlich benötigen Unternehmen Ziele, um ihren Stakeholdern, Aktionären und der Öffentlichkeit mitzuteilen, was sie erreichen möchten. Genauso wie Vereine den Medienvertretern und Fans sagen müssen, für welchen Tabellenplatz sie diese Saison antreten, wie viele Titel sie holen möchten oder warum sie diesmal lediglich die Klasse halten wollen. Sie benötigen auch Kennzahlen für die betriebswirtschaftliche Planung und Steuerung. Diese Ziele dienen im positiven Sinne der Kontrolle und der Entscheidungsfindung, sollten jedoch nicht als alleiniges Erfolgskriterium angesehen werden. Welche Kennzahlen und Zielformen dennoch Sinn machen, weil sie unser Verhalten positiv beeinflussen, uns lernen lassen und unsere Selbstwirksamkeit erhöhen, dazu später mehr.

Die möglichen Taktikfehler:

> **Taktikfehler 1:** Wir setzen Erfolg mit messbaren Ergebnissen gleich.
>
> **Taktikfehler 2:** Wir verwenden zu viel Energie für die Zielbestimmung und -abstimmung.
>
> **Taktikfehler 3:** Wir handeln ergebnisgetrieben statt leistungsorientiert.
>
> **Taktikfehler 4:** Wir vernachlässigen wichtige, nicht messbare Erfolgsgaranten.

Von Torprämien und einem Kaffeeservice

Diejenigen unter Ihnen, die den Fußball schon etwas länger verfolgen, werden sich an die guten alten Zeiten erinnern: Wie in anderen Sportarten auch, gab es für einen Sieg zwei Punkte, für ein Unentschieden einen und für eine Niederlage keinen Punkt. Weil Torstatistiken auswiesen, dass immer weniger Tore fielen, suchte man nach einem Anreiz, um den Mannschaften das Tore schießen schmackhafter zu machen. Während der Weltmeisterschaft 1994 in den USA testete man schließlich die Drei-Punkte-Regel. Für den Sieger gab's drei statt der gewohnten zwei Punkte. Der Versuch wurde als gelungen interpretiert und ab der Saison 1995/96 weltweit die Drei-Punkte-Regel eingeführt. Man erhoffte sich eine offensivere Spielweise und somit mehr Tore.

Ein langfristiger Effekt blieb allerdings aus. Im Gegenteil – im Verlaufe der Jahre wurden noch weniger Tore geschossen. Waren es bis zur Saison 1987/88 fast ausnahmslos mehr als drei Tore pro Spiel, sank die Anzahl der Tore nunmehr kontinuierlich ab. Die Grenze von drei Toren wurde nie wieder durchbrochen. In den fünf europäischen Spitzenligen in England, Italien, Frankreich, Spanien und Deutschland erreichte nach dem Jahr 2001 nur noch die Bundesliga einen Wert von 2,7 Toren. Überall sonst waren es weniger.

Erklärt wurde diese Entwicklung gemeinhin damit, dass die Spieler immer besser austrainiert seien, die taktischen Maßnahmen raffinierter und rigider wurden. Dass die Drei-Punkte-Regel selbst etwas mit dieser Entwicklung zu tun haben könnte, dachte niemand. Erst die Wirtschaftswissenschaftler Palacios-Huertas und Garicano zeigten auf, welchen Schaden die Regeländerung angerichtet hatte. Statt offensiven Fußball zu fördern, hatte sie genau den gegenteiligen Effekt. Es zeigte sich, dass häufiger gefoult wurde und es mehr Verwarnungen gab. Es wurden häufiger Defensivspieler eingewechselt, um eine Führung zu verteidigen. Das Spiel änderte sich wirklich, aber nicht auf die gewünschte Weise. Der Sieg war deutlich wertvoller geworden, es wurde deshalb aber nicht mutiger und mit offenem Visier gekämpft, sondern mit zäher und defensiverer Haltung.[4]

Wird man für Erfolge stärker belohnt, führt das nicht zwangsläufig dazu, dass man die eigenen Anstrengungen erhöht. Oft werden nur die Bemühungen anderer sabotiert. Und genau das passierte nach Einführung der Drei-Punkte-Regel.

Ein weiteres Beispiel sind die zumindest im Profisport mittlerweile ausgestorbenen Torprämien. So manch ein Amateurverein versucht aber immer noch, seinen Stürmern mit lukrativen Prämienregelungen Beine zu machen. Das Resultat ist meist genauso ernüchternd wie das der hochgelobten Drei-Punkte-Regelung. Die Nebenwirkungen dieser Prämien können mitunter toxisch sein und dienen in den seltensten

Fällen dem Erfolg des Kollektivs. So werden die erfolgversprechendsten Spielsituationen kläglich in den Sand gesetzt, da der Stürmer auch aus schier aussichtsloser Position lieber selbst auf das Tor schießt, anstatt den Ball dem besser postierten Nebenmann in den Fuß zu spielen. Kommt Ihnen das bekannt vor?

Der Fehler im System ist offensichtlich. Die mit viel Hingabe ausgearbeiteten Prämienregelungen tragen weder dazu bei, dass die Mehrheit der Spieler motivierter zu Werke geht, noch, dass sie mehr Tore schießen. Stattdessen führen sie zu Unmut, Unzufriedenheit und zu unbeabsichtigten Verhaltensweisen, die dem Großen und Ganzen eher schaden als helfen.

Amateure halt, könnte man jetzt sagen. Wir im Business sind doch Profis. Oder etwa nicht?

Die Realität ist, dass diese Sportamateure in sehr guter Business-Gesellschaft sind. Im Business agieren wir oft mit derselben Leidenschaft wie die lokalen Amateurvereine. In Unternehmen werden durch solch ungeahnte Nebeneffekte ganze Abteilungen ausgehebelt.

Der übermäßige Einsatz von im Gießkannenprinzip ausgerollten Bonus- und Anreizsystemen in Unternehmen entspringt einem unserer Denkmuster. Wir glauben, wir müssten unsere Mitarbeiter motivieren. Wir beharren auf der Vorstellung, dass extrinsische Motivation den gewünschten Erfolg bringt. Die Praxis zeigt jedoch, dass diese Ansätze häufig nicht die erwünschten Ergebnisse erzielen und unbeabsichtigte Konsequenzen haben können. Die sogenannten Anreiz- oder Bonussysteme sollen zwar die Mitarbeiter pauschal zu Spitzenleistungen motivieren, so richtig wahrgenommen werden diese aber erst, wenn sich die Boni am Ende des Jahres im unteren Ende der Skala einpendeln. Ansonsten werden sie gerne mitgenommen. In guten Jahren freut man sich einmalig, bevor man wieder aus dem Hamsterrad grüßt und bemerkt, dass es kein Bonus war, der da gezahlt wurde, sondern Schmerzensgeld. Motivation: Pustekuchen.

Bei den meisten Anreizsystemen muss man eher Sorge haben, dass sie die Gesamtziele des Unternehmens torpedieren wie die Drei-Punkte-Regelung im Fußball. Nicht selten führen sie dazu, dass Motivation abgebaut statt gesteigert wird. Tatsächlich muss und kann man Mitarbeiter nicht wirklich motivieren, genauso wie man Spieler nicht motivieren muss und kann. Wenn wir es schaffen, unsere Mitarbeiter nicht zu demotivieren, sind wir den anderen schon eine Nasenlänge voraus. Dazu später mehr.

Alle Bemühungen, andere Menschen zu motivieren, werden aller Voraussicht nach ins Leere laufen. Unternehmen sollten schlichtweg aufhören, ihre Zeit mit Anreizsystemen zu verschwenden, sondern ihre Energie darauf verwenden, Schaden abzuwenden, die durch diese Systeme entstehen. Solche Systeme erzeugen Missgunst, Neid und das subjektive Empfinden von Ungerechtigkeit. Darüber hinaus verpulvert jeder Mitarbeiter unnötige Zeit, um diese Maschinerie mit Leben zu füllen. Im schlimmsten Fall führt es wie bei der Torprämie oder der Drei-Punkte-Regel dazu, dass andere Kollegen oder Abteilungen sabotiert werden. Bei Geld hört bekanntlich die Freundschaft auf. Zudem hält genau diese Maschinerie Unternehmen davon ab, ihren Dschungel an komplexen Zielsystemen abzuschaffen. Wir brauchen Bonussysteme, damit die Ziele auch Sinn ergeben, und wir benötigen Ziele, um die Bonussysteme mit Leben zu füllen. Ein perfekter Teufelskreis. Alle sind beschäftigt damit, nur das eigentliche Ziel der Motivation wird in aller Regel verfehlt oder gar aus den Augen verloren.

Wer glaubt, mit solchen Werkzeugen Mitarbeiter nachhaltig motivieren und zu Höchstleistungen antreiben zu können, wird meist enttäuscht. Wer annimmt, durch derartige Regelungen das Verhalten von Mitarbeitern langfristig beeinflussen zu können, sollte prüfen, ob der erhoffte Nutzen die oft ungeahnten Nebenwirkungen tatsächlich übersteigt. Es bringt wenig, wenn der Stürmer zwar ein paar Meter mehr läuft, dabei aber seine Mitspieler in aussichtsreicher Position „verhungern" lässt.

Diese unerwünschten Nebeneffekte treten besonders deutlich bei Prämiensystemen auf, die erst mit einer Verzögerung von zwei bis fünf Jahren ausgezahlt werden. Kündigt ein Mitarbeiter vorzeitig, verliert er seinen Anspruch auf den attraktiven Bonus. Diese „goldenen Handschellen" halten dann oft die falschen Mitarbeiter im Unternehmen – ein weiteres Beispiel für gut gemeinte Anreizsysteme, die letztlich die nachhaltige Leistungsentwicklung eines Unternehmens behindern.

Prämien sind zudem ähnlich schwierig zu handhaben wie Ziele. Ein gerechtes und wertschätzendes Maß zu finden, bleibt eine Herausforderung. Setzt man die Prämien zu hoch an, kann es zu peinlichen Situationen führen – wie im Fall der griechischen Regierung nach dem überraschenden EM-Titel 2004. Die ausgelobte Prämie für den Finalsieg war die höchste, die je einer Nationalmannschaft bei einer Welt- oder Europameisterschaft versprochen und dann übrigens zunächst verweigert wurde: eine Million Euro pro Spieler. Trotz dieser gigantischen Summe nahmen die meisten Spieler dies nicht als besondere Motivation wahr.

Doch auch das Gegenteil, eine zu bescheidene Anerkennung, kann negative Folgen haben. Ein Paradebeispiel hierfür ist der DFB, der der deutschen Frauenfußballnationalmannschaft nach dem Titelgewinn 1989 ein Kaffeeservice überreichte. 41 Teile, verziert mit blauen, gelben und roten Blümchen – aus der Produktlinie „Mariposa" von Villeroy & Boch. Dieses Geschenk ging als Symbol der Geringschätzung in die Geschichte ein und wird auch 30 Jahre später noch als klassisches Beispiel für misslungene Anerkennung angeführt.

Die möglichen Taktikfehler:

> **Taktikfehler 5:** Wir versuchen, Mitarbeiter extrinsisch zu motivieren.

> **Taktikfehler 6:** Wir unterschätzen die unbeabsichtigten Konsequenzen von Bonussystemen.

Von Königstransfers und Panikkäufen

Laut dem Fußballweltverband FIFA wurden im Jahr 2023 weltweit über 21.000 Transfers von Profispielern abgewickelt. Die Gesamtausgaben dafür beliefen sich auf mehr als 9 Milliarden US-Dollar. Besonders die spektakulären Transfers, wie der des FC Bayern München, der den englischen Nationalspieler Harry Kane verpflichtete, bestimmten in der fußballfreien Zeit vor Saisonbeginn die Schlagzeilen. Doch im Vergleich zur höchsten je gezahlten Ablösesumme, den 222 Millionen Euro, die Paris Saint-Germain 2017 für Neymar ausgab, wirken selbst solche Summen fast bescheiden.

Die mediale Aufmerksamkeit, die der Transfermarkt erfährt, übersteigt oft das eigentliche Geschehen auf dem Platz. Fußballfans, von jung bis alt, begeistern sich für Computerspiele und Apps, bei denen das geschickte Kaufen und Verkaufen von Spielern entscheidend für den Erfolg ist. Die Botschaft dahinter: Eine kluge Transferpolitik gilt als Schlüssel zum Erfolg. Diese Annahme wird durch Beispiele wie Manchester City gestützt, das von 2014 bis 2019 den Marktwert seines Teams um beeindruckende 840 Millionen Euro steigerte – 85 % davon durch Investitionen in neue Spieler.

Jedoch gibt es noch einen anderen Weg, den Wert einer Mannschaft zu steigern: die gezielte Förderung und Integration eigener Talente. Oft bleibt dies den Fans verborgen, vor allem wenn keine großen Verkäufe stattfinden. Ein eindrucksvolles Beispiel ist der FC Liverpool, der im gleichen Zeitraum wie Manchester City den Marktwert seines Teams um 830 Millionen Euro steigerte. Dabei wurde fast 80 % dieser Wertsteigerung durch die Entwicklung des vorhandenen Potenzials und das Einbinden von Spielern aus den eigenen Nachwuchsmannschaften erzielt.

Liverpool ist dabei kein Einzelfall. Im Durchschnitt basieren zwei Drittel der Wertsteigerungen bei den 69 führenden europäischen Clubs auf der Förderung eigener Spieler, nicht auf Neueinkäufen[5]. Hätten Sie das gedacht?

Welche Strategie verfolgen Sie in Ihrem Unternehmen? Wie steigern Sie den Wert Ihres Teams oder Ihrer Organisation? Wieviel „Manchester City" steckt in Ihrer Personalplanung, und wieviel „FC Liverpool"? Anders gefragt: Wie viel Ihrer Anstrengungen richten sich auf externe Talente, und wie viel investieren Sie in die Weiterentwicklung Ihrer bestehenden Mitarbeiter?

Der Fachkräftemangel als Chance

Im Profifußball scheint das Angebot an jungen Talenten schier endlos. Unzählige Nachwuchsspieler träumen davon, Profis zu werden, weshalb sowohl die externe als auch die interne Strategie für Clubs Erfolg verspricht. Doch was wäre, wenn es plötzlich weniger Talente gäbe? Man könnte vermuten, dass die Clubs – wie der FC Liverpool – vermehrt auf die Entwicklung ihrer eigenen Spieler setzen würden, um ihre Wettbewerbsfähigkeit zu erhalten.

In der Unternehmenswelt beobachte ich jedoch oft das Gegenteil. Je mehr der Fachkräftemangel zur Realität wird, desto stärker richten Unternehmen ihren Fokus auf externe Lösungen. Sie investieren in „Employer Branding", vergrößern ihre Recruiting-Abteilungen und engagieren teure Headhunter. Anstatt die Leistungsfähigkeit der eigenen Mitarbeiter zu stärken, versuchen Unternehmen, den schrumpfenden Talentpool von außen zu kompensieren.

Besonders die aufwendig gestalteten Recruiting-Kampagnen sind nicht nur teuer, sondern können sogar die Mitarbeiterfluktuation erhöhen. Studien zeigen, dass über die Hälfte derjenigen, die ein Unternehmen schnell wieder verlassen, falsche Erwartungen als Hauptgrund nennen[6]. Dadurch landen viele neue Mitarbeiter statt auf erhofften „grünen Trainingsplätzen" eher auf rutschigen Hartplätzen. Die Kluft zwischen den glanzvollen Versprechungen auf Karriereportalen und der tatsächlichen Unternehmenskultur ist oft frappierend.

Ein inspirierendes Gegenbeispiel bietet der spanische Fußballclub Athletic Bilbao, der seit Jahrzehnten erfolgreich auf ein Modell setzt, das trotz eines begrenzten Talentpools seine Wettbewerbsfähigkeit sichert.

Die Erfolgsgeschichte von Athletic Bilbao

In der Vereinsphilosophie von Athletic Bilbao ist ein Grundsatz verankert, der den Talentpool für den Profikader auf Spieler aus dem Baskenland beschränkt. Obwohl man meinen könnte, dass diese selbstauferlegte Limitierung einen Wettbewerbsnachteil darstellt, sprechen die Fakten eine andere Sprache. Kein spanischer Verein hat mehr Nationalspieler gestellt als Athletic Bilbao, und als einziger Club neben dem FC Barcelona und Real Madrid hat Bilbao niemals aus der spanischen „La Liga" absteigen müssen. Vielmehr sammelten die Basken in dieser Zeit acht Meistertitel. Damit sind sie Dritter der „Ewigen Tabelle" des spanischen Fußballs[7].

Die Schlüssel zum Erfolg liegen in der Kontinuität und der nachhaltigen Entwicklung der eigenen Talente. Bilbao investiert seine Einnahmen in die Ausbildung und vergleicht sich mit einer Universität, die sicherstellt, dass Talente ihre Potenziale entfalten und sich ganzheitlich als Sportler und Mensch entwickeln können. Der Verein sieht nicht den kurzfristigen Transfererfolg, sondern die langfristige Entwicklung der Spieler als Ziel. Das ist eine Frage der Haltung und hat – wie sollte es anders sein – den Ursprung in der Definition von Erfolg. Siege und Titel sind die Konsequenz, nicht das alles bestimmende Ziel. Durchschnittlich verbringt ein Spieler, der sein Debut im Profikader von Athletic Bilbao gegeben hat, mehr als sieben Jahre in diesem Team. Diese Spieler zahlen das Vertrauen und die Wertschätzung zurück, die sie über die Jahre erfahren haben. Sie verhelfen dem Verein zu einer Identität, die neue Talente anlockt. Ausbildung geht vor Scouting.

Talentförderung im deutschen Fußball – eine Zeitreise

Die Euphorie nach dem Weltmeistertitel 1990 und der optimistischen Prognose von Franz Beckenbauer, dass der deutsche Fußball für Jahre unschlagbar sein werde, erlebte nach dem Viertelfinalaus in den USA vier Jahre später einen jähen Dämpfer. Der Sieg bei der Europameisterschaft 1996 im „Mutterland des Fußballs" kaschierte eine schleichende Entwicklung, die beim WM-Viertelfinalaus 1998 in Frankreich endgültig offensichtlich wurde und ihren Höhepunkt im blamablen Abschneiden bei der Europameisterschaft 2000 in Belgien und Holland fand – schon nach der Vorrunde ging's für die DFB-Elf auf den kurzen Heimweg. Die WM 2006 im eigenen Land stand bevor, und die Verantwortlichen reagierten mit einem Talentförderprogramm, das schon seit zwei Jahren in den Schubladen der DFB-Bosse schlummerte.

In einem beeindruckenden Schritt wurden länderübergreifend 350 Stützpunkte etabliert, die sowohl für die Sichtung als auch für die Förderung von Talenten verantwortlich waren. Zugleich wurden alle 18 Bundesliga-Clubs durch das Lizenzierungsverfahren dazu verpflichtet, eigene Leistungszentren zu implementieren. Diese Vorgabe wurde ab 2002 auch für die Clubs der 2. Bundesliga obligatorisch, um die Lizenz zu erhalten. Die Vereine investierten in den ersten 20 Jahren der Reform fast eine Milliarde Euro in die fast 60 Nachwuchsleistungszentren (NLZs). Natürlich war nicht alles perfekt, es wurden Fehler gemacht und Korrekturen vorgenommen, aber der übergeordnete Trend und die dahinterstehende Absicht stimmten. Die Reform markierte den Beginn einer Ära, die sich durch einen unerschütterlichen Fokus auf kontinuierliche und nachhaltige Talentsichtung und -entwicklung auszeichnete – ähnlich wie in Bilbao, nur eben mit einer signifikant größeren Zielgruppe an Talenten. Man musste halt kein Baske sein, sondern über einen deutschen Pass verfügen. Die Idee war aber dieselbe.

Diese Ära brachte den deutschen Weltmeistertitel 2014 hervor, und obwohl dieser nicht ausschließlich auf die Reform zurückgeführt werden kann, ist unumstritten, dass sie das Fundament für die späteren Erfolge legte. Von den 23 Spielern, die 2014 den 1:0 Finalsieg gegen Argentinien errangen, stammten 21 Spieler aus einem NLZ. Nur Roman Weidenfeller und Miroslav Klose profitierten nicht mehr von den Reformen, da sie bereits im Profifußball aktiv waren.

Die deutsche Bundesliga erlebte einen Anstieg des Anteils deutscher Spieler, und gleichzeitig wurde das Durchschnittsalter der Profis um zwei Jahre gesenkt[8]. Die Reform trug dazu bei, ein goldenes Zeitalter im deutschen Fußball einzuläuten.

Und so prophezeite ARD-Kommentator Tom Bartels nach dem WM-Finale 2014 rund 24 Jahre nach Franz Beckenbauers Anflug von Euphorie: „Deutschland ist zurück im Fußballhimmel."

Die Kehrseite des Erfolgs

Doch der deutsche Fußballhimmel bewölkte sich schnell, und in den folgenden Jahren konnte „Die Mannschaft" nicht an die Erfolge anknüpfen. Ein Grund hierfür lag in zahlreichen Nachwuchsleistungszentren, in denen das Scouting wichtiger wurde als die ursprüngliche

Aufgabe: Fußballer in ihrer Individualität zu fördern und sie taktisch, technisch, athletisch, mental und sozial zu entfalten. Statt seinen Fokus nach innen zu richten, richteten diese Talentschmieden genau wie viele Unternehmen dieser Tage Ihren Fokus auf das Außen.

Über die Jahre gewann das Scouting die Oberhand, und die Nachwuchsakademien wandelten sich vom Cost-Center zum Profit-Center. Die Definition von Erfolg änderte sich nahezu unbemerkt, und die Messkriterien folgten diesem Wandel. Motivierte Eltern und zweifelhafte Spielerberater trugen dazu bei, dass die Talentschmieden versuchten, die vielversprechendsten Talente möglichst früh an sich zu binden, um sie im besten Fall gewinnbringend zu verkaufen. Die Methode dafür war schnell gefunden. Man lockte mit den besten Titel-chancen und dem „Rundum Sorglos Paket", das an die Pakete erinnert, die Unternehmen heutzutage für potenzielle Bewerber schnüren.

Die kontinuierliche und ganzheitliche Förderung der Talente geriet ins Hintertreffen. Jährlich wurden knapp 30 Prozent der Talente ausge-tauscht, und die Wahrscheinlichkeit, nach drei Jahren im Nachwuchs-leistungszentrum noch dabei zu sein, lag bei 33 Prozent. Nach fünf Jahren sank diese Quote sogar auf 20 Prozent.

Der Teufelskreis

In den Jugendmannschaften ging es vermehrt um Titel, und man orientierte sich vorrangig an Ergebnissen. Meisterschaftstitel erhöhten die Chance, die besten Talente ans Land zu ziehen. Die Definition von Erfolg hatte sich schleichend verändert, und dieser ordneten sich auch die Trainer unter. Der Deutsche Meistertitel wurde in manchen Talent-schmieden mehr zum Garanten für Beförderung als die nachhaltige und individuelle Entwicklung der Talente.

Die veränderte Definition von „Talent" konzentrierte sich auf kurz-fristigen Erfolg und Meistertitel. Der Teufelskreis war in Gang gesetzt und schwer zu stoppen. Wer ausstieg, galt als Verlierer, wer weiter-machte, hatte zumindest die Chance auf finanziellen Erfolg. Oftmals konnte ein Spielertransfer zumindest die Kosten der Talentschmiede über Jahre hinweg sichern.

Die Verlierer in diesem Spiel waren die Talente und, zeitversetzt, der deutsche Fußball. Die kontinuierliche und individuelle Talentent-wicklung wurde dem kurzfristigen Ergebnisdruck geopfert, und das Scouting triumphierte über die Talententwicklung. Kommt Ihnen das bekannt vor?

Das Projekt „Zukunft"

Im Fußballhimmel nahmen derweil andere Nationen Platz. Und zwar wenig überraschend diejenigen, die auf kontinuierliche, individuelle und ganzheitliche Talentarbeit setzten – so wie es Fußballdeutschland tat auf dem Weg zum WM-Titel 2014, bevor man den Pfad der Tugend wieder verließ. Wie so oft sind die Erfolge nicht das Ergebnis kurzfristiger Aktionen oder das Werk einzelner Personen, seien es Spieler oder Trainer. Kontinuität, eine durchdachte Philosophie und zielführende Rahmenbedingungen sind die wahren Wegbereiter für Erfolge im Sport. Diese Erfolge resultieren aus fokussierter und kontinuierlicher Arbeit „unter dem Eisberg" und sind eine Konsequenz der nachhaltigen Steigerung der Leistungsfähigkeit auf individueller und kollektiver Ebene. Das Fundament dafür wird im Sport nun einmal in der Nachwuchsarbeit gelegt.

Im deutschen Fußball führte diese Erkenntnis letztendlich dazu, dass der DFB im Jahr 2018 in Zusammenarbeit mit der DFL das „Projekt Zukunft" ins Leben rief, mit dem Ziel, den deutschen Fußball zurück an die Weltspitze zu führen und dort dauerhaft zu etablieren. Um dies zu erreichen, stehen nun wieder die Nachwuchsspieler und ihre bestmögliche Entwicklung im Mittelpunkt aller Überlegungen. Der Anfang ist gemacht, aber dies bedurfte jahrelanger „Lobby-Arbeit" von Experten, Wissenschaftlern, Systemkritikern und Vordenkern, die sich auch von persönlichen Anfeindungen mächtiger Entscheidungsträger im deutschen Fußball nicht von ihrem Weg abbringen ließen. Es bleibt abzuwarten, wann und ob diese Bemühungen Früchte tragen und wir erneut den nächsten Anflug von Euphorie seitens eines deutschen Sportreporters oder Nationaltrainers erleben dürfen.

Zwar jongliert man im Business nicht mit millionenschweren Ablösesummen, doch sehe ich viele Unternehmen, die – ähnlich wie im deutschen Fußball – ihren Fokus verlieren. Themen wie Recruiting und Employer Branding dominieren, während die kontinuierliche, zielgerichtete Förderung der eigenen Mitarbeiter ins Hintertreffen gerät. Wie sieht es bei Ihnen aus? Haben auch in Ihrem Unternehmen Recruiting und Employer Branding die interne Talententwicklung in den Hintergrund gedrängt?

Die Entwicklung im deutschen Nachwuchsfußball ist nur ein Sinnbild für eine weitverbreitete Problematik: Zu oft vergessen wir das eigentliche „Warum", wenn der Drang nach schnellen Ergebnissen überhandnimmt. Der Blick richtet sich zu stark auf die glänzenden

Erfolge, die sichtbar über dem Wasser treiben, während die entscheidenden Grundlagen für künftigen Erfolg – verborgen unter der Oberfläche – vernachlässigt werden. Doch es gibt noch andere Gründe, die uns davon abhalten, so kontinuierlich wie Athletic Bilbao zu agieren. Stattdessen erliegen wir dem Reiz verlockender, prestigeträchtiger Königstransfers.

Das Königstransfer Phänomen

Als Cristiano Ronaldo seine Rückkehr von Juventus Turin zu Manchester United verkündete, erzielte der Verkauf seines Trikots mit der Rückennummer 7 innerhalb von nur zwölf Stunden einen Umsatz von etwa 38 Millionen Euro. Auch wenn dem Verein nur ein Bruchteil des Umsatzes zusteht, illustriert dies die enorme Reichweite solcher Königstransfers im Sport.

Oft sind es nicht die Vereine, sondern die Vereinsbosse oder Mäzene, die von solchen Stars profitieren, wenn sie sich für „ihren" Verein entscheiden. Ein Königstransfer steigert über Nacht nicht nur den Marktwert und die Attraktivität der gesamten Mannschaft, sondern auch das Ego der umtriebigen Vereinsbosse.

Wenn Sie glauben, dass solche Spielchen ausschließlich egozentrischen Vereinsbossen vorbehalten sind, werfen Sie einen Blick in die Unternehmen. Auch hier erhöht die einstellende Führungskraft durch das Anwerben eines „Hochkaräters" über Nacht ihren eigenen Marktwert. Das Unterstreichen der eigenen Überzeugungskraft und die Ambitionen des Managements werden durch solche Transfers sichtbar – und von unseren Denkmustern gestützt. Ein Königstransfer wird zum eigenen „Karriere Booster". Im Gegensatz dazu findet das kontinuierliche Coaching und die gezielte Weiterentwicklung interner Talente oft im Verborgenen statt – ohne großen PR-Effekt und meist unbemerkt von den eigenen Vorgesetzten. Wenn Sie jedoch eine langfristig erfolgreiche Strategie wie der FC Liverpool verfolgen möchten oder an den deutschen Fußball der Jahre vor dem Weltmeistertitel 2014 anknüpfen wollen, sollten Sie überdenken, welche Fähigkeiten und Maßnahmen Ihrer Führungskräfte Sie künftig wertschätzen wollen. Solange es karrierefördernder und einfacher bleibt, teure Neuzugänge zu verpflichten, wird effektives und nachhaltiges Talentmanagement in Unternehmen selten Priorität genießen.

Meine Kritik richtet sich dabei nicht gegen die Einstellung von talentierten „Neuzugängen". Es ist selbstverständlich sinnvoll, externe Expertise zu integrieren, um die Belegschaft zu erweitern und gezielte

Lücken zu schließen. Was ich kritisiere, ist die übertriebene Verherrlichung dieser Praxis. Scouting und Talententwicklung dürfen und sollten nebeneinander existieren – allerdings darf das Pendel nicht zu stark in Richtung Scouting ausschlagen. Die interne Talentförderung muss im Zentrum jeder Organisation stehen.

Wer als Führungskraft in Zeiten eines herausfordernden Arbeitsmarktes diese essenzielle Aufgabe vernachlässigt und stattdessen nach teuren Verstärkungen sucht, hat eine Beförderung genauso wenig verdient wie ein Nachwuchstrainer, der vor lauter Fixierung auf kurzfristige Erfolge seine Talente verkommen lässt.

Ein unfairer Vergleich

Ein weiterer Taktikfehler in der Kategorie „Scouting schlägt Talententwicklung" ist eng mit dem zuvor erwähnten Verhalten verbunden: Wir neigen dazu, das Risiko eines Transferflops als geringer einzuschätzen als das Risiko, dass unser internes Talent „versagt". Warum? Ganz einfach, weil der Vergleich unfair ist.

Je weniger Zeit und Investitionen wir in die Entwicklung unserer Talente stecken, desto geringer ist das Vertrauen, dass sie in die großen Fußstapfen treten können, die der Weggang hinterlässt. Wenn Spieler ständig in der zweiten Reihe eingesetzt werden, fehlt die Zuversicht, dass sie in höheren Ligen erfolgreich sein können. Anstatt internen Bewerbern die Chance zu geben, sich in neuen Positionen zu entwickeln, suchen wir auf dem Transfermarkt nach einem möglicherweise besseren, bereits „fertigen" Kandidaten. Das gibt uns Sicherheit und erleichtert die Entscheidung des Managements. Der Klassiker „Er hat aber keine Führungserfahrung" wird zum Teufelskreis, aus dem es schwer ist auszubrechen.

Die Absurdität dieser Idee, dass externe Neuzugänge die Lücke schneller und besser füllen können, wird deutlich, wenn man betrachtet, wie in Unternehmen üblicherweise neue Mitarbeiter eingestellt werden. Während im Fußball regelmäßige Beobachtungen oder Probetrainings möglich sind, begnügen wir uns im Geschäftsleben mit einigen Eindrücken aus wenigen Interviews, bestenfalls garniert mit einem psychometrischen Test. Assessment Center sind eher selten und werden zur aussterbenden Art. Die Aussagekraft dieser begrenzten Eindrücke darf zumindest bezweifelt werden, besonders wenn die einstellenden Manager allein gelassen werden.

Dazu kommt, dass Äpfel mit Birnen verglichen werden. Die detailliert geschilderten Heldentaten des externen Bewerbers werden mit den ausgewogeneren Datenpunkten des internen Bewerbers verglichen. Ein ungleicher Wettbewerb, bei dem der interne Kandidat oft benachteiligt ist. Hier spielt uns wieder die Tatsache einen Streich, dass negative Erlebnisse oder Anekdoten schwerer wiegen als die positiven Aspekte.

Die schnelle Ernüchterung im Sport und im Business

Die Ernüchterung folgt im Sport und in Unternehmen oft schneller als erwartet. Im Sport, wo eine nahezu grenzenlose Transparenz herrscht, schlagen Neueinkäufe nicht immer so schnell ein wie der Supertransfer Harry Kane bei Bayern München. In der Saison 23/24 verbrannten die fünf europäischen Topligen über 6 Milliarden Euro an Transfersummen[9]. Nicht immer ist drin, was draufsteht. Panikkäufe wie der des FC Barcelona, der einst im Sommer 2017 satte 105 Millionen Euro plus möglicher Bonuszahlungen an Borussia Dortmund zahlte, um die Lücke nach dem Weggang von Neymar zu schließen, sind keine Seltenheit. Der teure «Lückenbüßer» namens Ousmane Dembelé verbrachte seine Zeit nämlich laut Medienberichten lieber mit Videospielen, anstatt auf dem Spielfeld zu überzeugen. Übrigens befindet sich der mittlerweile in Diensten von Paris Saint-Germain durchaus geläuterte französische Nationalspieler in bester Gesellschaft. Die Liste der teuren Transferflops über Sportarten hinweg ist lang.

Natürlich werfen wir im Business nicht mit solchen Summen um uns, aber sicherlich erinnern Sie sich an einige mit Euphorie erwartete Neuzugänge in Ihrem beruflichen Umfeld. Die Euphorie schwand, als klar wurde, dass auch diese Person nur mit Wasser kocht. Einige ziehen weiter, bevor es alle bemerken, andere bleiben und werden im Unternehmen wie ein Wanderpokal weitergereicht, bevor sie schließlich weggelobt werden. Im Geschäftsleben wünscht man sich manchmal eine Art Beraterzunft, ähnlich wie im Sport, die als „Transferflops" gescheiterte Neueinkäufe im Auftrag des Unternehmens an den Meistbietenden weitervermittelt.

Wir erwarten Top-Leistung von Tag 1

In der Welt des Recruitings und Scoutings ist Professionalität unabdingbar. Die Kollegen und Kolleginnen in diesen Abteilungen sind in vielen Organisationen hochqualifizierte Experten, die in den letzten Jahren verstärkt Aufmerksamkeit und Entwicklung erfahren haben – sowohl in der Wirtschaft als auch im Sport.

Die sorgfältige Auswahl von neuen Teammitgliedern steht dabei im Fokus. Diese sollen nicht nur fachlich überzeugen, sondern auch das bestehende Team mit ihren persönlichen Fähigkeiten optimal ergänzen. Die Erwartungen an sie sind hoch und berechtigterweise erhofft man sich einiges von diesen vielversprechenden Neuzugängen.

Doch stellt sich die Frage: Viel oder vielleicht sogar zu viel? Oft geraten Unternehmen und Vereine in den Sog der Vorschusslorbeeren, ohne zu bedenken, dass es bei dieser Personalrotation um Menschen geht, nicht um austauschbare Spielsteine. Es sind eben nicht die Steine, die den Unterschied machen, um ein leistungsstarkes Team zu formen, sondern die Masse, die die Steine zusammenhält. In vielen Fällen ist nicht der Spieler oder Mitarbeiter mit seinem Leistungspotenzial das Problem, sondern die Erwartungen an diese Mitarbeiter sind schlichtweg überzogen.

In der Sportgeschichte zeigt sich, dass das Übertragen von Erfolgen aus vergangenen Spielzeiten auf neue Umgebungen nicht immer aufgeht. Ein eindrückliches Beispiel ist Harry Maguire, der nach erfolgreichen Jahren beim Überraschungsmeister Leicester City im Sommer 2019 für 80 Millionen Pfund zu Manchester United wechselte. Trotz seiner vorherigen Erfolge stellte sich heraus, dass Leistung nicht nur von Können und Einstellung abhängt, sondern auch von Kontext und Rahmenbedingungen.

Während Maguires Beitrag zum Vereinserfolg der „Red Devils" seither zumindest kritisch hinterfragt werden dürfte, haben seine misslungenen Ballaktionen und Fehler eine große Reichweite in den sozialen Medien erreicht. Ob das aber hilft, den Transferverlust in Grenzen zu halten, erscheint eher fraglich. Um es nochmal deutlich zu machen: Ich kritisiere weniger die hochgehandelten Spieler, die allzu häufig unter von außen gemachtem Druck zusammenbrechen. Vielmehr stören mich diejenigen, die diese unrealistischen Erwartungshaltungen zulassen und ohne Rücksicht auf Verluste kommunizieren.

Das Missverständnis, dass Spieler oder Mitarbeiter sofort Höchstleistungen abrufen können, ist nicht nur im Sport, sondern auch in der Wirtschaft verbreitet. Die Erwartungen müssen realistisch sein. Unternehmen sollten bedenken, dass die Leistung eines Einzelnen nicht nur von dessen Fähigkeiten, sondern auch von der Interaktion mit dem Team abhängt.

In diesem Zusammenhang sei darauf hingewiesen, dass ein Spieler, der den Verein wechselt, nicht einfach seine vorherige Leistung reproduzieren kann. Jeder Verein ist ein einzigartiges Umfeld. Die Anpassung braucht Zeit. Studien zeigen, dass es im Durchschnitt drei Jahre dauert, bis ein Spieler nach einem Vereinswechsel seinen ursprünglichen

Leistungszenit erreicht, wenn überhaupt. Manche Spieler sind nach einem Wechsel nie wieder dieselben, ohne dass sie etwas dafür können[10].

Dieses Prinzip überträgt sich eins zu eins auf die Unternehmenswelt. Ein effektives „Onboarding" – also die zielgerichtete Einarbeitung neuer Mitarbeiter, ist entscheidend für den Erfolg eines neuen Teammitglieds. Dennoch sind laut Studien fast 80 Prozent der Unternehmen mit ihrem Onboarding unzufrieden[11]. Es bedarf mehr als nur bunter PowerPoint-Präsentationen. Ein regelmäßiger Austausch, die Abstimmung der Erwartungen und vor allem Geduld sind unerlässlich. Wir hingegen erwarten eine erstklassige Leistung von Tag 1 und das ohne professionelles und nachhaltiges Onboarding. In vielen Fällen weicht die anfängliche Euphorie über den Top-Transfer der Erkenntnis, dass die Kosten, die entstehen, bis der Neuzugang die Erwartungen vollends erfüllt, um einiges höher sind als erwartet.

Einzelne Superstars können nur so gut spielen, wie es das Team zulässt. Daher richtet sich meine Kritik besonders an diejenigen, die glauben, ein leistungsstarkes Team könne man zusammenstellen wie ein Puzzle aus quadratischen Teilen – ohne Ecken und Kanten. Trainer-Legende Arsene Wenger brachte es treffend auf den Punkt: „Es ist immer Bedarf für neue Spieler, aber neu ist eben nur neu." Viele Vereinsverantwortliche müssen Jahr für Jahr erkennen, dass ihr Team nicht als Einheit agiert, sondern als eine Ansammlung von Einzelspielern ohne klare Struktur – und das war so sicherlich nicht „geplant". Dazu aber mehr im nächsten Kapitel.

Kontinuität als Antwort auf den steten Wandel

Hier kommen wir wieder zu unserem Ausgangsbeispiel, Athletic Bilbao. Sie erinnern sich: Ein Spieler, der sein Debut im Profikader von Bilbao gibt, verbringt durchschnittlich mehr als sieben Jahre im Team. Bilbao hat dadurch einen Vorteil, den viele andere Vereine nicht haben: geringe Fluktuation. Hieraus können Hierarchien entstehen, und das Zugehörigkeitsgefühl der Spieler ist immens hoch. Sie agieren weniger als Angestellte, sondern eher wie Eigentümer – eine Einstellung, die in vielen anderen Vereinen und Unternehmen vergeblich gesucht wird. Hohe Gehälter und ausgeklügelte Anreizsysteme können diese Haltung nicht ersetzen. Spieler zahlen das in sie gesetzte Vertrauen und die über die Jahre erfahrene Wertschätzung zurück. Sie verhelfen dem Verein zu einer Identität, die wiederum neue Talente anzieht.

Zudem führt das bewusste und kontinuierliche Investieren in die Entwicklung der eigenen Talente dazu, dass man Ihnen den nächsten Schritt zutraut. Man lernt sie kennen und entwickelt ein gesundes Verständnis für ihre Fähigkeiten, Stärken und EntwicklungsPotenziale. Der Reiz, auf dem Transfermarkt tätig zu werden und mitunter teure Neueinkäufe zu tätigen, weicht der Bereitschaft und dem Willen, die Potenziale der eigenen Talente zu entfalten.

In einer Zeit, in der ständige Veränderung als „new normal" betrachtet wird, rufen wir nach Resilienz und Agilität. Die Antwort auf viele unserer grundlegenden Fragen liegt jedoch in der Kontinuität. Diese mag etwas unspektakulär erscheinen und befriedigt nicht den Drang nach Aktionismus oder das Ego aufstrebender Manager. Sie ermöglicht jedoch zu handeln, statt nur zu reagieren. Diese Spielweise vermeidet die typischen „Stop and Go"-Mechanismen, die in vielen Unternehmen beobachtet werden. Sie besticht nicht durch Aktionismus, sondern durch Fokus und Beständigkeit. Diese Haltung wird – wie könnte es anders sein – durch eine überarbeitete Erfolgsdefinition gestärkt, die den Erfolg nicht nur an schnellen Ergebnissen misst, sondern diese als Folge nachhaltigen Denkens und Handelns interpretiert. Es ist höchste Zeit, sich wieder auf die eigenen Mitarbeiter zu besinnen und ihnen die nötigen Rahmenbedingungen sowie Fördermöglichkeiten zu bieten, um Diskussionen über vermeintlich notwendige Königstransfers von vornherein zu verhindern.

Letztendlich bringt die Konzentration auf die Entwicklung eigener Talente nachhaltigere Erfolge als das Streben nach kurzfristigen Scouting-Ergebnissen. Das Beispiel von Atlético Bilbao und anderer Vereine, die auf gute Nachwuchsarbeit setzen, belegt dies eindrucksvoll.

Die möglichen Taktikfehler:

Taktikfehler 7: Wir nehmen „Talent Scouting" wichtiger als „Talententwicklung".

Taktikfehler 8: Wir unterschätzen die „Total-Costs" von Neuzugängen.

Taktikfehler 9: Wir erwarten Top-Leistung unserer „Neueinkäufe" von Tag 1 an.

Taktikfehler 10: Wir lassen uns von den vergangenen Heldentaten des Neuzugangs blenden.

Von Durchschnittshennen und Wandervögeln

Kennen Sie den „Too Much Talent Effect"? Dieser Effekt beschreibt einen weit verbreiteten Denkfehler in Sport und Wirtschaft. Er beruht auf der Annahme, dass die Beziehung zwischen Talent und Leistung im Mannschaftssport linear verläuft. Unter dem Motto „Viel hilft viel" streben wir danach, die besten Talente zu gewinnen, setzen sie in ein Team und sind dann überrascht, wenn die Ergebnisse nicht den Erwartungen entsprechen.

Im Jahr 2014 veröffentlichten Wissenschaftler eine Studie mit dem Titel „The Too Much Talent Effect"[12]. Die Forscher führten Experimente in verschiedenen Mannschaftssportarten durch und belegten, dass ab einer bestimmten Ansammlung von Top-Talenten negative Auswirkungen auf die Teamleistung auftreten können. Dies gilt insbesondere dann, wenn die Teammitglieder in hohem Maße voneinander abhängig sind, wie es im Teamsport der Fall ist. Die Konzentration von Top-Talenten beeinträchtigte in vielen Fällen die interne Zusammenarbeit und den Teamzusammenhalt. Dabei müssen es nicht unbedingt nachweisbare Top-Talente sein; oft genügt bereits die Selbstwahrnehmung als solches.

Dieser Irrglaube, dass ein Überfluss an Talent zwangsläufig zu Erfolg führt, teilte zum Beispiel der französische Nationalcoach Didier Deschamps mit den Worten: „Ich habe Spieler, die in der Ligue 1 spielen, andere in großen Vereinen, die in der Champions-League spielen. Je mehr ich habe, desto besser ist es."[13] Doch zwischen 2008 und 2014 endeten die Welt- und Europameisterschaften für die „Bleus" jedes Mal frühzeitig, entweder in der Vorrunde oder im Viertelfinale, begleitet von handfesten Skandalen innerhalb der „Equipe Tricolore".

Ähnliche Starensembles vergangener Jahre vermochten es oftmals nicht, ein Team zu formen, das mehr ist als die Summe seiner Einzelspieler. Diese Teams waren oft das Resultat einer unstrukturierten Einkaufspolitik, die erst durch finanzielle Unterstützung von außen möglich wurde. Während der Lernprozess beim französischen Club Paris Saint-Germain noch im Gange ist und das Warten auf den Champions League-Titel anhält, haben Manchester City und Real Madrid aus ihren Fehlern gelernt und vermehrt ihren Fokus auf die Passung der Spieler gelegt – sowohl spielerisch als auch charakterlich. Die Ergebnisse ließen nicht allzu lange auf sich warten. Beide Teams gewannen in den vergangenen Jahren neben den nationalen Meisterschaften auch die Champions League. Wer es kleiner mag: Auch beim

Hamburger SV zeigte sich, dass ein wohlmeinender Geldgeber nicht zwangsläufig einen kontinuierlichen Neuaufbau unterstützt, sondern eher zum Fluch wird. In vielen Spielen schaffte es die Anhäufung von „Ich-AGs", weniger auf die Platte zu bringen als die Summe ihrer Einzelteile. Und so bewahrheitet sich bei so manchem Verein, was Kaiser Franz schon 1984 nach dem frustrierenden Vorrundenaus unserer Fußballnationalmannschaft bemerkte: „Es sind alles gute Fußballer. Nur: Sie können nicht Fußball spielen."

Hochleistungshühner oder Durchschnittshennen

Ein sehr anschauliches Experiment zu diesem Thema ist das „Super Chicken"-Experiment des Biologen William Muir. Dieses Experiment, das anhand von Hühnern durchgeführt wurde, zeigt eindrücklich, dass ein Team aus Durchschnittshennen, bemessen an der Anzahl der gelegten Eier, oft effektiver ist als ein Team von Hochleistungshühnern. Muir beobachtete die Hühnerteams über sechs Generationen – mit einem bemerkenswerten Ergebnis: Dem Team der Durchschnittshühner ging es gut. Sie waren wohlgenährt, gut gefiedert und ihre Produktivität hatte sich im Laufe der Zeit signifikant erhöht. Aus dem anderen Team waren nur noch drei „Super Chicken" am Leben. Der Rest war sich gegenseitig an die Gurgel gegangen und hatte sich zu Tode gepickt. Unternehmen, die nach dem „Super Chicken"-Modell funktionieren – also glauben, dass man die vermeintlich Besten zusammenbringen und ihnen die Kontrolle übertragen sollte – erleben oft ähnliche Ergebnisse wie Muir: Aggression, Dysfunktion und Ineffizienz[14].

Oftmals agieren die Protagonisten nach dem Prinzip „me over we". Der Fokus liegt darauf, der Beste im Team zu sein, anstatt der Beste für das Team. Für ein funktionierendes Team gilt es jedoch, diesen Glaubenssatz umzukehren: „We over me" muss es heißen. Das Team steht über dem Einzelnen, es geht um das gemeinsame Ziel, das Große und Ganze. Man strebt danach, der Beste für das Team zu sein, nicht der Beste im Team.

Die Umsetzung dieses Grundsatzes erfordert nicht nur ein herausragendes Fingerspitzengefühl, sondern auch eine sorgfältige Orchestrierung und Führung des Teams. Andernfalls besteht die Gefahr, dass die Konstellation an den Einzelinteressen scheitert, es droht Selbstzerfleischung. Dieses Phänomen war mehr als einmal bei großen Fußballturnieren zu beobachten, insbesondere bei den englischen oder französischen Nationalteams, die mit Einzelkämpfern und „Ich-AGs" gespickt waren – ein deutliches „Me über We".

Wechselbereitschaft

Fußballprofi und Arsenal-Legende Tony Adams prägte einst den Ratschlag: „Spiele für das Wappen auf der Vorderseite deines Trikots, dann werden sich die Leute an den Namen auf der Rückseite erinnern." Dieser markante Spruch mag auf den ersten Blick wie eine romantische Idealisierung klingen, die nur in seltenen Fällen realisierbar scheint. Adams selbst verkörperte diese Philosophie wie kaum ein anderer: Seine gesamte, 19 Jahre umfassende Karriere verbrachte er im Trikot des FC Arsenal. Auch Thomas Müller, der 2024 mit über 710 Spielen als alleiniger Rekordspieler des FC Bayern München in die Geschichtsbücher einging, ist ein Beispiel für diese Art von Vereinstreue. Doch nicht jeder kann oder will diesem Weg folgen.

Dennoch sollten wir diese Einstellung als Anlass nehmen, unsere Denkmuster zu hinterfragen. Oftmals neigen wir dazu, eine hohe Wechselbereitschaft als Zeichen von gesteigerter Motivation und Ambition zu interpretieren. Doch das Beispiel von Adams und Müller zeigt, dass Loyalität keineswegs mit mangelnder Lernbereitschaft oder fehlendem Ehrgeiz gleichzusetzen ist. Vielmehr kann sie zu konstant hoher Leistung und nachhaltigem Erfolg führen. Das bedeutet jedoch nicht, dass es nicht auch sinnvoll sein kann, die eigene Komfortzone zu verlassen. Die entscheidende Frage lautet: Ambition – wofür?

Es gibt Spieler – oder generell Menschen in Beruf und Karriere – die durch geschickte Wechselstrategien Jahr für Jahr lukrativere Verträge aushandeln. Oft geschieht dies sogar, obwohl ihre Leistungen im Laufe der Zeit nachlassen. Natürlich ist es wichtig, den eigenen Marktwert zu kennen, doch dies darf nicht auf Kosten des Teams oder des Unternehmens geschehen. Wenn bereits in den ersten Wochen klar wird, dass ein neuer Spieler oder Mitarbeiter nur als Zwischenstation fungiert, führt dies selten dazu, dass das Team sein volles Potenzial ausschöpft. Stattdessen sind diese Personen häufig mehr mit ihrer nächsten Vertragsverhandlung beschäftigt als damit, im Hier und Jetzt ihre beste Leistung zu bringen. Ausnahmen bestätigen natürlich die Regel.

Besondere Vorsicht ist bei Kollegen geboten, die von Beginn an das Unternehmen oder die Position lediglich als Sprungbrett betrachten. In einzelnen Fällen mag diese Strategie aufgehen, doch in der Regel ist sie zum Scheitern verurteilt. Diese Menschen zeichnen sich durch ihre Fähigkeit zur Selbstinszenierung aus, ihr Leitmotiv lautet: „Sehen und gesehen werden." Ihr tatsächlicher Beitrag zum Team-

oder Unternehmenserfolg bleibt dabei häufig fraglich. Oder, um in der Sportmetaphorik zu bleiben: Sie konzentrieren sich nicht auf das Wappen auf der Vorderseite, sondern auf den Namen auf der Rückseite ihres Trikots. In vielen Fällen ist es für das Unternehmen besser, wenn diese Kollegen nach zwei Jahren, die vor allem ihrem eigenen Lebenslauf gedient haben, weiterziehen – bevor sie weiteren Schaden anrichten. Doch paradoxerweise schaffen sie es oft, gerade deshalb die Karriereleiter zu erklimmen. Warum das so ist, werden wir später genauer beleuchten.

Wandervögel

Diese Typen unterscheiden sich deutlich von den „Wandervögeln" wie Lutz Pfannenstil. Dem ehemaligen Torhüter und heutigem Funktionär gelang es, in jedem der sechs anerkannten Kontinentalverbände einem professionellen Fußballverein anzugehören. Es ist nicht das schnelle Geld oder die rasche Karriere, die diese Wandervögel antreibt, sondern Neugier, Abenteuerlust und Interesse an anderen Kulturen und Perspektiven. Diese Wanderer integrieren sich oft schnell und leisten einen wertvollen Beitrag für das Team, bevor sie weiterziehen. Sie unterscheiden sich grundlegend von den zuvor beschriebenen Kollegen.

Die Wandervögel haben einen anderen Auftrag: Sie füllen Lücken, inspirieren und sind wichtige Bestandteile im Teamgefüge und der Teamdynamik. Man plant nicht langfristig mit ihnen, aber man erwartet einen bedeutsamen Beitrag während der gemeinsamen Zusammenarbeit, ohne sich ewige Treueschwüre zu geben. So unterscheiden sich die Wandervögel erheblich von den im Sport oft kritisierten „Söldnern" oder „Job-Hoppern".

Erhöhte Wechselbereitschaft soll hier nicht als Makel verstanden werden. Natürlich kann diese auf eine gesunde Neugier und Flexibilität hindeuten, die heute branchenübergreifend gefordert wird. Sie kann auch darauf hindeuten, dass Spieler oder Mitarbeiter kontinuierlich ihre Fähigkeiten verbessern wollen, um die Besten ihres Fachs zu werden und sich mit den Spitzenleuten zu messen.

Es kann jedoch dazu führen, dass sie nie ihr volles Potenzial entfalten, da ihr Fokus immer auf dem nächsten Schritt liegt, anstatt im Hier und Jetzt den größtmöglichen Beitrag zu leisten. Das hohe Gehalt und der Ruhm mutieren von einer natürlichen Konsequenz des Tuns zum eigentlichen Ziel, dem alles untergeordnet wird. Das ist der Anfang vom Ende. Kein Verein sollte solche Spieler unter Vertrag nehmen und jedes Unternehmen sollte sorgfältig prüfen, ob die Lücke im Team wirklich mit einem solchen Profil geschlossen werden sollte.

Es wird besonders im Hinblick auf den aktuellen Fach- und Führungskräftemangel eine Herausforderung sein, die Anzahl der „Söldner" in den eigenen Reihen zu begrenzen, um nachhaltige Leistungssteigerungen zu gewährleisten. Dabei könnte es Unternehmen entgegenkommen, dass die auf den Arbeitsmarkt drängenden jungen Menschen mit dem Begriff „Karriere" wenig anfangen können und somit die Zahl der „Söldner" infolgedessen eher sinken wird. Auf der anderen Seite wird erwartet, dass die Zahl der „Wandervögel" mit den Jahren zunehmen wird. Unternehmen tun gut daran, Söldner von Wandervögeln zu unterscheiden. Der Beitrag zu einer nachhaltigen gesunden Leistungsentwicklung könnte unterschiedlicher nicht sein.

Söldner haben ihren Fokus immer auf dem nächsten Karriereschritt (dem nächsten Verein). Es gilt herauszufinden, wie diese Personen persönlichen Erfolg definieren. Haben sie nur die „Absicht", zum Teamerfolg beizutragen, wie viele andere auch, oder sehnen sie sich danach, einen echten Unterschied zu machen? Es mag nach Wortklauberei klingen, aber im Teamsport macht es einen großen Unterschied, ob Spieler nur mit guten Absichten auf dem Platz stehen oder Teamplayer sind, die wirklich darauf brennen, einen wichtigen Beitrag zum Teamerfolg zu leisten. Wir können das an jedem Spieltag beobachten – besonders wenn der vermeintliche Underdog den haushohen Favoriten aus dem Pokal wirft.

Hohe Gehälter als Leistungsbremse

Der sicherste Weg, diesen Taktikfehler zu vermeiden, liegt darin, angemessene, aber keine übermäßig hohen Gehälter zu zahlen. Überproportionale Gehälter führen oft zu einem übermäßig hohen Anteil an Söldnern. Spieler und Berater wissen, wo man gut verdienen kann. Und so kommt es, dass Vereine wie der HSV zwar Jahr für Jahr den Aufstieg ins Fußballoberhaus verpassen, aber einzelne Spieler und Trainer die Zeit beim „Dino" durchaus als lohnend empfanden.

In einigen Unternehmen kombiniert man gute Gehälter noch mit zeitverzögert ausgezahlten Bonuszahlungen. So gibt man den Söldnern wenig Anreiz, sich weiter auf dem Arbeitsmarkt umzusehen. Das ist der Grund, weshalb es in einem bestimmten Fall nicht ratsam ist, jeden Euro zweimal umzudrehen – nämlich bei Kündigungen und Vertragsaufhebungen, die in einigen Ländern mit Abfindungszahlungen verbunden sind. Wenn Mitarbeiter trotz aller Bemühungen des Managements keinen nennenswerten Beitrag zum Erfolg des Unternehmens leisten oder dies auch in Zukunft nicht zu erwarten ist, sollte die Trennung nicht hinausgezögert werden. Jeder kennt das Bild vom faulen Apfel, der den gesamten Korb verdirbt. Besser ein Ende mit Schrecken als ein Schrecken ohne Ende. Andernfalls riskieren Sie, wie so mancher Sportverein, jahrelang teure „Bankdrücker" mitzuschleppen, ohne von ihnen eine nennenswerte Leistungssteigerung erwarten zu können.

Um genau diesen Leistungsaspekt in den Vordergrund zu stellen und nicht jene Talente anzulocken, die nur das schnelle Geld verdienen möchten, setzt beispielsweise der FC Liverpool auf eine klare Gehaltsstrategie: Die Bezüge ihrer 17-jährigen „Stars" im ersten Profijahr werden auf ein Niveau begrenzt, das eher dem Durchschnittsgehalt eines regulären Angestellten entspricht als den überhöhten Summen, die man mit hochbezahlten Profis assoziiert[15]. Diese Philosophie lässt sich in der Unternehmenswelt nicht immer eins zu eins übertragen, dennoch gilt eine wichtige Regel: Zahlen Sie nicht zu wenig. Entlohnen Sie fair, aber auf keinen Fall übermäßig. Denn überhöhte Gehälter belasten nicht nur die Bilanz, sie können auch dazu führen, dass die Leistungsbereitschaft nachlässt.

Natürlich gibt es Ausnahmen, vor allem in einigen Expertengruppen, bei denen Gehaltssteigerungen unvermeidlich sind. Aber auch für diese Experten gilt: Bleiben Sie im Gehaltskorridor und vermeiden Sie Mondgehälter.

Teamkohäsion als Erfolgsgarant

Den hohen Preis, den Vereine und Unternehmen zahlen, wenn sie fälschlicherweise von hoher Wechselbereitschaft auf gesteigerte Motivation schließen, loyalen „Durchschnittshühnern" zu wenig Anerkennung entgegenbringen und es versäumen, zwischen Söldnern und Wandervögeln zu differenzieren, ist beträchtlich. Anstatt Teams kontinuierlich zu entwickeln und eine nachhaltige Teamkohäsion zu fördern, setzen sie auf Gruppen aus Hochleistungsspielern und kurzfristig engagierten Söldnern, in der Hoffnung auf schnellen Erfolg – ein Ansatz, der in den meisten Fällen scheitert.

Ein eindrucksvolles Gegenbeispiel lieferten unsere deutschen Basketballweltmeister. Trainer Gordon Herbert forderte bei seinem Amtsantritt von jedem Spieler ein dreijähriges „Commitment", mit der Vision, innerhalb dieser Zeitspanne drei Medaillen zu gewinnen – ein ambitioniertes Vorhaben, das viele Journalisten mit Erstaunen zur Kenntnis nahmen. Dieses beidseitige Engagement schweißte das Team wie durch ein unsichtbares Band zusammen[16]. Zwar wurden es nicht drei Medaillen, doch mit einer Bronzemedaille bei der Europameisterschaft 2022 und einem vierten Platz bei den Olympischen Spielen 2024 zeigte sich der Erfolg dieses Ansatzes. Den Höhepunkt erlebte die Mannschaft im Jahr 2023, als sie sich durch einen epischen Halbfinalsieg gegen die USA und den Finalsieg gegen Serbien zum Weltmeister krönte.

Ein weiteres Erfolgsbeispiel lieferte das griechische Fußballnationalteam im Jahr 2004, als es trotz eines Mangels an Einzelkönnern und spektakulären fußballerischen Fertigkeiten den Europameistertitel holte. Schritt für Schritt arbeitete das Team zusammen, unterstützte sich gegenseitig und erreichte schließlich das große gemeinsame Ziel. Der damalige Trainer Otto Rehhagel fasste es treffend zusammen: „Früher hat jeder gemacht, was er will. Jetzt macht jeder, was er kann." Die Siegprämie von einer Million Euro pro Spieler wurde rückblickend von den wenigsten als entscheidender Faktor für diesen Triumph angesehen.

Diese Beispiele zeigen eindrucksvoll, dass langfristiges Engagement und Teamkohäsion weitaus nachhaltigere Erfolge ermöglichen, als kurzfristig erkaufte Hochleistungen es jemals könnten.

Auch Leicester City, das 2019 die Premier League gewann, ist ein solches Beispiel. Während die Klubs aus Manchester mit Trainern kämpften, die sich dem Ende ihrer Amtszeit näherten, Chelsea sich unter José Mourinho im freien Fall befand und Jürgen Klopp erst nach Saisonbeginn nach Liverpool kam, übertraf der Zusammenhalt von Leicester im Laufe der Saison alle anderen Teams. Manchmal ist Fußball so einfach.

Es gibt zahlreiche Beispiele, in denen nicht das Team mit den vermeintlich besten Einzelspielern den Sieg davontrug. Oftmals lag es daran, dass die favorisierten Teams nicht das erforderliche Maß an Teamkohäsion, also Zusammenhalt besaßen. Auch hier gilt, dass es nicht die einzelnen „Steine" sind, die den Ausschlag geben, sondern die Masse zwischen den Steinen, die diese zusammenhält.

Die möglichen Taktikfehler:

> **Taktikfehler 11:** Wir schließen von erhöhter Wechselbereitschaft auf höhere Motivation.

> **Taktikfehler 12:** Wir bezahlen zu viel.

> **Taktikfehler 13:** Wir „bauen" Teams zusammen, statt sie kontinuierlich zu entwickeln.

> **Taktikfehler 14:** Wir unterschätzen die Wichtigkeit von Teamkohäsion.

Potenziale erkennen

Potenziale zu erkennen, spielt im Profifußball eine wesentliche Rolle für den wirtschaftlichen Erfolg der Vereine. Dies gilt sowohl für die Identifikation externer Talente als auch für die Förderung interner Nachwuchsspieler. Aus diesem Grund haben die bereits erwähnten Scouting-Abteilungen und Nachwuchsakademien vieler Profivereine an Bedeutung gewonnen. Das Versäumnis, Potenziale zu erkennen, hat direkte und indirekte wirtschaftliche Folgen. Kurzsichtigkeit dieser Art führt oft dazu, dass der Traum von einer Profikarriere für manches Talent schneller endet, als es ihm lieb ist. In den meisten Fällen bleibt dies unbemerkt: Der junge Spieler kehrt mit geplatzten Träumen zu seinem Heimatverein zurück oder hängt im schlimmsten Fall die Fußballschuhe ganz an den Nagel.

Die Folgen können jedoch weitreichender sein, wenn ein anderer Verein das verschmähte Talent unter Vertrag nimmt und es zum Profi oder sogar zum Starspieler entwickelt. Dies sollte einem Scout oder Jugendtrainer nicht zu häufig passieren. Man stelle sich vor, Bayern-Scout Jan Pienta hätte den damals und bis heute schlaksigen und unorthodoxen Thomas Müller einfach zurück zu seinem Dorfverein geschickt. Das wäre ein fataler Fehler gewesen – im Übrigen für ganz Fußball-Deutschland.

Werden Potenziale übersehen, kann das im Profisport nicht nur Karrieren ruinieren, sondern auch zu finanziellen Verlusten in Millionenhöhe führen. Auch in der Wirtschaft geht es darum, Potenziale zu erkennen und zu entfalten – allerdings mit einem wesentlichen Unterschied. Genauso wie der kleine Fußballer, der in seinen Dorfverein zurückkehrt, bleibt es in der Regel unbemerkt, wenn in Unternehmen Potenziale ungenutzt bleiben. Der Grund dafür ist klar: Die Kosten kommen nicht im Gewand eines einzelnen übersehenen Talents daher, sondern akkumulieren sich über die Zeit. Stellen Sie sich vor, wie teuer es wird, wenn Sie nur 10 Prozent des Potenzials Ihrer Mitarbeiter nicht nutzen. Selbst in mittelständischen Unternehmen sind schnell Millionenbeträge erreicht.

Was hindert uns also in der Wirtschaft daran, diese „Disziplin" ernster zu nehmen?

Von Kickernoten und Heldentaten

Montag ist kicker-Tag. Für mich war es, wie für viele Fußballfans im vordigitalen Zeitalter, ein Ritual: Zum Kiosk gehen, den neuen „kicker" kaufen und als Erstes die Noten der Redaktion für die Wochenenddarbietungen der Spieler überprüfen.

Wussten Sie übrigens, dass Lothar Matthäus diese Leidenschaft mit mir teilte und zu seinen Mönchengladbacher Zeiten immer samstagnachts direkt von der Disco zum Bahnhof gefahren sein soll, weil dort die „BILD am Sonntag" früher als anderswo verkauft wurde[17]? Vermutlich, um seine Heldentaten nochmals bestätigt zu sehen. Nun gut, ich las den kicker, Lothar Matthäus las die Bild-Zeitung. Aber beide von uns fieberten dem Urteil der „Fachpresse" entgegen – wenn auch aus unterschiedlichen Beweggründen.

Diese Noten waren für mich, wie für viele andere Fußballinteressierte, faszinierend. Greifbar, konkret. Ein Urteil, auf Papier gedruckt, aber gleichzeitig wie in Stein gemeißelt. Und dennoch fand ich diese Beurteilungen höchst fragwürdig und mitunter ungerecht.

Spektakuläre Flugeinlagen der Torhüter schienen mehr Wert zu haben als ihr effektives Dirigieren der Vorderleute. Ein gutes Stellungsspiel der Verteidiger wurde als weniger wertvoll betrachtet als die „Blutgrätsche", die nur notwendig wurde, weil zuvor ein Stellungsfehler begangen wurde. Ebenso erhielten Spieler, die reihenweise Vorlagen lieferten, oft keine gute Note, nur weil ihr Stürmerkollege in guter alter Frank Mill-Manier (wer erinnert sich nicht?) die Bälle vertändelte. Die Heldenkultur war allgegenwärtig. Ohne aufsehenerregende Heldentaten gab's maximal die Note 3 – bestenfalls beeinflusst durch ein offenherziges Interview des Spielers, das sich gut verkaufen ließ.

Während sich Lothar Matthäus Strategien überlegte, um seine Bild- und kicker-Noten stetig zu verbessern, rannte ich weiter jeden

Montagmorgen zum lokalen Zeitschriftenkiosk, um mir den kicker zu holen, mich über die Noten zu informieren, zu wundern und zunehmend zu ärgern. Eines Tages beschloss ich daher, den kicker nicht mehr zu kaufen. Ungefähr zur gleichen Zeit, als auch Lothar Matthäus seine Karriere beendete.

Beurteilungsmanagement im Business – Ganz wie beim kicker

Man mag denken, dass es im Business nicht so läuft wie beim kicker oder der BILD-Zeitung. Wir haben schließlich ausgeklügelte Systeme, um Mitarbeiter objektiv und fair zu beurteilen. Die Realität sieht häufig anders aus. Viele Beurteilungssysteme in Unternehmen bedienen sich einer ähnlichen Logik wie der kicker oder die BILD-Zeitung seit über 50 Jahren.

Während in Fußballerkreisen Spieler gegen Bewertungen vor Gericht zogen, haben wir es im Business immer noch mit einem „Willen zum Grillen" zu tun – der Bereitschaft zum Beurteilen und Verurteilen. Führungskräfte müssen nicht so weit gehen wie die BILD, die Ex-HSV-Profi Valdas Ivanauskas nach einem grottigen Kick eine 7 verpasste, gewürzt mit der Bemerkung: „Dafür fehlen sogar ‚BILD' die Worte."[18]. Im Business braucht es die 7 nicht. In vielen Unternehmen entspricht alles unter einer durchschnittlichen 3 (auf einer Skala von 1-5) ziemlich exakt dem Urteil der BILD: „Hat das Geld nicht verdient."

Wenn man sich die Gauss'sche Normalverteilung im Kontext einer Unternehmensbelegschaft vorstellt, findet man die „Low Performer" ganz links auf der Kurve. Diese „Wackelkandidaten" werden irgendwie durchgeschleppt. Sie entsprechen den Spielern, die Tore verschulden und sich Knoten in die Beine spielen lassen. Oder die schlichtweg so unsichtbar sind, dass ihr Trikot ungewaschen in den Koffer zurückgelegt werden könnte.

Verschenktes Potenzial

Rechts neben den „Low Performern" befindet sich der riesige Mittelbau, die 3er-Kandidaten. Der Durchschnitt oder sollen wir sagen die Durchschnittshennen – solide, zuverlässig, aber nicht außergewöhnlich. Sie spielen, fallen aber nicht auf – keine Heldentaten. Diese Mitarbeiter machen die Mehrheit aus, bekommen jedoch weniger Aufmerksamkeit als diejenigen ganz links oder rechts in der Kurve.

Ganz rechts nämlich, am Ende der nun extrem absinkenden Kurve, finden wir die „High Performer". Diejenigen, die Spiel für Spiel abliefern. Hier sind auch diejenigen, die Tore am Fließband schießen, weil ihnen

der Ball genial vorgelegt wurde. Oder diejenigen mit den „Blutgrät-
schen", die notwendig wurden, weil zuvor ihr Stellungsspiel versagte.
Oder diejenigen, die spektakuläre Glanzparaden zelebrieren, obwohl
sie den Ball auch mit der Mütze hätten fangen können. Mit einer Note
über dem Durchschnitt steigt man in Unternehmen in den „Auswahlkader" auf. Es gibt gesteigerte Aufmerksamkeit, bisweilen Fördermöglichkeiten und sogar Gehaltsanpassungen.

Wir „kümmern" uns also um die wenigen „Low Performer" und sind
auf der Suche nach den auffälligen „Top Performern", die nicht zum
Mittelmaß gehören. Mittelmaß wird derweilen der Mehrheit unserer
Mitarbeiter signalisiert – und das mit verheerenden Konsequenzen.
Wissenschaftliche Studien zeigen, dass die Bescheinigung von Durch-
schnittlichkeit oft zu einem Abfall der Arbeitsleistung führt[19]. Oder wie
es der ehemalige Bundesligaprofi Erik Meijer formulierte: „Nichts ist
scheißer als Platz 2."

Die Zahl der Mitarbeiter, bei denen dieses Phänomen beobachtet
wird, ist beträchtlich. Es sollte Beratern und Chefs bewusst sein und
im Zuge dessen schummrig werden, welches unerkannte Potenzial
sie täglich liegenlassen. Erstaunlich, dass wir uns das offenbar leisten
können und wollen.

Die Spielernoten von kicker und Bild-Zeitung sind eine geniale Erfin-
dung – zumindest für die eigene Auflage und somit für die Verlage und
Leser. Sie helfen jedoch nicht, den Spielern einen Vergleich zu ermöglichen und ihr Potenzial zu entfalten. Dafür sind Trainer da. Außer Hans
Meier, der angeblich jedem Spieler nach jedem Training ein Zeugnis
ausstellte, verwenden nur wenige erfolgreiche Trainer Noten, es sei
denn, es bezieht sich auf klar definierte Kompetenzen.

Aber wozu dienen dann die Beurteilungen in Unternehmen? Sie
unterfüttern unsere tief verwurzelten Denkmuster.

Erstens: Sie befriedigen unseren Drang nach Messbarkeit. Der
Glaube, dass man Leistung managen muss, führt dazu, dass Leistung
in Zahlen gemessen wird. „You get what you measure." Wir spielen halt
„ergebnisorientiert".

Zweitens: Sie dienen als Beweis für ambitionierte Anforderungen.
In einigen Unternehmen werden zehn Prozent der „Low Performer"
entlassen, um die Performance-Kultur zu untermauern. Wir sortieren
sorgfältig diejenigen aus, die nicht „mehr rennen als unsere Gegner".
Es fühlt sich immer noch richtig und wichtig an, eine Gruppe zu haben,
die unseren hohen Erwartungen nicht gerecht wird. „Gesteuerte
Durchfallquoten" stützen das Ambitionsniveau.

Drittens: Man glaubt, dass die soliden 3er-Kandidaten sich mehr anstrengen würden, um in der kommenden „Saison" zu den „Top Performern" aufzusteigen. Auch hier wirkt eines unserer Denkmuster. Wir sind überzeugt davon, dass wir unsere Leute motivieren müssen. Es winkt einem entweder eine Beurteilung oberhalb des biederen „Durchschnitts" oder aber die Abstiegszone unterhalb der „drei", die häufig einer nervenaufreibenden „Relegation" gleicht.

Bei den soliden 3er-Kandidaten wirkt dieses System besonders kontraproduktiv. Sie verändern Ihr Verhalten nicht so, dass sie einen noch wertvolleren Beitrag für das Unternehmen leisten. Vielmehr arbeiten sie daran, gesehen zu werden. Sie grätschen, statt den Ball abzulaufen. Sie fliegen, statt souverän zu dirigieren. Und sie schießen, statt den besser postierten Mitspieler zu sehen. Im schlimmsten Fall arbeiten sie darauf hin, der Beste im Team zu sein, statt der Beste für das Team zu sein – was für ein gut funktionierendes Kollektiv der Anfang vom Ende sein kann. Der eigentliche Sinn und Zweck dieser Übung wird so mitunter ad absurdum geführt – oft schleichend und unbemerkt. Es trägt weder für die Organisation noch für die Mitarbeiter zu einer nachhaltigen Leistungsentwicklung bei.

Und wie sieht es bei den Führungskräften aus? Sie fühlen sich durch den Druck der Notenvergabe immer in der Verantwortung, sich intensiver mit dem Mitarbeiter und seiner Leistung auseinanderzusetzen. Oftmals fühlen sie sich allerdings eher genötigt als verantwortlich. Man kann den Chefs nicht vorwerfen, dass sie sich nicht vorbereiten. Diese Vorbereitung hat jedoch weniger mit dem Wunsch zu tun, den Mitarbeiter zu unterstützen, sondern eher mit der Angst, die vergebene Note rechtfertigen zu müssen - als hätte man vor dem Sportgericht zu argumentieren, warum der Rotsünder nur für zwei statt fünf Spiele gesperrt werden sollte. Besonders akribisch macht man seine Hausaufgaben für die „Low Performer" – gefolgt von den 3er-Kandidaten mit einem aus Sicht der Führungskraft verzerrten Selbstbild. Bei den 4er- und 5er-Kandidaten erwartet man nicht viel „Gegenwehr", eher dankbare Zustimmung. Und so gehören auch die Führungskräfte zu den Verlierern. Anstatt ein „neugieriges" Gespräch zu führen, dass darauf zielt, herauszufinden, welche Faktoren der Leistungsfähigkeit und Leistungsbereitschaft des Mitarbeiters im Wege stehen oder diese fördern, ist man damit beschäftigt die „Note" zu rechtfertigen und retrospektiv mit Argumenten zu belegen.

So wird das viele Beurteilen zu einem traurigen Spiel, das keinen Sieger verdient hat. Vielmehr ist es ein Appendix der mühevoll in-

Neue Denk- und Spielräume

stallierten Ziel- und Bonussysteme. Dabei zahlen sie in den wenigsten Fällen auf die Leistungsbereitschaft oder gar die Leistungsfähigkeit der Organisation ein.

Wenn Zweifel bestehen, dass die Beurteilungspraktiken mehr schaden als dem Unternehmen nachhaltig zu helfen, sei daran erinnert, dass nicht nur die Tatsache, dass Noten vergeben werden, fragwürdig ist, sondern auch das «Wie».

Sicherlich ist es nicht ganz so schlimm, wie ein ehemaliger Fußballprofi und Nationalspieler herausfand. So sollen die kicker-Noten bei Abendspielen oftmals schon vor Anpfiff festgestanden haben, damit sie noch in den Druck gehen konnten. Im Gegensatz zu den in einigen Unternehmen üblichen Beurteilungssystemen sind die kicker-Noten zumindest bei den Wochenendpartien noch relativ faktenbasiert und objektiv. So gießt man die Beobachtungen, die man in einem 90-minütigen Spiel machen konnte, in eine absolute Wertung. Dem aufmerksamen Journalisten entgehen selten die besonderen Momente, auf denen eine Beurteilung basiert. In Unternehmen hingegen ist der Chef eher zufällig gerade dann im Raum, wenn man einen seiner lichten Momente hat. Im glücklichsten Fall reicht ein gutes Spiel kurz vor der Beurteilung, um eine ganze Saison vergessen zu machen. Dieser Moment ist präsent und wirkt nach beim Chef. Um aber genau dies nicht dem Zufall zu überlassen, erarbeiten ausgewählte Mitarbeiter ihre eigene Selbstvermarktungsstrategie. Und so kann man in Meetings oder später an der Hotelbar beobachten, wie diese Mitarbeiter – ganz ohne Spielerberater – ihre Bühne suchen, um mit Wissen zu glänzen oder ihre vergangenen Heldentaten zum Besten zu geben. Ihr Ziel: als Nächster in den Olymp der „Top Performer" aufzusteigen.

Natürlich arbeiten viele Unternehmen daran, diesen Beurteilungswahnsinn so objektiv wie möglich zu gestalten. Doch bei aller Transparenz der angesetzten Kriterien, und bei allen unternehmensweiten Kalibrierungsversuchen bleibt es dabei, dass die Voreingenommenheit des Chefs eine gehörige Rolle spielt.

Es ist schwer von der Hand zu weisen, dass ein gutes Verhältnis zum Chef ähnlich positiv auf die Beurteilung einwirkt wie das Verhältnis zur Presse von Lothar Matthäus zu seiner aktiven Zeit. So züchten wir konforme „Ja-Sager", die – wären sie Sportler – viel reden, aber nichts sagen (was uns Fans regelmäßig in Rage bringt). Im Unternehmensalltag akzeptieren wir das hingegen schweigsam. Dieses Verhalten wirkt kontraproduktiv auf der Suche nach nachhaltiger Leistungssteigerung.

In den meisten Fällen führt sich dieses System irgendwann selbst „ad absurdum" – nämlich spätestens dann, wenn Unternehmen zu der einzig richtigen Schlussfolgerung kommen, dass ein „low performer" ja ein Gemeinschaftsprodukt vom weder leistungsfähigen noch leistungsbereiten Mitarbeiter und seinem Manager ist. Letzterer hat dann wohl seine eigentliche Aufgabe nicht erfüllt, die ja darin besteht, leistungsfördernde Rahmenbedingungen für seine Mitarbeiter zu schaffen und dafür zu sorgen, dass das Team mehr ist als die Summe seiner „Einzelteile".

Die Wahrheit ist, dieses Spiel kennt fast nur Verlierer. Es sei denn, man lernt, dem Chef wohlgesonnen zu bleiben und die eigenen Heldentaten sichtbar zu machen. Dadurch steigen die Chancen, in der nächsten Beurteilungsrunde in den Kosmos der „wertvollen" Spieler aufzusteigen. Die meisten anderen Spieler bleiben im Dickicht der Grauzone stecken und haben Schwierigkeiten, die nötige Anerkennung zu erhalten, geschweige denn ihre Potenziale zu entfalten. Wir verschenken auf allen Ebenen wichtiges Potenzial, indem wir von Heldentaten, hoher Präsenz und Leistungsbereitschaft – gepaart mit einem Schuss Konformität - auf Leistungsfähigkeit schließen. Und als ob das nicht genug wäre, schließen wir von heutiger Leistung auf zukünftiges Potenzial. Darüber erzählt das nächste Kapitel.

Die möglichen Taktikfehler:

Taktikfehler 15: Wir beurteilen und verurteilen, statt zu fördern und zu fordern.

Taktikfehler 16: Wir messen und managen Leistung, anstatt sie zu entwickeln.

Taktikfehler 17: Wir versuchen zu messen, was nicht zu messen ist.

Taktikfehler 18: Wir nennen 90% unserer Mitarbeiter Durchschnitt.

Taktikfehler 19: Wir verwenden zu viel Zeit für die vermeintlichen „Low und High Performer".

Taktikfehler 20: Wir belohnen sich selbst vermarktende Helden und konforme Ja-Sager.

Von grünen Bananen und „baby faces"

„Du bist nicht dabei" – diese Aussage meines Jugendtrainers traf mich ins Mark. Meine kühnsten und geheimen Träume von einer Bundesligakarriere zerplatzten. Aussortiert aus dem regionalen Auswahlkader, weil ich als Torwart etwa einen Kopf zu klein geraten war. Ich sah aus wie 12, nicht wie 14. Die Welt schien den Verstand verloren zu haben. Was hatte sich geändert? Meine Sprungkraft war exzellent, ich war ein Teamplayer, auf der Linie zeigte ich tolle Reflexe und ich hatte eine ausgezeichnete Übersicht. Motivation und Zuverlässigkeit? Im letzten Jahr hatte ich keine einzige Trainingseinheit verpasst. Aber das reichte nicht. Über Nacht hatte ich meinen Talentstatus verloren, obwohl ich am Tag zuvor dieselben Fähigkeiten, dieselbe Motivation und denselben Charakter hatte. Ich war derselbe Mitspieler, Torwart und Teamplayer. Ich hatte noch Talent, war aber keines mehr.

Ja, das ist meine eigene Geschichte, aber vielen anderen „Talenten" ergeht es ähnlich. Sie fallen durch das Sichtungsnetz – im Fußball oder in anderen Sportarten. Das ist im Sport Alltag und hat eine gewisse Zwangsläufigkeit. In maximal zehn Jahren müssen Talente so geformt werden, dass sie in der Bundesliga bestehen oder sogar den Weltmeisterpokal in die Höhe recken können. Daher ist frühzeitiges konsequentes Selektieren notwendig, auch wenn dabei fähige Sportler auf unteren Ebenen hängen bleiben. Nur etwa ein bis zwei Prozent der Fußballer, die in angesehenen Nachwuchsleistungszentren trainieren, schaffen es in die Bundesliga. Ein harter Filter- und Selektionsmechanismus.

Fokussiert wird auf Talente mit der höchsten Wahrscheinlichkeit für den Durchbruch. Im Fußball übernehmen beispielsweise Stützpunkt- und Auswahltrainer diese Aufgabe. In einem Geschäft mit einem Umsatzvolumen von über elf Milliarden Euro und mehr als 125.000 Vollzeitmitarbeitern in Deutschland bleibt keine Zeit, in die falschen Spieler zu investieren.

Trotzdem fallen begabte Spieler mit großem Potenzial durch das Auswahlraster. Einer der Gründe: Man schließt von heutiger Leistung auf zukünftiges Potenzial. Ein teurer Trugschluss, wie prominente Beispiele zeigen. Lionel Messi hätte es beinahe nicht zu einer beispiellosen Karriere geschafft, weil er in jungen Jahren genauso zu klein und schmächtig war wie der kleine Torwart oben. Pep Guardiola wurde erst von Johan Cruyff in Barcelonas B-Auswahl entdeckt und gefördert. Auch Thomas Müller fiel aufgrund seiner Storchenbeine durch die

Schablone, die für zukünftige Profis angelegt wurde. Miroslav Klose, Rekordtorschütze der deutschen Nationalmannschaft, hatte in seiner Karriere nie in einer Auswahlmannschaft gespielt, bevor ihn Trainer Otto Rehhagel in Kaiserslautern entdeckte und förderte. Der als zu klein befundene Ljubomir Vranjes wurde im Alter von 15 Jahren aus der schwedischen Jugendnationalmannschaft gestrichen, bevor er zu einem der erfolgreichsten Handballer der Welt aufstieg. Selbst dem wohl besten Quarterback aller Zeiten, dem siebenmaligen Super-Bowl-Sieger Tom Brady, wurde in der High School geraten, die Sportart zu wechseln. Zahlreiche Beispiele zeigen, dass Spieler sich oft erst mit Verzögerung zu Spitzensportlern entwickeln. Dieses Phänomen hat einen Namen: Es wird als „Relative Age Effect" bezeichnet.

Was macht man mit grünen Bananen?

Im Fußball ist der „Relative Age Effect" längst ein bekanntes Phänomen. Studien belegen, dass Spieler, die im ersten Quartal eines Jahres geboren sind, viermal häufiger in die Auswahlkader des DFB aufgenommen werden als ihre Mitstreiter aus den restlichen Quartalen. Dieser Trend setzt sich von den Nachwuchsleistungszentren bis in die Jugendnationalmannschaften fort, wo rund 50 Prozent der Spieler in den ersten drei Monaten des Jahres geboren sind. Die Ursache? Athletische, konditionelle und kognitive Fähigkeiten sind bei älteren Spielern tendenziell besser entwickelt.

Die selektive Betrachtung des aktuellen Leistungsstands verhindert oft, dass wir systematisch Potenziale entdecken und fördern. Der Sport hat dieses Dilemma erkannt und arbeitet aktiv daran, es zu überwinden.

In einer wachsenden Zahl von Vereinen steht nicht mehr nur die gezeigte Leistung im Vordergrund. Stattdessen suchen die Klubs nach jungen, hungrigen Spielern, die sich kontinuierlich verbessern wollen, wissbegierig und lernbereit sind. Besonders im Fokus stehen dabei jene, die in ihrer Jugend im Schatten körperlich weiterentwickelter Mitspieler verzweifelt versucht haben, mitzuhalten[20].

Dieses Modell übernehmen vor allem Vereine, die mit einem begrenzten Budget gegen finanzstarke Wettbewerber antreten müssen und langfristige Strategien verfolgen. Ein Beispiel hierfür ist Holstein Kiel, der erste Bundesligist aus Schleswig-Holstein[21]. Hier zählt das Potenzial, nicht das bisher Erreichte – ein Prinzip, das auch Fußballegende Johan Cruyff beim PSV Eindhoven und später beim FC Barcelona einführte. In beiden Fällen gab ihm der nachhaltige Erfolg recht.

Aber nicht nur Vereine, auch ganze Nationen haben ihre Entwicklungskonzepte revolutioniert – mit teilweise bahnbrechenden Ergebnissen. Belgien etwa stellt sicher, dass sogenannte „Spätentwickler" nicht frühzeitig aussortiert werden. Kris Van Der Haegen, der den Wandel des belgischen Fußballs begleitete und für die Trainerausbildung verantwortlich war, vergleicht diese Spieler mit unreifen Bananen: „Man wirft sie ja auch nicht weg, sondern wartet, bis sie reif sind"[22]. Fünf von elf Spielern der Startelf im Halbfinale der WM 2018 gehörten zu diesen „late mature players", darunter auch Kevin De Bruyne. Zwar ging das Spiel 0:1 gegen Frankreich verloren, doch die Erfolge bis dahin waren das Ergebnis einer Veränderung der Denkweise, besonders unter den Trainern. Statt ihre „baby faces", wie sie diese Spieler liebevoll nannten, aufgrund kurzfristiger Ergebnisschwächen zu opfern, entwickelten sie deren Potenziale geduldig weiter. Diese Herangehensweise wurde von den Entscheidungsträgern honoriert, anstatt bei ausbleibenden Erfolgen vorschnell die Reißleine zu ziehen. Die Konsequenz: Belgien erklomm im Jahr 2018, nach über einem Jahrzehnt fokussierter Entwicklungsarbeit, den ersten Platz der FIFA-Weltrangliste – ein bemerkenswerter Aufstieg vom 66. Platz im Jahr 2009. Der Weg war lang, aber nachhaltig und lohnend.

Vielleicht ist es unsere fehlende Geduld und die thematisierte Ergebnisfixierung, die Unternehmen daran hindert, eine ähnliche Reise anzutreten. Vielleicht liegt es auch an unserem „alten Denken", das uns zukünftige Potenziale übersehen lässt. So neigen wir beispielsweise dazu, von Redegewandtheit und Selbstbewusstsein auf Führungspotenzial zu schließen, als gäbe es keine differenzierten Kriterien. Die Vermischung von aktueller Leistung und Sichtbarkeit mit zukünftigem Potenzial wird zur Norm – und irgendwie glauben wir, dass beides dasselbe ist.

Das Missverständnis wird noch verstärkt durch die Annahme, dass langes Arbeiten gleichbedeutend mit herausragender Leistung ist. Ein Gedanke, der sich hartnäckig hält, und im Zitat von Theodor Fontane gut zum Ausdruck kommt: „Die Talente sind oft gar nicht so ungleich, im Fleiß und im Charakter liegen die Unterschiede." Doch erneut wird hier Leistung mit Potenzial gleichgesetzt, und so verstetigt sich der Zyklus – auch unterstützt von einer Maxime eines außerordentlich fleißigen Schriftstellers.

Wir schauen uns also die heutige Performance und die Leistungsbereitschaft an – und urteilen „von oben herab", ob Potenzial vorhanden ist. Dieses Potenzial dient dazu, die „High Performer" in der Chefetage einmal zu beerben. Und da schließt sich der Kreis. Die Arbeitstage sind dort üblicherweise lang. Um zu bestehen, musst du für die „Extra-Meile" bereit sein. So züchten wir uns die nächste Generation von Führungskräften heran, die bereitwillig unsere Fehler kopieren und eine ähnlich unsinnige Talentauswahl betreiben wird.

In den „Talent Pools" der Unternehmen finden sich fast ausschließlich „High Performer". Aber was bedeutet das wirklich? Oftmals wurde – getrieben von unseren Denkmustern – nicht ihr Potenzial selektiert, sondern ihr Arbeitseinsatz und ihre Fähigkeit, sich selbst zu vermarkten. Ich wage zu bezweifeln, dass die deutschen Fußballer mit dieser Art der Talentselektion 2014 die Weltmeisterschaft gewonnen oder die belgischen Kicker die FIFA-Weltrangliste erobert hätten.

Diversitätskiller Nummer 1: Die „Extra-Meile"

In Unternehmen werden „High Performer" oft nach einheitlichen Kriterien gemessen, was die Vergleichbarkeit fördert, aber die Identifikation komplementärer Fähigkeiten, Potenziale und Motivationsquellen erschwert. So entsteht keine Einheit aus einzigartigen Mitarbeitern, die gemeinsam den Unterschied machen könnten. Stattdessen agieren wir, als könnten wir mit einer Mannschaft aus elf Stürmern oder gar elf „Ich-AGs" die Meisterschaft gewinnen, und wundern uns, wenn es hinten „klingelt".

Zurück zu Fontane: „Die Talente sind oft gar nicht so ungleich, im Fleiß und im Charakter liegen die Unterschiede." Fleiß lässt sich leicht erkennen und wertschätzen, doch wie beurteilt man den Charakter? An dieser Stelle greift die Weisheit des US-amerikanischen Football-Coaches Bill Belichick: „Talent legt die Höhe des Bodens fest, Charakter die Höhe der Decke." Aber wie lässt sich Charakter messen?

Im Sport wird zunehmend der Fokus auf Eigenschaften gelegt, die mit bloßem Auge nicht sichtbar sind. Diese Charaktermerkmale umfassen Loyalität, Eigenverantwortung, Selbstmotivation, schnelle Entscheidungsfindung, Ehrlichkeit, Kritikfähigkeit, Teamgeist, Lernbereitschaft und Empathie. Der deutsche Fußballbundestrainer Julian Nagelsmann bezeichnet viele dieser Fähigkeiten als „talentfreie" Faktoren. Er nennt sie so, weil sie unabhängig von angeborenen Begabungen oder technischem Können entwickelt und trainiert werden können.

Das schnelle Urteil „Du bist ein Talent" wird im Sport also zusehends abgelöst. Der Fokus liegt darauf, die für das Gesamtkonzept passenden Spitzenkompetenzen des jeweiligen Spielers zu finden, zu fördern und für das Kollektiv gewinnbringend einzusetzen. Sei es der Torriecher,

Neue Denk- und Spielräume

das Raumverständnis, eine ausgeprägte Handlungsschnelligkeit oder auch ausgesprochene Führungsqualitäten.

Doch im Business tun wir uns schwer, weil wir all diese Eigenschaften nicht so richtig messen können. Also bleiben wir beim guten alten Fleiß als Kriterium. Schließlich hat ja schon der große Ronaldo gesagt, dass „Talent ohne harte Arbeit gar nichts bedeutet" und der nicht minder große Michael Jordan konstatierte: „Jeder hat Talent, aber Fähigkeit erfordert harte Arbeit."

Während Experten Diversität predigen und Unternehmen Diversitätskriterien einführen, Jobbeschreibungen so formuliert werden, dass sie keinen Kandidaten mehr ausschließen, bleiben unsere Denkmuster im „Scouting" oft unangetastet. Dabei sind es gerade diese Muster, die unsere Chefetage so aussehen lässt, wie sie aussieht. Die „Extra Meile" als Gradmesser für hohe Leistungsfähigkeit ist der Diversitätskiller Nummer 1. Dieses Auswahlkriterium führt zwangsläufig dazu, dass die Karriereleitern denjenigen überlassen werden, die bereit sind, die größten Kompromisse einzugehen hinsichtlich Familie, Gesundheit und anderer Interessen.

Ewige Talente und die Illusion der Eliteauswahl

In der Welt des Handballs bei der SG Flensburg Handewitt scheut man für das Nachwuchsleistungszentrum das Etikett „Talentschmiede". Die Überzeugung an der Förde ist, dass das bloße Identifizieren von Talenten zu einem Verlust entscheidender Prozente bei der Leistungsentwicklung führt. Das Wort „Talent" wird von den Trainern gemieden. Es geht nicht darum, Talente zu selektieren. Vielmehr sollen Spitzenkompetenzen entdeckt, individuell gefördert und damit das Potenzial ganzheitlich entfaltet werden.

Thomas Tuchel bringt eine ähnliche Perspektive ein, wenn er betont, dass das Streben nach dem nächsten Karriereschritt junge Trainer, denen ein gewisses Talent nachgesagt wird, oft davon abhält, sich mit vollem Einsatz und Leidenschaft ihrer aktuellen Aufgabe zu widmen. In meiner 20-jährigen Konzernkarriere wurde ich Zeuge manch „ewiger Talente" – hoch gehandelt, gut entlohnt, aber nie wirklich integriert. Der Wunsch nach Karriere überwog oft den Drang, einen wertvollen Beitrag für das Unternehmen und das Team zu leisten – genährt von der Gewissheit, man sei ein Talent und hätte das Potenzial, es ganz nach oben schaffen zu können. Auch hier verlieren wir viele „Körner", die wir besser in die nachhaltige Leistungssteigerung unserer Teams investieren sollten.

Die Sprache spielt hier eine entscheidende Rolle. Ob wir behaupten, jemand „ist ein Talent" oder „hat Talent", offenbart das ganze Dilemma des Talentmanagements im Business. Das Festlegen klarer Kriterien für die erste Aussage erlaubt wenig Raum für nuancierte Beurteilungen. Ebenso, wie der zu klein gewachsene Markus erfuhr, dass er kein Talent mehr ist – einfach so und über Nacht.

Unsere Tendenz zum Schwarz-Weiß-Denken führt dazu, dass wir die nötige Feinheit vermissen lassen, um die Leistung ganzheitlich zu steigern. Das hindert uns daran, echte Spitzenkompetenzen zu entdecken und zu fördern, und führt dazu, dass selbstbewusste, fleißige Mitarbeiter eher an ihrer Karriere arbeiten als an nachhaltigem Mehrwert für das Unternehmen.

Einige von ihnen werden als ewiges Talent in die Unternehmensgeschichte eingehen – nicht zuletzt dank des begehrten Talentstempels. Die vermeintlich „Untalentierten" arbeiten indes weiter, anstatt ebenfalls zu trainieren. Auch hier verlieren wir wichtige Prozente auf dem Weg zu unternehmensweiter nachhaltiger Leistungssteigerung. Es wird Zeit, dass wir bei der Selektion von Führungskräften nicht zwangsläufig die vergangenen Errungenschaften belohnen, sondern lernen, den zukünftigen Beitrag zu prognostizieren.

Die möglichen Taktikfehler:

> **Taktikfehler 21:** Wir schließen von heutiger Leistung und Sichtbarkeit auf zukünftiges Potenzial.

> **Taktikfehler 22:** Wir denken schwarz und weiß. Entweder bist du ein Talent oder eben nicht.

Von zu früher Talentauswahl und zu kurzen Karrierefenstern

Im Januar 2007 erblickte meine Tochter das Licht der Welt – zweifellos der emotionalste Moment meines Lebens. Ich hielt dieses kleine „Wesen" in meinen Armen und spürte eine überwältigende Liebe und den aufsteigenden Stolz, aber auch den tiefen Respekt vor der Verantwortung, die ab diesem Moment auf uns lastete. Wir würden fortan für ihr Glück und Wohl sorgen. In der Überzeugung, dass sich unser Leben von nun an vollständig um unser Baby drehen würde, konnte ich im Jahr vor ihrer Geburt noch einen Punkt auf meiner „Bucket List" abhaken: Ich lief meinen ersten – und letzten – Marathon in Berlin.

Meine aktive Fußballkarriere hatte ich schon früher beendet, weil die Doppelbelastung aus Beruf und Sport spürbar an meiner Gesundheit zehrte und mein globaler Arbeitsrhythmus kaum noch mit leistungsintensivem Training vereinbar war.

Auf die Idee jedoch, meinen beruflichen Einsatz zu reduzieren, kam ich nicht. Zwei Wochen Urlaub gönnte ich meiner frisch gegründeten Familie, bevor ich mich wieder in das Hamsterrad stürzte und etwa die Hälfte meiner Arbeitszeit auf Dienstreisen verbrachte – meist in anderen Zeitzonen.

Dabei waren es nicht finanzielle Zwänge, mangelnde Motivation für die Familie da zu sein oder etwa die Lust an Geschäftsreisen, die mich davon abhielten, kürzerzutreten. Es waren vielmehr meine festgefahrenen Denkmuster. Wie viele meiner Kommilitonen war ich darauf konditioniert, dass jetzt die entscheidende Phase für unsere Karriere bevorstand. „Die nächsten zehn Jahre werden bestimmen, ob ihr Karriere macht und wie viel ihr später verdient", so lautete der allgemeine Tenor. Während einige meiner Freunde die sogenannte Elternzeit ausgiebig nutzten, ließ ich mich von der Vorstellung leiten, dass dies für mich unmöglich wäre.

Rückblickend verurteile ich meine damaligen Berater nicht, denn sie hatten in gewisser Weise recht. In dieser Zeit legte ich tatsächlich den Grundstein für meine berufliche Laufbahn und eine kontinuierlich steigende finanzielle Sicherheit. Es mag ironisch klingen: Indem ich in einer Phase, in der ein Teilzeitjob für alle Beteiligten am sinnvollsten gewesen wäre, noch mehr arbeitete, schuf ich mir die Freiheit, später in Teilzeit arbeiten zu können. Diese Mehrarbeit war jedoch nur möglich, weil meine Frau nach der Geburt unserer Tochter ihre Arbeitszeit reduzierte.

Heute, rund 20 Jahre später, hat sich einiges verändert – wenn auch nicht genug. Die Mehrheit der Berufseinsteiger würde mit meinen damaligen Überzeugungen wenig anfangen können. Auch Dozenten wären heute vorsichtiger mit Ratschlägen dieser Art. Während sich das Denken bei den Bewerbern gewandelt hat, haben sich die Unternehmenspraktiken kaum verändert.

Noch immer entscheidet sich die Karriere oft im ersten Viertel des Berufslebens, was für viele genau in die Zeit der Familiengründung fällt. Früh und elitär wird selektiert. Unsere Talententwicklungsprogramme basieren weiterhin auf dem Glauben, dass Karrieren linear verlaufen. Besonders große Konzerne schaffen elitäre Gruppen und investieren in spezielle Programme für eine ausgewählte Gruppe, die

sogenannten „High Potentials". Diesen traut man zu, später Führungspositionen einzunehmen. Gemeinsam haben sie oft die Bereitschaft
und die Möglichkeit, sich in dieser Lebensphase voll auf ihre Karriere
zu konzentrieren – so wie ich es damals tat, freundlich unterstützt von
meiner Familie.

Wir verfahren ähnlich wie im Profifußball: Wir setzen früh auf einige
wenige Ausnahmetalente und sortieren andere nach und nach aus.
Wer mit 40 Jahren noch keine Führungserfahrung hat, will oder kann es
nicht – so lautet die verbreitete Meinung. Dabei liegt es nicht immer an
mangelndem Willen, sondern häufig an den individuellen Lebensum-
ständen. Einige Mitarbeiter lehnen möglicherweise über Jahre hinweg
Aufstiegsmöglichkeiten ab, weil sie glauben, dass ein Karrieresprung
zwangsläufig mehr Arbeitsstunden bedeutet – so wird es ihnen oft
vorgelebt. Unsere Denkmuster sind hier ausschlaggebend.

Diese Praxis benachteiligt diejenigen, die in der frühen Phase ihrer
Karriere nicht die Möglichkeit oder den Wunsch haben, übermäßig viel
in ihre Arbeit zu investieren. Ein erhebliches Potenzial geht verloren –
auch in Hinblick auf die Diversität.

Die Breite entwickeln, um in der Spitze erfolgreich zu sein

Was können wir aus der Talentauswahl im Sport lernen? Im Leistungssport sind sich die meisten Experten heute einig: Eine zu frühe
und elitäre Selektion behindert die Entwicklung von Nachwuchstalen-
ten eher, als dass sie sie fördert. Erfolgreiche Karrieren – sei es im Sport
oder im Berufsleben – verlaufen selten geradlinig. Viele Olympiasieger,
Welt- und Europameister haben nicht den direkten Weg zum Profisportler eingeschlagen. „Um an der Spitze erfolgreich zu sein, musst
du die Breite entwickeln", betont Berthold Bisselik, der seit Jahrzehnten
als Trainer und Nachwuchskoordinator im Profisport erfolgreich ist –
im Basketball, Hockey und Fußball gleichermaßen[23].

In meinen Gesprächen mit Trainern aus Sportarten wie Basketball,
Handball und Hockey wurde deutlich, wie kreativ und leidenschaftlich man hier versucht, Potenziale zu fördern. Jeder einzelne Spieler
wird als wertvoll erachtet und individuell entwickelt – ähnlich wie es
die Belgier im Fußball praktizieren. Mit rund 500.000 aktiven Fußballspielern hat Belgien deutlich weniger Talente als eine Stadt wie Paris.
Diese begrenzte Ressource zwingt dazu, Spieler länger zu fördern und
nicht frühzeitig auszusortieren. So gehen weniger Talente verloren. Im
Gegensatz dazu erlauben sich viele Fußballnationen und Unternehmen den fragwürdigen Luxus, ihre Aufmerksamkeit auf eine elitäre

Minderheit zu lenken, während viele andere Talente auf der Strecke bleiben.

Angesichts des zunehmenden Fachkräftemangels und des sinkenden Interesses an Führungspositionen stellt sich die Frage: Können wir es uns wirklich noch leisten, wie „König Fußball" zu handeln? Oder sollten wir nicht lieber die Haltung derer übernehmen, die sich in sogenannten „Randsportarten" engagieren? Elitäre Förderprogramme senden eine klare Botschaft: Die meisten Mitarbeiter haben nicht das Potenzial, es in die Chefetage zu schaffen. „Spätstarter" fallen durch das Raster, und verborgene Talente bleiben unentdeckt.

Wäre es nicht sinnvoller, jeden Mitarbeiter mit Neugier und Offenheit zu betrachten? So könnten Spitzenkompetenzen und Potenziale unabhängig vom Alter, der Betriebszugehörigkeit oder der Karrierestufe entdeckt und gefördert werden – in jeder Phase des Berufslebens.

Im Alter lernen

Im Sport hat ein Athlet in der Regel zwischen 10 und maximal 20 Jahren Zeit, um sich zu entwickeln, während die berufliche Karriere in der Regel zwischen 30 und 40 Jahren dauert. Man hat also im Berufsleben theoretisch zwei- bis dreimal so viel Zeit, sich weiterzuentwickeln und seine Erfahrungen und Fähigkeiten im Sinne des Kollektivs einzubringen. Leider nutzen viele Menschen diese Zeit bei weitem nicht aus – selbstverschuldet, aber auch unterstützt durch gängige Praktiken in der Personalentwicklung.

Ein Fußballer erreicht in der Regel zwischen 25 und 28 Jahren seinen Zenit, also etwa in der Mitte seiner Karriere. Einige Spieler erleben jedoch auch in den letzten Jahren einen zweiten Frühling, da sie der Mannschaft mit ihrer Erfahrung helfen können. Sie nehmen einfach eine andere Rolle ein und setzen ihre Stärken und Erfahrungen gekonnt ein.

Nehmen wir Claudio Pizarro als Beispiel: Sogar im zarten Alter von 40 Jahren konnte er sich als Torschütze in der Fußball-Bundesliga eintragen – damit traf er in sage und schreibe 21 aufeinanderfolgenden Jahren. Es waren jedoch nicht nur die Tore, sondern auch seine Präsenz, seine Haltung und seine Gelassenheit, die ihn trotz abnehmender Spielanteile so wertvoll machten.

Ein Blick in die brasilianische A-Serie zeigt ebenfalls, dass Spieler in den letzten Jahren ihrer Karriere noch wertvolle Beiträge leisten können. Mit 38 Jahren führt Abwehrspieler Rafinha, der 266 Spiele für den FC Bayern bestritt, zwar die wenigsten Zweikämpfe im Vergleich zu anderen Verteidigern. Stattdessen regelt er vieles „mit Auge" und weist darüber hinaus eine der besten Passquoten der Liga auf. Er gilt als Erfolgsgarant seines Teams.

Für die Trainerzunft gilt, dass das Alter niemanden daran hindert, sich kontinuierlich zu verbessern. So berichtet der Weltmeistertrainer Gordon Herbert, dass für ihn erst mit der Übernahme des Traineramtes der deutschen Basketballnationalmannschaft alles zusammenkam. Er erzählt, dass er den Gordie, der oft laut wurde, um etwas einzufordern, hinter sich lassen konnte und Raum für einen neuen Gordie schuf – einen Gordie, der es genießt, mit den Spielern zu arbeiten und sich von einem neuen Leitsatz inspirieren lässt: „Die Last der Reise darf auf Dauer niemals größer sein als die Lust an der Reise"[24].

Was für Nationaltrainer und -spieler gilt, trifft ebenso auf andere Mitarbeiter zu, die mit zunehmendem Alter, wie ein guter Wein, an Wert gewinnen. Gelassenheit, wie im Fall von Claudio Pizarro, und ein gestärktes, realistisches Selbstbild, wie bei Gordon Herbert, sind Eigenschaften, die insbesondere Führungskräfte im Business nicht zwangsläufig benachteiligen. Unter Umständen verschwenden sie weniger Energie für anstrengende Auseinandersetzungen, sondern agieren „mit Auge" und der nötigen Weitsicht, wie Rafinha. Dabei sind übrigens nicht nur die frühzeitig in Führungsverantwortung Gekommenen gemeint, sondern insbesondere die, die erst in der zweiten Halbzeit ihrer Karriere oder gar im letzten Drittel Lust auf eine neue Verantwortung verspüren.

In vielen Fällen sieht die Realität jedoch anders aus. Man investiert im ersten Drittel der Karriere, danach wird geerntet. Zu fest ist die Ansicht verankert, dass man die Weichen in den ersten Jahren seiner Laufbahn stellt. Für diejenigen, die bereits eine gewisse Zeit in einer Führungsposition sind, gilt es, nicht zu viele Schwächen zu zeigen. Ab einem bestimmten Alter wird man als „ausgebildet" und als bereit angesehen, sich zu präsentieren.

Für jene, die sich in der entscheidenden Phase aus unterschiedlichen Gründen gegen eine Führungsposition entschieden haben, bleibt das Karrierefenster oft geschlossen, selbst wenn sich die Lebensumstände ändern. Der zweite Bildungsweg findet häufig keinen Platz im Angebot der Personalabteilungen. Der Zug scheint abgefahren. Dabei wären gerade ältere Mitarbeiter prädestiniert, Führung auszuprobieren, da sie in den meisten Fällen von verschiedenen Chefs lernen konnten. Über die Jahre entwickeln sie oft ein gutes Gespür für Führung, erhalten jedoch nicht mehr die Möglichkeit, dies in die Praxis umzusetzen. Ein fataler Fehler, der uns besonders weibliche Führungskräfte kostet, die durch gängige Praxis verlorengehen.

Es ist weder klug noch gerecht, dass wir nur in der Zeit, in der Frauen Kinder gebären und junge Familien sich um die Erziehung ihrer Sprösslinge kümmern, Karriere erlauben, forcieren oder aufgeben müssen. Genauso sinnlos erscheint es, dass wir uns nicht der Weiterentwicklung aller Mitarbeiter widmen – unabhängig von Alter und Betriebszugehörigkeit, um das volle Potenzial unserer Belegschaft auszuschöpfen.

Wenn wir es schaffen, den Horizont zu erweitern, in dem man den „Karriereboost" zünden darf und sollte, erhöhen wir die Wahrscheinlichkeit, dass zukünftig vermehrt unterschiedliche Persönlichkeiten, unabhängig von Geschlecht oder Alter, in Führungspositionen Einzug halten. Damit würden wir – fast unbemerkt – neben der „Extra Meile" auch dem nächsten Diversitätskiller entgegenwirken und somit einen bedeutenden Beitrag zu gesunder und nachhaltiger Leistungsentwicklung in Organisationen leisten.

Die möglichen Taktikfehler:

Taktikfehler 23: Wir fördern zu „elitär".

Taktikfehler 24: Wir selektieren zu früh.

Leistung abrufen

„Choking under pressure" ist ein geläufiger Begriff in der Sportpsychologie, der beschreibt, wie ein Athlet unter Druck – im entscheidenden Moment des Wettkampfs – versagt und seine notwendige Leistung nicht erbringt. Dabei erwarten Trainer oft nicht einmal, dass Sportler in solchen Situationen ihre Bestform abrufen. Tatsächlich gelingt es nur etwa 20 Prozent der Athleten, unter Druck Spitzenleistungen zu zeigen. Sportpsychologen widmen sich intensiv der Frage, wie sich diese Quote erhöhen lässt und wie die Wahrscheinlichkeit gesteigert werden kann, dass ihre Schützlinge auch in Stresssituationen ihre Höchstleistung erreichen.

Bill Shankly, legendärer Trainer des FC Liverpool in den 60er und 70er Jahren, prägte den berühmten Satz: „Es gibt Leute, die denken, Fußball sei eine Frage von Leben und Tod. Ich mag diese Einstellung nicht. Ich kann Ihnen versichern, dass es noch sehr viel ernster ist." In vielen Unternehmen wird man das Gefühl nicht los, dass mit einer ähnlich absurden Dringlichkeit gearbeitet wird. Doch wie viel Potenzial geht dabei verloren, wenn man versucht, unter ständigem Druck „abzuliefern"?

Es gibt keinen Grund zu glauben, dass unsere Fähigkeit, unter Druck Spitzenleistungen zu erbringen, größer ist als die von bekannten Spitzensportlern. Wenn also für Unternehmen das Gleiche gilt wie für Athleten, dann liegt hier ein enormes ungenutztes Potenzial. Doch um dieses zu erschließen, müssen wir uns die Mechanismen von Leistung und Druck genauer anschauen.

Von Motivationskünstlern und Menschenfängern

Als Jürgen Klopp im Sommer 2015 Borussia Dortmund verließ, hatte er mit 318 Partien nicht nur die meisten Spiele als Trainer dieses Vereins bestritten, sondern auch einen beeindruckenden Punkteschnitt von 1,90 pro Spiel erreicht. Unter Jürgen Klopp errang der Verein zahlreiche Titel und galt lange Zeit als eine der Mannschaften mit dem attraktivsten Fußball in Deutschland. Um die Beliebtheit des Trainers beim Dortmunder Publikum zu beschreiben, soll Mario Basler einmal gesagt haben: „Da jubeln sie ja schon auf der Südtribüne, wenn der auf der Trainerbank halbwegs unfallfrei seine Brille putzt". Auch bei seiner nächsten Station in Liverpool erstrahlt die Fußballwelt des Jürgen Klopp in ähnlichem Glanz.

Klopp wird nachgesagt, ein einzigartiger Motivator zu sein. Es scheint, als liefen seine Spieler unter seiner Anleitung schneller, passten genauer, schössen härter und spielten taktisch klüger als die meisten anderen. Seine Kunst, Motivation zu entfachen, gilt als herausragend. Diese Gedanken kommen mir, als ich in einem Führungskräfteseminar eines großen Mittelständlers sitze. Der Gründer und Geschäftsführer versucht gerade, den anwesenden Managern sein Credo für die nächsten Jahre zu vermitteln: „Wir brauchen mehr Motivationskünstler wie Jürgen Klopp in unseren Reihen!", ertönt es von der Bühne. Dabei scheint er die flammende und emotionale Kabinenrede vor dem entscheidenden Meisterschaftsspiel vor Augen zu haben, die die Spieler zu Höchstleistungen motiviert.

Doch der Mittelständler, der wie viele andere in seiner Position neidisch auf erfolgreiche Fußballtrainer schaut, übersieht einen entscheidenden Punkt: Der Unterschied zwischen dem Trainer Klopp und der

Verkaufsleiterin Frau Schmidt liegt nicht zwingend darin, dass Klopp der bessere Motivator ist oder seine Motivationsappelle besser wirken würden. Wie bereits erwähnt, muss auch der berühmte Fußballtrainer niemanden motivieren – er kann es gar nicht. Wären seine Spieler nicht motiviert, wären sie im Bett geblieben und hätten sich nicht zum Training geschleppt. Klopp weiß, dass es nicht seine Aufgabe ist, seine Spieler zu motivieren.

Individuelle Motivationstreiber

Erfolgreiche Trainer haben verstanden, dass es nicht darum geht, jemanden zu motivieren, sondern die Rahmenbedingungen zu schaffen, um die Potenziale der einzelnen Spieler und des Teams zu entfalten. Motivation wird als gegeben angenommen. Somit ist Motivation kein eigenständiges Ziel, und es wird nicht viel Zeit darauf verwendet, diese zu steigern. Erfolgreiche Trainer und Sportpsychologen haben erkannt, dass es eine sehr individuelle und persönliche Arbeit ist, Spitzenleistungen herauszukitzeln.

Der Fußballlehrer und FIFA-Welttrainer des Jahres 2021 Thomas Tuchel unterscheidet drei Spielertypen. Der erste Typ umfasst jene, die unbedingt die Besten sein wollen. Ihre Ziele sind oft individueller Natur: Sie freuen sich, wenn sie auf Titelseiten erscheinen oder persönliche Auszeichnungen erhalten. Diese Spieler kennen wir alle. Wenn der Trainer es versteht, ihre Motivation zu kanalisieren, können sie für das Team sehr wertvoll sein. Übernimmt jedoch das Ego zu stark die Kontrolle, kann dies die Teamleistung negativ beeinflussen.

Die zweite Kategorie besteht aus Spielern, die sich über gute Beziehungen definieren. Sie wollen ein fester Bestandteil des Teams sein, arbeiten für den gemeinsamen Erfolg und bleiben lieber im Hintergrund. Auch diese Teamplayer sind uns vertraut. Zwar gehören einige von ihnen – gemessen am messbaren „Output" – eher zur Gruppe der „Durchschnittsspieler", doch tragen sie oft erheblich zum Zusammenhalt der Mannschaft bei. Wenn Sie Ihr Management-Team oder Ihre Fußballmannschaft betrachten, werden Sie bestimmt auch ein paar dieser Teamplayer wiedererkennen, oder?

Schließlich gibt es den dritten Spielertyp: jene, die sich kontinuierlich weiterentwickeln wollen. Sie sind neugierig und möchten wissen, auf welchem Niveau ihre Fähigkeiten bestehen und wie weit sie ihr Talent bringen kann. Diese Spieler streben danach, sich immer wieder neuen Herausforderungen zu stellen[25]. Man nennt sie oft die Spieler mit einem „Growth Mindset", auf das wir später noch eingehen werden. Für sie steht weniger das Ergebnis im Vordergrund, sondern vielmehr der kontinuierliche Verbesserungsprozess. Sie denken und handeln prozessorientiert. Wäre die Rennfahrerlegende Ayrton Senna Fußballer geworden, hätte Tuchel ihn wahrscheinlich in diese dritte Kategorie eingeordnet. Auf die Frage, was ihn wirklich motiviere, antwortete Senna: „Ich möchte immer besser werden. Das macht mich glücklich. Sobald ich merke, dass mein Lernprozess langsamer wird und meine Lernkurve abflacht, bin ich nicht mehr so zufrieden."

Auch in der Wissenschaft stützt man sich weitgehend auf ein Drei-Faktoren-Modell, um menschliches Verhalten zu erklären. Besonders beliebt in der Sportpsychologie ist die Selbstbestimmungstheorie, die die Faktoren in Autonomie, Kompetenz und Verbundenheit unterteilt. Diese Grundbedürfnisse sind überraschend unumstritten, selbst unter Experten.

Verbundenheit beschreibt die Bedeutung, die andere für uns haben und die wir für andere haben – also, wie eng wir uns mit anderen verbunden fühlen. Autonomie bezieht sich auf das Bedürfnis, selbstbestimmt und unabhängig Entscheidungen treffen und handeln zu können. Kompetenz schließlich beschreibt, wie selbstwirksam sich der Mensch fühlt, also wie kompetent und effektiv er sein Handeln bewertet.

In den letzten Jahren sind weitere Konzepte und Theorien hinzugekommen. Nicht alle sind wissenschaftlich so fundiert wie die Selbstbestimmungstheorie von Edward Deci und Richard Ryan, doch zwei dieser Ansätze sollen hier dennoch Erwähnung finden.

Daniel Pink, Autor des Bestsellers „Drive"[26], ergänzt das Modell um einen weiteren Treiber, den er als „Purpose" bezeichnet. Am besten lässt sich dieser Begriff mit „Sinn" oder „Mission" übersetzen. FIFA-Welttrainerin des Jahres 2021 und Goldmedaillengewinnerin Emma Hayes betonte den Zweck und die tiefere Bedeutung des eigenen Handelns als wichtigen Antrieb für ihre Spielerinnen – oder wie sie es formulierte: „die Treue zur Mission". Diese Mission kann dabei ganz unterschiedliche Ausprägungen annehmen. In einigen erfolgreichen Fußballnationen geht es den Spielern zunächst darum, ihre Familie mit den fußballerischen Künsten ernähren zu können, wie Rasmus Ankersen in seinem Buch „The Gold Mine Effect"[27] treffend beschreibt. Eine sehr bedeutende Mission.

Der wohl legendärste Fußballspieler aller Zeiten, Pelé, kam aus sehr einfachen Verhältnissen und musste schon als Kind durch Schuheputzen Geld verdienen, um die Familie zu unterstützen. Zlatan Ibrahimović lernte in Rosengård, einem als sozialer Brennpunkt bekannten Vorort von Malmö, sich durchzusetzen. Auch Ronaldo wuchs auf Madeira in ärmlichen Verhältnissen auf, genauso wie Lionel Messi, der in dem Arbeiterviertel La Bajada in Rosario seine Kindheit verbrachte. Kylian Mbappé wuchs in Bondy, einem Vorort von Paris, in einem Sozialbau auf.

Es lässt sich triftig darüber streiten, ob es tatsächlich dieser bedeutungsvolle Auftrag war, der diese Spitzenfußballer antrieb, der Wunsch nach ständiger Verbesserung oder beispielsweise der Wunsch nach sozialer Anerkennung (Status). Diesen Treiber findet man unter anderem in dem sogenannten SCARF Modell.

Während meines berufsbegleitenden Studiums in Oxford hatte ich die Möglichkeit, David Rock zuzuhören. David Rock ist unter anderem der Gründer des Neuroleadership Instituts. Seine Fähigkeit, komplexe Dinge zu strukturieren und handhabbar zu machen, haben mich begeistert und tun es immer noch. David Rocks SCARF-Modell[28]. bedient sich der folgenden Motivatoren, dessen Anfangsbuchstaben dem Modell seinen Namen verleihen:

S - Status

C - Certainty (Sicherheit)

A - Autonomy (Unabhängigkeit/Autonomie)

R - Relatedness (Zugehörigkeit)

F - Fairness (Gerechtigkeit)

Auch Thomas Tuchel wird sich in diesem Modell wiederfinden. Die Kategorie „Status" deckt sich weitgehend mit dem von ihm beschriebenen ersten Spielertyp, der nach Ruhm und Anerkennung strebt. Die Kategorie „Zugehörigkeit" spiegelt den zweiten Spielertyp wider, der sich stark mit dem Team verbunden fühlt und seine Erfüllung darin findet, Teil eines Ganzen zu sein. Neben diesen beiden Dimensionen spielen auch Autonomie, Sicherheit und Fairness eine zentrale Rolle.

Der eine Spieler fühlt sich besser, wenn er einen klaren Matchplan hat (Sicherheit), der andere entfaltet sein ganzes Potenzial nur dann, wenn er möglichst viel Freiräume bekommt, beziehungsweise intuitiv handeln darf, wie ein Thomas Müller oder ein Zlatan Ibrahimovic (Autonomie). Der Nächste benötigt regelmäßiges Feedback oder gezieltes Einzeltraining, damit er sich kontinuierlich verbessern kann (Expertentum). Und wieder ein anderer Spieler braucht sehr zeitnah eine nachvollziehbare Begründung, warum er zum wiederholten Male auf der Bank sitzt (Fairness). In den allerwenigsten Fällen brauchen die Spieler ein ausgefeiltes „Prämiensystem" oder im Gießkannenprinzip verteilte Zielvereinbarungen, um ihr Potenzial auf den Platz zu bringen. Es sind individuelle Ansätze, die Spieler zu Höchstleistungen antreiben.

In Unternehmen spiegelt sich diese Vielfalt genauso wider. Einige arbeiten, um ihre Familien zu ernähren – eine grundlegende, höchst relevante und ehrenvolle Motivation. Andere streben nach wahrgenommenem Status, wenngleich Studien darauf hindeuten, dass persönliches Wachstum, Sinnhaftigkeit und vor allem Autonomie an Bedeutung gewinnen werden.

Fairness wird zunehmend als Grundvoraussetzung betrachtet, gestützt durch die Initiativen zur Diversität und damit Chancengleichheit. Die Strategie, die Mehrzahl der jüngeren Arbeitnehmer mit einem hohen Gehalt, Dienstwagen und prestigeträchtigen Titeln (Status) für den steinigen Karriereweg zu begeistern, wird für Chefetagen hingegen immer schwerer durchzusetzen sein.

Alle diese Modelle ähneln sich sehr stark und sind allesamt eine Vereinfachung der Realität. Wer es komplizierter mag, kann sich des sogenannten Reiss-Profils bedienen oder dessen deutscher Abwandlung – dem Luxx-Profil, das im Übrigen auch bei der erfolgreichen Mission Gold der deutschen Handball Nationalmannschaft im Jahre 2007 zur Anwendung kam. Auch die Konsistenztheorie von Klaus Grawe oder die Arbeiten von Prof Dr. Julius Kuhl sind Konzepte, die Führungskräften helfen können, das Verhalten von Menschen besser einzuordnen.

Unabhängig davon, welchen Ansatz man verfolgt, geht es nicht darum, zwischen „richtigen" und „falschen" oder „guten" und „schlechten" Motivatoren zu unterscheiden. Für Sportler ist es zwar nachweislich gesünder und nachhaltiger, sich auf die kontinuierliche Verbesserung (Expertentum) zu konzentrieren, statt das eigene Wohlbefinden von Anerkennung und Applaus abhängig zu machen (Status). Dennoch können beide Motivationsarten zu außergewöhnlichen Leistungen führen, da sie den Willen zur kontinuierlichen Weiterentwicklung befeuern.

Wichtig ist nicht, akribisch herauszufinden, welcher Antrieb das dominante Element ist – und noch weniger, Menschen in starre Schubladen zu zwängen. Vielmehr geht es darum, sich der Unterschiedlichkeit der Motivationstreiber bewusst zu werden und den Dialog darüber zu fördern. Das kann nicht nur bei Veränderungsprozessen in Unternehmen viel Frustration verhindern, sondern auch – ähnlich wie bei erfolgreichen Trainern – dabei helfen, das Potenzial eines Teams besser zu entfalten.

Motivation ist somit sowohl im Sport als auch in Unternehmen höchst individuell. Vielleicht ist es gerade diese Komplexität, die viele Führungskräfte davon abhält, ausreichend Zeit darauf zu verwenden. Für sie ist es oft greifbarer, messbarere Ansätze wie ambitionierte Zielsetzungen zu nutzen, um die Motivation zu steigern. Im Geschäftsleben neigen wir dazu, die Vielfalt der individuellen Treiber für Spitzenleistungen zu vernachlässigen.

Viele Unternehmen basieren ihre Grundannahmen zur Motivation immer noch auf dem Behaviorismus, der auf die Theorien von Pavlov und Skinner zurückgeht. Dieses Prinzip, das auf einfachen Reiz-Reaktions-Zusammenhängen basiert, wurde ursprünglich in Laborexperimenten mit Tieren entwickelt. Auch wenn sich manche Mitarbeiter in ihrem beruflichen Alltag möglicherweise wie im Hamsterrad fühlen, sollten wir festhalten, dass der Mensch sich durch seine emotionalen und sozialen Werte von Versuchstieren unterscheidet – Werte, die in solchen Experimenten nicht berücksichtigt wurden. Deshalb sind globale Anreizsysteme, die davon ausgehen, dass alle Menschen durch dieselben Motive angetrieben werden, oft wirkungslos.

Zudem untergraben solche Systeme, die nach dem Prinzip „carrot or stick" arbeiten, eines der wichtigsten psychologischen Grundbedürfnisse – das Bedürfnis nach Autonomie und Selbstbestimmung.

Motivation wird nicht geschaffen – sie wird entweder freigelegt oder eben blockiert. Menschen sind von Natur aus motiviert – allerdings sehr unterschiedlich geprägt und individuell. Es geht nicht darum, die Motivation zu steigern und Motivationsreden zu glorifizieren, sondern den Spieler zuvorderst nicht zu demotivieren. Es gilt herauszufinden, was der Motivation im Wege steht. Und genau dafür gibt das eingangs erwähnte und gleichzeitig einfachste Konzept der Selbstbestimmungstheorie gute Hinweise. Wir Menschen leben ständig in diesem Spannungsfeld unserer drei psychologischen Grundbedürfnisse – dem Bedürfnis nach Autonomie oder Kontrolle, dem Wunsch, dazuzugehören (Verbundenheit) und dem Anspruch, sich wirksam zu fühlen, also einen Beitrag leisten zu dürfen (Kompetenz).

Die Motivation von Vertriebsteams

Während meiner Zeit als Leiter einer Inhouse Consulting Gruppe für Vertrieb und Marketing leitete ich die weltweite Einführung eines „Customer Relationship Management"-Systems (CRM-System). Diese

„Kundendatenbank" sollte helfen, den Kundenservice und die Vertriebseffektivität und - effizienz durch eine höhere Transparenz zu steigern. Der Schlüssel zum Erfolg lag darin zu verstehen, dass insbesondere Autonomie ein signifikanter Treiber für viele Vertriebsmitarbeiter ist. Es ist sogar einer der Gründe, warum sie sich für einen Job im Vertrieb entschieden haben. Die Gefahr, die wir sahen, war also: Ein CRM-System würde demnach nicht als die von der Konzernspitze propagierte Investition in die Zukunft mit einem signifikanten Kundennutzen wahrgenommen, sondern als Kontrollmechanismus, der die Autonomie der Vertriebler einschränken könnte. Wir integrierten deshalb ein Vertriebscoaching-Programm. Im Rahmen dessen zeigten wir den Vertriebsmitarbeitern, wie die Faktenbasis und Transparenz durch das CRM-System ihre eigenen Entscheidungen verbesserten, Zeit sparte und ihre Chancen deutlich erhöhte, Aufträge zu gewinnen – die Mitarbeiter erlebten die eigenen Vorteile und sahen ihre so geschätzte Autonomie nicht mehr in Gefahr. Die einst kritischen Diskussionen veränderten sich, das System füllte sich mehr oder weniger selbst mit den relevanten Daten. Die neuen Prozesse wurden über Jahre durch ein weltweit gespanntes Netz von Vertriebscoaches unterstützt. Geduld, Fokus und Kontinuität zahlten sich aus. Heute ist das CRM-System integraler Bestandteil aller Vertriebs- und Marketingaktivitäten und nicht mehr wegzudenken.

In Transformationsprojekten begegnet man oft der Herausforderung, dass Mitarbeiter den Wandel nicht unterstützen. Statt von oben herab zu urteilen, sollten wir uns fragen, was die Mitarbeiter motiviert, dem Wandel zu widerstehen. Selbst hinter dem Boykott verbirgt sich eine Motivation, die es zu verstehen gilt. Das Verständnis der individuellen Motivatoren ist ein Schlüssel, um Widerstand in Akzeptanz zu verwandeln.

Natürlich kann bei unternehmensübergreifenden Projekten nicht jeder einzelne Mitarbeiter mit seinen Treibern berücksichtigt werden. Doch wollen wir nicht ein bisschen mehr Zeit dafür investieren? Nehmen wir uns ein Beispiel am Marketing.

Selbst bei nur durchschnittlich geplanten Produktneueinführungen werden sogenannte „Personas" erstellt und die Produkteigenschaften sowie die Kommunikation werden individuell angepasst. Jedes Detail wird durchdacht, um die verschiedenen Treiber der Zielgruppen zu bedienen. Für jeden Treiber gibt's das richtige Produkt mit der passenden Kernbotschaft. Dafür werden Marktforschungen durchgeführt und die Kundensegmente präzise definiert. Doch in internen Projekten scheint die Vielfalt der Mitarbeiter auf Schwarz und Weiß reduziert zu werden – diejenigen, die wollen und diejenigen, die nicht wollen. So wie wir es lieben.

Hier schließt sich der Kreis zu Jürgen Klopp. Sein Erfolg beruht nicht auf generischen Motivationsfloskeln, sondern darauf, dass er seine Spieler als individuelle Persönlichkeiten betrachtet. In einer Welt voller Grautöne behandelt er Menschen individuell, mit positiver Neugier und echtem Interesse. In den zahlreichen Interviews kann man fühlen, dass er sie mag, versucht, sie zu verstehen samt ihrer Treiber und ihres individuellen „Wofür". Er scheint so die Voraussetzungen für maximale Leistungsbereitschaft zu schaffen. Es ist offensichtlich, dass „Kloppo" Freude am Gewinnen hat, aber ebenso daran, die Potenziale jedes Spielers zu entfalten[29].

Ein bedeutender und notwendiger Schritt wäre es, wenn Unternehmen ihre bisherigen Motivationssysteme auf den Prüfstand stellen und von Grund auf neu ausrichten würden. Die Zeit, die sie aktuell aufwenden, um diese starren Systeme mit Inhalten zu füllen, könnten sie viel sinnvoller in den Dialog über individuelle Treiber und psychologische Grundbedürfnisse investieren. Genau dieser Austausch bringt uns dem Ziel einer gesunden und nachhaltigen Leistungssteigerung näher. Dieses Umdenken erfordert allerdings Neugier, Empathie und vor allem Zeit – Zeit, die man gezielt in das persönliche Gespräch mit jedem einzelnen Mitarbeiter investiert. Doch diese Investition lohnt sich. Probieren Sie es aus.

Die möglichen Taktikfehler:

> **Taktikfehler 25:** Wir unterteilen Mitarbeiter in die „Motivierten" und die „Unmotivierten".

> **Taktikfehler 26:** Wir kennen die Grundbedürfnisse unserer Mitarbeiter nur unzureichend.

> **Taktikfehler 27:** Wir demotivieren unsere Mitarbeiter, ohne es zu merken.

Von der Brechstange und Systemumstellungen

„Wenn Du verlieren willst, gucke auf die Anzeigetafel." Das sagte Paul Assaiante, immerhin zweifacher „Olympic Coach of the Year" und Autor von „Run to the Roar".[30] Im Sport, wie auch im Geschäftsleben, steht und fällt vieles mit den erzielten Ergebnissen. Jegliche romantische Verklärung von „New Work", die das Gegenteil behauptet, birgt eine ernstzunehmende Gefahr für ambitionierte, leistungsorientierte Unternehmen, sei es ein Konzern, Mittelständler oder Start-up.

Die Wahrheit ist jedoch komplexer: Leistung zu erbringen und damit Ergebnisse zu liefern sollte ebenso Freude bereiten wie bei langfristig erfolgreichen Spitzensportlern und Erfolgsmannschaften. Doch das bedingungslose Fokussieren auf das messbare Ergebnis, das „Was", führt häufig zum Gegenteil, nämlich, dass nicht nur die Freude, sondern auch wichtiges Potenzial verloren geht, trotz aller Anstrengungen.

Einige erfolgreiche Trainer haben dies bereits institutionalisiert. Ein Beispiel dafür ist der SC Freiburg, der es Jahr für Jahr schafft, Potenziale besser auszuschöpfen als die Konkurrenz. Sie verfallen nicht dem Aktionismus, wenn es mal nicht nach Plan läuft. Statt sich ausschließlich an den Resultaten zu messen, konzentrieren sie sich auf das „Wie". Ihr Glaube an die kollektiven Fähigkeiten, den Erfolgs- und den ausgewählten Matchplan ermöglicht eine kontinuierliche Entwicklung.

Der entscheidende Faktor ist nicht das Messen des „Was", sondern der Fokus auf das „Wie" – Tag für Tag, Woche für Woche. Sowohl im Sport als auch im Geschäftsumfeld macht das, was nicht leicht zu messen ist, den wahren Unterschied. Aus diesen nicht oder schwer messbaren Elementen entstehen Wettbewerbsvorteile, die kaum zu kopieren sind – heute und zukünftig.[31]

Werfen wir zunächst einen Blick auf die Taktikfehler, die diese Trainer, Athleten und Vereine typischerweise nicht begehen.

Die Brechstange: Eine letzte verzweifelte Maßnahme

In der 85. Minute eines Pokalspiels liegt die Heimmannschaft 0:1 zurück. Trotz zahlreich kreierter Chancen, die am starken Torwart der Gäste scheiterten, wird nun die berüchtigte Brechstange rausgeholt. Alle taktischen Anweisungen sind vergessen. Statt den Matchplan selbstbewusst und optimistisch bis zum Schluss durchzuziehen, regiert die pure Angst vor einer Niederlage. Die Spieler schlagen den Ball hoch und weit in den gegnerischen Sechzehner, in der Hoffnung, dass er irgendwie vor die Füße des eigenen Stürmers fällt. Die Wahrscheinlichkeit, das Spiel auf diese Weise zu drehen, tendiert gegen Null. Die aufkommende Panik verhindert klares Denken. Diese Angst ist ein schlechter Ratgeber für den Erfolg.

Vielleicht fragen Sie sich nun, warum Mannschaften zu solchen Maßnahmen greifen. Als Führungskraft einer Firma würden Sie das anders machen. Wirklich?

Parallelen zum Geschäftsleben sind nicht zu übersehen. In Unternehmen beobachten wir oft ähnliche Handlungen, die an den „Rumpelfußball" der Nachspielzeit erinnern. In der Not werden Mittel wie die Brechstange als adäquat betrachtet. Das Ergebnis zählt, und kurzfristige Suboptimierungen werden vorgenommen, um messbare Ziele zu erreichen. Lager werden kurzfristig geleert, langjährige Lieferanten ausgetauscht, Preisanpassungen vorgenommen, „Einstellungsstopps" verhängt, Reisebudgets eingestampft oder Weiterbildungen auf Eis gelegt. Alles, um das gesetzte, messbare Ziel nicht zu verfehlen. Ein nicht enden wollender Teufelskreis, ein Stop & Go, das jeglicher Art von kontinuierlicher und nachhaltiger Leistungsentwicklung im Wege steht. Diese kurzfristigen Suboptimierungen suggerieren Kontrolle, sind jedoch der beste Beweis für Kontrollverlust. Die Angst vor der Niederlage führt zu Maßnahmen, die im Widerspruch zur Unternehmensvision und den Unternehmenswerten stehen, die aber ungeachtet dessen als Hochglanzposter an den Bürofluren prangen. Der „Dieselskandal" des Volkswagenkonzerns war wohl eine der massivsten Brechstangen, die die deutsche Industrie bislang erlebt hat. Und auch im Sport müssen wir nicht lange suchen, um den nächsten Dopingskandal aufzudecken. Unserem Zielfetisch sei Dank.

Und dennoch führt die Brechstange in Unternehmen oft dazu, dass die Verantwortlichen dafür gefeiert und befördert werden. Ergebnisorientierung pur – so lautet das Credo. Doch was wir dabei bereitwillig in Kauf nehmen, ist die Tatsache, dass der Einsatz der Brechstange nur oberflächlich, wie ein Pflaster kurzfristige Wunden überdeckt. Die eigentliche Ursache wird selten erkannt und behoben. Unsere Fixierung auf messbare Zahlen, das „Hopp oder Top", das Gewinnen oder Verlieren geschieht auf Kosten nachhaltiger und gesunder Leistungssteigerung in Unternehmen.

Ein weiterer Monat vergeht, und die Mitarbeiter fragen sich, warum es in ihrem Unternehmen keine normalen Saisonspiele mehr gibt, sondern nur noch K.o.-Spiele. Das Resultat ist eine Flut exzellenter Ergebnismanager, die nicht zwangsläufig gute Führungskräfte sind und noch weniger Erfolgscoaches, die nachhaltige Leistungssteigerungen garantieren. Der Fokus liegt auf dem „Was" und nicht auf dem „Wie". Wir konzentrieren uns auf das nackte Ergebnis, auf das Hier und Jetzt, das nächste Spiel, ohne zu verstehen, welche Parameter uns nachhaltigen Erfolg bescheren würden.

Dass es anders geht, zeigt das Beispiel des FC Midtjylland. Die beiden Gründervereine Herning Fremad und Ikast FS, aus deren Teams die erste Mannschaft des FC Midtjylland 1999 geboren wurde, bestehen weiter und unterhalten ihre eigenen Jugendmannschaften. Damit wurde ein besonders in Dänemark praktiziertes Konzept fortgesetzt, das es kleineren Vereinen ermöglichen soll, sich wirtschaftlich und sportlich dauerhaft in der obersten Spielklasse zu etablieren. Und: Sie gewinnen Spiele in den letzten Minuten ohne nervöses Zittern. Ihr Glaube an sich selbst und ihren Matchplan macht den Unterschied. Denn der Matchplan und sogar die Transferpolitik des Clubs resultieren aus mathematischen Berechnungen, die sogar Wahrscheinlichkeiten berücksichtigen – und die Brechstange als Lösung nicht zulässt. Ein wahnsinnig spannendes Thema, das ein eigenes Buch rechtfertigen würde. Das nachhaltige Resultat: Mittlerweile feierte der FC Midtjylland vier Meisterschaften, zwei Pokalsiege und ist Dauergast in den europäischen Wettbewerben. Auch in der Bundesliga-Saison 2023/2024 konnte man ein beeindruckendes Beispiel für eine Mannschaft erleben, die ungeachtet des Spielstands unbeirrt auf ihre Stärken und ihren Matchplan vertraute. Die Werkself von Bayer Leverkusen entschied in sechs Spielen die Partie erst in der Verlängerung für sich – und das, ohne dabei hektisch oder planlos zu agieren. Statt auf die Brechstange zu setzen, bewiesen sie Geduld und Vertrauen in ihre Spielstrategie, was sich am Ende als erfolgreich erwies.

„Unabsteigbar" oder das Prinzip Hoffnung

Während man den Vereinen und Unternehmen, die mit der Brechstange operieren, zumindest nicht vorwerfen kann, nichts zu tun (sie wissen es einfach nicht besser), sieht es bei denjenigen Vereinen und Unternehmen anders aus, die sich dem Prinzip „Hoffnung" verschrieben haben. Hierbei zielt die Strategie darauf ab, die Hoffnung nicht aufzugeben, dass der nächste Monat oder das nächste Jahr besser aussehen wird. Vielleicht ändern sich die Umstände, ein Wettbewerber hat Lieferschwierigkeiten, erhöht die Preise, oder ein großer Kunde beglückt das Unternehmen mit einem nicht eingeplanten Auftrag. Die Aussicht auf Erfolg: im besten Fall 50:50.

Das erinnert an den Aberglauben einiger Sportler, vor allem im Fußball. So stellte der Sportjournalist Christoph Biermann im Jahr 2018 fest, dass Fußballspieler, Trainer und Manager in einem größeren Maße abergläubisch sind als die meisten anderen Berufsgruppen.[32]

Mir ist noch kein Vertriebler begegnet, der nach erfolgreichen Geschäftsabschlüssen den blauen Glückspullover so lange anbehält, bis er einen Auftrag verliert, wie es Udo Lattek als Sportdirektor des damaligen Fußballbundesligisten 1. FC Köln in der Saison 1987/1988 praktizierte, ehe die „Geißböcke" am 15. Spieltag in Bremen erstmals verloren.

Auch habe ich noch keinen Kollegen getroffen, der sein Büro zuerst mit dem rechten Fuß betritt, wie es viele Sportler tun, wenn sie auf den Platz gehen. Noch weniger würde ich es für möglich halten, die Unterhose meines Arbeitskollegen zu tragen, wenn es in schwierige Verhandlungen geht. Den Erzählungen nach tat das nämlich Gerrie Mühren, legendärer Fußballspieler von Ajax Amsterdam, der bei Spielen stets den „Schlüpfer" seines Mannschaftskameraden Sjaak Swart trug.

Im Geschäftsleben manifestiert sich derweil der irrationale Glaube, dass sich Dinge verbessern, ohne dass man „wirklich" etwas dafür tut, der Hoffnung sei Dank. So wird aus einem „Unabsteigbaren" über die Jahre ein „Unaufsteigbarer", sei es im Sport oder in der Geschäftswelt. Die Fußballinteressierten unter Ihnen kennen wahrscheinlich den Dino des deutschen Fußballs, auf den diese Aussage zutrifft.

Die „Extra-Meile"

Die „Extra-Meile" ist das wohl populärste Konzept, hochangesehen in den Chefetagen. Es ähnelt dem Prinzip Hoffnung stark, kommt jedoch in einem anderen Gewand daher. Das Konzept ist langfristig genauso wenig zielführend wie das Prinzip Hoffnung, aber es passt besser in unsere Denkmuster. Die bereits angesprochene „Extra-Meile" vermittelt wie auch die Brechstange das Gefühl, alles für den Erfolg zu tun. Wenn es trotzdem nicht klappt, muss eben jeder noch eine Schippe mehr drauflegen.

Im Sport mag es funktionieren, wenn eine Mannschaft in Unterzahl gerät und in den letzten 30 Minuten alles mobilisiert, um den Verlust auszugleichen. Doch kein vernünftiger Verein würde eine gesamte Saison mit nur zehn Spielern bestreiten, da dies offensichtlich jeden einzelnen Spieler überfordern würde.

Genau dieses Prinzip hat sich jedoch in den letzten Jahren in vielen Unternehmen verselbstständigt und wird charmant als die „Extra-Meile" bezeichnet. Der Ursache für die Ergebnisabweichung wird damit begegnet, dass man den Mitarbeitern signalisiert, sie müssten noch einen Zahn zulegen, um den Konkurrenten mindestens ebenbürtig zu sein.

In Unternehmen gelten häufig jene als „High Performer", die bereit sind, mehr zu arbeiten als andere – allerdings nicht unbedingt fokussierter. Hierbei geht es nicht um Konzentration, Disziplin oder einen nachhaltigen Beitrag, sondern schlicht um das unermüdliche Rennen. Das Ziel ist, länger und schneller zu rennen als die Konkurrenz – ein Muster, das tief in unseren Denkstrukturen verankert ist.

Im Sport hingegen hat sich längst die Erkenntnis durchgesetzt, dass es nicht darauf ankommt, möglichst viel zu laufen, sondern die richtigen Laufwege in den entscheidenden Momenten zu wählen. Ein eindrucksvolles Beispiel dafür bietet der niederländische Fußballclub AZ Alkmaar, der mit vergleichsweise bescheidenen Mitteln immer wieder die großen Teams im internationalen Fußball herausfordert. Für diesen Verein spielt das Wort „FEAR" (Angst) eine zentrale Rolle. Viele Spieler begehen unter Druck den Fehler, in Panik zu verfallen und kopflos zu rennen. Für sie steht „FEAR" für „Forget Everything And Run" – also „Vergiss alles und renn los".

AZ Alkmaar hingegen schult seine Spieler darin, diese vier Buchstaben neu zu interpretieren: „Face Everything And Respond" – was bedeutet: „Stelle dich allem und reagiere darauf". Die Spieler werden ermutigt, ihre eigene Bedeutung für „FEAR" zu definieren und aktiv mit Herausforderungen umzugehen[33].

Viele Unternehmen könnten von dieser Haltung profitieren, denn unter Druck neigen sie oft dazu, der weniger überlegten Variante zu folgen. Sie verlieren ihre ursprünglichen Pläne aus den Augen. Zwar flüchten sie nicht buchstäblich, doch sie verfallen in hektische Betriebsamkeit – mehr als je zuvor. Die Müdigkeit, die sich am Ende des Tages in Form von Augenringen zeigt, wird als Indikator für harte Arbeit gewertet. Besonders in meiner Heimat Deutschland wird Arbeit häufig am meisten geschätzt, wenn sie zumindest ein wenig schmerzt.

Für die „Extra-Meile" wird man in vielen Unternehmen mit einer Beförderung belohnt. Eine Belohnung also dafür, dass man die angestrebten Ziele im ersten Anlauf nicht erreicht hat. Da muss ich zwangsläufig an die Extra-Runde im Biathlon denken. Hier ist man ehrlicher und nennt sie ohne Umschweife „Strafrunde", weil nicht alle Schüsse das Ziel getroffen haben. Doch wie würde sich das anhören? Nein – dann sagen wir lieber „Extra-Meile". Nun sind Spieler gefragt, die die Ärmel hochkrempeln und den widrigen Bedingungen trotzen.

Neue Denk- und Spielräume

Doch das Problem besteht darin, dass viele Unternehmen nicht nur eine „Extra-Meile" drehen oder eine kurze Phase in „Unterzahl" überstehen müssen. Aus dem anvisierten Sprint wird unbemerkt ein Marathon, an dessen Ende Mitarbeiter stehen, für die das Spielen in Unterzahl zum Normalfall wird.

Schiri, wir wissen, wo dein Auto steht – oder das „Blame Game"

Wenn die Brechstange nicht zum Erfolg führt, erleben Fußballfans zwei unterschiedliche Herangehensweisen. Einige Trainer übernehmen die Verantwortung: „Wir haben unseren Matchplan nicht durchgesetzt, die Zweikampfstärke hat gefehlt, wir haben uns den Schneid abkaufen lassen und vor dem Tor die falschen Entscheidungen getroffen. Auch meine Spielerwechsel haben nicht die erhoffte Wirkung gezeigt. Wir werden daraus lernen und gestärkt in unsere nächste Aufgabe gehen."

Ein aufmerksamer Betrachter erkennt, dass der Trainer sich mit den Dingen auseinandersetzt, die er und seine Mannschaft beeinflussen können. Keine Schuldzuweisungen, keine panischen Rechtfertigungen, nur das Bekenntnis, aus Fehlern zu lernen – im Sport nennen wir das neudeutsch „Control the Controllables".

Andere Manager, Trainer und Spieler hingegen neigen zum „Blame Game", sie suchen die Schuld außerhalb ihres Einflusses – sei es der holprige Kartoffelacker oder der Mann in Schwarz. Selbst wenn sie es verpacken wie einst Stefan Reuter in Diensten von Borussia Dortmund, der sagte: „Zur Schiedsrichterleistung will ich gar nichts sagen, aber das war eine Frechheit, was da gepfiffen wurde." Ewald Lienen brachte es in seiner Zeit als Trainer des 1. FC Köln treffend auf den Punkt. Er hätte nicht das Recht, jede Entscheidung des Schiedsrichters zu kommentieren – garniert mit dem süffisanten Zusatz: „Er lacht sich ja auch nicht tot, wenn wir einen Fehlpass spielen." Recht hat er.

Wenn weder der Schiedsrichter noch die Umstände als Entschuldigung taugen, wenn Trainer ratlos erscheinen oder der Druck zu groß wird, erleben wir im Profisport sowie in den Amateurklassen eine weitere Ausprägung des „Blame Game". Laut einer Studie von 2011 werden 65 Prozent der Trainer aufgrund von Erfolglosigkeit entlassen, mit einer durchschnittlichen Amtszeit von unter 14 Monaten. Die kurzfristige Ergebnisorientierung hat dramatische Auswirkungen auf die Spieler, wie am Beispiel des Hamburger SV deutlich wird. Als gebürtiger Hamburger tut es mir weh, mit anzusehen, wie über Jahre krampfhaft versucht wurde, das Prädikat „unabsteigbar" zu behalten.

2018 ging es schief – übrigens „unterstützt" durch eine Stadionuhr, die am 12. Mai um 17.35 Uhr die Bundesligazugehörigkeit des „Dinos" nach 54 Jahren, 261 Tagen, 35 Minuten und 10 Sekunden für vorerst beendet erklärte. Ein weiteres beeindruckendes Beispiel, bei dem der ständige Blick auf die Anzeigetafel eher zur Verunsicherung als zur Motivation beitrug.

Seither versucht man bei den „Rothosen" genauso krampfhaft wieder ins Oberhaus aufzusteigen. Bevor man sich in der Saison 2021/2022 zu etwas mehr Geduld und Konstanz entschied, versuchten zuvor in nur zehn Jahren dreizehn Trainer, den Karren aus der Elbe zu ziehen. Die kurzfristigen Übergangslösungen, beispielsweise Feuerwehrmann Horst Hrubesch, sind in dieser Rechnung noch nicht einmal berücksichtigt.

Das „Blame Game" ist eine Konsequenz des menschlichen Wunsches, eine einfache Geschichte zu erzählen und eine Erklärung zu liefern – selbst, wenn sie nicht der Realität entspricht. Dieses Verhalten wird auch als „Story Bias" bezeichnet.

Genau diesen „Story Bias", den viele von uns im Profifußball verurteilen, erleben wir tagtäglich auch in unseren Betrieben. Die gleichen Macher aus der Wirtschaft, die diese Vereine beim Plausch an der Kaffeemaschine kritisieren, sind gefangen in ihrem Korsett, das sie sich selbst maßschneidern ließen.

CEOs werden nicht so schnell entlassen wie Trainer. Ihre Durchlaufzeit ist etwa fünf Mal länger als die eines Übungsleiters - und das, obwohl sie die Schuld weder beim schlecht pfeifenden Schiedsrichter noch beim unbespielbaren „Kartoffelacker" suchen können. Den Managern dieser Welt kommt es hingegen sehr gelegen, dass Unternehmen einen funktionsübergreifenden Teamsport darstellen. Wenn man nicht die allgemeine Marktlage als Erklärung für das Verfehlen der Ziele heranziehen kann, versucht man in aller Regelmäßigkeit, einer anderen Funktion den schwarzen Peter zuzuschieben. Im Erfolgsfall sind jedoch genau diese Abteilungen üblicherweise nicht Teil der gern erzählten Erfolgsgeschichte. Der „Self-serving Bias", die selbstwertdienliche Verzerrung, führt dazu, dass eigene Erfolge eigenen Fähigkeiten zugeschrieben und Misserfolge äußeren Ursachen angelastet werden. Ähnliche Mechanismen lassen sich auch bei Vertriebsanalysen beobachten, wo fehlende Produktspezifikationen oder zu hohe Preise für verlorene Aufträge verantwortlich gemacht werden, während gewonnene Aufträge dem persönlichen Verhandlungsgeschick und der langjährigen Beziehungspflege zugeschrieben werden.

Destruktive Reibungsfelder zwischen verschiedenen Unternehmensfunktionen sind allgegenwärtig, sei es zwischen Vertrieb und Marketing, Produktion und Einkauf oder Qualität und Entwicklung. Ein munteres Spielchen, das üblicherweise keine Gewinner, sondern nur Verlierer kennt – und der übrigens durch unseren bereits angesprochenen Zielfetisch noch befeuert wird.

Wir ändern das Spielsystem

Zurück zum Sport. Wenn weder der Einsatz der „Brechstange" noch das „Mehr rennen als der Gegner" die erhoffte Wirkung bringen, der Trainerwechsel verpufft und kein Geld für neue Spieler zur Verfügung steht, um die schwächelnden Mannschaftsteile zu verstärken, greift man oft zu einem neuen Spielsystem. Die Veränderungen sollen vor allem sichtbar sein – alle sollen sehen, dass aktiv gegengesteuert wird und man keineswegs die Kontrolle verloren hat.

Im Fußball wird zum Beispiel auf eine „falsche 9" statt eines klassischen Mittelstürmers gesetzt. „Falsche 9"? Ja, Sie haben richtig gehört – ein Fachbegriff aus dem Fußball. Während der klassische Neuner sich zentral positioniert und die Innenverteidiger bindet, löst sich die „falsche 9" von ihren Gegenspielern und weicht auf die Flügel aus. Dadurch soll der kompakte Defensivblock auseinandergezogen werden, während der Spieler gleichzeitig am Kombinationsspiel im Mittelfeld teilnimmt. Das Toreschießen bleibt dennoch seine Aufgabe. Aha.

Mit anderen Worten: Man übernimmt nicht mehr nur die ursprüngliche Aufgabe – Tore zu schießen, wofür man eingestellt wurde –, sondern erledigt nebenbei auch Arbeiten, die eigentlich in andere Abteilungen gehören. Im Fußball bleiben bei einem solchen Systemwechsel immerhin weiterhin elf Freunde auf dem Feld. Im Geschäftsleben hingegen versucht man oft, durch ähnliche Veränderungen die gleiche Arbeitslast auf weniger Schultern zu verteilen. Das wird jedoch gerne in kreativ klingende Projektnamen verpackt, versehen mit dem Hinweis, dass Veränderung ja die einzige Konstante sei. Den Mitarbeitern, die plötzlich vieles tun sollen, aber nichts mehr wirklich richtig, helfen diese klugen Sprüche jedoch genauso wenig wie dem „Stoßstürmer" vergangener Tage.

Wenn auch das partielle Zusammenlegen von Abteilungen oder ähnliche organisatorische Manöver keine Besserung versprechen, wird zur letzten Maßnahme gegriffen: Das System wird vollständig umgestellt. Statt eines 4-4-2 könnte man etwa auf ein 4-3-3 wechseln, oder von 4-3-2-1 auf 4-4-1-1. Der Fantasie sind keine Grenzen gesetzt.

Diese Zahlen stehen für die einzelnen Mannschaftsteile – Verteidigung, defensives und offensives Mittelfeld sowie den Sturm. Aufmerksamen Beobachtern fällt dabei eine Konstante auf: Die Position des Torwarts bleibt immer unverändert. Das Regelwerk verlangt es so – man kann weder mit zwei Torhütern noch ohne spielen. In der Unternehmenswelt verkörpert diese unantastbare Position meist die Geschäftsleitung. Auch wenn Strukturen rundherum geändert werden, bleibt ihre Rolle unangetastet – diese Regel steht zwar nirgends geschrieben, ist aber allgemein anerkannt.

Während solche taktischen Umstellungen im Fußball mit dem richtigen Personal, Einsatz und Beharrlichkeit relativ schnell greifen und nach wenigen Spielen Erfolge zeigen, führen vergleichbare Veränderungen in großen Organisationen oft zu einem langwierigen Stillstand. Darauf folgen Monate, manchmal Jahre der Ent- und Gewöhnung. Diese Prozesse sind meist teuer, insbesondere wenn man die Opportunitätskosten mit einbezieht.

Natürlich gibt es Situationen, in denen Umstrukturierungen sinnvoll sind – etwa, wenn Unternehmen wachsen und sich auf zukünftige Herausforderungen vorbereiten müssen. Doch häufig sind solche Maßnahmen genau das, was die Chefetage nicht zugeben möchte: ein Zeichen des Kontrollverlusts. Man klammert sich an die Vorstellung, dass nicht die Art, wie wir arbeiten, das Problem sei, sondern die Art, wie wir organisiert waren, habe uns ineffizient gemacht. Damit landen wir wieder bei unserem „Story Bias": Die Geschichte ist zwar nicht unbedingt wahr, aber leicht verständlich. Und die teuren Berater bestätigen diese Narrative oft – schließlich müssen sie ja rechtfertigen, warum wir nicht „futurefit" sind.

Dieser Glaube bietet Trost, denn er entlastet uns ein Stück weit von der Verantwortung. Und noch besser: Solch eine Umstrukturierung ist schnell umzusetzen – zumindest auf dem Papier. Sie passt perfekt in unser Denkmuster, dass Probleme „geflickt" werden können, ähnlich wie die undichte Dachrinne zu Hause. Da fühlen wir uns in unserem Element – ganz nach dem Motto „Wir schaffen das!", wie schon Bob der Baumeister motiviert verkündete.

Jetzt ist die Stunde der Personalabteilungen gekommen. Sie können zeigen, was sie draufhaben, indem sie bunte Organigramme erstellen und überforderten Managern helfen, die leeren Kästchen mit den passenden Namen zu füllen. Eine Art „Malen nach Zahlen" für Fortgeschrittene. Meistens bleiben dabei die zuvor mühevoll gepflegten „Succession Plans" – Nachfolgepläne – unbeachtet, denn jetzt herrscht

Krisenmodus. Es zählt nur, was gerade gebraucht wird. Was nicht passt, wird passend gemacht – auch das kennen wir von Bob dem Baumeister. Nur dass es hier nicht um Maschinen, sondern um Menschen geht.

Hand aufs Herz: Wie oft haben Sie erlebt, dass sich das Verhalten eines Kollegen drastisch verändert hat, nur weil er nun in einer anderen Box des Organigramms sitzt? Wie oft war nach einer Umstrukturierung plötzlich alles leichter und effizienter? Es ist wie im Fußball – es gibt Gewinner und Verlierer. Manche Kollegen lieben die neue Struktur, andere hassen sie. Wir haben in den letzten Jahren so viel ausprobiert, doch die ernüchternde Erkenntnis bleibt: Organisationsformen sind nur so gut wie die Menschen, die sie mit Leben füllen. Der Erfolg eines Systems hängt entscheidend vom Denken und Handeln der Mitarbeitenden ab. Natürlich müssen einschränkende Prozesse und Strukturen erkannt und optimiert werden, doch in den meisten Fällen bieten Umstrukturierungen keine wirkliche Antwort auf die Herausforderungen der modernen Arbeitswelt.

Der Zweck heiligt die Mittel

All diese Taktikfehler entspringen tief verwurzelten Denkmustern. Sie resultieren aus einer verzerrten Definition von Erfolg, die uns dazu verleitet, Ergebnisse zu managen, anstatt nachhaltige Leistung zu entwickeln. Der Fokus liegt auf den glitzernden Spitzen des Eisbergs, während das Fundament unter der Wasseroberfläche vernachlässigt wird.

Für viele Ergebnismanager in Unternehmen ist ein Monat, in dem die finanziellen Ziele nicht erreicht wurden, per Definition ein schlechter Monat. Dabei spielt es keine Rolle, ob talentierte Mitarbeiter gewonnen wurden, eine ganzheitliche Unternehmensstrategie erarbeitet wurde und innovative Projekte gestartet wurden. Umgekehrt wird alles als richtig betrachtet, wenn die Ziele übererfüllt werden, selbst wenn andere Erfolgsindikatoren auf Rot stehen. Wenn das Ergebnis stimmt, heiligt der Zweck die Mittel. Ein dreckiger Sieg ist uns halt lieber als ein Remis oder gar eine Niederlage trotz einer homogenen Mannschaftsleistung. Nochmal – viele unserer Führungskräfte sind dazu erzogen, Ergebnisse zu managen, anstatt nachhaltige Leistung zu entwickeln.

Trainer wie Christian Streich, die sich nachhaltiger Leistungsentwicklung verschrieben haben, betonen hingegen nicht nur aus Respekt vor kritischen Fragen der Journalisten, sondern auch aus Überzeugung: „Das Ergebnis ist nicht zufriedenstellend, aber die Art und Weise, wie meine Mannschaft gespielt hat, macht mich stolz und stimmt mich positiv für die kommenden Aufgaben." Im Sport hat sich schon in zahlreichen Fällen gezeigt, wie eine konsequente Fokussierung auf das „Wie" zu einer Trendwende führen kann, anstatt unter dem Druck fehlender Siege den oben beschriebenen Taktikfehlern zu erliegen.

Leider hören wir selten ähnliche Töne von den CEOs. Mitarbeiter würden vielleicht positiver reagieren, wenn ihre Geschäftsführer offen zugeben würden: „Unser zweites Quartal war nicht zufriedenstellend, aber die Entwicklung unseres Teams und unserer Organisation stimmt mich sehr zuversichtlich. Die Ergebnisse dieser Saat werden wir früher oder später ernten." Wie das funktionieren kann, verrät das nächste Kapitel.

Die möglichen Taktikfehler:

> **Taktikfehler 28:** Wir schauen zu häufig auf die Anzeigetafel.
>
> **Taktikfehler 29:** Wir holen die Brechstange heraus, um Ergebnisse zu erreichen.
>
> **Taktikfehler 30:** Wir fordern die „Extra-Meile", um Ergebnisse zu erreichen.
>
> **Taktikfehler 31:** Wir üben uns im „Blame game".
>
> **Taktikfehler 32:** Wir ändern zu häufig unser (Spiel-)System.

Von Erfolgsgaranten und „Expected Goals"

Ein anderer Vorreiter dieser Philosophie, die das Ergebnis als Konsequenz bezeichnen und dadurch nicht ergebnisgetrieben arbeiten, ist unser ehemaliger deutscher Hockey-Bundestrainer und dreifacher Olympiasieger Markus Weise. Es überrascht nicht, dass er sich selbst als „Performance Trainer" bezeichnete – sein Fokus liegt stets auf der Leistung. Er lässt sich nicht von den Ergebnissen täuschen – weder in die eine noch in die andere Richtung. Und auch bei der Analyse von Sieg oder Niederlage begehen diese Trainer nicht den Fehler, nach zu einfachen Erklärungen zu suchen, wie wir es mitunter im Business tun. Erinnern Sie sich? Läuft ein Monat gut, wird der Erfolg dem hoch performanten Führungsteam zugeschrieben. Läuft es schlecht, sind es die schwierigen Marktbedingungen, die den Ausschlag gaben. Ein verlorener Auftrag wird auf den Preis geschoben, ein gewonnener auf das eigene Verhandlungsgeschick. Dieses Denken, das die Verantwortung situativ verschiebt, hindert Unternehmen oft daran, echte Erkenntnisse zu gewinnen.

Aber auch im Sport werden wir häufig Zeuge von sehr plakativen Erklärungsversuchen. Wie oft hören wir nach gewonnenen Schlachten, wer die Erfolgsgaranten für den Sieg waren. Mal war es die Torhüterin, die in der letzten Minute den Elfmeter hielt, mal ist es der dreifache Torschütze und ein anderes Mal ist es der Verteidiger, der den Ball gleich zweimal von der Linie putzte und so den drohenden Rückstand verhinderte. Auf der Suche nach Erklärungen sind wir Menschen geneigt in einfachen Ursache-Wirkung-Zusammenhängen zu denken, was in der Psychologie „Attribution" genannt wird. Wir schreiben den Sieg einer bestimmten Ursache zu, und weil es so schön einfach ist und es sich gut verkaufen lässt, picken wir uns also die Person heraus, die das Spiel mutmaßlich entschieden hat, und nennen sie den „Erfolgsgaranten". Spiele, in denen wenige Schlüsselszenen einzelner Akteure über Sieg oder Niederlage entscheiden, gibt es immer wieder. Doch selbst in solchen Momenten liegt das Geheimnis des Erfolgs nicht allein in einem gelungenen Torschuss oder einem gehaltenen Elfmeter.

Um einer gesunden und nachhaltigen Leistungskultur näher zu kommen, müssen wir unser Verständnis von den sogenannten Erfolgsgaranten etwas justieren. Erfolgsgaranten sind Elemente, die als wesentlich für das Erreichen von positiven Ergebnissen eingestuft werden. Mit anderen Worten: Diese Elemente erhöhen die Erfolgswahrscheinlichkeit. In den wenigsten Fällen sind es allerdings einzelne Personen oder Ereignisse, die zu nachhaltigen Erfolgen führen. Es ist nicht das Tor oder der entscheidende Wurf in der letzten Minute, die ursächlich für nachhaltigen Erfolg sind. Es war auch nicht unser NBA-Star Dennis Schröder, der uns zum Basketballweltmeister machte. Noch haben wir es der dreimaligen Fußballerin des Jahres Alexandra Popp allein zu verdanken, dass wir 2022 Vizeweltmeister wurden.

Popps Torriecher wäre bedeutungslos gewesen, hätte nicht die gesamte Mannschaft kollektiv agiert. Ihr Team hat die trainierten Verhaltensweisen an den Tag gelegt, auf die sie sich in der Vorbereitung auf das Turnier eingeschworen haben. Die Zuschauer konnten förmlich die Lust jeder einzelnen Spielerin spüren, ihre Mitspielerinnen zu unterstützen – auf dem Feld und von außen. Die Spielerinnen warteten regelrecht auf den Moment, in dem sie einander helfen oder den Fehler der anderen wettmachen konnten. Der Glaube an den Sieg war größer als die Angst vor der Niederlage. Diese Einstellung ist das Ergebnis von zahlreichen Gesprächen, Übungen und Wiederholungen – sowohl taktisch als auch mental. Sie entsteht nicht, weil messbare Ziele formuliert wurden, sondern durch die Investition in Elemente, die die Wahrscheinlichkeit des Erfolgs erhöhen. Genau diese Elemente sind die Erfolgsgaranten. Übrigens: Bei der Weltmeisterschaft 2023 konnte das Team um Alexandra Popp diese Garanten nicht abrufen – auch das gehört zur Wahrheit.

Nachhaltiger Erfolg für Teams und Athleten lässt sich, wie wir bereits festgestellt haben, nicht zwangsläufig an messbaren Zielen oder Resultaten festmachen. Für sie sind Ergebnisse vielmehr die logische Konsequenz ihres alltäglichen Handelns – sei es im Training oder im Wettkampf. Die eigentliche Zielsetzung ihrer täglichen Anstrengungen liegt in den Erfolgsgaranten. Diese kennen sie bis ins Detail und verfolgen sie konsequent. Leistung entsteht vor allem dort, wo sie für andere unsichtbar bleibt – unter der Oberfläche, im Verborgenen, wo der Eisberg nicht mehr im Licht glitzert. Die wahren Garanten des Erfolgs sind oft unspektakulär, eingebettet in den Alltag – aber gerade sie bilden den Schlüssel zum langfristigen Erfolg.

Erfolgsgaranten erhöhen die Wahrscheinlichkeit, dass Visionen und Träume Wirklichkeit werden. Sie beeinflussen den Erfolg maßgeblich und bilden die Grundlage für nachhaltige und gesunde Performance. Sie müssen behutsam aufgebaut und gepflegt werden, um unter Stress, also im Wettbewerb, abrufbar zu sein. Oft handelt es sich dabei um Verhaltensweisen, Routinen und Haltungen, die sich über die Zeit verfestigen – vergleichbar mit dem morgendlichen Zähneputzen. Diese Automatismen können die Schusshaltung beim Fußball betreffen oder zeigen sich in zwischenmenschlichem Respekt, effektiver Kommunikation, dem Umgang mit Niederlagen oder Rückschlägen, einer positiven Körpersprache oder der Fokussierung trotz Ablenkungen.

Einfache Handlungsprinzipien

Bei den Erfolgsgaranten handelt es sich nicht zwangsläufig um komplexe Transformationen, sondern um simple Verhaltensweisen, die kumuliert den entscheidenden Unterschied ausmachen können. Diese sind so fest verankert, dass man unter Stress nicht in alte, destruktive Muster zurückfällt. Dinge, die getan werden, um die Wahrscheinlichkeit des „Gewinnens" zu erhöhen. So einfach ist das.

Diese Erfolgsgaranten sind unterschiedlich schwer messbar, einige sogar gänzlich unmessbar – und das ist gut so. Sie sind es, die künftig den Unterschied zwischen guten und sehr guten, statischen und dynamischen, arroganten und wissbegierigen Unternehmen ausmachen werden. Zwischen Firmen, die sich ihre Talente und Mitarbeiter aussuchen können, und denjenigen, die über den Fachkräftemangel jammern und viel Geld ins Arbeitgebermarketing und externes Recruiting stecken müssen. Derweil werden Unternehmen, die an diesen Erfolgsgaranten für eine nachhaltige und gesunde Leistungskultur arbeiten, diese Aufgaben zu großen Teilen von den Mitarbeitern selbst übernehmen lassen. Der Unterschied ist, dass einige Unternehmen nur von Unternehmenswerten sprechen, während andere sie in konkrete, leicht verständliche und umsetzbare Verhaltensweisen und Handlungsprinzipien transferiert haben.

Ein gutes Beispiel dafür bietet Netflix: Vor fast zwei Jahrzehnten begannen die damalige Chief Talent Officer Patty McCord und der CEO Reed Hastings, die interne Kultur systematisch zu überprüfen und kontinuierlich weiterzuentwickeln. Aus diesem Prozess entstand das „Netflix Culture Deck", eine Präsentation, die das Miteinander bei Netflix über Jahrzehnte prägen sollte. Dieses Dokument ging weit über die üblichen Wertepyramiden hinaus. Auf 125 Seiten wurde detailliert beschrieben, welche Verhaltensweisen bei Netflix geschätzt und welche Charakterzüge sowie Einstellungen gefördert – oder auch nicht toleriert – werden[34].

Im Mittelpunkt standen Handlungsprinzipien, die Orientierung boten, anstatt starre Regeln aufzustellen. Die Mitarbeiter erhielten einen klaren Rahmen, in dem sie sich frei entfalten konnten. Ähnlich agieren auch die in diesem Buch vorgestellten Erfolgscoaches, die durch einfache Prinzipien ihre Spielphilosophie fest in den Köpfen und Herzen ihrer Spieler verankern. Sie denken vielschichtig, doch ihre Kommunikation bleibt klar und prägnant – niemals kompliziert, aber auch nicht banal.

Pep Guardiola etwa forderte von seinen Spielern beim FC Barcelona, den Ball innerhalb von vier Sekunden nach einem Verlust zurückzuerobern. Warum? Weil in dieser kurzen Phase die Chancen am höchsten sind, dass es gelingt. Danach erfolgt der Rückzug. Dieses klare Handlungsprinzip ermöglichte es den Spielern, situationsabhängig die richtige Entscheidung zu treffen und so auf die zunehmende Komplexität und das rasante Tempo des Spiels zu reagieren. Solches Verhalten ist zwar schwer messbar, aber sehr wohl beobachtbar. Es lässt wenig Raum für individuelle Interpretationen und ist ungleich wirkungsvoller als bloße Werteposter in Kabinengängen oder Vereinsheimen.

Das Gleiche gilt für das bewusste Unterlassen bestimmter Handlungen, wie zum Beispiel das unnötige Hadern mit Schiedsrichterentscheidungen. Auch hier zeigt sich gelebter Respekt und fokussiertes Verhalten, das sich häufig sogar in den Fairness-Tabellen widerspiegelt.

Es gibt aber auch andere messbare Erfolgsgaranten aus der Welt des Sports, illustriert durch niemand Geringeren als den mehrfachen Weltfußballer Cristiano Ronaldo.

Das Ronaldo-Prinzip

Das britische Beratungsunternehmen 21st Club hat fast 1.500 Torschüsse von Cristiano Ronaldo zwischen 2010 und 2017 im Trikot von Real Madrid bei Ligaspielen untersucht. Abgesehen von Elfmetern kommt Ronaldo durchschnittlich auf beeindruckende fast sieben Abschlüsse pro Spiel. Er feuert somit wesentlich häufiger auf das gegnerische Tor als andere Stürmer. Doch noch entscheidender ist, dass er dies meist aus optimalen Positionen tut, die eine außerordentlich hohe Erfolgswahrscheinlichkeit bieten.

Bei anderen Topstürmern zeigt sich ein ähnliches Verhalten. Sie schießen häufig, und sie schießen vorrangig aus vielversprechenden Positionen. Hier wird deutlich, dass Erfolg durch das Zusammenspiel mehrerer Faktoren entsteht. Es wäre wenig zielführend, vermehrt aus aussichtslosen Positionen zu schießen oder eine gute Position zu haben, aber den Ball nicht auf das Tor zu bringen. Daher macht es keinen Sinn, nur einen dieser Faktoren zu verfolgen und mit einem Indikator zu versehen, der im schlimmsten Fall sogar als Ziel erklärt wird. Ein Taktikfehler, der in Unternehmen leider weit verbreitet ist und viel Schaden anrichten kann.

Die Geburt der „Expected Goals"

Im Jahr 2012 wurde erstmals das Konzept der „Expected Goals" eingeführt – ein Modell, das die Wahrscheinlichkeit misst, ein Tor zu erzielen. Während der Hinrunde der Saison 2017/2018 demonstrierte Trainerstar Pep Guardiola mit seinem Team von Manchester City eindrucksvoll, wie dieses Konzept in der Praxis umgesetzt werden kann. Jedes erzielte Tor seines Teams fiel innerhalb des Strafraums. Klar war, dass Guardiola intensiv mit seinen Spielern an diesem Effekt gearbeitet hatte. Die zahlreichen Tore waren letztlich die logische Konsequenz dieser beeindruckenden Leistung.

Wie ein solches Konzept in die Businesswelt übertragen werden kann, erlebte ich selbst. Wir führten gerade das bereits genannte Customer Relationship Management-System (CRM) für eine etwa 4.000 Mitarbeiter umfassende internationale Vertriebsmannschaft ein. Um dieses Vorhaben auch für den Vertrieb sinnvoll zu gestalten, starteten wir, wie bereits erwähnt, parallel zur Systemeinführung ein globales Coaching-Programm für unsere Vertriebsteams. Ziel war es, den Vertriebsmanagern die Grundlagen erfolgreichen Coachings zu vermitteln. Die Coaching Dialoge stellten das Fundament dar, um die im CRM vorhandenen Daten zu nutzen und unsere Energie den möglichen Kundenaufträgen mit der größten Erfolgswahrscheinlichkeit zu widmen. Unsere „Expected Goals" waren „Expected Wins", also die zu erwartenden gewonnenen Kundenaufträge.

Andere Teams, die noch nicht Teil des „Roll-Outs" waren, versuchten weiterhin, sich in der Größe ihrer „Pipeline" zu übertrumpfen – jedoch ohne nennenswerten Erfolg bei den erwünschten Ergebnissen. Sie agierten wie der Stürmer, der so oft wie möglich schießt, jedoch nur selten aus aussichtsreicher Position.

Im Gegensatz dazu handelten die bereits geschulten Teams nach dem Prinzip Ronaldo. Sie versuchten, sich mithilfe ihrer Kollegen in aussichtsreiche Positionen zu bringen und konzentrierten ihre Energie auf Aufträge, die eine realistische Chance auf Erfolg hatten. Sie fokussierten sich also auf die Erfolgsgaranten, die die Wahrscheinlichkeit für einen Erfolg erhöhten.

Geduld und Fokus im Business

„Champions verhalten sich nun mal wie Champions, weit bevor sie zu Champions geworden sind", gab NFL Legende Bill Walsh einst zu Protokoll. Sie sind geduldig und fokussiert. Sie wissen, dass ihre Bemühungen Früchte tragen werden, denn sie kumulieren sich – Tag für Tag, Woche für Woche, Jahr für Jahr. Ihr Fokus liegt nicht auf den Ergebnissen, sondern auf den Handlungen, die die Erfolgswahrscheinlichkeit steigern. Ein Mangel an Fokus auf notwendige Verhaltensweisen oder Gewohnheiten bedeutet in der Regel, dass nachhaltige und langfristige Erfolge unwahrscheinlich sind. Warum sollten wir glauben, dass dies in der Wirtschaft anders ist als im Sport?

Es geht darum, den Fokus auf die unter der Oberfläche des Eisbergs liegenden, oft übersehenen Elemente zu richten – die wahren Erfolgsgaranten. Erfolg ist nicht das primäre Ziel, sondern die Konsequenz aus durchgängigen Verhaltensweisen und anderen Faktoren, die unter der Oberfläche verborgen sind. Vermeintlich kluge, smarte Ziele auszuloben oder in der Chefetage goldene Verhaltensregeln auf bunten Charts zu präsentieren und nach unten zu kommunizieren, reicht dafür nicht aus.

Was könnten wir erreichen, wenn wir im Geschäftsleben dieselbe Geduld aufbrächten wie die Vereine, die sich durch beharrlichen Fokus auf ihre Erfolgsgaranten kontinuierlich nach oben arbeiten – Saison für Saison, ohne drastische Kurswechsel oder Skandale? Von außen mag dies unspektakulär wirken, insbesondere in der Unterhaltungsbranche des Sports, in der oft der schnelle Erfolg und spektakuläre Höhepunkte im Mittelpunkt stehen. Doch genau darin liegt der Unterschied: Der Aufbau erfolgreicher Verhaltensweisen und Haltungen erfordert Zeit und Geduld – Ressourcen, die nicht alle Organisationen aufbringen können oder wollen.

Hierbei geht es nicht um Trainer, die nicht gewinnen möchten. Sie sind ehrgeizig und ambitioniert. Performance-Trainer nutzen messbare und beobachtbare Faktoren, um den Fortschritt des Teams zu überprüfen. Allerdings machen sie nicht den Fehler, diese Datenpunkte zu Zielen zu erklären. Diese Datenpunkte bleiben Indikatoren, die überprüft werden müssen. Dies markiert unseren Übergang von den Erfolgsgaranten zu den Erfolgsindikatoren.

Erfolgsindikatoren: Wenn Messkriterien zu Zielen werden

Die Weisheit „When a measure becomes a target, it ceases to be a good measure" von Strather aus dem Jahr 1997 verdeutlicht treffend, dass eine Messgröße, sobald sie zum Ziel wird, ihre Qualität als Messgröße verliert. Dieses Phänomen wird als Goodhart's Gesetz bezeichnet. Der britische Ökologe hatte seinerzeit die Geldpolitik der Regierung Thatcher kritisieren wollen. Zahlreiche Ökonomen und Verhaltensforscher sind sich einig, dass jede Messgröße, die als Ziel verwendet wird, ihre ursprüngliche Bedeutung verliert. Dies geschieht, weil Menschen dann das Ziel selbst anstreben, anstatt die beabsichtigte Wirkung des Ziels zu erreichen. Belohnungen verstärken diesen Effekt.

In der Wirtschaft scheint diese Erkenntnis jedoch von vielen Entscheidungsträgern oftmals übersehen zu werden. Key Performance Indicators (KPIs) werden regelmäßig zu bonusrelevanten Zielen erklärt. Statt den Fokus auf Erfolgsgaranten zu legen, wird blind einem Ziel nachgejagt. Die Auswirkungen dieses Anstrebens von messbaren Zielen und dem ständigen Gucken auf die Anzeigetafel wurden bereits ausführlich beschrieben.

Wenn Indikatoren nicht als Prüfkriterien genutzt werden, ob der richtige Weg eingeschlagen wurde, sondern zu Zielen erklärt werden, wird die Zielerreichung zum Selbstzweck und damit politisiert. Ergebnisse werden verhandelt, manipuliert und suboptimiert. Die Energie wird darauf verschwendet, das Ziel punktgenau zu erreichen, anstatt auf die Erfolgsgaranten zu fokussieren. Übererfüllen hat nämlich den faden Beigeschmack, dass im nächsten Jahr einem noch ambitionierteren Ziel hinterhergelaufen wird.

Ein passendes Beispiel für den Missbrauch von Erfolgskennzahlen findet sich häufig in Vertriebsteams. Oftmals werden die „Pipeline-Größe" und die „Win Rate" direkt an das Prämiensystem gekoppelt. Die Pipeline bezeichnet den potenziellen Umsatz aller Aufträge, die im laufenden Jahr gewonnen werden könnten, während die Win Rate den Prozentsatz der tatsächlich gewonnenen Aufträge angibt. Da beide Kennzahlen separat leicht manipulierbar sind, setzen viele Vertriebsleitungen auf eine Kombination beider Indikatoren. Was daraufhin folgt, sind mitunter die kuriosesten Strategien einzelner Vertriebsmitarbeiter, die ihre Energie darauf verwenden, diese Kennzahlen zu „optimieren", um ihren Bonus zu maximieren.

Das Problem liegt nicht in den Indikatoren selbst – sie sind durchaus sinnvoll –, sondern in ihrer missbräuchlichen Anwendung. Auf beiden Seiten. Erfolgsindikatoren, die ursprünglich dazu gedacht waren, Verhaltensänderungen und langfristige Leistungsentwicklung zu fördern, werden zu unmittelbaren Zielen umfunktioniert. Dieser Teufelskreis muss durchbrochen werden, um eine nachhaltige Leistungskultur zu etablieren.

Anstatt sinnvolle Erfolgsindikatoren zu bloßen Zielvorgaben verkommen zu lassen, sollten wir Vertriebsmitarbeiter darin stärken, fundierte Entscheidungen zu treffen, sich auf die richtigen Geschäftschancen zu konzentrieren und dabei teamübergreifend zu kooperieren. Der Fokus muss auf dem Wesentlichen liegen: die verfügbare Zeit optimal für den gemeinsamen Erfolg zu nutzen. Es gilt, die verborgenen Erfolgsgaranten unter der Oberfläche des Eisbergs zu fördern, anstatt fadenscheinigen Zielen hinterherzujagen.

Während der bereits erwähnten CRM-Einführung richteten wir daher unsere Dialoge zwischen Managern und Mitarbeitern darauf aus, faktenbasiert, zukunftsorientiert und auf profitables Wachstum fokussiert zu sein. Die drei „F" (fact based, forward looking, focused on growth) waren leicht zu merken, und mit jedem Gespräch konnten wir unmittelbar überprüfen, ob die richtigen Verhaltensweisen für nachhaltigen Erfolg gezeigt wurden – und so ließ dieser dann auch nicht lange auf sich warten.

Das CRM-System und die darin verwalteten Daten und Indikatoren blieben das, was sie sein sollten – ein Mittel zum Zweck. Sie dienten dazu, zielgerichtetere Gespräche zu führen, die richtigen Teammitglieder einzubeziehen und die Energie für Kunden und Geschäftsmöglich-keiten zu nutzen, die unserem individuellen Erfolgsverständnis ent-sprachen. Dieses Erfolgsverständnis konnte vielfältig sein: von der Neukundenakquise über die Entwicklung von Bestandskunden bis zur Schaffung innovativer Lösungen mit Nischenanbietern.

Die Vertriebsteams agierten letztlich so, wie Pep Guardiolas „Sky Blues" von Manchester City in der Hinrunde der Saison 2017/2018, als sie alle Tore innerhalb des Strafraums erzielten. Sie positionierten sich strategisch, um die Wahrscheinlichkeit eines erfolgreichen Abschlusses zu maximieren. Dies taten sie nicht, weil ihnen ehrgeizige Zielvorga-ben auferlegt wurden, nach denen sie beurteilt oder verurteilt wurden, sondern weil es Sinn ergab und Erfolg Freude bereitet. Alle Mitarbeiter wussten, dass die Erfolgswahrscheinlichkeit stieg, wenn sie sich in die aussichtsreichste Position für den Torschuss brachten, auch wenn das nicht ihr Bezahlungskriterium war.

Die möglichen Taktikfehler:

> **Taktikfehler 33:** Wir kennen unsere wahren Erfolgsgaranten nicht.

> **Taktikfehler 34:** Wir haben keine konkreten Handlungs-prinzipien.

> **Taktikfehler 35:** Wir wählen die falschen Erfolgsindikatoren, um unsere Leistung zu überprüfen.

> **Taktikfehler 36:** Wir betrachten Indikatoren isoliert.

> **Taktikfehler 37:** Wir machen gut gewählte Indikatoren zu Zielen.

Von der Mutter aller Niederlagen und Elfmeter-Versagern

Am 26. Mai 1999 sitze ich gemütlich mit ein paar Kumpels vor dem Fernseher – wie Millionen andere Fußballfans auf der ganzen Welt. Es ist das Finale der Champions League zwischen dem FC Bayern Mün-chen und Manchester United.

22:30:31 Uhr: Die Bayern führen mit 1:0. Abwehrspieler Michael „Tanne" Tarnat fragt Schiedsrichter Pierluigi Collina, wie lange noch zu spielen sei. Der Schiedsrichter signalisiert: „Eine letzte Aktion." Am Spielfeldrand laufen die Vorbereitungen für die große „Mia san mia-Sause". Betreuer tragen Champagner und eine Kiste voller Mützen heran, auf denen „Champions League-Sieger 1999 – FC Bayern München" steht. Die UEFA-Offiziellen schmücken den Pokal bereits mit rot-weißen Bayern-Bändern. Journalisten sind kurz davor, ihre Berichte über den dominanten Auftritt der Bayern zu versenden. Auch wir liegen uns schon vor Freude und dank erhöhtem Weißbierkonsum in den Armen – der Finalsieg scheint sicher.

22:30:35 Uhr: Während wir uns im siebten Fußballhimmel wähnen, bereitet David Beckham im Camp Nou in Barcelona, knapp 1.600 Kilometer entfernt, einen Eckball vor. Sekunden später steht es 1:1. Teddy Sheringham trifft aus dem Getümmel. Die Abseitsreklamationen von Mehmet Scholl und Oliver Kahn verhallen ungehört. Collina pfeift das Spiel tatsächlich nochmals an. Nicht nur die Bayern-Spieler sind benommen, auch wir sinken enttäuscht ins Sofa.

22:32:16 Uhr: Ein weiterer Eckball für Manchester United. Erneut tritt Beckham an, und eine Sekunde später schlägt der Ball zum zweiten Mal im Bayern-Tor ein. Innerhalb von 102 Sekunden ist der Titeltraum geplatzt. Der eingewechselte Ole Gunnar Solskjaer trifft und stößt die Bayern, meine Freunde und mich in ein tiefes Tal der Tränen. Solskjaer, in England bekannt als „Killer mit dem Babyface", machte seinem Spitznamen alle Ehre[35].

Dieses Spiel ging als die „Mutter aller Niederlagen" in die Geschichte ein. Besonders der Last-Minute-Ausgleich deutet darauf hin, dass einige Bayern-Spieler möglicherweise nicht mehr voll konzentriert waren – was verständlich und zutiefst menschlich ist.

Erklärungsversuche

Seit Jahrzehnten ranken sich Mythen um dieses denkwürdige Spiel. Viele Experten wollten sich nicht mit dem Spruch „So ist Fußball" zufriedengeben und suchten nach tiefergehenden Erklärungen. Fußball ist komplex, auch wenn wir ihn gerne an den Stammtischen der Welt vereinfachen. Es gibt sogar Studien zur „Mutter aller Niederlagen"[36].

Sie zeigen, dass nach den Einwechslungen die Hierarchie und Rollenverteilung beim FC Bayern durcheinandergerieten. Während der Teamzusammenhalt bei Manchester United in den letzten Minuten stärker wurde, bröckelte dieser bei den Bayern, insbesondere nach der selbst inszenierten Auswechslung von Lothar Matthäus zehn Minuten vor Spielende. Mehmet Scholl äußerte später sogar, dass Matthäus sich „immer verpisst, wenn es eng wird." Solche Gedanken sind in spielentscheidenden Momenten so hilfreich wie vorzeitige Gedanken an die Pokalübergabe. Sie rauben mentale Kapazitäten, die für das „Hier und Jetzt" entscheidend gewesen wären.

Auch wenn wir nie endgültig klären werden, ob solche Gedanken ausschlaggebend für die Niederlage waren, sind sich Sportpsychologen und andere Experten einig: Nicht zielführende Gedanken hindern uns daran, im entscheidenden Moment das Richtige zu tun. Es geht nicht nur darum, sich zu konzentrieren, sondern sich auf das Wesentliche zu fokussieren.

Dabei sollte man nicht versuchen, Gedanken auszublenden, sondern lernen, wie man mit ihnen umgeht. Die Gedanken werden kommen – das ist gewiss. Die Kunst besteht nicht darin, sie zu kontrollieren, sondern sie davon abzuhalten, uns zu kontrollieren. Die entscheidende Frage lautet also, wie man mit diesen Gedanken umgeht, wie viel Aufmerksamkeit man ihnen schenkt und ob man es schafft, sich auf das Wesentliche zu fokussieren. Auf das, was wirklich zählt.

Sportpsychologen reichen den Spielern Lösungsmöglichkeiten und Techniken an die Hand, um sich wieder ins „Hier und Jetzt" zu manövrieren. Destruktive Selbstgespräche oder Gedanken, die nicht auf das Ziel einzahlen, verhindern, dass sich Einzelspieler oder ganze Mannschaften aus misslichen Lagen befreien können. Es mag schwer nachzuweisen sein, dass die fehlende Fähigkeit zur „Refokussierung" die Mutter aller Niederlagen verursacht hat. Dennoch steht außer Frage, dass dies ein Grund für zahlreiche bedeutende Karriereknicks und verlorene Spiele oder gar verkorkste Saisonverläufe ist.

Aber was lässt uns Menschen fokussiert bleiben? Lassen Sie uns zunächst festhalten, dass die Spieler auch bei einer schallenden Niederlage fokussiert sind – nur leider nicht auf die richtigen Elemente. Menschen sind in den allerwenigsten Fällen nicht fokussiert. Wir konzentrieren uns leider oft nicht auf das, was wirklich zielführend ist und zu unserem „Wofür" beiträgt. Stattdessen lassen wir uns von zufälligen Gedanken ablenken, die uns gerade durch den Kopf gehen. Unser Verstand ist ständig in Bewegung, doch die meisten Gedanken, die dabei entstehen, sind wenig hilfreich. Menschen haben durchschnittlich über 6.000 Gedanken pro Tag, von denen lediglich ein kleiner Bruchteil – etwa drei Prozent – als positiv eingestuft werden. Negative Gedanken überwiegen dabei mit einem Verhältnis von 8:1[37]. Unter Druck gewinnen diese negativen Gedanken oft noch mehr an Gewicht. Das liegt in unserer Natur – wir neigen dazu, auf Gefahren zu achten. Dies ist bei

Neue Denk- und Spielräume

Sportlern unter Leistungsdruck nicht anders, insbesondere wenn sie in einem Champions-League-Finale alles daransetzen, eine drohende Niederlage abzuwenden. Es sei denn, sie haben trainiert, ihre Gedanken bewusst wahrzunehmen und zu steuern.

Gerade für Sportler sind Gedanken während des Spiels hinderlich, wenn sie sich nicht auf das „Jetzt" beziehen. Das gilt für in der Vergangenheit liegende Situationen, etwa die besagte Auswechslung von Lothar Matthäus, genauso wie für Gedanken an die Zukunft, beispielsweise an die bevorstehende Pokalübergabe samt feuchtfröhlicher „Bier-Duschen". Erfolgreiche Athleten beherrschen die Kunst der Fokussierung. Der entscheidende Unterschied liegt darin, dass sie sich im entscheidenden Moment auf das Hier und Jetzt konzentrieren – sowohl auf als auch neben dem Spielfeld. Dieser Fokus kann im Sport den feinen Unterschied ausmachen, ob jemand Chancen ungenutzt lässt oder als Top-Torjäger hervorgeht.

Ein passender Slogan, der unsere Basketballnationalmannschaft zu einer fokussierten und leistungsstarken Einheit formte, lautete: „Be where your feet are." Dieser Satz betont die Bedeutung des Augenblicks und half der Mannschaft, besonders unter Druck herausragend zu performen. Der Slogan stammt aus dem gleichnamigen Buch von Scott O'Neil, einem der erfolgreichsten Sportunternehmer und ehemaligen CEO der Philadelphia 76ers[38].

Die Schlüsselkomponente für den Erfolg liegt in der Fokussierung auf die gegenwärtigen Aufgaben. Anstatt in der Vergangenheit oder Zukunft zu verweilen, sollten der Spieler und die Mannschaft ihre Energie darauf konzentrieren und seine mentale Kapazität darauf verwenden, im Hier und Jetzt das Beste zu geben. Nur so können taktische Anweisungen präzise umgesetzt und individuelle Fähigkeiten zum Wohl des Teams eingesetzt werden.

Impulse im Unternehmensalltag

Im Geschäftsleben bedarf es keiner späten Ausgleichstreffer, um uns vom Kurs abzubringen. Schon ein leises „Husten" des Vorstands, ein enttäuschendes Monatsergebnis oder eine neue Initiative aus der Konzernzentrale genügen, um uns im „Zick-Zack" laufen zu lassen und unseren Fokus zu verlieren. In diesen Momenten setzen wir unsere begrenzte Kapazität für Dinge ein, die nicht zur ursprünglichen Definition von Erfolg beitragen - also unter Umständen nicht zielführend sind. Multitasking wird zu einem Talent erkoren. Die Wahrheit ist, dass Multitasking weder ein Talent noch wirklich möglich ist. Im Gegenteil

– in den allermeisten Fällen hindert es uns daran, unsere Ziele zu erreichen. Dazu später mehr.

Manchmal genügt schon eine verlockende Projektidee, zu der wir schwer Nein sagen können, um als „hungrig" zu gelten. Oder der Chef bringt einen neuen Impuls, der unverzüglich in eine nicht verhandelbare Initiative umgewandelt wird. Dabei weicht selten ein anderes Projekt, sondern es wird einfach „on top" durchgeführt. Der Anerkennung des Chefs darf man sich genauso sicher sein wie der Chance, als „High Performer" zu gelten – der altertümlichen Definition von Leistung sei Dank. Der Fokus geht zwar verloren, aber viel Aktivität scheint oft viel zu helfen. Fokus wird eher als mangelnde Offenheit für Neues interpretiert, als Starr- oder gar Sturheit, anstatt für Konsistenz, Kontinuität und vor allem Disziplin zu stehen.

Es ist kein Geheimnis, dass viele Abteilungen besonders fokussiert arbeiten, wenn der Chef auf einer Tagung oder im Urlaub ist. Ähnlich verhält es sich, wenn in der Konzernzentrale Betriebsurlaub herrscht. In diesen Wochen verzichten viele Mitarbeiter bewusst auf Urlaub, um nicht ständig neuen Anforderungen, Brainstorming-Meetings, Workshops oder Initiativen ausgesetzt zu sein. Es ist nicht die Zeit des „Nicht Arbeitens", sondern die Zeit des fokussierten Arbeitens. Die „Mäuse" tanzen keinesfalls auf dem Tisch, wenn die „Katze" aus dem Haus ist – auch wenn der eine oder andere Chef das vermuten mag.

Mir ist es wichtig zu betonen, dass neue Impulse und Projektideen von grundlegender Bedeutung sind. Es ist entscheidend, diesen offen gegenüberzustehen und nicht stur dem Matchplan zu folgen. Allerdings besteht ein großer Unterschied darin, ob es einen effektiven Prozess gibt, um zu beurteilen, ob eine neue Idee oder ein neues Projekt zielführender ist als die bereits laufenden Aktivitäten. Wie Sportler in den letzten Minuten eines Spiels beurteilen, ob ein aufkommender Gedanke hilfreich ist, können wir das auch im Geschäftsumfeld tun – vorausgesetzt, wir kennen unsere Definition von Erfolg.

Es sollte keine Rolle spielen, wer das neue Projekt vorschlägt. In einigen Unternehmen führt schon das Räuspern des Chefs zu einem wahren Urknall. Neue Initiativen von der Chefetage werden selten hinterfragt, obwohl oft laufende Aktivitäten gestoppt werden müssen, um dem neuen Projekt die notwendige Aufmerksamkeit zu schenken.

Es bedarf nicht immer des Chefs, um das Projektportfolio ungefragt zu verkomplizieren. Manchmal sind es die Mitarbeiter selbst, die mit Herzblut an „ihrem" Projekt arbeiten. Doch muss man überprüfen, ob diese Aktivitäten nur dem Einzelnen oder tatsächlich dem Kollektiv dienen. Es ist erstaunlich, womit Teammitglieder und Teamleiter ihre Zeit verbringen. Noch erstaunlicher ist es aber, wenn sie ihre Woche einmal selbst dokumentieren oder rekapitulieren – dann blicken wir in überraschte Gesichter.

Egal, woher die neuen Impulse kommen, oft erleben wir ein hohes Aktivitätsniveau in Unternehmen. Wir verwechseln mal wieder Bewegung mit Fortschritt. Wenn man überprüft, wie viele dieser Aktivitäten tatsächlich zum Erfolg beitragen, entdeckt man viele Dinge, die nicht auf diese Liste gehören. Es ist eine Art ineffektives Multitasking – letztendlich nichts anderes als eine Form von Faulheit im Denken[39]. Dieses faule Denken führt dazu, dass die begrenzt verfügbaren Kapazitäten für Dinge verschwendet werden, die weder direkt noch indirekt zum gemeinsam definierten Erfolg beitragen.

Damit sind wir wieder beim Beispiel aus dem Sport. Die Gleichung in der Sportpsychologie ist einfach: Ein Athlet hat eine begrenzte mentale Kapazität. Sportpsychologen versuchen, Athleten dabei zu unterstützen, diese Kapazität bestmöglich zu nutzen. Ablenkungen, die den Athleten daran hindern, im Hier und Jetzt ihre Fähigkeiten optimal einzusetzen, bedeuten verschwendete mentale Kapazität. Diese Gedanken werden kommen. Man kann sie nicht verhindern oder unterdrücken, aber man kann entscheiden, wie viel Aufmerksamkeit und Zeit man ihnen widmet und wie man mit ihnen umgeht.

Impulse erkennen und einordnen

Für Mitarbeiter sind die zahlreichen Impulse im Unternehmensalltag das, was für Sportler die Gedanken auf dem Spielfeld sind. Während erfolgreiche Athleten zwischen zielführenden und nicht zielführenden Gedanken unterscheiden können, ist es für Teams im hektischen Geschäftsalltag schwieriger, diese Unterscheidung zu treffen. Während erfolgreiche Athleten gelernt haben, nicht zielführende Gedanken daran zu hindern, sie zu kontrollieren, passiert in Unternehmen oft das Gegenteil. Das ständige Reagieren auf Impulse führt dazu, dass diese das Handeln kontrollieren und der eigentliche Matchplan schnell in Vergessenheit gerät.

Es ist daher entscheidend für Organisationen, Mechanismen zu schaffen, die es Teams ermöglichen, zielführende von nicht zielführenden Impulsen zu unterscheiden und sie effektiv und effizient zu kategorisieren. Einer der erfolgreichsten Basketballtrainer der Welt, Phil Jackson, brachte es auf den Punkt: „Being aware is more important than being smart", was so viel bedeutet wie: „Aufmerksam zu sein ist wichtiger als schlau zu sein".

Agieren statt reagieren

Im Sport wird ein mächtiges Instrument namens „Gedankenstopp" eingesetzt. Hierbei setzt der Athlet aktiv ein „Stoppzeichen", sobald ihm bewusst wird, dass ein Gedanke seinen Fokus stören könnte. Er entscheidet sich aktiv, diesem ablenkenden Gedanken keine weitere Aufmerksamkeit zu schenken. Anstatt sich mit drohenden Ablenkungen zu beschäftigen, fokussiert sich der Sportler wieder auf das, was er im Hier und Jetzt beeinflussen kann.

Leider vernachlässigen viele Teams in Unternehmen diesen Mechanismus. Anstatt zu agieren, reagieren sie auf tägliche Impulse. Die mangelnde Klarheit über das „Wofür" macht es zusätzlich schwierig zu beurteilen, ob neue Ideen oder Projekte zielführend sind. Komplizierte Entscheidungsmodelle sind zwar vorhanden, aber keines erreicht die Effektivität einer eindeutigen Erfolgsdefinition.

Die Folge: Viele Teams fühlen sich fremdgesteuert und verlieren ihre Selbstwirksamkeit. Im Business, genauso wie im Sport, bleiben Profis bei ihrem Plan, während Amateure vom Leben abgelenkt werden. Oder wie es der Schweizer Psychiater und Begründer der analytischen Psychologie, Carl Jung, ausdrückte: „Die Welt wird dich fragen, wer du bist, und wenn du es nicht weißt, wird die Welt es dir sagen." Das gilt für Einzelpersonen genauso wie für Teams und ganze Organisationen. Profis kennen ihre Erfolgsgaranten, arbeiten beharrlich daran, während Amateure durch Dringlichkeiten vom Kurs abkommen. Mit der Zeit verlieren sie die Kontrolle und versuchen verzweifelt gegenzusteuern – ein Teufelskreis, den man bewusst durchbrechen muss, um Leistung gesund und nachhaltig zu steigern.

In einem Unternehmen gestalten sich Entscheidungen und Priorisierungen oft komplexer als die klaren Gedanken eines Sportlers vor oder während des Wettkampfs. Der Unternehmenskontext ist nuancierter, weniger binär, und es existieren zahlreiche Grautöne zwischen „zielführend" und „nicht zielführend". Trotz dieser Vielschichtigkeit gibt es eine grundlegende Parallele: Die ständige Herausforderung, mehr Ideen und Projekte zu managen, als Ressourcen zur Verfügung stehen.

Weniger wollen, um mehr zu erreichen

Ein Unternehmen, das in der Lage ist, gezielt „Nein" zu sagen, zeigt Fokussierung und eine klare Ausrichtung auf diejenigen Aktivitäten, die den größten Beitrag zum Erfolg leisten. Ein bekanntes Prinzip, das hier Anwendung findet, ist die 80:20 Regel. In der Welt der Unternehmensführung besagt diese Regel, dass 20 Prozent der Aktivitäten für

Neue Denk- und Spielräume

80 Prozent des Erfolgs verantwortlich sind. Dieses Prinzip wird oft erfolgreich im Produktmanagement eingesetzt, wenn es darum geht, Produkteigenschaften mit dem größten Kundennutzen zu priorisieren. Überraschenderweise wird diese effiziente Denkweise bei der alltäglichen Priorisierung allzu oft vernachlässigt.

In einer Zeit, in der Künstliche Intelligenz, Entscheidungsmodelle und Businesspläne die Oberhand gewinnen, scheinen einfache und bewährte Methoden in den Hintergrund zu treten. Die Kunst der Priorisierung besteht jedoch darin, schlichte, aber effektive Prinzipien zu nutzen, anstatt sich von der vermeintlichen Notwendigkeit komplexer Modelle überwältigen zu lassen. Letztere entpuppen sich meist ohnehin als alter Wein in neuen Flaschen.

Die Kunst der Priorisierung erfordert Mut zum „Nein" und die klare Identifikation der wesentlichen Dinge, die den größten Erfolg bringen. In einem unternehmerischen Umfeld ist dies kein Mangel an Ressourcen, sondern ein Zeichen von Fokussierung und Weitsicht. Man lässt einfach alles weg, was nicht zielführend ist und nicht signifikant zu unserer Erfolgsdefinition beiträgt. Obwohl es schmerzhaft sein kann, sich von Lieblingsprojekten zu trennen, ist dies unumgänglich auf dem Weg zu gesunder und nachhaltiger Leistungsentwicklung und damit langfristigem Erfolg.

Profis im Sport zeigen uns, dass Verzicht oft eine Tugend ist. Sie wissen, was sie vermeiden sollten. Und oft ist es gerade das, was sie nicht tun, was sie letztendlich erfolgreich macht. Damit folgen sie einer alten Weisheit des Managementgurus Michael Porter: „Entscheide, was du nicht tun wirst." Ich habe selbst erleben dürfen, welche Energie und Kapazitäten freigesetzt werden, wenn man sich nur noch um das Wesentliche kümmert und sich von Dingen trennt, die eben nicht auf die überarbeitete Erfolgsdefinition einzahlen. Die Strategie dieser konzernweiten Transformation trug den Namen „Core & Clear", und der Name war Programm.

Alte Zöpfe abzuschneiden, sich von liebgewonnenen Projekten oder ganzen Geschäftseinheiten zu trennen kann wehtun. Es kann aber auch neue Kräfte freisetzen. Genauso kann es auch für Teams ein befreiendes Gefühl sein, die Lizenz zu erhalten, Nein zu sagen, sich aktiv zu entscheiden, ein Projekt zu stoppen oder gar nicht erst zu beginnen oder auch dem einen oder anderen Meeting fernzubleiben.

Genauso wie der Sportler sich aktiv entscheiden kann, ob er seine begrenzten mentalen Kapazitäten für einen Gedanken aufwendet, kann sich ein Team aktiv entscheiden, ob es seine begrenzten Kapazitäten mit den kontinuierlich auf sie einströmenden Impulsen aufwendet oder eben nicht. Das setzt ein hohes Bewusstsein für die Erfolgsdefinition voraus. Auch wenn es ironisch klingen mag: Es geht darum, weniger zu wollen und zu tun, um mehr zu erreichen. Erfolgreiche Sportler machen es uns vor.

Ungefiltert

Die Frage bleibt, warum es so schwer ist, diesen Teufelskreis zu durchbrechen und weniger zu tun. Einige Teams haben keine klare Vorstellung von Erfolg und seinen Parametern. Es fehlt an Bewusstsein und einem Filter, der die wirklich wichtigen von den weniger zielführenden Aktivitäten unterscheidet. In vielen Unternehmen übernimmt der Chef oder Abteilungsleiter diese Filterrolle, was zwar schnelle, aber nicht immer sinnvolle Entscheidungen für nachhaltigen Erfolg fördert.

Und da ist noch etwas, das den Teufelskreis oder nennen wir es in diesem Fall das Hamsterrad beschleunigen lässt. Es ist hinlänglich bekannt, dass Beharrlichkeit und Kontinuität eher zu nachhaltigen Erfolgen führt als Aktionismus. Dieses Prinzip wird deutlich, wenn wir an die guten Vorsätze zum Jahreswechsel denken – sei es das morgendliche Yoga-Programm, die abendlichen Kraftübungen oder die Ernährungsumstellung. Erfolge zeigen sich erst, wenn man beharrlich am Ball bleibt.

Die meisten guten Vorsätze werden jedoch schon in den ersten Wochen des neuen Jahres aufgegeben. Dies führt zu enttäuschten Erwartungen und der Erkenntnis, dass die Veränderungen angeblich nichts bringen. Fitnessstudios profitieren davon mit kostspieligen Jahresabonnements, viele Menschen wechseln von einer Diät zur nächsten, emotional getrieben von Hoffnung und Ungeduld.

Hoffnung und Ungeduld begleiten auch Führungskräfte ständig. Die Ursache liegt erneut in unseren Denkmustern. Konstanz und Beharrlichkeit sind schwer zu erkennen. Es ist einfacher, nach dem Motto „Wir rennen mehr als die Gegner" neue Initiativen zu starten, in der Hoffnung, dass es „da oben" gesehen wird und eine der vielen Initiativen einschlägt, wie Harry Kane in der Saison 2023/2024 beim FC Bayern. In vielen Unternehmen wird Aktionismus immer noch höher bewertet als kontinuierliche, beharrliche Arbeit unter der Oberfläche des Eisbergs.

Kontinuierliche Verbesserungen sind schwerer sichtbar als spektakuläre Maßnahmen. Zahlreiche Manager der heutigen Generation würden vielleicht besser zu den Chaos-Clubs und Karnevalsvereinen der Fußballbundesliga (und insbesondere der zweiten Liga) passen als zu einem beharrlich und kontinuierlich arbeitenden Verein wie beispielsweise dem SC Freiburg.

Dort, wo Feuerlöschaktionen, teure Neuanschaffungen und auf Hochglanzposter gedruckte Wertepyramiden höher geschätzt werden als die kontinuierliche Arbeit an den Erfolgsgaranten unter der Oberfläche, wird man in den meisten Fällen kein nachhaltiges und fokussiertes Arbeiten erleben – so einfach ist das. Es geht um Effekthascherei und nicht um nachhaltige Leistungsentwicklung. Schließlich bekommen wir nicht nur das, was wir messen, sondern vor allem das, was wir wertschätzen.

Komplexität und Geschwindigkeit vernebeln uns den klaren Blick für das Wesentliche. Es wird nicht nur erwartet, dass unsere Mitarbeiter ständig wie die Notrufzentrale der Feuerwehr erreichbar sind, sondern auch, dass sie in Windeseile auf E-Mails reagieren. Jede Antwort, die die 60-Minuten-Marke überschreitet, testet die Geduld der Manager auf Herz und Nieren. Die Leidensfähigkeit der Kollegen mag in Art und Dauer variieren, aber ein Konsens besteht darin, dass der Verfasser der ersten E-Mail die Dringlichkeit und Bedeutung festlegt, nicht der Empfänger. Eine weitere Regel kommt hier ins Spiel: Je wichtiger und hierarchisch höher der Sender, desto bedeutender ist die Anfrage. Dies mag logisch erscheinen, aber es wird ineffizient, wenn die Hierarchie nicht nur die Bedeutung, sondern auch die Dringlichkeit bestimmt.

Vielleicht ist Ihnen die Eisenhower-Matrix bekannt, eine schlichte, aber effektive Methode. Sie ist so simpel, dass es fast peinlich ist, sie nochmals zum Besten zu geben. Doch gerade in der Einfachheit liegt der Wert, genau wie bei der Vier-Sekunden-Regel des Pep Guardiola. Die Matrix bietet Abhilfe, indem sie eine klare Struktur schafft mit ebenso eindeutigen Handlungsoptionen. Mit ihren zwei Achsen, Wichtigkeit und Dringlichkeit, liefert sie ein nützliches Werkzeug zur Priorisierung. Sie hilft uns zu entscheiden, ob und wann wir eine Aufgabe erledigen sollten[40]. Doch wie bei der Wichtigkeitsdimension bedarf auch die Dringlichkeitsdimension einer klaren Definition. Das ist einer der Gründe dafür, dass die Mitarbeiter diese Entscheidungsmatrix wohl kennen, aber bei der Umsetzung gehörig straucheln. Das Problem: Es gibt keine einheitliche Definition von „dringlich".

Ein Blick in den Sport

Wussten Sie, dass die englischen Fußballnationalspieler bei Elfmeterschießen zwischen 1976 und 2008 im Schnitt nur 0,28 Sekunden benötigten, um auf den Pfiff des Schiedsrichters zu reagieren? Sie liefen sofort los und schossen den Ball häufig über das Tor, daneben oder direkt in die Arme des Torwarts. Zum Vergleich: Usain Bolt reagierte bei seinem Weltrekord 2009 in Berlin nur geringfügig schneller, nach 0,15 Sekunden. Diese bemerkenswerte Reaktionsgeschwindigkeit der englischen Spieler lag weit unter dem Durchschnitt anderer Nationen. Doch wie wir wissen, hat ihnen das nicht geholfen. Im Gegenteil – ihre hastige Reaktion auf den Pfiff war laut Elfmeterexperte Geir Jordet ein entscheidender Faktor dafür, dass die Engländer über Jahrzehnte kein Elfmeterschießen bei Europa- oder Weltmeisterschaften gewinnen konnten[41].

Auch im Geschäftsleben lassen sich Parallelen ziehen, obwohl unsere Reaktionszeiten auf E-Mails wahrscheinlich etwas länger sind. Dennoch braucht es oft nur einen kurzen Moment, bis wir die Mail des Chefs lesen und das Bedürfnis verspüren, umgehend zu antworten. So wie die Fußballer den Schiedsrichterpfiff als Signal zum sofortigen Handeln deuten, stufen wir E-Mails automatisch als „extrem wichtig und dringend" ein.

Doch auch hier sind die Folgen oft spürbar, wenn auch weniger dramatisch als ein verschossener Elfmeter im Mutterland des Fußballs. Der Empfänger einer E-Mail bindet meist weitere Mitarbeiter ein, um sicherzugehen, dass die Antwort korrekt ist. Die E-Mail wird weitergeleitet, Kollegen werden in Cc oder, im schlimmsten Fall, in Bcc gesetzt. Schnell wird pragmatisch und ohne Umschweife geantwortet, um dem Chef zu zeigen, dass man alles im Griff hat. Doch all die internen Recherchen, die notwendigen E-Mails, Meetings und Telefonate bleiben dabei unsichtbar. Dieser Dominoeffekt durchzieht die gesamte Organisation und bindet Ressourcen, die anderswo sinnvoller hätten genutzt werden können.

Eine gut gemeinte Anfrage des Chefs kann unbemerkt erhebliche Kapazitäten binden, ohne dass es der Verfasser der E-Mail überhaupt merkt. Genauso wenig, wie es die Aufgabe des Schiedsrichters ist, die englischen Fußballer davon abzuhalten, übereilt den Elfmeter auszuführen, ist es die Verantwortung des Chefs, den Mitarbeiter vor vorschnellem Aktionismus zu bewahren. Vielmehr liegt es in der Verantwortung des Empfängers, innezuhalten, tief durchzuatmen und erst dann zu handeln – anstatt sofort hektisch zu reagieren. Diese Haltung erfordert eine neue Denkweise auf beiden Seiten: Es muss akzeptiert werden, dass es wichtig ist, sich zunächst zu kalibrieren, sich auf das Wesentliche zu fokussieren – unabhängig davon, wer den Impuls zum Handeln gegeben hat.

Interessanterweise haben die englischen Elfmeterschützen in den letzten Jahren genau dieses „Kalibrieren" trainiert und dabei spürbare Erfolge erzielt. Ziel war es, den Spielern die Kontrolle über die Situation zurückzugeben. Sie orientierten sich an den Erfolgsrezepten von Schützen wie Harry Kane oder Robert Lewandowski, die den Pfiff des Schiedsrichters nicht als Signal zum sofortigen Loslaufen sehen, sondern als Startschuss für ihr sorgfältig eingeübtes Ritual. Im Schnitt lassen sich diese Spieler drei bis vier Sekunden Zeit, bevor sie anlaufen. Sie reagieren nicht impulsiv auf den Pfiff, sondern kontrollieren den Ablauf bewusst.

Dieses Beispiel verdeutlicht die Bedeutung der inneren Haltung. Es handelt sich dabei um eine Form des „Reframings", wie es auch im klassischen Coaching verwendet wird. Während frühere englische Trainer das Elfmeterschießen oft als eine Art Lotteriespiel betrachteten, änderte Gareth Southgate diese Sichtweise. Er vermittelte seinen Spielern, dass sie zwar nicht das Endergebnis kontrollieren können, sehr wohl aber den Prozess. Diese Haltung stärkte das Gefühl der Unabhängigkeit und Selbstwirksamkeit der Spieler – zwei der drei psychologischen Grundbedürfnisse, die für Höchstleistungen essenziell sind und die uns schon an anderer Stelle begegnet sind.

Wie sieht es in Ihrem Unternehmen aus? Welche Denkprozesse oder Rituale durchlaufen Sie, wenn Sie eine dringende Aufgabe von Ihrem Chef erhalten oder eine als wichtig empfundene E-Mail in Ihrem Posteingang landet? Welche Prinzipien helfen Ihnen, sich zu kalibrieren, den Fokus zu bewahren und zu agieren, anstatt nur zu reagieren? Oder fühlt sich eine solche E-Mail – wie in vielen Unternehmen – eher wie ein Schiedsrichterpfiff an, der Sie unweigerlich dazu bringt, sofort loszulaufen, ähnlich den englischen Fußballspielern vergangener Tage?

In einer Zeit, in der wir über Nacht Autos bestellen und in Sekundenschnelle Bücher herunterladen können, erscheint eine verzögerte E-Mail-Antwort vielen unerklärlich und fast unentschuldbar. Die gestiegene Erwartung an die Antwortgeschwindigkeit führt zu Vermutungen, dass der Kollege im Homeoffice möglicherweise seine Hemden bügelt oder private Einkäufe erledigt, anstatt die E-Mail zu bearbeiten. Oder es fehlt dem Kollegen generell das Bewusstsein für Dringlichkeit oder auf neudeutsch der „Sense of Urgency».

Es wird oft übersehen, dass der Mitarbeiter möglicherweise konzentriert an einer anderen Aufgabe arbeitet und sich nicht von seinem Posteingang ablenken lässt. Die Möglichkeit, dass die E-Mail aufgrund ihrer Bedeutungslosigkeit mit geringerer Priorität beantwortet wird, wird zwar nicht ausgeschlossen, aber keinesfalls akzeptiert.

In Organisationen, in denen ständige Erreichbarkeit und schnelle Antwortzeiten als Leistungsindikatoren gelten, versucht man diesen Ansprüchen gerecht zu werden. Möglicherweise haben wir zwar eine Definition von „dringlich", nur einfach die falsche. So wird auch das Multitasking entgegen wissenschaftlichen Erkenntnissen als Leistungsindikator hochstilisiert – eine Fortführung dessen, was die Wissenschaft weiß – und die Wirtschaft tut.

Multitasking

Können Sie sich vorstellen, dass Sportstars wie Thomas Müller ihr Handy mit auf den Trainingsplatz nehmen, um Fananfragen zu beantworten oder ihre Social-Media-Kanäle zu pflegen? Wahrscheinlich nicht. Doch genau das geschieht in deutschen Besprechungszimmern. Die übertriebenen Erwartungen an Erreichbarkeit und Reaktionszeit führen dazu, dass Meetingteilnehmer scheinbar ungeniert ihre E-Mails beantworten oder interne Chats führen, während ein geschätzter Kollege eine akribisch vorbereitete Präsentation hält. Hier fehlt es an Wertschätzung.

In der Schule wurden Träumer von der letzten Bank gelegentlich vom Lehrer bloßgestellt, indem sie unerwartet eine Frage zugeworfen bekamen. Die peinliche Stille blieb oft nicht nur dem Gedemütigten in Erinnerung. Dieses Stilmittel findet in deutschen Besprechungsräumen selten Anwendung. Im Gegenteil – hier herrscht oft das Prinzip „viel hilft viel". Das Urteil wird häufig im Zweifel für den Angeklagten gefällt, indem man dem Übeltäter bescheinigt, „busy" zu sein. Zudem wird ihm Respekt dafür gezollt, dass er multitaskingfähig zu sein scheint.

Genauso wie auf dem Trainingsplatz sollte hier gelten: entweder ganz oder gar nicht. Wenn ich auf dem Trainingsplatz bin, gebe ich in jeder Hinsicht 100 Prozent – körperlich und mental. Jeder trägt mit Hingabe und Fokus dazu bei, dass es eine effektive Trainingseinheit wird. Punkt. Neben der bereits erörterten Haltung vor dem Meeting geht es darum, während des Meetings fokussiert zu bleiben und den möglichen Störeinflüssen keinen Raum zu geben – genau wie der Athlet, der gelernt hat, seine Kapazitäten nicht für destruktive Gedanken zu verschwenden. So wird man ein wertvoller Bestandteil des Meetings und nicht nur ein Name auf der Teilnehmerliste.

Diese Form des Multitaskings ist nicht nur respektlos, sondern auch extrem unproduktiv und kostspielig. Schnelle Antwortzeiten sind im

Kundenservice zweifellos entscheidend und gelten oft als Erfolgskriterium. Innerhalb eines Unternehmens hingegen können rasche Reaktionszeiten ein Hinweis darauf sein, dass man den Fokus verloren hat. Statt ein Zeichen für hohe Leistungsfähigkeit zu sein, wirken sie oft eher als Leistungsbremse.

Warum? Weil es sich in den meisten Fällen nicht um echtes Multitasking handelt. Menschen sind schlichtweg nicht in der Lage, zwei Aufgaben gleichzeitig zu bewältigen, die volle Konzentration erfordern. Was wir schon praktizieren können, ist sogenanntes „Background Tasking". Dabei führen wir eine Aufgabe aus, die kaum geistige Kapazität beansprucht, während wir uns auf eine andere konzentrieren. Ein Beispiel wäre das Gehen während eines Gesprächs – das Gehen läuft automatisiert im „Autopilot", sodass wir uns auf die Unterhaltung fokussieren können. Ähnlich verhält es sich beim Abwaschen während eines Telefonats, wobei dies schon mehr Konzentration erfordert, doch geübte „Teller-Wäscher" werden auch hier keine wesentlichen Einbußen in Produktivität oder Qualität erleben.

Was wir im beruflichen Kontext jedoch meistens betreiben, ist das sogenannte „Switchtasking". Dabei springen wir ständig zwischen verschiedenen Aufgaben hin und her, was uns den Eindruck vermittelt, wir würden mehrere Dinge gleichzeitig erledigen. In Wahrheit ist diese Arbeitsweise jedoch nachweislich ineffektiv und ineffizient. Falls Sie skeptisch sind, versuchen Sie doch das Experiment der Psychologin Megan Jones von der University of California, Berkeley. Die Übung besteht aus drei einfachen Schritten: Zählen Sie zuerst von eins bis zehn, so schnell Sie können. Einfach, oder? Nun sagen Sie das Alphabet von A bis J auf. Auch das dürfte keine große Herausforderung sein. Um das „Switchtasking" zu simulieren, wechseln Sie nun abwechselnd zwischen Zahlen und Buchstaben – also „eins, A, zwei, B" und so weiter. Wie ging es Ihnen dabei? War es genauso leicht und schnell wie die vorherigen Aufgaben?

Das ständige Wechseln zwischen den beiden Serien erschwert die Übung erheblich. Genauso erschweren wir uns im Arbeitsalltag durch häufiges Umschalten zwischen verschiedenen Aufgaben das Leben. Anstatt effizienter zu arbeiten, verlieren wir an Effektivität und Effizienz.

Führungskräfte, die eine halbe Stunde nach dem Versenden einer E-Mail beim Mitarbeiter nachfragen, ob er sie gelesen hat, wirken auf dem Weg zu nachhaltiger Leistungsentwicklung kontraproduktiv.

Egal, welche Handlungsprinzipien aufgestellt werden, sie sollten es den Mitarbeitern ermöglichen, konzentriert zu arbeiten, ohne unrealistische Erwartungen an Erreichbarkeit und Reaktionsgeschwindigkeit erfüllen zu müssen. Andernfalls laufen Mitarbeiter Gefahr, zwar sehr beschäftigt, aber nicht effektiv zu sein. Sich ständig neu zu fokussieren, kostet Zeit und Energie und führt nicht zu gesunder und nachhaltiger Leistungsentwicklung.

Schönwetter-Fußballer

Um die Bandbreite möglicher Ablenkungen zu vervollständigen, sei darauf hingewiesen, dass nicht immer eine E-Mail oder ein Anruf erforderlich ist, um vom geplanten Weg abzuweichen. Lassen Sie uns erneut die Sportplätze unseres Landes besuchen. Im Sport legt man nicht erst los, wenn der Schiedsrichter das Spiel beginnt. Die Vorbereitung, sowohl physisch als auch mental, beginnt Stunden oder sogar Tage im Voraus. Es gibt zahlreiche Elemente, die beeinflusst werden können, um zum Anpfiff in der gewünschten Verfassung zu sein.

Einige Spieler müssen sich beruhigen, bevor es losgeht, und suchen für ihre Atemübung vielleicht die Toilette auf. Andere mögen es, wenn ein Kollege ihnen eine Backpfeife gibt, um sich in die richtige Stimmung zu versetzen. Jeder hat seine eigene Methode und das ist auch gut so. Im Sport gibt es jedoch auch unbeeinflussbare Faktoren.

Szenenwechsel: 14:00 Uhr, der Mannschaftsbus des aktuellen Tabellenführers parkt pünktlich 90 Minuten vor dem Anpfiff vor dem gegnerischen Stadion. Marcel, der Schönwetter-Fußballer, blickt aus dem Augenwinkel auf das sattgrüne Spielfeld. Für einen abstiegsgefährdeten Verein ist das gar nicht so übel, denkt er. Wir nennen ihn Marcel, inspiriert von Marcelinho, dem brasilianischen Fußballer, der in der ersten Dekade dieses Jahrtausends in Diensten von Hertha BSC Berlin und VfL Wolfsburg durch sein Können, aber auch durch extreme Leistungsschwankungen bekannt wurde. Kritiker behaupteten, sein Spielniveau sei stark vom Wetter abhängig gewesen, weshalb er als Schönwetter-Fußballer tituliert wurde.

Marcel sieht sich vor seinem geistigen Auge schon dabei, ein Tor zu schießen, doch nur Minuten später platzen seine Illusionen. Kaum in der Kabine angekommen, verkündet der Co-Trainer, dass das Spiel aufgrund starker Regenfälle der letzten Tage nicht im Stadion, sondern auf dem Nebenplatz stattfindet. Marcels Blick sucht vergebens nach dem satten Grün des Rasens. Für ihn ein Grund, sich über den gegnerischen Verein und den Schiedsrichter auszulassen. Dieser habe akzeptiert, auf einem Schlammplatz Fußball zu spielen. Das spiele den gegnerischen Rumpelfußballern in die Karten, während ihm als filigranem Techniker die Möglichkeit genommen werde, mit seinem fußballerischen Talent zu glänzen.

In diesem mentalen Zustand wird es für Marcel schwierig sein, sein volles Potenzial auf dem Platz abzurufen. Es sei denn, es gelingt ihm, sich auf die Dinge zu fokussieren, die er beeinflussen kann. Um die Geschichte abzukürzen: In diesem Spiel wird es ihm nicht gelingen. Nach 45 elendigen Minuten ist Marcels Arbeitstag schon wieder zu Ende. Da sich auch die Mannschaft von Führungsspieler Marcel beeinflussen lässt und ihren Frust am Schiedsrichter auslässt, verliert man nicht nur das Spiel, sondern auch den Abwehrchef, der mit einer roten Karte frühzeitig duschen gehen darf. So gehen sicher geglaubte Spiele verloren, die man auf dem Papier hätte gewinnen müssen. Man kehrt ohne die drei Punkte nach Hause zurück und erlebt eine der frustrierenden Heimfahrten, die man lieber vergessen möchte.

Schönwetter-Fußballer zeigen nur dann ihre Bestleistung, wenn die Bedingungen ihren Vorstellungen entsprechen. Dann halten sie sich an Absprachen, sind in ihrem Element und entfalten ihre Potenziale. Regnet oder stürmt es jedoch, geraten gute Absichten in Vergessenheit. Ausreden und das „Ja, aber" Syndrom übernehmen das Kommando. Man beschäftigt sich mit vielen Dingen, die einen hindern, Leistung zu bringen. Leider sind die meisten dieser Ursachen außerhalb der eigenen Kontrolle oder des eigenen Einflussbereichs. Man wird zum Opfer, vergisst seine Stärken und richtet den Fokus nach außen. Je länger man sucht, desto mehr Gründe findet man, warum es heute nicht läuft.

Nebenschauplätze

Kommt Ihnen das bekannt vor? Anstatt uns auf die Dinge zu konzentrieren, die wir wirklich beeinflussen können, verlieren wir uns oft in den sogenannten Nebenschauplätzen – eine Tendenz, die sich leider auch in Unternehmen immer stärker zeigt. Es wird über den zu kleinen Obstkorb debattiert, über die unfair erscheinende Dienstwagenregelung, die als ungerecht empfundene Home-Office-Regelung, die Inflation, Lieferengpässe, Vertrieb, Einkauf, Marketingabteilung, Produktentwicklung oder die mangelnde Industrieerfahrung des neuen Chefs. Die Liste lässt sich scheinbar endlos fortsetzen.

An erster Stelle dieser Hitliste der Diskussionen steht oft die Art und Weise, wie die Organisation strukturiert ist. Mal wird die Hierarchie als zu starr empfunden, mal die Struktur als zu flach, mal die Matrix als zu komplex, mal zu regional, dann wieder zu global. Ich glaube fest daran, dass die Organisationsstruktur einen signifikanten Beitrag zum Unternehmenserfolg leisten kann. Aber genauso fest bin ich überzeugt, dass es sinnvoll ist, diese Struktur nicht ständig zu hinterfragen oder regelmäßig zu ändern, sondern sie vielmehr zu leben.

Schlussendlich sind es die Menschen, die mit all den Vor- und Nachteilen der Organisationsstruktur leben. Solange sie ständig Gegenstand von Diskussionen ist, erleiden wir Reibungsverluste. Mitarbeiter könnten die Struktur als Ausrede nutzen, um nicht ihre optimale Leistung abrufen zu müssen, ähnlich wie der Fußballer Marcel bei schlechtem Wetter. In Bezug auf die Organisationsstruktur sollten wir uns das Ziel setzen, Mitarbeiter zu befähigen, ihre maximale Leistung unter allen Bedingungen abzurufen – so machen es auch die Sportpsychologen.

Wir beschäftigen uns nur zu gern mit Dingen, die wir nicht beeinflussen können – mit Nebengeräuschen, die unsere Aufmerksamkeit erhalten, ohne wirklich zum gemeinsamen Erfolg beizutragen. Es macht schließlich Spaß zu meckern, ohne Verantwortung übernehmen zu müssen – ähnlich den 80 Millionen Bundestrainern, die bei jedem sportlichen Großereignis aus ihren Löchern kriechen.

Nun, ich möchte klarstellen, dass es nicht darum geht, alle Rahmenbedingungen unkritisch hinzunehmen. Es geht vielmehr darum, genau zu überlegen, welche Dinge in unserer Hand liegen und welche wir möglicherweise beeinflussen könnten und sinnvollerweise beeinflussen sollten. Diese verdienen unsere Aufmerksamkeit. Letztendlich sollten wir uns darüber im Klaren sein, welche Rahmenbedingungen wir akzeptieren müssen, da wir sie weder kontrollieren noch beeinflussen können. Energie, die darauf verwendet wird, verschwendet Ressourcen und hindert uns daran, unser volles Potenzial auszuschöpfen. Es geht nicht darum, zur Mittagspause ausgewechselt zu werden, wie Marcel bei schlechtem Wetter, sondern darum, Spieler auf dem Feld zu haben, die gewohnt sind, unter allen Bedingungen ihre volle Leistung abzurufen.

Diese Nebengeräusche beginnen oft langsam, ähnlich den destruktiven Gedanken eines Sportlers. Je mehr Aufmerksamkeit man ihnen schenkt, desto dominanter werden sie. In einem Teamsport, wie ihn die meisten Unternehmen erleben, verstärken sich diese Dynamiken selbst – leider oft in die falsche Richtung. In Unternehmen geht es nicht nur um „Leadership", sondern auch um „Followership" – einem Thema, den in den vergangenen Jahrzehnten viel zu wenig Beachtung geschenkt wurde – und das obwohl so gut wie jede Führungskraft auch ein „Follower" ist, also einen Vorgesetzten hat. Selbst der CEO berichtet in aller Regel an den Aufsichtsrat.

Es gilt auch hier: Wir werden zu dem, dem wir unsere Aufmerksamkeit schenken. Dies ist eine Erkenntnis, die die Neurowissenschaften hervorgebracht haben und die mittlerweile als unumstößlich gilt. Wenn wir also Dingen zu viel Aufmerksamkeit schenken, die wir nicht kontrollieren oder zumindest beeinflussen können, lassen wir viel Potenzial auf der Strecke. Diese „Störgeräusche" sollten vermieden oder sehr frühzeitig angegangen werden, wenn nachhaltige Leistungsentwicklung das Ziel ist.

Zukunftsgedanken

In unseren Diskussionen betonten wir die Wichtigkeit, im gegenwärtigen Moment zu verweilen und uns auf das Wesentliche zu fokussieren. Allerdings haben wir bereits einige Störfaktoren kennengelernt, die uns genau davon abhalten. Ein besonders deutlicher Grund ist, dass wir uns häufig in Gedanken über die Zukunft verlieren, anstatt uns auf das Hier und Jetzt zu fokussieren. Dieses Phänomen ähnelt der Erfahrung unseres Sportlers zu Beginn dieses Kapitels, der durch seine Zukunftsüberlegungen davon abgehalten wird, im aktuellen Moment Spitzenleistungen zu erbringen.

Die Komplexität und Langwierigkeit der Planungsprozesse in Unternehmen werden nicht nur durch ausgefeilte Zielsysteme und Bonusschemata verstärkt, sondern auch durch den frühzeitigen Beginn der Planung für das nächste Jahr, oft unmittelbar nach der Sommerpause. Dies zieht sich bis zum Ende des ersten Quartals des geplanten Jahres hin, wodurch lediglich etwa drei Monate verbleiben, in denen die volle Aufmerksamkeit dem aktuellen Geschehen gewidmet werden kann. Diese Zeitspanne lässt sich mit den 15 Minuten vergleichen, die eine Handballmannschaft von insgesamt 60 Spielminuten „voll bei der Sache" ist – zu wenig, um ein Spiel zu gewinnen, zu wenig, um an die Leistungsgrenze zu gelangen.

Ich bin weit von der These entfernt, dass wir uns in Unternehmen nicht mit der Zukunft auseinandersetzen sollen. Selbstverständlich sollen wir das. Doch während wir der Welt davon erzählen, wie rasch sie sich dreht und dass Veränderung die einzige Konstante ist, verstricken wir uns in akribische Planungen von Budgets und Zielvereinbarungen für kommende Perioden, die sich über viele Monate erstrecken. Wir verschwenden zu viel Zeit damit, die Zukunft zu planen und vorauszusagen, anstatt sie zu kreieren.

Die Rahmenbedingungen und Vorzeichen ändern sich jedoch allein innerhalb dieser Planungsperiode kontinuierlich. Derweil sehnen wir uns in diesen unsicheren Zeiten nach Sicherheit. Dies führt dazu, dass wir wertvolle Kapazitäten für die Planung verwenden, die im Gegenzug dem „Hier und Jetzt" fehlen. Während wir intensiv darüber diskutieren, welche Ergebnisse im nächsten Jahr über dem Eisberg glänzen sollen, bleibt uns keine Zeit, an den Grundlagen zu arbeiten, die diese glanzvollen Ergebnisse überhaupt erst ermöglichen. Entweder arbeiten wir im Moment, rechtfertigen vergangene Taten und Ergebnisse oder planen unsere Zukunft.

Da wir über die Jahre gelernt haben, dass „top-down"-Ziele die Motivation unserer Mitarbeiter nicht steigern (wir sprachen darüber), setzen wir Prozesse in Gang, um die Mitarbeiter zu „involvieren". Auch wenn dies zu Beginn als sehr wertschätzend wahrgenommen wird, fühlen sich viele Mitarbeiter nach mehreren Abstimmungsrunden nicht wirklich eingebunden. Der Planungsprozess verschlingt auf sämtlichen Hierarchieebenen Kapazitäten, das Ergebnis unterscheidet sich jedoch kaum von einer Geschäftsführung, die gleich mit einem „ambitionierten Saisonziel" vor die Presse tritt – der Wolf trägt also eher einen Schafspelz. Dann halten sie es doch lieber gleich wie der FC Bayern, die Jahr für Jahr verkünden, dass alles andere als das Triple eine Enttäuschung wäre. Da weiß man wenigstens, woran man ist – als Fan und Spieler.

Betrachtet man den Energieaufwand, den insbesondere das mittlere Management in diese Abstimmungsrunden stecken muss – oft mit frustrierenden Ergebnissen – wird schnell klar, dass hier ein beträchtliches Potenzial brachliegt, das anderweitig auf dem Weg zu gesunder und nachhaltiger Leistungsentwicklung besser genutzt werden könnte.

Es ist nicht nur die Definition von Erfolg und Leistung, die einer Überprüfung bedarf, sondern auch unser Verständnis von Motivation. In diesem Kapitel sind Ihnen die drei wesentlichen Komponenten der Motivation begegnet: Intensität, Richtung und Hartnäckigkeit unserer Anstrengungen. Ohne Zweifel sind wir bereits Meister darin, die Intensität zu beurteilen und einzufordern. Doch wie oft überprüfen wir regelmäßig die Richtung, und inwieweit tragen unsere Bemühungen tatsächlich zu unserer Erfolgsdefinition bei – sofern wir eine solche haben? Arbeiten wir diszipliniert und konsequent an den festgelegten Erfolgsfaktoren, oder lassen wir uns von vermeintlich dringenden Aufgaben und nicht zielführenden Gedanken ablenken?

Es gibt viel zu tun – also lassen wir was liegen.

Die möglichen Taktikfehler:

Taktikfehler 38: Wir haben keine Definition von Erfolg.

Taktikfehler 39: Wir haben keine einheitliche Definition von wichtig und dringlich.

Taktikfehler 40: Wir konzentrieren uns nicht auf das Wesentliche.

Taktikfehler 41: Wir verwenden zu viel Energie auf den Nebenschauplätzen.

Taktikfehler 42: Wir lassen uns von Impulsen steuern.

Taktikfehler 43: Wir reagieren, statt zu agieren.

Taktikfehler 44: Wir sind uns unserer Störfaktoren nicht bewusst.

Taktikfehler 45: Wir verbringen zu wenig Zeit im „Hier und Jetzt".

Taktikfehler 46: Wir verbringen zu viel Zeit mit dem Rechtfertigen der Vergangenheit.

Taktikfehler 47: Wir verbringen zu viel Zeit mit dem Planen und Vorhersagen der Zukunft.

Von Leidenschaft, Emotionen und einem Schimpansen

Im vorherigen Kapitel haben wir beleuchtet, welch hoher Preis zu zahlen ist, wenn wir ungebremst Impulsen folgen, sei es unseren eigenen Gedanken oder äußeren Reizen. Unkontrolliertes Handeln führt zu einem Verlust des Fokus', was wiederum die Effektivität und Effizienz beeinträchtigt. Obwohl wir mehr arbeiten, verbessern sich die Ergebnisse meistens nicht. Dies führt nicht nur zu Frustration, sondern auch zu Erschöpfung und im schlimmsten Fall zu langwierigen Krankheiten. Die Droge des Aktionismus und Multitaskings hat zahlreiche Nebenwirkungen, die eine nachhaltige und gesunde Leistungsentwicklung auf allen Ebenen behindern.

Es gibt noch weitere ungeplante Konsequenzen, wenn man nicht gelernt hat, Impulse bewusst zu steuern. Fußball-Enthusiasten sind am Wochenende oft Zeuge davon, wie Spieler und Trainer ihre Energie verschwenden, indem sie sich unentwegt mit dem Schiedsrichter auseinandersetzen. Trainer behaupten gerne und glaubhaft, dies als strategisches Instrument einzusetzen, indem sie sich schützend vor ihre Spieler stellen und mit respekteinflößenden Gesten den Schiedsrichter beeinflussen wollen. Ich glaube nicht daran, allerdings fehlt mir die wissenschaftliche Basis, meine Perspektive mit Fakten zu untermauern.

Wie es auch sei, im Fußball ist es nahezu gesellschaftsfähig, über den Schiedsrichter zu meckern. Woche für Woche kommt es zu verbalen Attacken gegenüber einem Menschen, dessen einzige Aufgabe es ist, die Spieler zu schützen und einen fairen Wettkampf zu gewährleisten. Warum? Offensichtlich können wir nicht selbst dafür sorgen. Die neuen Regelungen bei der Fußball-EM 2024 waren zumindest ein Anfang, einen respektvolleren Umgang mit dem schwarzen Mann bzw. der schwarzen Frau sicherzustellen.

Szenenwechsel: Die Handball-Europameisterschaft 2024 in Deutschland. Spannende Spiele in ausverkauften Arenen. In einem Rhythmus von zwei bis drei Tagen treten die modernen „Krieger" auf die Platte und setzen ihre Trikots minütlich Zerreißproben aus. Es wird um jeden Zentimeter verbissen gekämpft. Die Schiedsrichter haben es nicht leicht. Wo der eine ein Stürmerfoul sieht, entscheidet der andere auf Siebenmeter. Trotz aller Leidenschaft und Siegeswillen respektieren die Spieler die Entscheidungen des Schiedsrichters. Man klatscht sich ab, hilft sich gegenseitig auf – aber kein Meckern über den Schiedsrichter, sondern ein respektvolles Akzeptieren seiner Entscheidungen. Nachtreten, Rudelbildung, wie in anderen Sportarten üblich: Fehlanzeige. Respektlose Gesten in Richtung Schiedsrichter sind sehr selten bis nicht vorhanden.

Natürlich kann man nicht leugnen, dass ein Elfmeter oder eine rote Karte im Fußball spielentscheidender ist als im Handball. Trotz aller Emotionen fällt jedoch auf, dass das Meckern über Schiedsrichter im Handball in der Regel ausbleibt.

Man könnte argumentieren, dass Handballer vielleicht intelligenter und daher besser in der Lage sind, ihre Emotionen zu kontrollieren. Auch für diese Hypothese konnte ich keine wissenschaftlichen Beweise finden. Im Gegenteil: Die Ära der dummen Statements im Fußball scheint vorbei zu sein. Heutige Nationalspieler äußern sich wohlüberlegt, und die Zahl der Abiturienten und Studierenden im Profifußball ist gestiegen. Die Nachwuchsleistungszentren legen neben der fußballerischen Ausbildung vermehrt Wert auf eine umfassende schulische Weiterbildung. So wüsste Andreas Möller heutzutage vermutlich, dass er nur in Turin sein Ziel „Hauptsache Italien" von 1992 bis 1994 erreichen konnte – und Madrid, zuvor auch am filigranen Mittelfeldspieler interessiert, nicht zu Europas „Stiefel" gehört.

Was ist es dann, was die Fußballer animiert, sich über den neutralen Mann aufzuregen? Sind die Fußballer einfach leidenschaftlicher bei der Sache? Emotionen gelten schließlich als das deutlichste Indiz für Hingabe. Bei einem genaueren Blick auf kämpfende Handballer wird jedoch klar, dass Leidenschaft und Siegeswillen nicht allein dem Fußball vorbehalten sind. Egal in welcher Liga sie spielen, Handballer zeigen eine beeindruckende Hingabe, und es scheint, als sei die Welt des Handballs noch nicht von den zerstörerischen Kräften des Geldes durchdrungen. Während Fußballspieler in der 3. Liga teils Gehälter jenseits der 100.000 Euro pro Jahr erhalten, begnügen sich Drittliga-Handballer oft mit monatlichen Aufwandsentschädigungen im unteren dreistelligen Bereich – selbst für erfahrene Spieler. Hier zeigt sich, dass fehlende Leidenschaft nicht die Ursache für ausbleibende Schiedsrichterschelten ist.

Ein gängiger Irrtum lautet: Wer leidenschaftlich ist, zeigt auch Emotionen, und umgekehrt.

Doch die Worte des NBA-Trainers Pat Riley stellen diese Annahme in Frage: „Der Sport lehrt uns, Leidenschaft zu leben und Emotionen zu beherrschen."

Leidenschaft und Emotionen sind demnach nicht zwangsläufig miteinander verknüpft. Eine kurze Erklärung des Unterschieds: Leidenschaft ist anhaltende Begeisterung, während Emotionen kurzlebige Ausdrücke von Gefühlen wie Wut, Ärger, Freude oder Angst sind.

Leidenschaft erfordert aktives Engagement, die Verbindung mit einer Vision, während Emotionen eher reaktiver Natur sind – und in aller Regel ein auslösendes Moment haben.

Genau hier unterscheiden sich diejenigen, die einfach ihren Emotionen folgen und reagieren, von denjenigen, die sich ihrer Emotionen bewusstwerden, kurz „innehalten" und dann zielführend und mannschaftsdienlich reagieren.

Victor Frankl, ein Überlebender der Konzentrationslager des Zweiten Weltkriegs, beschrieb diese Wahlmöglichkeit als den Raum zwischen Reiz und Reaktion.

Beide, Leidenschaft und Emotionen, können positive Auswirkungen haben, wenn man lernt, sie gezielt zu steuern, ohne sie zu unterdrücken.

Im Geschäftsleben verschwimmt oft die Grenze zwischen Leidenschaft und Emotionen. Emotionen werden simplifiziert und als Indikator für Leidenschaft betrachtet. Doch nicht jede emotionale Regung ist Ausdruck von Hingabe.

In Besprechungen kann es heiß hergehen. Man ist beleidigt, aggressiv, frustriert, fühlt sich bedrängt oder missverstanden. Als unmittelbare Konsequenz unseres Gefühlscocktails wird sich ins Wort gefallen, man attackiert seine Teamkollegen, übt persönliche Kritik, prangert an oder hinterfragt mehr oder weniger offen die Kompetenz seiner Kolleginnen und Kollegen. Im Unternehmenskontext wird oft noch ein Mindestmaß an Anstand und Respekt bewahrt. Schließlich muss man noch ein wenig länger zusammenarbeiten, und auch sein Team gilt es nicht gänzlich zu vergraulen. Ganz zu schweigen von Konsequenzen, wenn man sich tatsächlich im Ton vergreift. Anders als bei pöbelnden Fußballern werden Konflikte eher unterschwellig ausgetragen. Man folgt seinem Frustgefühl, checkt mit verschränkten Armen aus und signalisiert aller Welt, dass man uneins ist – verbales Nachtreten im günstigen Moment inbegriffen.

Der feine Unterschied: Im Unternehmensumfeld fehlt der Videobeweis und ein neutraler Schiedsrichter. Manager sind gefordert, konstruktiv zu diskutieren und informierte Entscheidungen zu treffen. Ein neutraler Beobachter würde wohl den Frust darüber empfinden, dass gut bezahlte und geschulte Führungskräfte wiederholt Schwierigkeiten haben, sachlich zu agieren. Ein Unparteiischer könnte manch ein Meeting beleben – so traurig es auch ist.

So wie man das ständige Zuspätkommen und die mangelnde Vorbereitung auf Besprechungen duldet, akzeptiert man auch, dass Kollegen von Emotionen geleitet werden und ungebremst auf Reize reagieren. Die Konsequenzen sind nicht nur Reibungsverluste während und nach Meetings, sondern oft auch Entscheidungen, die jegliche Logik und Rationalität vermissen lassen. Diese fragwürdigen Entscheidungen müssen dann der Belegschaft auf Basis von Zahlen, Daten und Fakten „verkauft" werden – ein weiterer Stolperstein auf dem Weg zu nachhaltiger und gesunder Leistungsentwicklung, der Unternehmen Energie, Zeit und Geld kostet.

Es stellt sich die Frage, wie man leidenschaftliche Mitarbeiter dazu bringt, rationale und logische Entscheidungen zu treffen. Aber ist das überhaupt das Ziel? Schließlich möchten wir in Besprechungen keine emotionslosen Maschinen haben. Im Gegenteil, das ist eine der letzten Domänen, in der künstliche Intelligenz uns noch nicht ersetzen kann.

Es bleibt dabei - jede Entscheidung, ob wir es wollen oder nicht, ist auch eine emotionale Entscheidung. Emotionen sind unsere Triebfeder. Studien zeigen, dass Menschen mit beschädigtem emotionalem Zentrum im Gehirn viele rationale Gründe für ihr Handeln finden können, aber dennoch nicht in die Handlung kommen. Es fehlt die emotionale Triebfeder.

Das Ziel ist also nicht, Emotionen zu unterdrücken und zurückzukehren zum „Homo Oeconomicus". Das wäre nicht möglich, da das Bedürfnis und das Gefühl ohnehin vor dem Verhalten kommen. Mit anderen Worten: Wir können nur rational handeln, nachdem wir emotional waren. Es geht nicht darum, Emotionen zu vermeiden, sondern sich ihrer bewusst zu werden und sie zielführend zu steuern.

Während Leidenschaft ausdrücklich erwünscht ist, sollten Emotionen beherrscht werden – so wie es Pat Riley ausdrückte – und zwar auf eine Weise, die uns nicht in unserer Potenzialentfaltung limitiert oder zu Handlungen verleitet, die im Widerspruch zu unserer Erfolgsdefinition stehen. Um zu lernen, diese Emotionen zielgerichtet zu steuern, müssen wir verstehen, wie Emotionen unsere Handlungen beeinflussen.

Das ABC-Modell

Das ABC-Modell, von Albert Ellis[42] in der Mitte des letzten Jahrhunderts entwickelt, bietet eine einfache Erklärung für die Entstehung von Emotionen und Verhaltensweisen. Es basiert auf der Erkenntnis, dass nicht die Dinge selbst uns beunruhigen, sondern die Meinung, die wir von den Dingen haben.

Im Fußballspiel beispielsweise führt nicht das Ereignis allein zu einem Gefühl, sondern die Interpretation der Situation. Wie sonst ist es zu erklären, dass der eine Fan frustriert in seinen Fan Schal beißt, während der andere freudetaumelnd noch einen Schluck aus der Pulle nimmt. Beide schauen dasselbe Spiel, sehen dasselbe Ergebnis auf der Anzeigetafel. Die Gefühle könnten aber unterschiedlicher nicht sein.

Ellis erkannte, dass nicht allein ein äußerer oder innerer Reiz zu Gefühlen oder Handlungen führt, sondern dass es einen, meist unbewussten, Zwischenschritt gibt. Er beobachtete, dass die Abfolge „Ereignis führt zu einem Gefühl" zu kurz greift und es einen äußerst wichtigen Zwischenschritt gibt: die Beurteilung. Und genau das beschrieb er im ABC-Modell:

- **A**ctivating experiences - innere oder äußere Wahrnehmung aktivierender Erlebnisse

- **B**eliefs - Annahmen, Interpretationen, Beurteilungen

- **C**onsequences – Konsequenzen, Verhalten und Gefühle

Würde ein Ereignis direkt zu einem Gefühl führen, hätten wir wenig Einfluss darauf. Doch zwischen Ereignis und Gefühl liegt eine Beurteilung. Hier haben Sportpsychologen und Coaches einen wirksamen Ansatzpunkt. Viktor Frankl betonte den Raum zwischen Reiz und Reaktion und erkannte, dass dort unsere Macht liegt, unsere Reaktion zu wählen. Unsere Entwicklung und Freiheit liegen in dieser Reaktion. Daher geht es nicht darum, Emotionen zu unterdrücken, sondern die Reaktion darauf zu steuern.

Die zwei Systeme unseres Gehirns

Die Erkenntnis, dass unser Gehirn zwei Systeme hat, ist nicht neu und wurde durch Daniel Kahnemanns Bestseller „Schnelles Denken, langsames Denken"[43] populär. Der primäre Modus ist das Fühlen, während der sekundäre Modus dem Denken gewidmet ist. Auch dieses Konzept stellt nur eine Vereinfachung unserer komplexen, kognitiven Prozesse dar, dennoch kann das pure Bewusstsein darüber bei der Selbststeuerung große Dienste leisten.

System Eins, unser schnelles und unbewusstes Gehirn, ist auf Fühlen und Antizipation optimiert. Diese automatische Reaktion war in der Vergangenheit überlebenswichtig und ermöglichte es, Bedrohungen in Millisekunden zu erfassen und darauf zu reagieren. Diese bereits angeführte Kampf- oder Fluchtreaktion führt dazu, dass in solchen Situationen das Stresshormon Kortisol ausgeschüttet wird. Sportler verstehen, wie sie diese Gefühle vor einem Wettkampf nutzen können, während Manager oft versuchen, gegen ihre Emotionen anzukämpfen oder sie zu unterdrücken, was ihnen nur begrenzten Erfolg bringt. Häufig bewirkt es das Gegenteil – das Unterdrücken von Emotionen verstärkt ihre Macht.

Das limbische System und die Amygdala, auch als Angstzentrum bekannt, steuern diese Prozesse. Obwohl System Eins in bestimmten Situationen wertvoll ist, kann es in komplexen menschlichen Gesellschaften fehlschlagen.

System Zwei, das bewusste Gehirn, übernimmt das analytische Denken. Es kann fortgeschritten planen und komplex berechnen – ist damit für „erwachsene" Verhaltensweisen verantwortlich. Der präfrontale Kortex, ein Lappen direkt hinter der Stirn, und ausschließlich dem Menschen vorbehalten, steuert dieses System und spielt eine Schlüsselrolle in der Emotionsregulation. Victor Frankls Raum zwischen Reiz und Reaktion wird hier greifbar – der Schlüssel zur Emotionalen Intelligenz und der Fähigkeit, eigene Impulse zu steuern.

Beide Systeme haben ihren Nutzen, aber das Gefühl kommt zuerst (System Eins), und die Rationalität schaltet sich später ein (System Zwei). Dies harmoniert gut, führt aber zu unlogischem Denken, wenn die Systeme nicht aufeinander abgestimmt sind.

Besonders unter Druck neigt unser schnelles Gehirn, verantwortlich für „Kampf-oder-Flucht"-Reaktionen, dazu, unser langsames Gehirn, das für logisches Denken verantwortlich ist, zu überstimmen. Dies resultiert in impulsivem und emotionalem Handeln anstelle eines überlegten Ansatzes.

Das Verständnis unserer Funktionsweise und die Fähigkeit, unser Verhalten zu regulieren, sind entscheidende Themen für Sportler und gelten gleichermaßen im Geschäftsumfeld. Die Erkenntnis, dass die Interpretation einer Situation zu Gefühlen führt, bildet ein Kernelement der Sportpsychologie und des professionellen Business Coachings. Sowohl Sportler als auch Mitarbeiter können durch Bewusstsein und Arbeit an ihrer Voreingenommenheit ihre Emotionsregulation verbessern oder umkehren.

Das Schimpansen-Paradoxon

Ein weiterer renommierter Psychiater, der sich mit diesem faszinierenden Thema auseinandergesetzt hat, ist Steve Peters. Bekannt wurde er vor allem durch seine Arbeit im britischen Radsport. Sein Buch „The Chimp Paradox"[44] erblickte 2012 das Licht der Welt – zeitlich nah am Erscheinungsdatum des zuvor zitierten Werkes des Bestseller-Autors und Nobelpreisträgers Kahnemann.

Auch Peters hebt hervor, dass das menschliche Gehirn zwei grundlegende Denkweisen besitzt, die oft miteinander in Konflikt geraten. Selbst wenn wir wissen, was die rationalste Reaktion wäre, handeln wir häufig entgegen unserer Vernunft.

Der Psychiater unterscheidet zwischen dem rational denkenden Teil des menschlichen Gehirns, der auf Fakten basiert, und dem „inneren Schimpansen". Dieser Schimpansenanteil trifft Entscheidungen nicht rational, sondern basierend auf Gefühlen und Emotionen. Das limbische System, älter als der rationale Teil, agiert schneller und sendet intensivere Handlungsimpulse aus.

Peters' Modell ermöglicht es, das Gehirn in eine „menschliche Seite" und eine „Schimpansenseite" zu unterteilen. Der Schimpanse ist eine emotionale Maschine, die sowohl hilfreich als auch zerstörerisch sein kann. Daher ist es entscheidend, den Umgang mit ihm zu erlernen, um seine Kraft gezielt einzusetzen.

Um erfolgreich zu sein, müssen wir uns selbst zuerst verstehen und lernen, unsere Emotionen zu steuern. Kurz gesagt, unser Schimpanse handelt emotional, unlogisch und irrational, denkt „paranoid" und „katastrophal" – angetrieben von grundlegenden Instinkten. Im Gegensatz dazu legt unsere menschliche Seite Wert auf Beweise, Selbstverwirklichung, Erfolg, Glück und das Streben nach einem Beitrag. Diese Seite schätzt „Ehrlichkeit", „Mitgefühl" und „Gewissen".

Der Schimpanse ist ein integraler Teil von uns, agiert jedoch nicht immer in unserem besten Interesse. Wenn er die Kontrolle übernimmt und Probleme verursacht, kann er zerstörerisch sein. Die Lösung liegt darin, die negativen Aspekte unseres Schimpansen punktgenau zu erkennen und zu kontrollieren.

Einige Denkweisen des Schimpansen sind im Unternehmenskontext bekannt, da er gerne in Schwarz-Weiß, falsch oder richtig denkt. Um Grautöne zu erkennen, benötigen wir die „menschliche Seite" unseres Gehirns.

Peters bekräftigt, dass zunächst „alle Informationen an den Schimpansen" gehen. Das limbische System arbeitet schneller und sendet stärkere Handlungsimpulse. Dass wir erst emotional und danach erst rational sind, gilt auch hier. Die emotionalen „Trigger" kommen üblicherweise vor den rationalen Entscheidungen. Häufig entscheiden wir emotional und versuchen, unser Votum in der Nachbetrachtung rational zu erklären. Diesem Rückschaufehler sind wir ja schon an anderer Stelle begegnet. Sinnvoller erscheint es hingegen, die Reaktion auf unsere Emotionen so zu steuern, dass sie auf unseren Erfolg oder bestenfalls auf den Erfolg des Teams einzahlen.

Den „Schimpansen" managen

Wir können nicht verhindern, dass Gefühle entstehen, bevor wir sie beurteilen und rational betrachten können. Die Frage ist also: Wie können wir unsere Reaktion auf diese Emotionen steuern?

Die einfachste Möglichkeit besteht darin, dem „Schimpansen" zu helfen, sich zu beruhigen, indem wir ihm die Möglichkeit geben, sich auszutoben. Peters erkannte treffend, dass der Schimpanse glücklich ist, wenn er ein Publikum hat. Idealerweise sollte dies jedoch weder auf dem Spielfeld, am Spielfeldrand noch im Meetingraum geschehen. Suchen Sie einen „sicheren" Raum und einen vertrauten Zuhörer, der Sie gut kennt und nicht beurteilt.

Tom Kossak, Sportpsychologe der deutschen Eishockeynationalmannschaft, bezeichnete sein Berufsbild humorvoll als „Mülleimer der Nation"[45] – und meinte es keinesfalls despektierlich. Dieser Raum kann für Spieler und Trainer durchaus hilfreich sein. Auch viele Führungskräfte schätzen einen Sparringspartner, der diesen Raum bietet. Emotionen sind voll von hilfreichen Informationen – wer unterstützt Ihre Mitarbeiter, diese zu nutzen?

Gefühle „labeln"

Es gibt Wege, unseren inneren Schimpansen gewissermaßen zu zähmen. Dies erfordert jedoch, sich dieser Emotionen bewusst zu werden. Eine Aufgabe, die bei vielen Menschen mehr Aufmerksamkeit verdient hätte.

Diese Übung ist gar nicht so trivial. Tatsächlich gibt es mehr Menschen, als man denkt, die nie gelernt haben, ihre Gefühle wirklich wahrzunehmen. Zu oft wurden diese Emotionen unterdrückt, um einem vermeintlichen Idealbild zu entsprechen.

„Des sind Gefühle, die wo man schwer beschreiben kann", schwäbelte kein Geringerer als Jürgen Klinsmann nach dem „Sommermärchen" – der Heim-Weltmeisterschaft in Deutschland 2006. Diese Worte fassen treffend zusammen, was vielen Menschen heute schwerfällt – einschließlich Trainern und Chefs. Gerade Führungskräfte und Trainer, die mit traditionellen Vorstellungen von Männlichkeit aufgewachsen sind, können ihre Gefühle meist nicht angemessen beschreiben.

Es ist fast wie das Erlernen einer neuen Sprache, eine verloren gegangene Fähigkeit, die durch alle Bevölkerungsschichten, Geschlechter und Generationen hindurchreicht und oft tiefe, individuelle Gründe hat.

In Coaching und Sportpsychologie wird deshalb mit dem sogenannten „Labelling" gearbeitet. In der Wissenschaft herrscht Einigkeit darüber, dass das Benennen von negativ besetzten Emotionen wie Wut, Angst oder Scham sowie positiv besetzten Emotionen wie Freude, Interesse oder Zufriedenheit einen positiven Einfluss auf unsere Gesundheit und unser Wohlbefinden hat. David Rock, den wir bereits im Kapitel über Motivation (SCARF-Modell) kennengelernt haben, stellt fest, dass man in Drucksituationen den Stresslevel um bis zu 50 Prozent senken kann, indem man einfach seine Gefühle beschreibt.

Die Methode des „Labelling" beruht auf der Erkenntnis, dass es schwer ist, etwas zu steuern und zu regulieren, wenn man es nicht benennen kann. Indem wir unsere Emotionen besser unterscheiden und genauer beschreiben können, fällt es uns leichter, sie zu steuern. Oder, wie Dr. Dan Siegel es ausdrückt: „Name it to tame it" – gib dem Kind einen Namen, um es zähmen zu können[46].

Um Emotionen benennen zu können, müssen wir unser System 2 – also die rationale Seite unseres Gehirns – aktivieren. Wir bewegen uns gewissermaßen außerhalb der Emotion und schaffen eine Distanz zwischen der Emotion und dem daraus resultierenden Gefühl. Klingt simpel? Ist es auch. Dennoch erfordert es Übung, um aus einem impulsiven Akteur auf dem Spielfeld einen besonnenen Spieler zu machen, der angemessen auf Schiedsrichterpfiffe oder Verbalattacken reagiert – oder eben nicht reagiert.

Athleten, die Achtsamkeitstraining nutzen, schulen sich darin, sich ihrer Emotionen und Verhaltensweisen bewusst zu werden, die sie daran hindern, ihr volles Potenzial auszuschöpfen – eine Art Training, vermehrt System 2 zu nutzen, wie es Kahnemann beschreibt.

Auf der anderen Seite benötigen diejenigen Athleten, die Situationen übermäßig analysieren, Unterstützung dabei, ihrer eigenen schnellen, automatischen Entscheidungsfindung nach System 1 zu vertrauen.

Trainer und Athleten können effektiv dabei unterstützt werden, ihren Denkstil angemessen zu ändern. Dies führt nicht nur zu mehr Kontrolle, sondern kann auch zu einer gestiegenen Selbstwirksamkeit führen. Angemessen auf Emotionen zu reagieren, ist keine angeborene Fähigkeit, sondern eine, die uns auf dem Weg zu gesunder und nachhaltiger Leistungsentwicklung helfen kann – im Sport genauso wie in Unternehmen. Erfolgreiche Athleten und Trainer haben im Laufe der Zeit gelernt, ihre Emotionen und Gedanken bewusster wahrzunehmen. Dies geschieht nicht über Nacht, sondern ist das Ergebnis beharrlicher Arbeit. Obwohl es sicherlich einiger Wiederholung bedarf, ist es keineswegs kompliziert. Verschiedene Methoden können Athleten dabei helfen, wie zum Beispiel die bekannte und leicht umsetzbare STOPP-Methode.

STOPP-Methode

Die STOPP-Methode[47], eine in der kognitiven Verhaltenstherapie häufig angewandte Technik, hat sich auch im Sport als äußerst wirkungsvoll erwiesen. Ihr Nutzen entfaltet sich jedoch erst, wenn man gelernt hat, seine aufsteigenden Emotionen bewusst zu erkennen und wahrzunehmen. In diesem Abschnitt beleuchten wir die Schritte der STOPP-Methode – Stop, Take a breath, Observe, Pull back und Proceed – genauer, um ein tieferes Verständnis für ihre Anwendung zu schaffen.

Stop: Bewusstsein als Schlüssel zum Erfolg

Die erste Stufe der STOPP-Methode, das bewusste Innehalten, bildet den grundlegenden Schritt zur Emotionskontrolle. Ohne diese Achtsamkeit ist es unmöglich, sein Verhalten bewusst zu steuern. Es geht darum, sich seiner selbst bewusst zu werden und die eigenen Emotionen und Gedanken wahrzunehmen.

Take a breath (tief durchatmen): Das Signal an den „Schimpansen"

Das tiefe Durchatmen in dieser Phase signalisiert unserem inneren „Schimpansen", dass keine unmittelbare Gefahr besteht. Dieser einfache Akt erweist sich als äußerst wirkungsvoll. Wir nutzen die Evolution, indem wir uns signalisieren, dass wir nicht mehr vor wilden Tieren flüchten müssen. Durch dieses bewusste und von vielen Sportlern erfolgreich angewandte Atmen aktivieren wir System 2 und setzen den Grundstein für die Kontrolle über unsere Emotionen.

Observe (beobachten): Emotionen als Informationsquelle

Das Beobachten der eigenen Emotionen ermöglicht es, die damit verbundenen Informationen zu verstehen. Diese Gefühle sind zunächst einmal informativ. Es gilt, die Gedanken und Emotionen einzuordnen. Zum Beispiel kann Nervosität im Sport von den Athleten als Zeichen der Bereitschaft interpretiert werden, anstatt sie als vermeintliches Gefühl von Schwäche zu unterdrücken und dagegen anzukämpfen. Es geht darum, jeden Emotionszustand als wertvolle Information zu betrachten und ihn entsprechend zu nutzen.

Pull back: Abstand gewinnen und Gedanken überprüfen

Die nächste Stufe beinhaltet das Gewinnen von Abstand zum eigenen Gedankenkarussell. Es geht darum, die Gedanken zu hinterfragen und ihren Wahrheitsgehalt zu überprüfen. Statt sich einzureden, dass man allein mit Nervosität kämpft, sollten die Gedanken darauf trainiert werden, die Nervosität als unterstützendes Element zu sehen. Das Motto „Glaub nicht alles, was du denkst" wird zur Leitlinie in der Sportpsychologie und im Coaching, um eine realistischere Wahrnehmung zu erreichen. Es gilt, seinen inneren Gefühlszustand nicht mit dem äußeren Gebaren seiner Gegenüber zu vergleichen – in den allermeisten Fällen geht dieses ungleiche Duell verloren.

Proceed: Zielgerichtetes Handeln auf der Verhaltensebene

Erst wenn die Gedanken eingeordnet sind, sollte man auf die Verhaltensebene übergehen. Zielgerichtete Gedanken führen zu zielführendem Verhalten, während nicht zielführende Gedanken in den meisten Fällen zu unerwünschtem Verhalten führen. Es macht keinen Sinn, gegen aufkommende Gefühle zu kämpfen. Stattdessen sollte man sich auf Rituale konzentrieren, die den gewünschten mentalen Zustand herbeiführen, um ein Spiel zu gewinnen – selbstbewusst und fokussiert. Trainer und Sportpsychologen können dabei unterstützen, diese Bräuche zu entwickeln und zu festigen. Manager sind hingegen häufig auf sich alleine gestellt.

Die STOPP-Methode bietet somit eine strukturierte Herangehensweise zur emotionalen Selbstregulation im Sport, indem sie Bewusstsein, Atemkontrolle, Selbstbeobachtung, Distanzgewinn und zielgerichtetes Handeln kombiniert.

Die Sportpsychologie bietet eine Fülle von Methoden zur Selbststeuerung, um individuellen Herausforderungen von Athleten gerecht zu werden. Es ist wichtig festzuhalten, dass die Einteilung von Spielern in „selbstbewusst" und „unsicher" zu kurz greift. Oftmals wird bei einer reichlichen Auswahl an Talenten weniger Augenmerk auf die mentale Entwicklung der vermeintlich weniger selbstbewussten Spieler gelegt – die Spiele gewinnt man schließlich auch so. In Sportarten und Vereinen, in denen die Talente Schlange stehen, erfolgt die Aussortierung häufig schneller, und die Investition in die mentale „Stärke" der Athleten bleibt auf der Strecke. Das sieht in Sportarten und Vereinen, die um jedes Talent buhlen müssen, anders aus.

In Zeiten des Fachkräftemangels und des zunehmenden Wettbewerbs um Talente müssen Unternehmen jedoch überlegen, welche Sportarten und Vereine als Vorbild dienen können. Die Antwort liegt auf der Hand.

Stellen Sie sich vor, Mitarbeiter würden dazu befähigt, Emotionen bewusst wahrzunehmen und darauf zielführend zu reagieren. Es würde nicht nur ungesunde, nicht zielführende Reibungsverluste in Unternehmen minimieren, sondern auch die Atmosphäre in Meetings positiver gestalten und zu effizienteren Entscheidungen führen.

Um diese Vision zu verwirklichen, müssen wir aufhören, Mitarbeiter in die Kategorien der Starken und Schwachen zu unterteilen. Statt „die, die können" noch selbstbewusster, und „die, die nicht können" noch bescheidener zu machen, sollten wir ganzheitlich in die mentale Entwicklung unserer Mitarbeiter investieren. Diese Wertanlage ermöglicht nicht nur eine gesunde und nachhaltige Leistungssteigerung, sondern erweitert auch den Pool von „Talenten" und „High Potentials" erheblich, ohne aufwendiges Employer Branding und teure Recruiting-Maßnahmen.

Im Kontext der vielfach geforderten Resilienz profitieren – und das mag Sie überraschen – insbesondere diejenigen mit einem hohen oder gar überhöhten Selbstvertrauen von dieser mentalen Arbeit. Resilienz umfasst nämlich insbesondere die Fähigkeit, an den eigenen Gefühlen zu zweifeln. Diese Fähigkeit bildet einen zentralen Aspekt der Resilienz. Es geht nicht darum, weniger oder gar keine Gefühle zu empfinden, sondern vielmehr darum, mehr von den „richtigen" Emotionen zu erleben und diese besser einzuordnen sowie sinnvoll zu nutzen.

Werte

Dieser Tage wird viel über Werte und wertebasiertes Führen gesprochen. Damit sind aber nicht die auf Hochglanzposter gedruckten Unternehmenswerte gemeint, die jeder nach seiner Fasson interpretieren darf, sondern es geht um das Bewusstwerden der eigenen Werte.

Diese sind nämlich häufig ein Schlüssel für die Emotionssteuerung. Werte sind höchst individuell und treiben unser Handeln und unsere Zufriedenheit maßgeblich an. Werden die uns wichtig erscheinenden Werte bedient, fühlt es sich gut an – positiv wahrgenommene Emotionen gehen damit einher. Aber wehe, diese Werte werden mit Füßen getreten. Dann fühlen wir das auch. Es machen sich Emotionen breit, die uns signalisieren: „Hier stimmt was nicht". Bewusstsein für eigene Werte erleichtert die Selbststeuerung erheblich. Athleten und Trainer erhalten oft Unterstützung, um sich ihrer eigenen Werte bewusster zu werden. Ebenso ist es wichtig, als Trainer die Werte der Spieler zu verstehen, da das eigene Wertesystem Aufschluss darüber geben kann, warum bestimmte Verhaltensweisen mehr irritieren als andere.

Es ist faszinierend, wie eine einfache Diskussion über unsere eigenen Werte – sei es im Einzelcoaching, im Team Coaching, im Sport oder im Geschäftsleben – mit zahlreichen Aha-Momenten einhergeht.

Im Kapitel über Motivation haben wir bereits einige übergeordnete Modelle kennengelernt, die uns helfen, unsere natürlichen Antriebe zu verstehen. Bei den Werten gehen wir einen Schritt weiter. Sie sind über die Zeit gewachsen, ständige Wegbegleiter und beeinflussen unser Handeln auf unspektakuläre, aber omnipräsente Weise.

Im Bestreben, kongruent mit unseren wichtigsten Werten zu handeln, stoßen wir jedoch oft auf Hindernisse. Rahmenbedingungen und soziale Erwünschtheit können uns daran hindern, unsere Werte vollständig zu leben. Wir versuchen, uns in das Wertesystem unseres Umfelds einzufügen, erleben Unwohlsein, geben Schuldzuweisungen, oder vermuten teils in uns selbst liegende Gründe, ohne sofort an die Verletzung unserer Werte zu denken.

Lassen Sie uns konkreter werden. Ein Sportler, dem „Gerechtigkeit" wichtig ist, wird es nicht verstehen, wenn ein Teamkollege, der die ganze Woche nicht trainiert hat, trotzdem in der Startaufstellung steht, nur weil er als Erfolgsgarant gilt. Ähnlich reagieren diese Spieler häufig auf als „ungerecht" empfundene Schiedsrichterentscheidungen.

Ein anderer Spieler, dessen Werte auf Transparenz und Logik basieren, erwartet vom Trainer mehr als ein Bauchgefühl, wenn er nicht spielt. Empathie und Ehrlichkeit sind hingegen für manche Spieler entscheidend, und sie akzeptieren eine Nichtaufstellung, wenn der Trainer Mitgefühl für ihre Situation zeigt.

Ein neuer Mitarbeiter, der sich bei einem Unternehmen beworben hat, das Gesundheit und Nachhaltigkeit betont, erlebt schnell Enttäuschungen, wenn er merkt, dass hinter der Fassade die gleichen Mechanismen wie in seinem vorherigen Job wirken. Statt langfristiger, nachhaltiger Entscheidungen werden auch hier kurzfristige Ergebnisse bevorzugt. Es geht nicht nur um gesunde und nachhaltige Leistung, sondern darum, härter zu arbeiten – und das möglichst so, dass es bemerkt wird. Warum hat er überhaupt den Job gewechselt?

Das teuerste Employer Branding ist jenes, das nicht hält, was es verspricht – und das ist in diesem Fall ohne Einschränkung zutreffend. Wenn das, was angepriesen wird, nicht der Realität entspricht, ist das irreführend und enttäuschend.

Unsere individuellen Werte sind ein wichtiger Hinweis darauf, warum wir bestimmte Gefühle erleben oder eben nicht. Auf dem Weg zu einer besseren Selbststeuerung ist es entscheidend, sich mit unseren tief verwurzelten Werten auseinanderzusetzen.

Es ist erstaunlich, dass viele Unternehmen glauben, dass das bloße Anbringen von Wertepostern dazu führt, dass die Mitarbeiter die gleichen Werte teilen. Ein Geschäftsführer war beispielsweise zunächst verwundert, als wir in einem Team-Workshop das Thema Werte diskutierten. Für ihn schien es verschwendete Zeit zu sein, da die Werte doch klar im Intranet zu finden seien. Erst als ich ihn überzeugte, sich mit seinen eigenen Werten auseinanderzusetzen, erkannte er das

Potenzial, das in solchen Diskussionen liegt. Fortan ermutigte er seine Mitarbeiter, sich mit diesem Thema zu beschäftigen, um eine bessere Selbststeuerung und ein besseres Verständnis für Konflikte im Team zu entwickeln.

Es ist wichtig zu verstehen, dass Werte nicht universell sind. Jeder Mensch ist unterschiedlich geprägt und hat verschiedene Erfahrungen gemacht, wodurch sich unterschiedliche Wertesysteme entwickelt haben. Es geht nicht darum, ob diese gut oder schlecht sind, sondern darum, sich ihrer bewusst zu werden, um die Vielfalt im Team zu nutzen und unproduktive Reibungsverluste zu minimieren.

Vielleicht liegt die Antwort darauf, warum Handballspieler Schiedsrichterentscheidungen anders annehmen, auch darin, dass sie mit einem anderen Wertesystem im sportlichen Kontext erzogen wurden. Das Wort „Respekt» erhielt in vielen meiner Workshops mit Handballteams einen festen Platz auf dem Teamposter, oft ohne große Diskussion. Obwohl dies nicht repräsentativ ist, zeigt es, wie prägend Werte für Emotionen und Verhalten sein können.

In den vorherigen Kapiteln haben wir viel über das Bewusstwerden gesprochen. Es geht darum, sich der eigenen Werte, Emotionen, Gedanken und „Selbstgespräche" bewusst zu werden und dieses Bewusstsein zur Selbststeuerung zu nutzen. Dadurch entstehen weniger Reibungen, konstruktivere Diskussionen und letztendlich bessere Entscheidungen. Dies erfordert jedoch das Aktivieren unseres analytischen Denkens, auch bekannt als System 2, um unsere menschliche Seite zu nutzen.

Dieses Bewusstsein ist ein entscheidender Erfolgsfaktor für Trainer und Führungskräfte. Es hilft ihnen nicht nur, sich selbst zu steuern, sondern auch, ihre Spieler und Mitarbeiter dahingehend zu coachen, dass sie sich ihrer nicht hilfreichen Reaktionen bewusstwerden und alternative Reaktionen auf ihre Emotionen evaluieren. Bewusstsein ist ein Schlüssel für gesunde und nachhaltige Leistungsentwicklung.

Die möglichen Taktikfehler:

Taktikfehler 48: Wir verwechseln Emotion mit Leidenschaft.

Taktikfehler 49: Wir sind uns unserer emotionalen „Trigger" nicht bewusst.

Taktikfehler 50: Wir unterschätzen die Bedeutung individueller Werte.

Taktikfehler 51: Wir versuchen Emotionen zu unterdrücken, anstatt sie zu nutzen.

Taktikfehler 52: Wir nutzen den Raum zwischen Emotion und Verhalten nur ungenügend.

Taktikfehler 53: Wir rationalisieren unsere emotionalen Entscheidungen.

Leistung entwickeln

Wenn es einen sehr offensichtlichen Unterschied zwischen Sport und Wirtschaft gibt, ist es der, dass im Sport die überwiegende Zeit trainiert wird, während das klassische Training in Unternehmen eher zur Ausnahme gehört. Dennoch soll auch in Unternehmen Leistung kontinuierlich entwickelt werden. Ständige Verbesserung gehört zum Credo vieler erfolgreicher Unternehmen. Wir haben es gelernt, Prozesse zu hinterfragen, zu optimieren und zu digitalisieren. Wir haben gelernt, unsere Systemlandschaften zu verbessern und in einigen Fällen auch, die Strukturen zu entwickeln, so dass sie uns bei der Arbeit unterstützen und nicht limitieren. Aber wie sieht es mit der Entwicklung der Mitarbeiter aus? Das Geschäftsmodell des bezahlten Sports ist darauf aufgebaut, einzelne Spieler zu verbessern und deren Stärken bestmöglich für das Kollektiv einzusetzen. Es ist Teil der Erfolgsdefinition, und somit ist es nicht verwunderlich, dass wir in dieser Disziplin vom Sport lernen können. Was aber hindert uns in der Wirtschaft, die Potenzialentfaltung des Einzelnen und die effektive Zusammenarbeit als Team in den Mittelpunkt zu rücken?

Von Trainingsweltmeistern und Drückebergern

Wer Teamsport betrieben hat, wird sich bestimmt lebhaft an die verschiedenen Spielertypen erinnern und ihre charakteristischen Verhaltensweisen beschreiben können. Mein früherer Trainer pflegte zu sagen: „Jedes Team hat seinen Drops". Damit meinte er den Spieler, der häufig den Unmut seiner Mitspieler auf sich zog – nicht absichtlich, sondern einfach aufgrund seiner Persönlichkeit. Wenn Sie sich nicht sicher sind, wer dieser „Drops" in Ihrem Team war, ist die Wahrscheinlichkeit hoch, dass es Sie selbst betraf.

Falls Sie nicht dieser „Drops" waren, können Sie sich sicherlich an einen solchen Mitspieler erinnern, genauso wie an den charismatischen Anführer, den bedingungslosen Kämpfer oder den nachdenklichen Strategen. Und dann gab es mit Sicherheit auch denjenigen, der regelmäßig zu spät zu Spielen oder Trainingseinheiten erschien oder etwas vergessen hatte. Manchmal war es nur das Duschgel oder das Handtuch, gelegentlich aber Elementares wie die Fußballschuhe oder die Schienbeinschoner. Im schlimmsten Fall fehlte der gesamte Satz Trikots, den Mama oder Papa nach dem letzten Spiel mit nach Hause nahmen, um ihn von den Spuren des Kampfes zu befreien und wieder frisch duftend in den eher muffelig riechenden Trikotkoffer zu legen.

Nennen wir diesen Spieler spaßeshalber Clemens, angelehnt an den ehemaligen österreichischen Spieler des 1. FC Kaiserslautern, Clemens Walch. Dieser stand bereit, eingewechselt zu werden, um gemeinsam mit seinen Teamkollegen die drohende Niederlage gegen Werder Bremen abzuwenden. Leider wurde daraus nichts, da ihm Sekunden vor der Einwechslung einfiel, dass er sein Trikot in der Kabine vergessen hatte. Während der verzweifelte Clemens nach seinem Trikot suchte, wechselte Trainer Marco Kurz einen anderen Spieler ein. Clemens schmorte bis zum Abpfiff auf der Bank und musste hilflos zusehen, wie die Werderaner in der 81. Minute den 2:0 Endstand markierten. Zwei Fehlverhalten innerhalb einer einzigen Minute: zunächst unvorbereitet und dann zu spät. Dumm gelaufen.

In Mannschaftssportarten wird Clemens spätestens beim zweiten Vorfall klar, dass dies nicht akzeptabel ist. Er sollte alle Erklärungsversuche für sich behalten und persönlich die Verantwortung für sein Handeln übernehmen. In Jugendmannschaften versucht man, dem „Clemens" dieser Welt mit gut gemeinten erzieherischen Maßnahmen entgegenzukommen. Je älter die Spieler werden, desto eher werden Strafen eingeführt, um die Mannschaftskasse zu füllen. So erhält selbst ein Fehlverhalten im Nachhinein einen solidarischen Charakter. Im Profibereich wird man solche Spieler jedoch immer seltener antreffen, denn bei zu flacher Lernkurve werden sie üblicherweise aussortiert.

Unpünktlichkeit als Selbstvermarktungsstrategie

In der Unternehmenswelt wird das, was selbst in Kreisklassemannschaften zu einer Lokalrunde führen würde, zunehmend toleriert oder besser gesagt, regelrecht „verherrlicht". Das zu späte Erscheinen zu Meetings und die mangelnde Vorbereitung werden nicht mehr als Fauxpas betrachtet, sondern eher als Teil einer Selbstvermarktungsstrategie, um den eigenen Termindruck zu betonen. Das Meeting beginnt, und man kommt gerade von „back-to-back Meetings" und benötigte dringend eine kurze „biologische" Pause – oder man war gerade mit „Frau Wichtig" in einer Besprechung. Frau Wichtig schwebt natürlich in der Hierarchie über allen anderen Meeting-Teilnehmern. Die Kreativität bei den Ausreden kennt keine Grenzen.

Wenn man schon zu spät kommt, sollte man diese Gelegenheit nutzen, sich zu positionieren und nicht als jemand dazustehen, der seine Zeit nicht effektiv managt – nach dem Motto „Wer zehn Minuten zu früh kommt, ist auch unpünktlich!" Auch die fehlende Vorbereitung wird mit ähnlichen Argumenten „weggewischt". In einigen Unternehmen beschleicht einen das Gefühl, dass diejenigen, die sich gut vorbereitet und das frühzeitig verteilte Dokument tatsächlich gelesen haben, dafür verurteilt werden: „Ihr habt wohl zu viel Zeit?"

Dieser Trend wirkt wie eine Spirale, die sich weiter und weiter dreht. Je mehr Verspätungen toleriert werden, desto häufiger und länger treten sie auf. Die Einstellung „Warum sollte ich pünktlich sein, wenn der Clemens eh wieder zu spät kommt" gehört dann schon fast zum guten Ton. Was in den Amateurklassen zu Bestrafungen führt, sorgt in Unternehmen höchstens für Erheiterung auf der einen und Frustration auf der anderen Seite. Schwamm drüber – weiter geht's, frei nach dem Motto: „Nach dem Spiel ist vor dem Spiel."

Mein italienischer Chef bemängelte einmal, dass Deutsche nur deshalb so pünktlich seien, weil sie keine andere Möglichkeit haben, um dem Gegenüber Respekt zu zeigen. Vielleicht ist da etwas Wahres dran. Ich halte es dennoch lieber mit unserem Basketballnationaltrainer Gordon Herbert, der zwar dafür bekannt ist, seinen Spielern innerhalb eines gewissen Rahmens viele Freiheiten zu geben, für den Pünktlichkeit aber zu den unverhandelbaren „basics" gehört[43]. Fehlende Disziplin bei Meetings ist ein Indikator für das Fehlen einer Leistungskultur. Es gibt etliche Studien zu diesem Thema. Auch wenn die Zahlen variieren, so sind sich die Autoren über eines einig: Unproduktive Meetings sind ein erheblicher Kostenfaktor für Unternehmen. Je nach Studie bezeichnen bis zu 70 Prozent der Teilnehmer die Meetings als ineffektiv und ineffizient. Die Opportunitätskosten dieser Meetings sind gewaltig. Über die Hälfte der Befragten geben an, dass die Meetings sie nicht nur an der wirklichen Arbeit hindern, sondern auch am „deep thinking", also wirklicher Ursachenforschung und das wirklich tiefe Eintauchen in eine Thematik. Mindestens genauso verheerend ist die Tatsache, dass über 60 Prozent der Befragten urteilten, dass ihre Meetings das Team nicht näher zusammenbrachten.[48].

Unpünktlichkeit und mangelnde Vorbereitung à la „Clemens" sind also nur die Spitze des Eisbergs. Sie kosten Unternehmen nicht nur Geld, sondern beeinträchtigen auch nachhaltig ihre Leistungsfähigkeit. Sogar Amateurteams gehobenen Alters wärmen sich vor dem Spiel gemeinsam auf, dehnen ihre Muskeln und Bänder, bevor sie sich messen. In der Wirtschaft ist es jedoch akzeptiert, dass Kollegen am Besprechungstisch sitzen, die sich nicht vorbereitet haben und quasi kalt ins Spiel gehen. Im Sport führt das nicht nur zu Verletzungen, sondern auch dazu, dass das Team nicht an seine Leistungsgrenze kommt. Genau das passiert auch in den Unternehmen dieser Welt.

Verhaltensweisen wie Zuspätkommen und fehlende Vorbereitung sind schwer messbar, da sie eher unter der Oberfläche stattfinden. Es liegt in Ihrer Verantwortung als Führungskraft, Wege zu finden, um sicherzustellen, dass Mitarbeiter pünktlich und vorbereitet zu Meetings erscheinen. Vielleicht beenden Sie Meetings nie zur vollen Stunde, sondern immer zehn Minuten früher, um Managern Zeit zum Durchatmen und zur mentalen Vorbereitung auf das nächste Meeting zu geben. Oder Sie folgen dem Beispiel von Jeff Bezos, der bei Amazon den „Meeting 6 Pager" einführte. Die ersten Minuten des Meetings werden genutzt, um das Dokument zu lesen und zu verstehen, um eine gemeinsame Grundlage für Diskussionen zu schaffen. Das wäre fairer für diejenigen, die sich vorbereitet haben, und würde die ersten Minuten des Meetings nicht verschwenden, um Kollegen auf den aktuellen Stand zu bringen.

Das beobachtbare Verhalten des Zuspätkommens und der mangelnden Vorbereitung sollte diskutiert und adressiert werden. Es ist entscheidend, Gründe zu erörtern und Lösungsvorschläge zu erarbeiten. Noch wichtiger ist jedoch, dass dieses Verhalten nicht länger glorifiziert wird und nicht auf Kosten der Teamleistung für Selbstvermarktungszwecke benutzt wird.

Die Haltung macht den Unterschied

Angenommen, wir haben uns in puncto Vorbereitung und Pünktlichkeit auf das Niveau einer disziplinierten Altligatruppe hochgearbeitet. Nun verlassen wir die Grundlagen und richten den Blick auf das, was Profisportler im Allgemeinen von den Spielern einer Altligatruppe unterscheidet. Es geht nicht nur um das Spielniveau, sondern vielmehr um die Einstellung oder Haltung, mit der die Spieler zum Training gehen. NBA-Legende Kobe Bryant betonte, dass es nicht um die Anzahl der Stunden geht, die du trainierst, sondern um die Zeit, in der dein Geist während des Trainings wirklich präsent ist.

Ulrik Wilbek, einer der weltweit erfolgreichsten Handballtrainer aus Dänemark, sagte einmal, dass der Unterschied zwischen Unternehmen und Sport darin besteht, dass Sportler 99 Prozent ihrer Zeit trainieren und nur 1 Prozent spielen. In Unternehmen hingegen verbringt man 99 Prozent der Zeit mit dem „Spiel" und nur 1 Prozent mit Training. Die Grundidee ist sicherlich korrekt, aber in Unternehmen gibt es zahlreiche Möglichkeiten, „zu trainieren", ohne Mitarbeiter zu teuren Schulungen zu schicken. Meetings sind Denkräume und bieten eine hervorragende Gelegenheit, voneinander zu lernen, Dinge auszuprobieren und Entscheidungen zu optimieren. Wie jede Trainingseinheit einen Beitrag zum Teamerfolg leistet, sollte auch jedes Meeting zum kollektiven Unternehmenserfolg beitragen. Ohne die richtige Haltung und einen wachen Geist wird dieses Vorhaben allerdings scheitern.

In den letzten Jahren habe ich mit zahlreichen Profisportlern gesprochen, um die Geheimnisse nachhaltigen Erfolgs zu erforschen. Die meisten Sportler hatten eines gemeinsam: Sie wussten, wofür sie trainierten. Das Training hatte einen klaren Zweck. Die Trainer dieser Sportler berichteten, dass die Spieler mit Neugier und dem Willen zum Lernen ins Training gingen, mit dem Ziel und dem Wissen, nach jeder Einheit ein wenig besser zu sein oder besser vorbereitet ins nächste Spiel zu gehen.

Ich behaupte, dass dies auch die treibende Kraft für die meisten Kollegen in Meetings ist. Sie versuchen, sich bestmöglich einzubringen, zum Wohl des Teams und des Unternehmens. Sie freuen sich über die Möglichkeit, Neues zu lernen, und sind glücklich, wenn das Meeting zu mehr Klarheit beiträgt. Sie haben Freude daran, gute Entscheidungen zu treffen, sind konflikt- und teamfähig und können kontroverse Diskussionen gut „aushalten", solange sie von gegenseitigem Respekt geprägt sind. Ich bin überzeugt, dass die Mehrheit der Meetingteilnehmer mit einer positiven Grundeinstellung kommt.

Natürlich will ich nicht zu romantisch denken und jedem Meeting einen gewissen „Spaßfaktor" einhauchen. Arbeit darf sich hin und wieder nach solcher anfühlen. Wenn wir jedoch Spaß durch „Zufriedenheit" ersetzen, sollte das unser Anspruch sein – für die Arbeit, die wir verrichten, und für die zahlreichen Meetings, an denen wir teilnehmen. Meetings beanspruchen einen erheblichen Teil unserer Arbeitszeit – je nach Industrie und Unternehmenskultur und je nach Studie bis zu

90 Prozent. Das entspricht ungefähr der Zeit, die Profisportler investieren, um zu trainieren und ihre Leistung im Wettkampf punktgenau abzurufen, wie es Ulrik Wilbek feststellte.

An dieser Stelle könnte ich Seiten mit bekannten Meetinginstrumenten, goldenen Meetingregeln oder agilen Arbeitsmethoden füllen, die alle ihre Berechtigung haben. Im Sport tauchen auch ständig neue Trainingsmethoden auf, die Effizienz und Effektivität versprechen. Aber entscheidend ist immer eine Komponente: die Haltung der Spieler, wenn sie den Trainingsplatz betreten.

Die Haltung bestimmt die Wirkung der Trainingseinheit. Kein Trainer der Welt kann ein Team nachhaltig verbessern, wenn die Spieler in den meisten Trainingseinheiten frustriert sind, nur auf das Ende warten und die Dusche als den erstrebenswertesten Teil der Einheit ansehen. Genauso beeinflusst die Haltung der Meetingteilnehmer direkt die Qualität eines Meetings. Da Verhalten von Haltung kommt, zeigen sich bestimmte Verhaltensweisen, die ein Meeting im schlimmsten Fall zu einer der Trainingseinheiten verkommen lassen, bei der die meisten Spieler am Ende des Trainings konstatieren, dass sie lieber im Bett geblieben wären.

Im Geschäftsumfeld hingegen erwarten wir hoch effektive Meetings mit Teilnehmern, die zielorientiert, lernbereit und teamfähig sind. Leider gibt es Kollegen, die eher die Haltung eines „Trainingsweltmeisters", eines „Aufschiebers", eines „Drückebergers", eines „Motzers", eines „Möchtegern-Trainers", eines „Show-" oder „Erster-Alles-Typs" haben. Obwohl diese Kollegen in der Minderheit sind, beeinflussen sie die Qualität des Meetings erheblich. Man kennt die Geschichte vom faulen Apfel. Aber der Reihe nach:

Der „Trainingsweltmeister"

Wir alle haben sie in unseren Teams gehabt: die „Trainingsweltmeister". Sie trainieren unermüdlich, sind immer da, ganz gleich, ob es regnet, stürmt oder schneit. Nichts hält sie davon ab, dem Trainer zu signalisieren, dass sie bereit sind. „Ich bin da. Auf mich ist Verlass." Aber warum werden sie nicht besser, sondern verlieren häufig sogar den Anschluss zu den anderen Spielern, obwohl sie mehr und regelmäßiger trainieren? Oft liegt die Stagnation an ihrer Einstellung zum Training. Für sie ist das Kreuz im Trainerbuch das Ziel, und sobald es gemacht ist, ist die Luft raus. Diese unter Sportpsychologen bekannte, oft unbewusste Haltung führt nicht zu Spitzenleistungen. Im Gegenteil, sie beeinträchtigt die Qualität und Intensität des Trainings. Das einfache Anwesenheitszeichen im Trainerbuch hat noch niemanden besser gemacht. Natürlich hat es auch noch niemandem geschadet, aber nur in Kombination mit Freude am Spiel, Lernbereitschaft und Zielorientierung – der Klarheit darüber, wofür man das alles tut – wird es nachhaltige Ergebnisse bringen.

Hand aufs Herz – in Unternehmen kennen wir Äquivalente zu den „Trainingsweltmeistern". Jene, die bei jedem Meeting präsent sind, aber gleichzeitig auch nicht wirklich. Sie sind wie eine Fliege an der Wand, stören nicht, tragen aber auch nichts bei. Doch sie waren halt eingeladen, also kommen sie und zeigen dem Einladenden ihre Wertschätzung oder dem Chef ihre Zuverlässigkeit. Sie sind da, allerdings mit dem faden Beigeschmack, dass weder der Mitarbeiter, das Team noch das Meeting irgendeinen Vorteil davonträgt. Das ist nicht nur teuer, sondern auch frustrierend – für alle Beteiligten.

Der „Aufschieber"

„Aufschieberitis" ist wohl eine der weit verbreitetsten „Krankheiten" in den Unternehmensbüros. Die „Aufschieber" sind froh, zu einem Meeting gehen zu können, da sie dann andere lästige Pflichten mit gutem Grund und ohne schlechtes Gewissen nach hinten schieben können. Oftmals hat das den positiven Nebeneffekt, dass sie aus diesem Grund besonders gut gelaunt sind. Ähnlich wie die „Trainingsweltmeister" werden sie das Meeting weder großartig stören noch in den allermeisten Fällen nachhaltig positiv beeinflussen. Für die nachhaltige Leistungskultur bedeutet es abermals, dass einige Mitarbeiter sich nicht mit den Dingen beschäftigen, die den größten Einfluss auf den gemeinsamen Erfolg hätten. Stattdessen schenken sie sich – sofern es sich um ein physisches Meeting handelt – in den Meetingräumen Kaffee in ihre individualisierten Becher, naschen leckere Plätzchen oder wahlweise Pralinen oder Bonbons, um anschließend das sich stapelnde Bonbonpapier unsolidarisch zum Nachbarn zu schieben. Außer auf den Zuckerspiegel des unter „Aufschieberitis" leidenden Mitarbeiters hat seine Anwesenheit also üblicherweise keinen großen positiven Effekt. Diese Mitarbeiter sind nur da, weil sie nicht woanders sein wollen. In der Regel stören diese Teilnehmer nicht, aber ihre Anwesenheit hat auch keinen großen Einfluss auf die Qualität des Meetings.

Der „Drückeberger"

Ähnlich verhält es sich mit den Drückebergern. Vielleicht kennen Sie noch aus Ihrer aktiven Zeit Spieler, die geschickt unter dem Radar des

Trainers agieren. Sie tragen neben dem Platz weder Verantwortung noch auf dem Platz die Tore, die vor dem Training in Stellung zu bringen sind. Sie pumpen keine Bälle auf, noch sammeln sie diese nach dem Training ein. Irgendwie schaffen sie es aber, dass es nicht „auffliegt" oder sie sehen einfach zu beschäftigt aus – entweder, weil sie noch beim Physiotherapeuten liegen, den Co-Trainer in ein Gespräch verwickeln, sich ihre Schuhe zubinden, ihre Schienbeinschützer richten oder eine Pinkelpause machen. Diese Spieler haben üblicherweise noch niemals eine Weihnachtsfeier organisiert oder sich womöglich zur Wahl des Kassenwartes gestellt. Positiv formuliert sind sie auf andere Dinge „fokussiert", anders ausgedrückt sind sie echte Sozialschmarotzer. Oftmals sind sie aber dermaßen talentiert und im Spiel nicht wegzudenken, sodass Trainer und Teamkameraden dieses mitunter „asoziale" Verhalten zu tolerieren gelernt haben. Wahrscheinlich müssen die Fußballer unter Ihnen gleich an Mario Basler denken, der sich in seiner aktiven Zeit aufgrund seines Genies mit Einstein verglich, und dabei unverhohlen zugab, dass ihn mindestens 50 Prozent seiner Mitspieler gehasst haben. Genie hin oder her – in Unternehmen ist es eher selten, dass einzelne Mitarbeiter die anderen aufgrund ihres unglaublichen Talents in die Ecke stellen – nehmen wir mal ein paar Experten mit Spezialwissen aus. Dennoch finden wir diese Meetingtypen, die sich im Meeting immer dann ducken, wenn es Aufgaben zu verteilen gibt. Sei es das lästige Schreiben der Besprechungsnotizen oder andere beschlossene Aktivitäten. Die Definition von Erfolg bedeutet für den Drückeberger: „Ich habe am Meeting teilgenommen, ohne eine weitere Aufgabe bekommen zu haben – Punkt." Und so trifft auf diesen Mitarbeiter zu, was Fußballtrainer Bernd Stange einst über Mario Basler zu Protokoll gab, der damals im Dienst des FC Bayern stand: „Er ist wie eine Parkuhr, er steht herum, und die Bayern werfen Geld hinein." Manchmal züchten Unternehmen allerdings unbeabsichtigt diese Meetingtypen heran, indem sie ihre Mitarbeiter so stark beanspruchen, dass jede weitere Aufgabe als Überlastung wahrgenommen wird. So verwandelt sich der einst soziale und verantwortungsvolle Mitarbeiter in einen „Drückeberger" – und die Rahmenbedingungen fördern dieses asoziale Verhalten.

Der „Motzer"

Und wenn wir schon bei Mario Basler sind, dann nennen wir doch gleich einen anderen bekannten Protagonisten des erfolgreichen FC Bayern der Jahrtausendwende – Stefan Effenberg. Der „Tiger" ist ihm als Kosename seiner Zeit sicherlich lieber gewesen, doch von einigen Journalisten und Mitspielern wurde er „der Motzer" getauft. Ich bin weit davon entfernt, die Verdienste von „Effe" für den deutschen Fußball runterzuspielen. Der liebevolle Spitzname ist allerdings in so manchem Meeting Programm. Schlecht gelaunt, oft aus vorherigen Meetings resultierend, betritt der „Motzer" den Raum. Sein Ziel ist nicht, die Besprechungsqualität zu steigern, sondern eher, Frust abzulassen und andere anzugreifen. Anders als die zuvor beschriebenen Haltungen können die „Motzer" sowohl Trainings als auch Meetings ruinieren. Mit einer solchen Haltung ins Training einzusteigen, ist im professionellen Sport schlichtweg verboten; es ist toxisch und gefährlich zugleich. Bei dem einen oder anderen Unternehmen wird es toleriert und akzeptiert – zum Leidwesen aller Beteiligten.

Der „Möchtegern-Trainer"

Diese Art von Besprechungsteilnehmern erinnert an selbsternannte TV-Experten, die insbesondere im Zuge viel beachteter Welt- und Europameisterschaften versuchen, ihre markigen Sprüche zu platzieren. Damit meine ich nicht die klugen, sachlichen Kommentare eines Per Mertesacker oder eines Christoph Kramer im Fußball, noch die präzisen Analysen von Handballlegende Stefan Kretzschmar. Ich spreche von jener Spezies, die nach einer meist kurzen und wenig erfolgreichen Trainerkarriere endlich ihre wahre Berufung entdeckt hat: Im Nachhinein anderen zu erklären, wie sie es besser hätten machen können. Es geht ihnen nicht um die Sache an sich, sondern primär darum, ihre vermeintliche Expertise zur Schau zu stellen – vorzugsweise auf Kosten anderer. Und selbstverständlich ohne selbst Verantwortung tragen zu müssen.

Während diese unangenehmen Zeitgenossen im Sportfernsehen allmählich seltener werden, nehmen sie in Unternehmen eher zu. Ein möglicher Grund dafür könnte die allgegenwärtige Verfügbarkeit von standardisiertem Führungswissen sein, das stets nur einen Klick oder Podcast entfernt liegt. Sich eine Meinung darüber zu bilden, was „gutes" Führungsverhalten ist, ist heutzutage einfach – ganz im Gegensatz zur praktischen Umsetzung. Diese überlassen die selbsternannten Experten lieber anderen. Doch es ist für sie äußerst befriedigend, ihrem vermeintlich unfähigen Chef vorzuführen, wie es besser ginge. Loyalität? Fehlanzeige. Ähnlich wie die TV-Experten werfen auch sie theoretisches Wissen in den Raum und versuchen verzweifelt, der Klügste zu sein, ohne jemals in die Verantwortung zu treten. Doch wie im Sport trennt auch in der Unternehmensführung Theorie und Praxis oft eine weite Kluft. Sobald einige dieser Möchtegern-Trainer dann selbst in der Führungsrolle stehen, geben sie nicht selten ein eher jämmerliches Bild ab.

Der „Showtyp"

„Heute sitzt der Bundestrainer auf der Tribüne – also zeig', was Du auf dem Kasten hast" – ein motivierender Rat an so manches aufstrebende Talent, das die Chance wittert, sich in die Elite des deutschen Fußballs zu katapultieren. Der junge Spieler versucht, den kritischen Beobachter von seinen Fähigkeiten zu überzeugen, schießt aus allen Lagen und packt die Trickkiste aus. Doch das eine oder andere Talent übertreibt es, bis es eher lächerlich wirkt. Besser wäre es gewesen, die eigenen Fähigkeiten so einzusetzen, dass sie dem kollektiven Erfolg dienen – aber der Drang nach dem „Gesehen werden" ist einfach stärker.

Ähnlich ergeht es den „Showtypen" unter den Meetingteilnehmern. Das eigentliche Ziel des Meetings, nämlich Ideen auszutauschen und Entscheidungen herbeizuführen, tritt in den Hintergrund. Stattdessen wird auf den Moment gewartet, die eigenen Weisheiten oder vermeintlichen Heldentaten zu präsentieren. Wer den Einstieg verpasst, scheut sich nicht davor, eine neue Schleife zu drehen, um sich zu positionieren. Leider führt dieses Verhalten nicht zu einer Steigerung, sondern in den meisten Fällen zu einer Reduzierung der Meetingqualität. Es resultiert in einer weniger zielführenden und oft länger währenden Diskussion.

Der „Erster Alles-Typ"

Der „Erster Alles" auf dem Bolzplatz war in meiner Jugend jener Spieler, der sowohl den ersten Elfmeter, den ersten Freistoß als auch die erste Ecke treten durfte. Nicht immer, weil er dafür am geeignetsten erschien, sondern weil er es für sich proklamierte. Selbstbewusst und oft körperlich überlegen fühlte er sich als Anführer. Eine Rolle, an der meist nicht gezweifelt wurde – „Ronald ist der Erster Alles". Solche Typen finden sich auch im Business. Schneller und lauter als die anderen drücken sie dem Spiel ohne Rücksicht auf Verluste ihren vermeintlich spielentscheidenden Stempel auf, ungeachtet der zielführendsten Wortbeiträge. Wenn die anderen Teilnehmer schweigen, bedeutet das nicht, dass sie aufgehört haben zu denken. Den „Erster Alles"-Typen kümmert das jedoch wenig. Selbst nach vielen Monaten pandemiebedingter und mittlerweile etablierter Videokonferenzen hat er es nicht gelernt, erst die virtuelle Hand zu heben, bevor er seine Weisheiten zum Besten gibt – unabhängig davon, ob die Runde das gerade hören möchte oder nicht.

Die Wissenschaft liefert für dieses Verhalten eine Erklärung: den sogenannten Dunning-Kruger-Effekt[49]. Diese kognitive Verzerrung beschreibt die Neigung mancher Menschen, ihr eigenes Wissen und Können massiv zu überschätzen – oft gerade dann, wenn ihnen in einem bestimmten Bereich entscheidende Kenntnisse fehlen. Mit anderen Worten: Je weniger jemand über ein Thema weiß, desto höher die Wahrscheinlichkeit, dass er seine eigenen Fähigkeiten überschätzt, die Kompetenz anderer nicht anerkennt und die eigene Unwissenheit verkennt. So vereinnahmen diese Kollegen Meetings häufig nicht aus böser Absicht, sondern schlicht aus Unwissenheit.

Die verblüfften oder eingeschüchterten Kollegen hingegen halten respektvoll inne oder denken lieber erst nach, bevor sie sich zu Wort melden. Wenn Teamleiter es versäumen, die „Erster Alles"-Typen zu coachen, riskiert das Unternehmen, wertvolle Perspektiven zu verlieren, und verpasst die Chance, fundierte Entscheidungen zu treffen.

Ich betone, dass ich mich nicht auf Stereotypen stütze, wie es Persönlichkeitstests tun. Der „Drückeberger" in einem Meeting kann im nächsten zum „Erster Alles" werden. Persönlichkeitseigenschaften prägen zwar unser Verhalten, doch erst Kontext und Rahmenbedingungen führen dazu, dass bevorzugte und antrainierte Verhaltensweisen ausgelebt werden. Der Umstand, dass wir in Organisationen nicht selten überzeugendes Auftreten – selbst bei völliger Ahnungslosigkeit – als Kompetenz bewerten, macht es für die „Erster Alles"-Typen nicht besonders attraktiv, seine Kompetenz des neugierigen Zuhörers zu schärfen.

Es ist entscheidend zu erkennen, dass man an seiner Haltung arbeiten kann, um sein Verhalten zu beeinflussen. Leider wird das oft übersehen und Mitarbeiter als Showtypen, Motzer oder Drückeberger abgestempelt, anstatt sie dabei zu unterstützen, ihre Haltung zu entwickeln und ihren Mehrwert für das Unternehmen dadurch stetig zu erhöhen.

Haltung überprüfen

Jedes Verhalten hat einen Zweck. Daher lässt sich nicht pauschal sagen, ob ein Verhalten gut oder schlecht ist. Es kommt auf das angestrebte Ziel an, welches damit verfolgt wird. In der Sportpsychologie unterscheidet man daher nicht zwischen gut oder schlecht, sondern zwischen zielführend oder nicht zielführend. Für den Motzer ist das Ventilieren seiner Gedanken zielführend, da er sich danach befreit fühlt und verhindert, dass es innerlich weiter brodelt. Der Drückeberger empfindet es als angenehm, keine zusätzlichen Aufgaben zu übernehmen, um eine längere To-Do-Liste zu vermeiden. Der Möchtegern-Trainer schöpft Energie daraus, sein Wissen zu präsentieren, und vermeidet das unangenehme Gefühl, nicht als Experte wahrgenommen zu werden. Diese Verhaltensweisen entspringen menschlichen Bedürfnissen und sind nicht pauschal zu verurteilen. Allerdings tragen sie nicht zur kollektiven Zielerreichung bei, sofern diese für das Meeting definiert wurde.

Angenommen, das Ziel der Besprechung ist klar formuliert. Nehmen wir an, die Erfolgsdefinition des Meetings ist folgende: „Wir haben Optionen erarbeitet, wie man den Millionendeal mit Kunde XY landen kann, und Aktivitäten mit klaren Verantwortlichkeiten festgelegt." Dafür bedarf es einer funktionsübergreifenden Zusammenarbeit zwischen Vertrieb, Marketing, Entwicklung, Qualität, Einkauf und Produktion. Eine Herausforderung, der sich viele Unternehmen in unterschiedlicher Form stellen. Bei mangelnder Ziel- und Teamorientierung kann ein Meeting zu einem Spiel werden, bei dem am Ende alle als Verlierer dastehen – insbesondere Kunde XY. Die Schuld liegt dabei oft nicht bei den Meetingtechniken, der falschen Wahl der Teilnehmer oder der zu knapp bemessenen Zeit. In den meisten Fällen fehlt es am gemeinsamen Verständnis über das „Wofür" des Meetings. Noch häufiger aber scheitert es an den individuellen Haltungen der Teilnehmer.

Unser Fokus sollte auf dem kollektiven Erfolg liegen. Dafür ist ein gemeinsames Verständnis über ein erfolgreiches Meeting unerlässlich. Das Ego bleibt vor der Tür und die einzig richtige Haltung lautet: „Wie kann ich meinen Beitrag für unseren kollektiven Erfolg leisten?" Statt zu fragen, wie ich der Beste im Team sein kann, frage ich, wie ich der Beste für das Team und das Meeting sein kann. So einfach ist das.

Bewusstsein schaffen

Es geht also zunächst darum, ein gemeinsames Verständnis über das „Wofür" des Meetings zu entwickeln. Dies ist in der Regel keine unüberbrückbare Hürde, wird jedoch oft vernachlässigt. Anschließend gilt es, seine Haltung auf das „Wofür" auszurichten.

Vor und während des Meetings kann ich – mit etwas Selbstreflexion und Übung – überprüfen, ob mein Verhalten und mein Beitrag zum kollektiven Ziel beitragen oder nicht. Bei Zweifeln ist es ratsam, innezuhalten und sein Verhalten zu justieren – so wie es Spieler erfolgreicher Teams tun. Sie ordnen ihre Bedürfnisse dem Teamerfolg unter. Eine Aufgabe, die genauso viel Engagement erfordert wie körperliches Training oder Videoanalysen. Es benötigt das Arbeiten an sich selbst, das Verstehen eigener Antriebe, Motivationen, tief verwurzelter Bedürfnisse und Verhaltenspräferenzen.

Im Sport wird diese Arbeit häufig von Sportpsychologen übernommen, um einzelne Spieler oder Trainer dabei zu unterstützen, ihr Leistungspotenzial im Sinne des kollektiven Mannschaftserfolgs auszuschöpfen. Und diese Arbeit beginnt immer mit dem „Bewusstsein" für die eigene Haltung, die das Verhalten auf dem Spielfeld, im Training und im Besprechungsraum gleichermaßen beeinflusst. Die Trainingsqualität ist viel mehr als die Summe der spielerischen Fähigkeiten. Sie hängt in großem Maße von dem Trainingsziel und den geübten Inhalten, aber vor allem den Haltungen der Spieler ab.

Im Geschäftsbereich hingegen bewegen wir uns von einem Meeting zum nächsten, oft unvorbereitet und ohne klar zu wissen, warum wir überhaupt anwesend sind. Uns fehlt das Wofür. Es fehlt das Verständnis darüber, wie wir Erfolg für dieses Zusammenkommen definieren. Die größte Baustelle liegt jedoch in der Haltung, mit der wir an Meetings teilnehmen. Hier können wir viel vom Sport lernen. Wenn sich jeder Meetingteilnehmer die Frage stellt, mit welcher Haltung er am bevorstehenden Treffen teilnimmt, wäre bereits viel gewonnen. Sobald man bemerkt, dass man nur zum Meeting geht, um sein Gesicht zu zeigen, Aufgaben zu entkommen, seine schlechte Laune abzulassen, oder seinen Expertenstatus zu untermauern, sollte man lieber fernbleiben. Solche Haltungen haben im Teamsport keinen Platz. Daher liegt es in der Verantwortung jedes Einzelnen, die eigene Position zu hinterfragen.

Jeder Teilnehmer bringt eine einzigartige Dynamik in den Raum. Statt der „Klügste" im Raum sein zu wollen, sollte der „Möchtegern-Trainer" sein Wissen zum Wohle des Teams einbringen, wenn es gebraucht wird. Der „Erster Alles-Typ" sollte seine natürliche Neugier nutzen, um die Perspektiven anderer zu verstehen, bevor er ungefragt Lösungen präsentiert. Der „Showtyp" sollte jedes Meeting unabhängig von den Teilnehmern mit derselben Einstellung für den Erfolg des Teams angehen. Der „Motzer" sollte Wege finden, seine Energie anders zu kanalisieren und im Sinne des Teams zu nutzen. Der „Drückeberger" sollte sich fragen, was Ihn daran hindert, Verantwortung zu über-

Neue Denk- und Spielräume

nehmen. Der „Aufschieber" sollte zweimal überlegen, ob er zu dem Meeting zusagt und ob er wirklich einen Mehrwert für die Mannschaft stiften kann. Und der „Trainingsweltmeister" sollte seine innere Haltung hinterfragen. Wenn es nur um „Compliance" oder um ein Kreuz in des Trainers Büchlein geht, dann bliebe er besser fern.

Jedes Verhalten im Meeting trägt entweder zum kollektiven Erfolg bei oder eben nicht, genauso wie das Verhalten der Spieler auf dem Spielfeld zu Sieg oder Niederlage führt. Dieses Bewusstsein sollte jeder Meetingteilnehmer haben und es sollte der Maßstab dafür sein, was im Meeting gesagt oder nicht gesagt wird. Als kurze Checkliste bietet es sich an, folgende Fragen zu beantworten, bevor man zu einem Meeting zusagt:

- Verstehe ich das „Wofür" des Meetings und lohnt sich die Investition für das Unternehmen?
- Kann ich zum Erfolg des Meetings beitragen?
- Kann ich etwas lernen, das mir bei meiner Aufgabe im Unternehmen nützt?
- Welchen Mehrwert hat das Team/Unternehmen, wenn ich das Meeting priorisiere?
- Mit welcher Haltung gehe ich ins Meeting?

Der Einladende sollte im Gegenzug das „Wofür" des Meetings klarstellen, um die Beantwortung dieser Fragen zu ermöglichen. Auch bei der Auswahl der Teilnehmer sollte er sich an den gleichen Fragen orientieren:

- Kann der Teilnehmer zum Erfolg des Meetings beitragen?
- Kann der Teilnehmer etwas lernen, das ihm bei seiner Aufgabe im Unternehmen nützt?

Die Führungskraft hat die Verantwortung, die Teammitglieder bei der Reflexion über ihre Verhaltensweisen zu unterstützen, ihre Haltungen zu überprüfen und diese konsequent auf den kollektiven Erfolg auszurichten. Es fängt also mal wieder „oben" an. Zeigt die Führungskraft eine der genannten Haltungen, werden sich auch andere Mitarbeiter danach ausrichten.

Es wird auch weiterhin dreckige Siege, Schlammschlachten und unfaires Kräftemessen geben. Auch Spiele ohne klaren Sieger und langweilige Unentschieden sowie Meetings, die an die „Schmach von Cordoba" erinnern. Es wird Besprechungen geben, in denen sich niemand weiterentwickelt, obwohl alle anwesend sind – Besprechungen, die eher einem intellektuellen Armdrücken gleichen als einem ergebnisoffenen Dialog. Aber mit den oben erwähnten Methoden werden wir die Wahrscheinlichkeit für diese Ereignisse signifikant senken. Wir werden eine Haltung prägen, die dafür steht, dass es in Besprechungen keine Gewinner und Verlierer gibt. Es sollte in jedem Meeting nur einen Gewinner geben – und das ist das Unternehmen – ob in Form einer informierten und zielführenden Entscheidung oder in Form von Mitarbeitern, die sich gegenseitig bereichert haben. So ebnen wir den Weg für nachhaltige Leistungsentwicklung.

Die möglichen Taktikfehler:

> **Taktikfehler 54:** Wir haben keine gelebten Verhaltensregeln.

> **Taktikfehler 55:** Wir deuten „Zuspätkommen" als Zeichen von „busyness".

> **Taktikfehler 56:** Wir tolerieren, dass Kollegen unvorbereitet oder kalt ins Spiel gehen.

> **Taktikfehler 57:** Wir sind uns über das „Wofür" des Meetings im Unklaren.

> **Taktikfehler 58:** Wir verzichten darauf, vor dem Meeting unsere Haltung zu überprüfen.

> **Taktikfehler 59:** Wir nutzen Meetings nicht, um besser zu werden.

Von Schwächeprofilen und Spitzenkompetenzen

Die Winterpause hat die C-Jugend des SC Weiche Flensburg 08 fest im Griff. Die Fußballplätze des nördlichsten Vereins der Republik sind durch anhaltenden Regen in eine Wasserlandschaft verwandelt worden. Übungseinheiten im Freien? Auf Sicht nicht möglich, eher Wattwandern. Das Hallentraining findet in einer viel zu kleinen Sporthalle statt, die sie sich mit einer anderen Mannschaft teilen müssen. Eine Herausforderung, die bei den jungen Kickern Unmut hervorruft. Besonders, wenn man sich mit den Top-Nachwuchsleistungszentren der Fußballbundesligisten vergleicht. Wie sollen wir da mithalten können? Das Selbstvertrauen der jungen Kicker ist erschüttert ob der ungleichen Wettkampfbedingungen.

Doch inmitten dieser Widrigkeiten geschieht Bemerkenswertes. Nach ein paar Worten ihres Trainers beginnen die Spieler, kleine Zettel zu beschreiben und auf die Trikots ihrer Mitspieler zu kleben. Auf den Notizen stehen ermutigende Botschaften wie „Du spielst die besten Pässe", „An dir kommt kein Stürmer vorbei" oder einfach „Es macht Spaß, mit dir zusammenzuspielen".

Diese Übungen sind zweifellos wirkungsvoller als jede Motivationsrede eines Trainers oder materielle Belohnungen. Innerhalb von nur 20 Minuten steigern sie das Selbstbewusstsein des Einzelnen sowie der gesamten Gruppe erheblich. Sich der eigenen Fähigkeiten bewusst zu werden, wirkt wie ein Zaubertrank à la Miraculix – eine Praxis, die im hektischen Arbeitsalltag oft leichtfertig übersehen wird. Schnell werden solche Maßnahmen als „Weichspülerei" abgetan. Seltsam nur, dass sie selbst für gestandene NBA-Profis funktionieren. Unser Basketball-Nationaltrainer Gordon Herbert etwa berichtet von einem sogenannten Positivitätskreis, den er für die Nationalmannschaft einführte. Dabei setzen sich die Spieler in einen Kreis und nennen drei wertschätzende Dinge über ihren jeweiligen Sitznachbarn[50].

Was auf den ersten Blick spielerisch wirkt, ist Ausdruck einer tief verwurzelten Haltung. Anstatt sich auf Schwächen zu konzentrieren, lenkt man den Blick bewusst auf Stärken und stellt diese in den Vordergrund. Das bedeutet nicht, dass Schwächen ignoriert werden. Im Gegenteil: Wenn sie einschränkend wirken, werden sie beachtet. Doch der Fokus bleibt stets auf den Stärken. Man denkt und handelt ressourcenorientiert.

Diese ressourcenbasierte Herangehensweise hat im Spitzensport beeindruckende Resultate erzielt. Der legendäre Basketballtrainer John Wooden, bekannt als „der Zauberer", wäre zu Beginn seiner Trainerlaufbahn im Oktober 1963 vielleicht nie angetreten, hätte er sich von den offensichtlichen Schwächen seines Teams ablenken lassen. Keiner seiner Spieler war größer als 1,80 Meter – eine vermeintlich unüberwindbare Hürde in einem Spiel, das maßgeblich von Körpergröße geprägt ist. Doch Wooden hatte eine klare Vision: Er betrachtete sein Team nicht durch die Linse der Schwächen, sondern sah es als Gruppe von Spielern, die ihrem maximalen Potenzial so nah wie möglich kommen sollten.

Das Ergebnis war eine beeindruckende Saison. Fünfmal erzielte sein Team mehr als 100 Punkte. Nur viermal kam der Gegner auf weniger als fünf Punkte heran. Sie blieben ungeschlagen und gewannen die erste NCAA-Meisterschaft unter Coach Wooden – der Beginn einer legendären Erfolgsgeschichte mit insgesamt zehn Titeln zwischen 1964 und 1975. Doch gerade dieser erste Titel war für Wooden der schönste, weil er das Potenzial seines Teams durch dessen eigenes Wachstum ausschöpfte[51].

Auch in den professionellen „Talentschmieden" der Fußballvereine findet sich diese Ressourcenorientierung in strukturierten Entwicklungsgesprächen wieder. Athletik, Taktik, Technik sowie mentale und soziale Komponenten werden diskutiert. Man nimmt sich die Zeit, die individuelle Entwicklung zu reflektieren, Spitzenkompetenzen auszumachen und Maßnahmen zu planen, die es den Spielern ermöglichen, sich weiterzuentwickeln.

Die Maßnahmen werden zum Saisonstart in einen Aktionsplan geschrieben, der je nach Saisonverlauf regelmäßig individuell angepasst wird. Und es geht nicht nur darum, was der Spieler tun kann, um sich zu verbessern. Es wird auch hinterfragt, was das Trainerteam tun kann, um den Spieler bei seiner Weiterentwicklung zu unterstützen. Eine elementare Frage. Denn wichtiger als die besprochenen Ziele ist der Weg dorthin. Was hindert mich heute oder zukünftig daran, dieses Ziel zu erreichen? Welche Mitspieler können mir helfen, das Ziel zu erreichen? Wie erkenne ich, dass ich auf dem richtigen Weg bin? Diese Gespräche entwickeln die Akteure persönlich weiter. Jeder Spieler sollte nach der Saison besser sein als in der Vorbereitung auf diese.

Erfolg ist andere erfolgreich zu machen

Diese individuellen und strukturierten Entwicklungsgespräche sind Teil eines Selbstverständnisses im leistungsbezogenen Sport. Die Absicht und die an den Tag gelegte Qualität unterscheidet allerdings die guten von den sehr guten „Talentschmieden" und deren Trainern.

In Unternehmen werden solche Gespräche oft erst dann strukturiert geführt, wenn es bereits kurz vor zwölf ist – wenn ein Mitarbeiter also dauerhaft hinter den meist vage formulierten Erwartungen zurückbleibt. In Konzernen nennt man diese Maßnahmen dann „PIP", was für „Performance Improvement Plan" steht – wörtlich übersetzt ein Plan zur Leistungsverbesserung. Es ist durchaus ironisch, dass viele Manager erst dann anfangen, sich um die Leistungsfähigkeit eines Mitarbeiters zu kümmern, wenn die Situation nahezu aussichtslos erscheint. Häufig geht es in diesen Fällen jedoch gar nicht mehr um die eigentliche Leistungsfähigkeit, sondern um die Bereitschaft zur Leistung – ein Unterschied, der nicht jedem bewusst zu sein scheint.

Auch für jene, die motiviert sind und wollen – also die „Durchschnitts- und Superhennen" – gibt es in der Geschäftswelt Entwicklungsgespräche. Doch die Absicht und die Qualität dieser Gespräche unterscheiden sich oft erheblich. Wie oft und mit welcher Absicht werden sie geführt?

Ein Blick in viele Unternehmen offenbart eine Gedankenwelt der Führungskräfte, die eher von kurzfristigen Zielen und Bonuskalkulationen geprägt ist. Ein (natürlich fiktives) Beispiel:

„9. Dezember. Zwei Wochen noch, dann ist endlich Weihnachten. Ausspannen und Batterien aufladen. Bis dahin muss ich aber noch Gas geben. Das Budget ist immer noch nicht verabschiedet, die Jahresendrally biegt in die Zielgerade ein, wir müssen die Läger runterfahren, und da sind noch Aufträge, die endlich unter Dach und Fach gebracht werden müssen. Sonst kann ich den Bonus in diesem Jahr vergessen! Auf geht's! Aber Moment – vorher werfe ich noch einen Blick auf die Mail der Personalabteilung, die ich schon seit Wochen vor mir herschiebe. Uff! Für jeden Mitarbeiter soll ich eine Stunde für ein 1:1-Gespräch einplanen? Wer hat bloß diese Mitarbeiterfördergespräche erfunden!? Offenbar glaubt die Personalabteilung, ich hätte nichts Besseres zu tun – und das auch noch in dieser hektischen Phase! Na gut, die Mail ist zwar aus dem August, aber da war es auch nicht ruhiger. Trotzdem: Wenn ich das nicht mache, gefährde ich meinen Bonus und riskiere, meine Führungskompetenz in ein schlechtes Licht zu rücken. Also Augen zu und durch!"

Im Sport gelten Einzelgespräche zwischen Trainern und Spielern als essenzielle Investitionen in die Zukunft. Sie dienen der Leistungsoptimierung und dem persönlichen Wachstum jedes Einzelnen. Bevor man beginnt, ein Team zu formen und zu entwickeln, stellt man sicher, dass man sich um das Individuum kümmert. Für die Spieler gilt das Motto „We over me", doch für den Trainer kehrt sich diese Reihenfolge um. Schließlich sind es die Einzelspieler, die gemeinsam Erfolge erringen. Ohne einen starken Torhüter sind die Siegchancen gering. Fehlt ein Spieler, der im entscheidenden Moment den perfekten Pass spielt, oder ein Stürmer, der den richtigen Riecher hat, sinken die Erfolgsaussichten ebenfalls rapide. Daher steht das Individuum zunächst im Mittelpunkt der Bemühungen[51].

Über Jahrzehnte erfolgreiche Fußballtrainer wie José Mourinho, Jürgen Klopp, Arsene Wenger oder Sir Alex Ferguson sind bekannt dafür, dass sie nicht nur Teams aufbauen, sondern auch jeden einzelnen Spieler verbessern. Die besten Trainer schöpfen ihre Energie nicht nur aus dem Streben nach Siegen und Titeln, sondern vor allem aus dem Anspruch, das volle Potenzial jedes Spielers zu entfalten. Auch Pep Guardiola wird nachgesagt, dass ihm die früheren Erfolge und Heldentaten seiner Spieler egal waren, als er den FC Barcelona übernahm. Sein einziges Ziel war es, jeden Einzelnen weiterzuentwickeln. Und auch die einzigen deutschen Triple-Sieger-Trainer Hansi Flick und Jupp Heynckes konstatieren unisono, dass Erfolg für sie bedeute, andere erfolgreich zu machen.

Während die oben genannten Startrainer aller Wahrscheinlichkeit nach auch erfolgreich gewesen wären, wenn sie ein paar Körner liegenließen, sind andere Vereine und Trainer nahezu verpflichtet, alle Potenziale zu heben und zu entwickeln, um konkurrenzfähig zu bleiben oder zu werden. So gilt der über Jahrzehnte erfolgreiche Freiburger Fußballlehrer Christian Streich ebenso als Bessermacher wie der 14 Jahre jüngere Holstein-Kiel-Trainer Marcel Rapp, der es mit der Hälfte des Budgets seiner Zweitligakonkurrenten schaffte, den ersten schleswig-holsteinischen Fußballclub in die Bundesliga zu führen. Seine Spieler bescheinigen ihm, dass „er jeden Einzelnen verlässlich besser macht"[52]. Angesichts dieser Voraussetzungen erscheint eine solche Herangehensweise nicht nur angemessen, sondern geradezu unverzichtbar.

Quartalsgespräche sind daher im Sport unverzichtbare Bausteine für den Saisonverlauf. Leider findet diese wertvolle Möglichkeit in vielen Unternehmen zu wenig Beachtung. Der Stellenwert dieser Gespräche spiegelt oft die Qualität wider, die ihnen zukommt. Die Spreu trennt sich vom Weizen der Mitarbeiterführung. Diese Einzelgespräche werden oft als lästige Pflicht betrachtet, getrieben von unseren etablierten Denkmustern. Es geht häufig um „Compliance" statt um „Commitment".

Selbstwirksamkeit im Fokus

Mitarbeitern zu vermitteln, ihre Stärken gezielt für den gemeinsamen Erfolg einzusetzen und gleichzeitig ihre Verbesserungspotenziale zu erkennen und daran zu arbeiten, verleiht jedem Individuum Selbstwirksamkeit. Im Sport bedeutet eine hohe Selbstwirksamkeit, Vertrauen in die eigenen Fähigkeiten zu haben und vor allem zu wissen, dass die eigenen Handlungen einen echten Beitrag zum Teamerfolg leisten. Dieses Prinzip ist im Unternehmenskontext genauso wirkungsvoll wie im Sport. Selbstwirksamkeit zu stärken bildet die Grundlage für gesunde und nachhaltige Leistungssteigerung, da aus erlebter Selbstwirksamkeit Motivation entsteht[53].

Erfolgscoaches starten daher mit den Stärken des Spielers. Sie überlegen, wie der Spieler seine bereits vorhandenen Fähigkeiten weiterentwickeln kann, und anschließend, wie er diese Begabungen für den kollektiven Erfolg am besten einsetzen kann. Schwächen werden ebenfalls beachtet, aber nur dann angegangen, wenn sie zu einem limitierenden Faktor werden. Diese Haltung unterscheidet sich deutlich von der üblichen Herangehensweise in der Wirtschaft, wo oft eine angeborene Schwäche für Schwächen besteht (was für ein schönes Wortspiel).

Die Eltern unter Ihnen werden sich ertappt fühlen. Ihr Kind bringt stolz das Zeugnis mit nach Hause. Doch statt die vielen 2er zu würdigen, sticht uns zuerst die einzige 4 ins Auge. „Was gedenkst Du zu tun, damit das nicht wieder passiert?" Ständig suchen wir nach OptimierungsPotenzial. Es ist uns quasi in die Wiege gelegt, zunächst mal nach den negativen „Ausreißern" zu suchen. Und dann werden Strategien ausgearbeitet, wie man diese Schwächen ausmerzen kann.

Im Unternehmenskontext werden in Mitarbeitergesprächen häufig Schwächen hervorgehoben. Getrieben von gewohnten Denkmustern und dem Wunsch, Mitarbeiter kontinuierlich zu verbessern, suchen Führungskräfte nach den Schwächen ihrer Mitarbeiter. Diese lassen sich schließlich hervorragend dokumentieren. Nach einer kurzen Einleitung, in der man den immensen Arbeitsaufwand und die daraus resultierenden Ergebnisse des Mitarbeiters im Beurteilungszeitraum würdigt, drückt der Chef dem „Spiel" sehr schnell seinen Stempel auf. Obwohl ausdrücklich darum gebeten wurde, eine Selbsteinschätzung vorzubereiten. Nicht selten und ohne böse Absicht wird also die eigene Schablone angesetzt. Und diese Schablone hat – wen wundert es – keine Skala. Der Fokus liegt oft auf Extremen, anstatt in Grautönen zu denken. Dies führt zu Missverständnissen und einer einseitigen Betrachtung. Das kennen wir ja schon.

Und so wird der auf hohe Qualität bedachte und mit einem hohen Anspruch ausgestattete Mitarbeiter zum Perfektionisten, der es kontextunabhängig lernen muss, mal „Fünfe gerade sein zu lassen".

Die Mitarbeiterin, die in den ausufernden Meetings im Gegensatz zu ihren extrovertierten Kollegen erst denkt und sich nur äußert, wenn sie wirklich was zu sagen hat, wird als „introvertiert" abgestempelt.

„Frau Schmidt – Sie beteiligen sich ja kaum in unseren Diskussionsrunden. Sie müssen lernen, auch mal Kontra zu geben, wenn sie hier weiterkommen möchten."

Und die Mitarbeiterin mit Weitblick, die es gedanklich schafft, Aspekte zu verknüpfen und Chancen mit Risiken abzuwägen, geht mit der Einsicht aus dem Mitarbeitergespräch, dass sie lieber mal „machen" soll – so wie ihr Chef halt. „Sie denken zu viel, Frau Petersen. Je weiter Sie nach oben kommen, müssen Sie schnelle Entscheidungen treffen und umsetzen. Das sehe ich bei Ihnen einfach nicht. Sie müssen davon wegkommen, als Bedenkenträger wahrgenommen zu werden."

Viele Chefs gehen im zweiten Schritt dazu über, aus den eigenen Erfahrungen zu berichten – gepaart mit einem unkontrollierbaren Hang zu guten Ratschlägen.

Ohne es zu merken, geht es plötzlich nicht mehr um den Mitarbeiter und darum, seine individuellen Potenziale zu entfalten. Auch stellt sich nicht – wie ursprünglich angedacht – die Frage, wie der Chef unterstützen kann, die vorhandenen Fähigkeiten seines Mitarbeiters noch besser zu nutzen und sie weiterzuentwickeln.

Die Kunst der Selbstreflexion geht verloren. Vielmehr entwickelt sich der Redeanteil deutlich „zu Gunsten" des Chefs, obwohl er das anders geplant hatte. Es geht nun darum, was sich der Chef von seinem Mitarbeiter wünschen würde. Dabei wird unterschwellig darauf hingewiesen, welchen Führungsstil man pflegt und wie der Mitarbeiter sich dem bestmöglich anpassen kann. Man sagt es nicht explizit, aber wer zwischen den Zeilen lesen kann, ist deutlich im Vorteil.

Am Ende des Tages geht der Chef zufrieden aus dem Mitarbeitergespräch – fest davon überzeugt, Gutes getan zu haben. Er konnte durch seine knallharte Analyse und seine Ratschläge seinen Mehrwert unter Beweis stellen und verdeutlichen, warum er Chef ist – und der andere eben noch nicht.

Die erwartete „Win-Win-Situation" wird oft zu einer Verlierer-Konstellation, da beide Seiten wenig darüber lernen, was eine nachhaltige Leistungssteigerung begünstigen würde. Es entsteht keine echte Zusammenarbeit. Leider verkommt das Gespräch oft dazu, die Wünsche des Chefs und seinen eigenen Führungsstil zu betonen, anstatt die tatsächliche Entwicklung des Mitarbeiters zu fördern.

Die sogenannten „Ausreißer" werden intensiv analysiert, während positive Ergebnisse als selbstverständlich betrachtet werden. Der Fokus auf Optimierungspotenzial führt dazu, dass die wahre Stärke eines Mitarbeiters übersehen wird.

Und noch schlimmer – es führt dazu, dass wir die Selbstbewussten noch selbstbewusster machen, während wir die Bescheidenen noch bescheidener machen. In der Sportpsychologie gibt es einen anderen Ansatz, der genau das Gegenteil zum Ziel hat. Man bedient sich dabei eines Zitats des Theologen und Widerstandskämpfers gegen den Nationalsozialismus, Dietrich Bonhoeffer: „Comfort the troubled and trouble the Comfortable" lautet seine Maxime.

Man hilft denjenigen, die Gefahr laufen, aufgrund ihres gegebenenfalls übersteigerten Selbstbewusstseins abzuheben und weniger Prozent auf die Platte zu bringen, auf dem Boden zu bleiben und nicht „nachzulassen", während man diejenigen, deren Selbstbewusstsein aufgrund fehlender Erfolgserlebnisse gelitten hat, wieder an ihre Stärken glauben lässt. Man hat verstanden, dass ein gesundes Vertrauen in seine Fähigkeiten und seine Selbstwirksamkeit der beste Nährboden für kontinuierliche Weiterentwicklung ist.

Lernen von ressourcenorientierten Trainern

Trotz der Kritik an einigen Nachwuchsleistungszentren, sie würden Spieler zu konformen Robotern ohne Individualität ausbilden, gibt es viele Trainer, die ressourcenorientiert arbeiten. Erfolgreiche Trainer interpretieren dabei eine vermeintliche Schwäche als übertriebene oder im falschen Kontext angewandte natürliche Stärke. Diese Erkenntnis ermöglicht es, die vorhandenen Stärken zu bewahren und gezielt weiterzuentwickeln, ohne die individuellen Fähigkeiten zu beschneiden.

Ein Dribbelkünstler wird nicht zum „Alleinikov" abgestempelt, sondern er lernt, seine Stärken noch effektiver für das Team einzusetzen. Ebenso arbeitet man mit ihm daran, in welchen Situationen das Dribbeln nicht zielführend ist oder gar zu einer Gefahr für die eigene Mannschaft werden kann.

Man strebt nicht danach, aus einem introvertierten Mittelfelddirigenten einen lauten Anführer zu machen. So hat Toni Kroos seinem Verein Real Madrid dieses Vertrauen mit zahlreichen Titeln zurückgezahlt. Bei Bayern war die Schablone eines „Spielmachers" wohl noch zu sehr geprägt von den vergangenen Protagonisten wie einem Lothar Matthäus oder Stefan Effenberg, so dass sie ihn ziehen ließen – und zwar dem Vernehmen nach ohne große Anstrengungen zu unternehmen, dieses Juwel langfristig an den FC Bayern zu binden. Bei Real Madrid schätzte man seine Ruhe und Besonnenheit offensichtlich als Stärke.

Auch bei vermeintlichen „Schwächen" wie der geringen Körpergröße eines Torwarts sucht man nach Wegen, wie diese durch andere Stärken ausgeglichen werden können. Ein Beispiel hierfür ist Yann Sommer – bis Sommer 2023 der kleinste Torwart der Fußballbundesliga und mittlerweile in Diensten Inter Mailands. Mit seiner beeindruckenden Sprungkraft und geschulten Antizipationsfähigkeit kompensiert er seine körperlichen Nachteile erfolgreich und steigerte seinen Marktwert zu seinen besten Zeiten auf 13 Millionen Euro[54].

Im Unternehmenskontext bedeutet dies, dass man einem Perfektionisten nicht bloß rät, „Fünfe gerade sein zu lassen", sondern vielmehr bespricht, wie seine Liebe zum Detail noch effektiver genutzt werden kann. Es wird gemeinsam reflektiert, in welchen Situationen diese Fähigkeit zielführend ist, und es wird ein Schulterschluss zur gemeinsamen Weiterentwicklung eingegangen. Ein respektvolles und motivierendes Mitarbeitergespräch sollte als Ergebnis eine nachhaltige Leistungssteigerung bieten.

Statt einer introvertierten Mitarbeiterin den Rat zu geben, Kontra zu geben, werden in einer wertschätzenden Unterhaltung Optionen erarbeitet, wie das Team ihre Perspektive in Entscheidungen einfließen lassen kann. Zu oft versuchen Manager, bewusst oder unbewusst, die Persönlichkeit eines Mitarbeiters zu verändern. Ein besserer Ansatz wäre es, die Rahmenbedingungen zu schaffen, damit die Mitarbeiterin ihr Potenzial voll ausschöpfen kann. Anpassungen in der Teamstruktur, wie 1:1-Konversationen oder „Brainwriting", könnten dazu beitragen, auch die ruhigeren „Denker" oder introvertierten Kollegen besser einzubinden.

Eine Mitarbeiterin mit strategischem Weitblick sollte nicht dafür kritisiert werden, zu zögerlich zu sein. Stattdessen könnte man diskutieren, wie ihre Fähigkeit, Zusammenhänge zu erkennen, das Team davor bewahren kann, unüberlegte Projekte anzustoßen.

Haben Sie in den letzten Jahren einen Persönlichkeitstest gemacht? Dann werfen Sie doch einmal einen Blick auf die dort identifizierten Schwächen und fragen Sie sich, welche übertriebene Stärke sich möglicherweise dahinter verbirgt. Sie werden überrascht sein. Viele erfolgreiche Athleten haben eines gemeinsam: das Bewusstsein über ihre eigenen Stärken und die Fähigkeit, diese gezielt weiter auszubauen und für den Teamerfolg einzusetzen.

Ihre vermeintlichen Schwächen sehen sie häufig als übertriebene Ausprägungen ihrer Stärken. Erfolgscoaches setzen in diesem Zusammenhang die „Ein-Prozent-Regel" ein, um Spielern zu helfen, ihre Stärken nicht überzustrapazieren oder sie in falschen Kontexten anzuwenden. Diese Regel, die schon viele Teams im Sport zu bemerkenswerten Leistungssteigerungen geführt hat, fokussiert auf kleine, kontinuierliche Veränderungen, die hartnäckig umgesetzt werden. Das britische Radsportteam unter der Leitung von Performance Director Dave Brailsford praktizierte diese Methode über Jahre hinweg – und das Ergebnis war eine regelrechte Revolution des Teams. Nach den enttäuschenden Ergebnissen bei den Olympischen Spielen der 1990er Jahre folgte eine Ära des Erfolgs, die das britische Radsportteam im wahrsten Sinne des Wortes uneinholbar machte. Die acht Goldmedaillen in den Jahren 2008 und 2012 sind der sichtbare Beweis für die kontinuierliche Leistungsentwicklung sowohl jedes Einzelnen als auch des Teams im Kollektiv.

Auch in der Wirtschaft kennen wir die „Ein-Prozent-Regel", meist im Kontext von Prozessoptimierungen zur Steigerung der Produktivität. Doch was hindert uns daran, dieses Prinzip auch auf die Mitarbeiterentwicklung anzuwenden?

Wie sieht es bei Ihnen aus? Können Sie die verborgene Stärke hinter der vermeintlichen Schwäche eines Mitarbeiters erkennen? Können Sie das eine Prozent Potenzial Ihrer Mitarbeiter aufspüren? Und wie können Sie sie dabei unterstützen, dieses Potenzial zu finden und kontinuierlich daran zu arbeiten? Gibt es strukturierte Entwicklungsgespräche nur für diejenigen, bei denen schnelle Veränderungen notwendig sind, oder spiegeln sie eine Haltung wider, die langfristige Entwicklung proaktiv vorantreibt?

Dabei geht es keineswegs darum, „weichgespülte" Gespräche zu führen oder problematische Verhaltensweisen zu ignorieren. Vielmehr geht es darum, die Haltung zu verändern – weg vom bloßen „Beurteilen" hin zum „Entwickeln". Mitarbeitergespräche, die auf dieser Haltung basieren, fördern nicht nur die Leistungsentwicklung des Einzelnen, sondern steigern oft auch das Gefühl der Selbstwirksamkeit. Dieses ist nicht nur ein Garant für nachhaltige und gesunde Leistung, sondern auch eine wesentliche Voraussetzung dafür, dass Feedback auf fruchtbaren Boden fällt.

Und genau hier schlagen wir die Brücke zum nächsten Taktikfehler, dem das folgende Kapitel gewidmet ist – der Etablierung einer Feedbackkultur.

Die möglichen Taktikfehler:

> **Taktikfehler 60:** Wir lassen Entwicklungsgespräche zu einer jährlichen Pflicht verkommen.

> **Taktikfehler 61:** Wir fokussieren auf Schwächen.

> **Taktikfehler 62:** Wir versuchen, die Mitarbeiter zu schleifen, anstatt ihre Stärken zu nutzen.

> **Taktikfehler 63:** Wir machen die Selbstbewussten selbstbewusster und die Bescheidenen bescheidener.

Vom Frühstück der Champions und Sandwichtechniken

Ein A-Jugend-Handballspiel der SG Flensburg-Handewitt versetzt die Zuschauer in Staunen. Die Mannschaft dominiert das Spiel und der Trainer feuert sie enthusiastisch an: „Gut so! Das macht ihr wirklich gut, weiter so!" Doch plötzlich tritt der Vater eines Spielers an mich heran, wohlwissend, dass die Mannschaft während der Saisonvorbereitung sportpsychologisch von mir betreut wurde. „Markus, so habe ich das Feedback in meiner Firma nicht gelernt. Die Spieler können mit solchen allgemeinen Aussagen wenig anfangen. Das ist nicht konkret genug. Müssten sie das nicht in der Trainerausbildung anders lernen?"

Seine spontane Kritik lässt mich unweigerlich an meine Erfahrungen mit Feedback-Trainings in Unternehmen denken. Viele Führungskräfte verlassen solche Schulungen mit dem Wort „konkret" als zentrales Schlagwort im Kopf – wie dieser Vater. Alles soll sofort umsetzbar, nach vorne gerichtet und klar verständlich sein. Mit diesem Wissen ausgestattet, stürzen sich frisch geschulte Manager eifrig in die Praxis, um gnadenlos Feedback zu geben – ob gefragt oder nicht. „Feedback ist das Frühstück der Champions", wie es der Management-Guru Ken Blanchard einst ausdrückte.

Doch dieses Frühstück ist nicht immer so bekömmlich, wie man es sich wünscht. In ein oder zwei Stunden lassen sich nur begrenzte Rezepte vermitteln. Der Fokus liegt dabei oft auf sofort umsetzbaren Techniken, um den Auftraggebern schnelle Ergebnisse zu präsentieren. Kurzfristig und messbar – ein bekanntes Muster.

So kommt es, dass der frisch geschulte Manager die Worte des Nachwuchstrainers als unzureichend oder gar nicht als Feedback wahrnimmt. Dabei ist ein „Gut so, weiter so" wertvolles Feedback.

Diese Worte signalisieren den Spielern, dass sie auf dem richtigen Weg sind und ihre Anstrengungen Früchte tragen.

Der wohlklingende Anglizismus „Feedback" verschleiert in dieser Situation allerdings den wahren Charakter – es handelt sich schlicht und einfach um Lob. In vielen Führungsebenen fehlt es an dieser einfachen, aber mächtigen Geste. Lob ist eine Form der Wertschätzung und zeigt offene Anerkennung, ohne eine Verhaltensänderung zu fordern.

Interessanterweise zeigt sich in leistungsstarken Teams, dass sie sich häufiger loben als weniger performante Gruppen. Studien belegen, dass Teams, in denen Lob deutlich überwiegt, messbar bessere Ergebnisse erzielen. Der sogenannte „Sweet Spot" liegt bei etwa sechsmal so viel positivem wie negativem Feedback. Diese Regel gilt nicht nur für erfolgreiche Teams, sondern auch für stabile Partnerschaften oder Ehen. Ein Manager muss sich also nicht groß umstellen, wenn er von zu Hause ins Büro fährt – und abends wieder zurück.

Eine Untersuchung des Gallup-Instituts aus dem Jahr 2022, bekannt als „Workhuman-Studie"[55], zeigt eindrücklich, dass eine Kultur der Anerkennung und Wertschätzung entscheidend für das Engagement der Mitarbeiter ist. Mitarbeiter, die in einem wertschätzenden Umfeld arbeiten, sind viermal engagierter, viermal wahrscheinlicher, den Arbeitgeber weiterzuempfehlen, und fünfmal motivierter, eine Karriere innerhalb des Unternehmens anzustreben.

Darüber hinaus verdeutlichen empirische Studien, dass Personen mit hohem Selbstwert und einer starken Selbstwirksamkeitserwartung Feedback effektiver nutzen. Sie steigern sowohl nach positivem als auch negativem Feedback ihre Leistung stärker als Personen mit niedrigem Selbstwert[56]. Ein Umfeld der Anerkennung schafft also den notwendigen Nährboden für diese Entwicklung. Einige Ansätze, wie Sie die Selbstwirksamkeit Ihrer Mitarbeiter fördern können, haben Sie bereits im vorherigen Kapitel kennengelernt.

Ein tiefes Verständnis dieser Dynamiken ist essenziell, um eine nachhaltige Lernkultur in einem Unternehmen zu etablieren. Mangelt es an Selbstwert und Selbstwirksamkeit, können frisch geschulte Führungskräfte mit ihren gut gemeinten Feedbacktechniken das Engagement und die Leistung ihrer Teams sogar senken. Die 6:1-Regel – also sechs positive Rückmeldungen auf eine negative – sollte, wie bei erfolgreichen Sporttrainern, Teil des Repertoires jeder Führungskraft sein. Sinkt das Verhältnis unter 2:1, gerät die Feedback-Kultur in einen gefährlichen Bereich.

Welches Verhältnis von positivem zu negativem Feedback herrscht in Ihrem Unternehmen? Und wie sieht es in Ihrem persönlichen Umfeld aus? Wann haben Sie zuletzt Anerkennung von Ihrem Vorgesetzten oder einem Kollegen erhalten? Und wie oft haben Sie selbst Ihre Mitarbeiter oder Kollegen gelobt? Am Ende zählt nicht nur, dass Feedback gegeben wird, sondern wie.

Feedback-Kultur als Mittel zum Zweck

Der Begriff „Feedback Culture" generiert über 1 Milliarde Google-Treffer. Die meisten Führungskräfte haben im Laufe ihrer Karriere mindestens einmal an einem Feedback-Training teilgenommen und verschiedene Modelle erprobt. Doch trotz dieser Häufigkeit bleibt das Thema alles andere als trivial.

Die Herausforderung bei einer guten Feedback-Kultur besteht darin, dass Menschen ständig zwischen dem Wunsch, sich zu verbessern, und dem Bedürfnis, akzeptiert zu werden, hin- und hergerissen sind[57]. Eine Analyse von David Rock und seinem Team zeigt sogar, dass keines von 35 untersuchten Feedback-Konzepten zu einer nachhaltigen Verhaltensänderung geführt hat[58].

Der Grund für dieses Scheitern liegt oft darin, dass Unternehmen Feedback als Selbstzweck betrachten, anstatt es als Werkzeug zu verstehen, größere Ziele zu erreichen. Eine gesunde Feedback-Kultur strebt danach, eine lernende Organisation zu schaffen. Es geht darum, kontinuierliche Verbesserungen zu ermöglichen, sich gegenseitig zu unterstützen und zu inspirieren. In einem solchen Umfeld können Mitarbeiter reflektieren und sich gesund weiterentwickeln – was wiederum der gesamten Organisation zugutekommt. Genau das erwarten die jungen Menschen heute von ihren Arbeitgebern.

Doch warum scheitern so viele gut gemeinte Transformationen hin zu einer echten Feedback-Kultur? Ein Schlüssel liegt darin, dass Feedback nicht gleich Feedback ist. Es lohnt sich, genauer hinzusehen und die verschiedenen Arten des Feedbacks zu unterscheiden, um Pauschallösungen und Fehlgriffe zu vermeiden.

Drei Arten des Feedbacks

Lob und Anerkennung

Diese Form des Feedbacks zielt nicht auf Verhaltensänderung ab, sondern dient der Bestätigung. Sie stärkt die Selbstwirksamkeit der Mitarbeiter und bildet die Grundlage für die anderen beiden Feedbackformen.

Evaluierung

Evaluieren bedeutet, Leistung zu beurteilen. Es gibt Aufschluss darüber, wo jemand steht. Diese Art von Feedback, oft in Form von Leistungsbewertungen oder Zielvereinbarungen, ist in vielen Unternehmen fest verankert.

Coaching

Coaching hingegen fokussiert sich darauf, Verhalten zu optimieren und neue Handlungsmöglichkeiten zu erkunden. Es zielt darauf ab, Teams und Einzelpersonen auf ein höheres Leistungsniveau – an die Spitze – zu bringen.

Die zweite Art des Feedbacks: Evaluieren

Wir lassen Lob und Anerkennung hinter uns und widmen uns dem Evaluieren – der zweiten Feedback-Form. Unternehmen tun sich damit gar nicht so schwer, sind sogar routiniert. Es ist sozusagen ihr „tägliches Brot". Leistung zu bewerten ist ein zentraler Bestandteil des Unternehmensalltags. Oftmals wird dabei jedoch nicht die eigentliche Leistung gemessen, sondern lediglich die Zielerreichung. Unternehmen sind Meister darin, nackte KPIs (Key Performance Indicators) zu bewerten. In traditionellen Unternehmenskulturen steht daher die Evaluierung an erster Stelle. Somit haben viele Firmen bereits eine Feedback-Kultur etabliert. Allerdings eine, die sich vor allem auf das Beurteilen von Ergebnissen konzentriert – und die Mitarbeiter schlimmstenfalls stresst.

Wir verfügen über eine Fülle an Datenpunkten, doch diese nutzen wir selten für die anderen beiden Feedbackformen: Lob und zielgerichtetes Coaching. Dabei können gerade diese KPIs eine wertvolle Grundlage für Anerkennung und gezieltes Coaching bieten – dazu später mehr.

Stattdessen schauen wir auf Dashboards und lassen uns von den roten Warnsignalen leiten. Wir beurteilen, verurteilen und diskutieren eiligst, wie die „roten Ampeln" wieder in den grünen Bereich gebracht werden können. Oft bleibt es bei diesen oberflächlichen Ansätzen, da wir uns zu sehr auf die Symptome fokussieren, anstatt mit den richtigen Fragen nach den tatsächlichen Ursachen zu suchen, Antworten zu finden, und kontinuierlich daran zu arbeiten.

In den Wochen vor internen „Business Reviews" oder Quartalsgesprächen wird jede Menge Energie ver(sch)wendet, um präzise und wasserdichte PowerPoint-Präsentationen zu erstellen. Probeläufe werden durchgeführt, um in den anstehenden „Verhandlungen" perfekt vorbereitet zu sein. Bei schwieriger messbaren Indikatoren wird die Ampel vorsorglich von Rot auf Gelb umgeschaltet, um unangenehmen Fragen aus dem Weg zu gehen. Ich habe selbst hochrangige Führungskräfte erlebt, die kurz vor einem Business Review kein Auge mehr zugetan haben, als stünden sie vor der alles entscheidenden Abiturprüfung. Dieses übermäßige Augenmerk auf solche Reviews kostet nicht nur Zeit, sondern auch Energie – Ressourcen, die für die kontinuierliche Leistungsentwicklung sinnvoller genutzt werden könnten.

Dieses Verhalten sagt viel über die Führungskräfte aus, aber auch über den eigentlichen Zweck solcher Business Reviews. Sie erinnern weniger an die nach vorne gerichtete Reflexion, wie sie etwa Kobe Bryant propagierte, sondern eher an eine Prüfung, bei der man entweder gewinnt oder verliert. In der Folge versucht man, unangenehmes Feedback zu vermeiden oder sich schon im Vorfeld eine Rechtfertigung zurechtzulegen. Beides bringt uns einer echten Lernkultur nicht näher – im Gegenteil, wir entfernen uns weiter davon.

Die dritte Art des Feedbacks: Coaching

Vielleicht kennen Sie die Szenen, in denen Pep Guardiola das Training unterbricht, um seinen Spielern mit leidenschaftlichen Gesten zu vermitteln, dass sie nicht das tun, was das Team am Wochenende zum Erfolg führen wird. Die Intensität und Klarheit, mit der solche Trainer ihrer Mannschaft oder einzelnen Spielern Rückmeldungen geben, lässt keinen Zweifel an ihrer Motivation: Sie wollen, dass sich ihre Spieler verbessern. Genau darum geht es bei dieser Form des Feedbacks. Ohne diese Absicht wird jeder Versuch, eine gesunde Feedback-Kultur zu etablieren, scheitern. Denn Feedback sollte niemals aus anderen Gründen gegeben werden. Wenn das Feedback nicht auf die Verbesserung des Gegenübers abzielt, ist es besser, es gar nicht zu äußern.

Eine nachhaltige Feedback-Kultur ist kein Selbstzweck. Sie sollte immer darauf abzielen, ein lernendes Umfeld zu schaffen, in dem Mitarbeiter wachsen und sich kontinuierlich verbessern können. Nur so wird aus Feedback tatsächlich das „Frühstück der Champions".

Auch im Sport begegnen wir Trainern, die – wie der Vater eines Spielers zu Beginn dieses Kapitels – wenig darüber nachdenken, welche Absicht ihr Feedback wirklich verfolgt. In Unternehmen verhält es sich ähnlich: Feedback wird oft zum Selbstzweck, wobei die Technik des Feedbacks manchmal mehr Aufmerksamkeit bekommt als die zugrunde liegende Absicht.

Es ist entscheidend, dass das Ego des Feedbackgebenden außen vor bleibt. Feedback sollte nur dann gegeben werden, wenn die klare Absicht besteht, den Empfänger zu unterstützen. Schon der kleinste Zweifel an dieser Motivation sollte Anlass genug sein, das Feedback zu überdenken und sich lieber an den eigenen Schreibtisch zurückzuziehen. Ist die Intention jedoch aufrichtig, können Mitarbeiter und Spieler selbst härtere Rückmeldungen verkraften – solange das Feedback ehrlich und nicht konstruiert wirkt.

Ein Konzept, das seit 2017 immer mehr Beachtung findet, nennt sich „Radical Candor"[59], was soviel heißt wie „radikale Offenheit". Die Grundidee ist simpel und treffend: Man muss sich nicht entscheiden, ob man ein „Softie" oder ein „harter Hund" als Chef sein möchte. Wenn die Intention stimmt, kann man zugleich klar und menschlich sein. Genau das ist es, was erfolgreiche Trainer – oder besser gesagt: Erfolgscoaches – auszeichnet.

Ich habe Teams erlebt, die durch eine bewusste Reflektion ihres Feedbackverhalten deutliche Verbesserungen erzielen konnten. Dennoch führt diese „Einladung" zum Feedback häufig dazu, dass ungefragt Ratschläge oder beiläufige Beobachtungen geteilt werden. Oft folgt daraus die Selbstbefriedigung des Feedbackgebenden: Endlich darf man dem Kollegen sagen, wie er es besser machen könnte. Dabei werden Feedbackgeber nicht selten von der Überzeugung getrieben, dass es für den Empfänger besser wäre, wenn er die Dinge genauso handhabt wie sie selbst.

Ob diese Annahme jedoch immer korrekt ist, bleibt fraglich – insbesondere unter Berücksichtigung unterschiedlicher Persönlichkeitsstrukturen. Was dabei entstehen kann, sieht man oft bei Trainern, die versuchen, ihren Mentor zu imitieren. Es ist fast schon tragisch, wenn introvertierte Taktiker in der Kabine plötzlich zu lauten Motivationsrednern mutieren und ihre Spieler dabei in fremdschämende Verlegenheit bringen. In diesen Fällen zeigt sich, dass wir die Qualität unserer Ratschläge oft überschätzen.

Studien bestätigen, dass nur eine Minderheit der Mitarbeiter wirklich hilfreiches Feedback erhält. Dies hat jedoch noch tiefere Ursachen.

Der Stress des Feedbackgebers

Nicht nur der Feedback-Empfänger steht unter Druck, auch für den Feedbackgeber kann die Situation auf seiner Seite des Tisches stressbeladen sein. Führungskräfte suchen oft nach Wegen, um sich selbst die unangenehme Situation zu erleichtern. Eine beliebte Methode ist das „Abmildern" des Feedbacks, um es weniger schmerzhaft erscheinen zu lassen. Das sogenannte „Sandwichkonzept", bei dem Kritik zwischen zwei positiven Rückmeldungen eingebettet wird, war eine gewisse Zeit beliebt. Doch auch wenn es den Feedbackgebenden entlastet, führt es selten zu tiefgehenden Reflexionen beim Empfänger.

Genauso unangenehm ist es, wenn Führungskräfte kritische Rückmeldungen mit einem Lächeln übermitteln. Ein solches „briddle smile" erweckt den Eindruck, als hätte das Team gerade einen großen Erfolg erzielt, während die Botschaft eigentlich negativ ist. Diese scheinbare, bisweilen vergiftete Freundlichkeit verwässert die eigentliche Botschaft und führt dazu, dass klare Kommunikation auf der Strecke bleibt – man würde lieber ehrlich angebrüllt werden.

Die Saison ist noch lang …

… so lautet eine gängige Aussage, doch sie reicht nicht immer aus, um die Unklarheiten für selten eingesetzte Spieler zu beseitigen. In vielen Gesprächen suchen sie nach Gründen, warum sie wenig spielen. Die Antwort des Trainers, dass er zurzeit sein Bauchgefühl über die Startaufstellung entscheiden lässt, wirft mehr Fragen auf als sie beantwortet. Besonders, wenn der Trainer betont, dass der Spieler im Training einen tollen Job macht und man glücklich ist, ihn im Team zu haben. Seine Zeit würde halt noch kommen.

Einige Gespräche zwischen Spielern, die mich als Mental Coach aufsuchen, und ihren Trainern basieren auf diesem Bauchgefühl. Ich begegne oft der Herausforderung, mich schließlich dem Trainerteam zu widmen und zu verdeutlichen, dass diese Art des Coachings den Spielern nicht dabei hilft, ihre Selbstwirksamkeit zu steigern oder konstruktive Hinweise für ihre Weiterentwicklung zu erhalten. Es fehlt den Spielern an Stellschrauben, der Startaufstellung näher zu kommen.

In Unternehmen spiegelt sich dieses Phänomen ebenfalls wider. Mitarbeiter warten oft vergeblich auf Beförderungen, erhalten vage Versprechungen, werden zu Schulungen geschickt und enden letztendlich frustriert, wenn externe Kandidaten bevorzugt werden. Im Übrigen war allen, außer dem Mitarbeiter, klar, dass er für die freiwerdende Position ohnehin nicht in Frage kommt.

Was macht es Trainern und Vorgesetzten so schwer, „Tacheles" zu reden? Die Antwort darauf ist relativ einfach. Feedbackgespräche lösen bei beiden Seiten, dem Gebenden und dem Empfangenden, eine Art „soziale Bedrohungsreaktion" aus. In Stresssituationen schalten wir oft in den Überlebensmodus, was dazu führt, dass unser Puls steigt und wir Stresssymptome zeigen, sei es schweißnasse Hände oder hektische Flecken.

Für den Feedback-Empfänger heißt das: Wenn er „flüchtet", redet er sich ein, warum das Gegenüber im Unrecht ist. Er tut nur so, als wäre er an der Kritik interessiert. Ob die anschließende Reflektion (wenn sie denn stattfindet) zu nachhaltigen Verhaltensänderungen führen wird, ist zumeist sehr fraglich.

Schauen wir auf die drei häufigsten „Trigger", die dazu führen, dass wir Feedback nicht zum Anlass nehmen, irgendetwas an unserem Verhalten zu ändern. Ich bin sicher, Sie kennen diese Situationen – vielleicht in einem anderen Kontext.

Der Wahrheitstrigger ...

... ist einer der häufigsten Gründe, warum Feedback nicht angenommen wird.

Ein Beispiel: Zur Pause steht's 0:2 und der Trainer gibt Kevin in der Kabine ein Feedback nach allen Regeln der Kunst: „Unser Defensivverhalten fängt vorne an. Ich wünsche mir, dass du in der zweiten Halbzeit das umsetzt, was wir besprochen haben – und mehr nach hinten arbeitest." Das Feedback ist präzise, zeitnah und mit klarem Auftrag. Kevin gibt seinem Coach das Gefühl, seine Kritik anzunehmen. Doch schon auf dem Weg zurück auf den Platz ändert sich seine Sichtweise. „Hat der Trainer das wirklich gesagt? Hat er nicht gesehen, dass ich mich aufopfere, wie ich es noch nie getan habe? Eigentlich mag ich den Trainer, aber heute liegt er falsch. Nie habe ich mehr nach hinten gearbeitet als in diesem verdammten Spiel!"

Ähnliche Situationen kennen wir alle, wenn wir die Aussagen von Kollegen oder Vorgesetzten für falsch halten und das Gespräch einfach abtun. Wir sprechen vom sogenannten „Truth Trigger"[60] also dem „Wahrheitstrigger". Es ist, als hätte es das Gespräch nie gegeben – nur schlimmer.

Der Beziehungstrigger

Ronald, normalerweise skeptisch gegenüber meinem „überflüssigen" Fachgebiet als Sportpsychologe, suchte heute ungewöhnlich verzweifelt das Gespräch. Er fühlt sich vom Trainer permanent kritisiert und überlegt sogar, den Verein zu wechseln. Schließlich war er bei seinen bisherigen Stationen immer der wichtigste Spieler. Interessanterweise hatte mir der Trainer vor kurzem wiederum mitgeteilt, dass Ronald sein volles Potenzial noch nicht ausschöpfe.

Das Dilemma liegt in der Beziehung zwischen den beiden. Es ist schwer, Ratschläge anzunehmen, wenn man glaubt, dass der Ratgeber einen nicht mag. Die gute Absicht des Feedbackgebers muss nicht nur vorhanden sein, sondern auch vom Empfänger zugetraut werden. Oft blühen Sportler unter neuen Trainern wieder auf, was zeigt, dass die Chemie zwischen Coach und Athlet eine entscheidende Rolle spielt.

Ehrlich gesagt, wer hat nicht schon einmal nützlichen Rat abgelehnt, nur weil man den Ratgeber nicht mochte? Diese Konstellation führt nicht zu Höchstleistungen, sondern beeinträchtigt eher das Selbstbewusstsein des Empfängers. Gut gemeintes Feedback führt nicht dazu, dass der Athlet oder Mitarbeiter sich reflektiert und danach handelt. Wenn man nicht die Zeit und Energie aufwenden möchte, die Beziehung nachhaltig zu verbessern, sollte man sie lieber beenden. Alles andere führt zu Stillstand und Energieverlust.

Der Identitätstrigger

„Ralf, zeig mehr Aggressivität!", fordert der Trainer. Doch Ralf, durch seine emotionale Intelligenz eine Stütze des Teams, bleibt seiner ruhigen Art eines im Hintergrund arbeitenden „Wasserträgers" treu. Er redet nur, wenn er gefragt wird, bringt dann die mannschaftsinternen Diskussionen aber wirklich weiter. Er braucht keine Machtgebärden auf dem Spielfeld, sondern konzentriert sich auf das, was er kann. Ein Außenstehender könnte ihn als zu wenig „aggressiv" wahrnehmen, obwohl seine Zweikampfstatistik das Gegenteil zeigt.

Ralf nimmt das Feedback als Angriff auf seine Persönlichkeit wahr, denn unser menschliches Gehirn behandelt einen solchen „Angriff" auf unsere tief verwurzelten Überzeugungen genauso wie einen körperlichen Angriff. Wenn wir uns in unserer Identität angegriffen fühlen, wird unser Gehirn die gleichen Abwehrmechanismen einsetzen, die es zum Schutz des Körpers hat[61]. Dazu gehört eventuell auch eine kurzzeitige Verhaltensänderung, um nach der Partie in Ruhe gelassen zu werden. Aber nachhaltige Veränderungen kann der Trainer nicht erwarten. Ralf bleibt der Spieler, der er ist.

Ähnliches kennen wir aus Mitarbeitergesprächen, in denen versucht wird, an der Identität der Person zu arbeiten – ein oft aussichtsloses Unterfangen.

Es gibt viele Gründe, warum Feedback nicht fruchtet. Es wird selten als Geschenk wahrgenommen – eher wie ein ungeliebtes Mitbringsel beim weihnachtlichen „Schrottwichteln". Man muss es annehmen, obwohl es wenig Wert hat und schnell in einer verstaubten Schublade landet, um es in der nächsten Adventszeit weiterzureichen.

In vielen Fällen wird daher eine langfristige, leistungssteigernde Verhaltensänderung ausbleiben. Es ist entscheidend, nicht nur das Verhalten, sondern auch die Persönlichkeit und Beziehungsdynamik zu berücksichtigen, um konstruktives Feedback erfolgreich umzusetzen. Dann – und nur dann – kann es zu einem wirkungsvollen Instrument für nachhaltige Leistungsentwicklung werden.

Es überrascht also nicht, warum die gutgemeinten Versuche, eine Feedbackkultur zu kultivieren, in den allermeisten Fällen, um nicht zu sagen in allen Fällen, scheitern. Jeder Versuch, eine solche Kultur zu „implementieren", ohne gleichzeitig an der Haltung, dem Bewusstsein der Mitarbeiter und ihrer Selbstwirksamkeit zu arbeiten, ist aussichtslos.

Was wir benötigen: ein dynamisches Selbstbild

In ihrem Bestseller „Selbstbild" beschreibt Carol Dweck das Konzept des „Growth Mindsets"[62]. Dabei unterscheidet sie zwischen einem statischen und einem dynamischen Selbstbild. Personen mit einem statischen Selbstbild glauben, dass ihre Fähigkeiten festgelegt sind und sich nicht ändern lassen. Sie streben danach, ihre Talente immer wieder unter Beweis zu stellen. Im Gegensatz dazu sehen Menschen mit einem dynamischen Selbstbild den Weg als Ziel – sie sind überzeugt davon, dass sie sich kontinuierlich verbessern können.

Sportler, die über Jahre als große Talente galten, bleiben oft in ihrer Entwicklung stehen, während andere, die ein dynamisches Selbstbild kultivieren, sie überholen. Diese Athleten sind bereit, an sich zu arbeiten, Schwächen zu erkennen und Neues auszuprobieren. Die Grundlage für dieses Denken wurde bereits Ende des 19. Jahrhunderts vom französischen Psychologen Alfred Binet gelegt. Er stellte fest: „Wenn jemand am Anfang der Klügste ist, bedeutet das noch lange nicht, dass er es bis zum Schluss bleibt."

Der renommierte Sportpsychologe Michael Gervais, der zahlreiche Weltrekordhalter und Olympioniken begleitet hat, hebt den enormen Unterschied zwischen den Aussagen „This is who I am" und „This is who I am right now, and I am a work in progress" hervor[63]. Wer sich auf Ersteres beruft, rechtfertigt seinen unveränderbaren Status quo. Wer aber die zweite Aussage lebt, strebt danach, sich kontinuierlich zu verbessern. Solche Menschen sind neugierig, nehmen Kritik an und setzen diese in Wachstumschancen um. Ihre Bereitschaft, ihr Potenzial auszuloten, fördert ihre Begeisterung für das Lernen.

Beispiele aus dem Profisport: Spieler der dritten Kategorie nach Thomas Tuchel oder das Zitat von Ayrton Senna, der sich unzufrieden fühlte, sobald seine Lernkurve stagnierte, spiegeln dieses „Growth Mindset" in Reinform wider – eine Haltung, die auf kontinuierlichem Wachstum basiert.

Ein dynamisches Selbstbild bedeutet, dass Spieler oder Mitarbeiter Feedback aktiv einfordern, um sich weiterzuentwickeln. Sie müssen nicht überredet werden – im Gegenteil: Sie suchen aktiv nach Rückmeldungen, um daraus zu lernen und besser zu werden. Die Energie sollte daher darauf verwendet werden, neugierige und lernwillige Mitarbeiter zu fördern. So könnten wir uns teure Feedbacktrainings sparen und uns auf die wesentlichen Grundlagen konzentrieren.

Ein Klimawandel, der gut tut

Damit dieser Ansatz erfolgreich ist, müssen Unternehmen ein Umfeld schaffen, das ein „Growth Mindset" fördert. Im Sport spricht man in diesem Zusammenhang von einem aufgabenbezogenen Motivationsklima. In einem solchen Umfeld wird nicht nur das Endergebnis, sondern auch der Fortschritt und die Verbesserung mindestens in gleichem Maße anerkannt[64]. Die Ergebnisse werden – und das sollte Ihnen bereits bekannt vorkommen – als Konsequenz betrachtet, nicht als ultimatives Ziel. Diese Denkweise motiviert Sportler und Mitarbeiter, sich aktiv Feedback einzuholen, um sich weiterzuentwickeln.

Entscheidend ist dabei nicht, dass Kritik unreflektiert angenommen wird. Vielmehr geht es darum, die „spielentscheidenden" Potenziale zu erkennen und zu nutzen. Viele erfolgreiche Sportler berichten, dass es nur wenige „Aha-Momente" waren, die sie auf den Erfolgspfad gebracht haben – oft unterstützt durch einen Coach, Mentor oder Teamkollegen. Das „Growth Mindset" bildet die Grundlage, auf der diese 1%-Verbesserungen Früchte tragen können – so wie es beispielsweise das britische Radsportteam erfolgreich praktiziert hat. Lob, Anerkennung und Coaching treten in einem solchen Umfeld an die Stelle von Beurteilungen und Urteilen.

In vielen Unternehmen dagegen herrscht ein ergebnisorientiertes oder egozentrisches Motivationsklima vor[65], wie wir es in der Sportpsychologie bezeichnen. In dieser Quadratur des Kreises geht es primär um Ergebnisse, den Vergleich mit anderen und das Gewinnen. Das ist zwar nicht verwerflich, aber es ist unfair, von den Mitarbeitern eine Haltung zu verlangen, die im Widerspruch zur vorherrschenden Kultur steht. Dieses Vorhaben ist nicht nur unfair und unrealistisch, sondern auch zum Scheitern verurteilt.

In einem solchen Umfeld nimmt die Frage, wie Feedback gegeben wird, einen großen Raum ein. Rückmeldungen müssen so formuliert sein, dass niemand sich angegriffen fühlt. Da es immer Gewinner und Verlierer gibt, fällt es schwer, ein offenes Feedbackklima zu schaffen. Diese tief verwurzelten Strukturen können nicht über Nacht verändert werden, indem neue Methoden oder Begriffe eingeführt werden.

Derweil spielt in einem aufgabenorientierten Umfeld, das auf Fortschritt und Entwicklung setzt, die Art und Weise, wie Feedback gegeben wird, eine untergeordnete Rolle. Feedback wird aktiv nachgefragt, nicht zufällig verteilt oder als „Geschenk" überreicht. Dieses Klima des Wachstums unterscheidet gute Teams von sehr guten Teams und schafft die Grundlage für nachhaltigen Erfolg. Es sind diese Mannschaften und Unternehmen, die über lange Zeit hinweg erfolgreich bleiben, während andere nur als Eintagsfliegen in die Geschichte eingehen – im Sport und in der Wirtschaft.

Um echtes Wachstum und kontinuierliche Verbesserung zu fördern, brauchen wir mehr als nur Feedbackmethoden. Es bedarf eines Umfelds, das neugieriges, lernbereites Verhalten fördert und die persönliche Weiterentwicklung in den Mittelpunkt stellt. Nur so kann ein „Growth Mindset" wirklich Früchte tragen und Unternehmen langfristig erfolgreich machen.

„Learn it all" statt „Know it all"

Ein beeindruckendes Beispiel, wie ein „Growth Mindset" in einem Unternehmen etabliert werden kann, zeigt der Technologieriese Microsoft. Als CEO Satya Nadella 2014 die Führung übernahm, setzte er klar auf eine Kultur des Lernens statt des reinen Wissens. Sein berühmter Ausspruch „Don't be a 'know it all', be a 'learn it all'" spiegelt diese Haltung wider. Statt seine Mitarbeiter in Seminare zu schicken, in denen Feedbacktechniken gelehrt werden, verkörperte Nadella das Prinzip des kontinuierlichen Lernens persönlich.

Durch sein eigenes Verhalten als „learn it all" schuf er authentische Beispiele, die sich auf alle Ebenen der Organisation auswirkten. Dabei wurde das neue Denken nicht nur durch Worte, sondern durch konkrete Taten etabliert. Es dauerte zwar eine Weile, bis diese Veränderung durch die gesamte Unternehmenskultur sickerte, doch Nadellas Beharrlichkeit zahlte sich aus. Führungskräfte und Teams begannen, seine Handlungsweise zu adaptieren, bis sie zum festen Bestandteil der Unternehmenskultur wurde.

Ein wesentlicher Beitrag kam auch von Kathleen Hogan, der damaligen und heutigen Chief People Officer. Ihr Verdienst war es, dass dieser Wandel nicht als „One-Man-Show" wahrgenommen wurde, sondern als umfassende Transformation, die alle Führungsebenen durchdrang. Der Erfolg dieser tiefgreifenden Veränderung zeigt, dass Konstanz und Beharrlichkeit die Schlüsselfaktoren sind, um in einem der größten Unternehmen der Welt eine neue Kultur nachhaltig zu verankern.

Und jetzt?

Ein motivierendes Arbeitsklima, das die Selbstwirksamkeit der Mitarbeiter stärkt, kann eine Lern- und Leistungskultur fördern. Feedbacktrainings allein reichen oft nicht aus und können sogar kontraproduktiv wirken. Führungskräfte müssen stattdessen Verantwortung übernehmen und die gewünschte Veränderung vorleben.

Sie erinnern sich – oft führen Feedbacktrainings dazu, dass Kollegen ungefragt und zufällig ihre Ratschläge erteilen, was den Empfänger in eine passive Rolle zwingt. Um dieser Situation zu entgehen, sollten Sie die Initiative ergreifen und sich selbst aktiv weiterentwickeln – so wie es Satya Nadella bei Microsoft erfolgreich vorgemacht hat. Leben Sie den „Growth Mindset":

1. Definieren Sie das gewünschte Verhalten

Der erste Schritt besteht darin, klar festzulegen, welches Verhalten optimiert werden soll. Ein konkretes Ziel hilft dabei, Feedback zu fokussieren. Das Verhalten könnte eine technische Fähigkeit betreffen, etwa eine Schusstechnik, oder etwas weniger Greifbares wie Körpersprache, Klarheit in Teammeetings oder Selbstkontrolle in Stresssituationen mit ihren „Lieblingskollegen". Der Kreativität sind keine Grenzen gesetzt. Wichtig ist aber, dass es sich um beobachtbares Verhalten handelt – keine abstrakten Eigenschaften wie „mehr Selbstbewusstsein" oder „buzzwords" wie „inklusive Führung". Fragen Sie sich: In welcher Situation möchten Sie welches Verhalten zeigen, das eine gewünschte Eigenschaft widerspiegelt?

2. Bilden Sie einen „Circle of Trust"

Wählen Sie Menschen in Ihrem Umfeld aus, denen Sie vertrauen und die Sie in den relevanten Situationen beobachten können. Teilen Sie Ihre Ziele mit ihnen und bitten Sie sie, Ihnen regelmäßig Feedback zu geben. Definieren Sie dabei auch klar, von wem Sie kein Feedback annehmen möchten, um sich nicht von irrelevanten Meinungen ablenken zu lassen. Insbesondere Sportler im öffentlichen Rampenlicht müssen lernen, mit einer Flut an Feedback in den sozialen Medien umzugehen und nur das Wichtige herauszufiltern[66].

3. Geben Sie sich selbst Feedback

Neben dem Feedback anderer ist es wichtig, Ihre eigene Wahrnehmung in den Prozess einzubeziehen. Fragen Sie sich selbst: Wie habe ich die Situation erlebt? Was lief gut, und was könnte verbessert werden? Was hat mich davon abgehalten, anders zu handeln? Diese Selbsteinschätzung ist ein wesentlicher Bestandteil der Reflexion und ermöglicht es Ihnen, Ihr Verhalten besser zu verstehen und gezielt zu ändern.

4. Genießen Sie den Prozess

Erwarten Sie keine sofortigen Wunder, sondern bleiben Sie konsequent am Ball. Der Weg der Veränderung erfordert Geduld und Durchhaltevermögen. Auch wenn die gewünschten Ergebnisse nicht sofort sichtbar werden, sollte das nicht entmutigen. Der Fortschritt wird sich langfristig einstellen, wenn Sie beharrlich bleiben.

Wenn Sie als Führungskraft ein förderliches Klima für das „Growth Mindset" geschaffen haben, werden Ihre Mitarbeiter Sie vielleicht in ihren „Circle of Trust" einladen. Dies verbessert die Qualität der Mitarbeitergespräche erheblich. Falls Sie nicht eingeladen werden, gehen Sie zurück auf „Los", überprüfen Sie die geschaffenen Rahmenbedingungen und passen Sie das Arbeitsumfeld gegebenenfalls an.

Nutzen Sie Mitarbeitergespräche, um mehr über die Ambitionen Ihrer Mitarbeiter zu erfahren. Seien Sie neugierig und bereit, sie bei ihren Zielen zu unterstützen. Dies führt dazu, dass Potenziale nicht ungenutzt bleiben, sondern gezielt gefördert werden. Leistung wird in diesem Kontext nicht verwaltet, sondern kontinuierlich gesteigert – Schritt für Schritt, ein Prozent nach dem anderen.

Ein Unternehmen oder Team, das eine Kultur des kontinuierlichen Lernens pflegt, wird nicht nur besser zusammenarbeiten, sondern auch langfristig erfolgreicher sein. Der Schlüssel liegt darin, ein Umfeld zu schaffen, das den „Growth Mindset" fördert und den Mut aufbringt, neue Verhaltensweisen auszuprobieren. Die Belohnung ist eine nachhaltige Entwicklung von Leistung – und das mit einem Ansatz, der jeden Einzelnen befähigt, sein Bestes zu geben.

Die möglichen Taktikfehler:

Taktikfehler 64: Wir nutzen Datenpunkte zur Beurteilung statt zum Coaching.

Taktikfehler 65: Wir geben zu wenig positives Feedback (1:6 statt 6:1).

Taktikfehler 66: Wir fokussieren auf Feedback-Techniken statt auf unsere Lernhaltung.

Taktikfehler 67: Wir vernachlässigen das Fundament für Feedback – Vertrauen und Selbstwirksamkeit.

Taktikfehler 68: Wir unterschätzen die „Trigger", die Feedback ins Leere laufen lassen.

Taktikfehler 69: Wir vergessen, unsere Absicht zu prüfen, bevor wir Feedback geben.

Vom Gießkannenprinzip und Trendhopping

Weltweit investieren Unternehmen immer noch rund 14 Billionen USD jährlich in die Entwicklung ihrer Führungskräfte[67]. Ein Großteil davon fließt weiterhin in traditionelle Trainingsformen, obwohl herkömmliche Seminare Studien zufolge wenig nachhaltige Wirkung entfalten[68]. Dies liegt in vielen Fällen weniger an den Inhalten als vielmehr an der Natur der Sache. Reines Wissen allein führt nicht zu einer Verhaltensänderung – insbesondere dann nicht, wenn der Teilnehmer nach dem Training in sein gewohntes Umfeld zurückkehrt und kaum Gelegenheit findet, die neu erlernten Fähigkeiten anzuwenden.

Ein Grund hierfür könnte darin liegen, dass im hektischen Arbeitsalltag keine Zeit eingeräumt wird, das Gelernte zu trainieren und damit zu experimentieren. Ebenso denkbar ist, dass das Arbeitsumfeld auf die Ankündigung, künftig „gewaltfreie Kommunikation" anwenden zu wollen, eher mit Stirnrunzeln reagiert als mit Neugier oder Wertschätzung. Schließlich kann es auch daran scheitern, dass der Vorgesetzte die Chance des „Coaching-on-the-job" nicht als solche wahrnimmt und den Schulungsprozess mit der Begleichung der Rechnung als abgeschlossen betrachtet.

So verpuffen viele gut gemeinte Weiterbildungsinitiativen, und die Teilnehmer entscheiden sich oft, ihr neu gewonnenes Wissen doch lieber nicht in der Praxis einzusetzen – zumindest nicht im beruflichen Kontext.

Neue Denk- und Spielräume

Trotzdem haben Weiterbildungsangebote in vielerlei Hinsicht ihre Daseinsberechtigung. Sie bilden ein essenzielles Fundament für die Entwicklung einer Organisation. In vielen Bereichen muss Wissen vermittelt werden, bevor es in die Praxis überführt werden kann. Dennoch tun sich Unternehmen oft schwer, diese Form der Weiterbildung angemessen zu priorisieren, die richtige Balance zu finden und auf individuelle Bedürfnisse einzugehen. Nur so können sie sicherstellen, dass ihr Investment in Weiterbildung tatsächlich zu einer gesteigerten Leistungsfähigkeit führt.

Lassen Sie uns herausfinden, woran es hakt.

Erst die Arbeit, dann das Vergnügen

Es wird kaum überraschen, dass auch hier unsere Denkmuster eine zentrale Rolle spielen. Die weit verbreitete Devise „Erst die Arbeit, dann das Vergnügen" prägt noch immer maßgeblich unseren Arbeitsalltag. Weiterbildung wird aufgeschoben, bis weniger Arbeit ansteht, was nie der Fall ist. Eventuell gibt es mal ein Bonbon, aber das gleicht eher einem Feigenblatt.

„Wenn wir die Ziele erreichen, können wir uns einen Team-Workshop leisten, in Trainings investieren – und vor allem in Ruhe arbeiten. Also lasst uns Ergebnisse liefern." Blöd nur, dass die Ergebnisse, die eben noch gut genug waren, kontinuierlich nach oben angepasst werden. Es wird also erwartet, mit den gleichen Mitarbeitern unter gleichen Rahmenbedingungen bessere Ergebnisse zu liefern. Herzlich willkommen im Hamsterrad. Und damit es nicht so weh tut, malen sich einige Führungskräfte aus, es seien nicht die Sprossen desselben, sondern die Sprossen der nach oben führenden Karriereleiter, die sie täglich betreten.

Die Einstellung, dass Training und Coaching aufgeschoben werden, bis wir uns das leisten können, ähnelt dem absurden Gedanken, dass ein Spitzenklub in der Krise das Training aussetzt, bis die Ergebnisse wieder stimmen.

Die Denkmuster sind klar: Kurzfristige, messbare Ergebnisse stehen im Vordergrund, anstatt kontinuierlich Potenziale zu entdecken und zu entfalten. Wir denken von Tag zu Tag, haben keine Zeit für Training und feiern uns dafür, außergewöhnliche Leistung zu bringen – Training als eine Art Prämie.

Da wundert es nicht, dass Weiterentwicklungen der Mitarbeiter als Kosten ausgewiesen anstatt als Investitionen betrachtet werden, die nachhaltigen Umsatz und Profit versprechen. Doch haben wir in der

Geschäftswelt etwas grundlegend missverstanden? Haben wir die Reihenfolge vertauscht? Oder machen es etwa die Sportler falsch?

Moderne Trainingsmethoden

Vielleicht sollten wir uns modernen Lernmodellen zuwenden wie den vielfältigen Angeboten digitalisierter Lernplattformen. Individuell, einfach abrufbar und kostengünstig, passen sie sich dem modernen Lernverhalten der jungen Menschen an. Doch auch hier gibt es Tücken: Diese Angebote, die übrigens meist nicht über reinen Wissenstransfer hinausgehen, erreichen oft nur die ohnehin bereits motivierten, lernwilligen Mitarbeiter, während andere sie ignorieren.

Die digitalen Lernhappen mögen effizient sein, doch sie können das eigentliche Training nicht ersetzen. Diese digitalen Angebote konzentrieren sich auf die zehn Prozent der 70:20:10-Regel – basierend auf einer Studie aus dem Jahr 1996. Sie besagt, dass Mitarbeiter zu 70 Prozent durch herausfordernde Tätigkeiten und zu 20 Prozent durch wertschätzende und vertrauensvolle Beziehungen bei der Arbeit lernen. Nur zehn Prozent der Lernerfolge resultieren aus traditionellem Training. Oder anders ausgedrückt: 70 Prozent des Lernens erfolgen durch betriebliche Herausforderungen, 20 Prozent durch Interaktion mit anderen und zehn Prozent im formellen Rahmen.

Lernen ist individuell, daher sind diese zehn Prozent nur eine grobe Orientierung. Dennoch wird diese Regel oft so interpretiert, dass das Budget für formales Training reduziert werden kann, besonders wenn die gewünschten Ergebnisse ausbleiben. Eine merkwürdige Logik: Das Spiel wurde verloren, also wird erst einmal weniger trainiert. Doch das wirkliche Lernen findet am Arbeitsplatz statt, informell und „on the job" – und das ist auch gar nicht mal falsch. Leider sind aber viele Führungskräfte unsicher, wie dieses „Coaching-on-the-job" aussehen sollte, da ihnen dies nie erklärt, geschweige denn beigebracht wurde.

Die Selbstüberschätzung der Führungskräfte

Eine Teilschuld trägt die Selbstüberschätzung vieler Führungskräfte in Bezug auf ihre eigenen Coachingfähigkeiten. Die Wahrheit ist: Statt zu coachen, neigen die meisten Chefs dazu, Ratschläge zu erteilen, getrieben von ihrem Wissen und ihrer Erfahrung. Schließlich haben diese Eigenschaften sie erst zu dem gemacht, was sie sind. Das ist jedoch eher ein Fall von Micro Managing, wenn auch etwas motivierender verpackt[69]. Auf dieses Phänomen sind wir bereits im vorherigen Kapitel gestoßen. So wird kein effektives Lernen ermöglicht. Chefs, die auf schnelle Ergebnisse und Aktionismus getrimmt sind, haben wenig Zeit und Raum für wirkliches Coaching. Es würde sie nur von der kurzfristigen, messbaren Ergebnislieferung ablenken. Effektiv für die Karriere, aber nicht nachhaltig und zu kurz gedacht.

In der Regel findet im Arbeitsalltag keine bewusste Weiterentwicklung statt. Dies wird aber vor allem von jüngeren Arbeitnehmern als entscheidendes Kriterium bei der Arbeitgeberwahl genannt. Die zehn Prozent formales Training sind entweder ineffektiv oder werden eingespart. Die restlichen 90 Prozent entfallen, weil das Hamsterrad zu schnell läuft oder die Chefs keine Vorstellung davon haben, wie „Coaching-on-the-job" funktionieren könnte. Anstatt zu trainieren, wird lieber gespielt – und das ergebnisorientiert.

Individualität statt Gießkanne

Ein Blick zum Sport: Ein befreundeter Sportpsychologe berichtete mir, dass er seine Spieler – immerhin Profis der Premier League in England – zum Teil wieder nach Hause schickt, obwohl sie eindringlich darum bitten, mit ihm an Ihrer „mentalen Stärke" zu arbeiten. Er tut das in den Fällen, in denen der Spieler ihm nicht glaubhaft versichern kann, dass er mindestens 7,5 Stunden gesunden Schlaf bekommt – sowohl in der Trainingswoche als auch in der Nacht vor dem Match.

Mentale Verbesserungspotenziale stehen im Sport immer auch in „Konkurrenz" mit der Athletik, der Technik, der Taktik. Jährlich kommen neue Spezialdisziplinen wie Standard-Trainer, Neuroathletik-Experten oder auch Schlaf-Coaches hinzu. Der Tag von Profisportlern ist bereits vollgepackt und mit den eng getakteten Spielplänen und dem Kommerz dienenden neuen Wettbewerben bleibt wenig Raum für „neue Wege". Und so ist es nicht nur wichtig, sondern auch richtig, dass man individuell betrachtet, welche Maßnahmen oder Interventionen für welchen Spieler am zielführendsten sind. Welche Maßnahme würde ihn dazu bringen, noch besser sein LeistungsPotenzial auszuschöpfen – natürlich wie immer gesund und nachhaltig?

Der leistungsmindernde Einfluss von zu wenig oder qualitativ geringwertigem Schlaf ist immens, und das ist auch bei Sportpsychologen wohl bekannt. Warum sollte also ein Sportpsychologe beginnen, mit einem Spieler mental zu arbeiten, um die letzten Prozent seines Leistungsvermögens „rauszukitzeln", wenn die Verbesserung der Schlafhygiene einen viel größeren Mehrwert für den Sportler verspricht? Sobald also Zweifel bestehen an der richtigen Schlafquantität und/oder Schlafqualität, würde zunächst ein Schlafcoach dieses Potenzial heben.

Es geht darum, auf der Suche nach kontinuierlicher Leistungsentwicklung individuelle Prioritäten zu setzen. Das Gießkannenprinzip erscheint pragmatisch und effizient, dabei ist es ist nicht nur teuer, sondern auch uneffektiv. Im Leistungssport ordnet man keinem mental angeschlagenen Spieler mehr Krafttraining an, nur weil der Athletiktrainer gerade verfügbar ist. Stattdessen wird man ihm anbieten, mit einem Sportpsychologen zu arbeiten. Im Falle dessen gilt, was der ehemalige argentinische Nationaltrainer im Rahmen der Weltmeisterschaft 2014 so ausdrückte: „Ein Gramm Neuronen wiegt schwerer als ein Kilo Muskeln."[70]

Trendhopping der Personalabteilungen

Was wir in Unternehmen hin und wieder erleben, ist genau das Gegenteil. Wir haben ein Angebot, das an den Mann oder die Frau gebracht wird. Wir haben da einen guten Kommunikationstrainer, also wird oftmals die mangelnde Kommunikationsfähigkeit als Ursache ausgemacht. Man hat ein Coaching Programm „gelauncht" und braucht nun dringend Führungskräfte, die daran teilnehmen. Also wird gecoacht, was das Zeug hält – ob das nun sinnvoll ist oder auch nicht. Hat man nur einen Hammer, erscheint halt alles wie ein Nagel.

Genauso verhält es sich mit den unternehmensweiten Initiativen. In einem Jahr muss es „lean" sein, im nächsten dann „agile". In einem Jahr muss man den „Purpose" in den Vordergrund stellen[71]. Im darauffolgenden Jahr soll man sich als Chef verletzlich[72] zeigen, während es im darauffolgenden Jahr darum geht, den Bedingungen zu trotzen und „resilient" zu werden. Dies wird garniert mit diversen „Changemanagement"-Konzepten, bis man erfährt, dass man „Change" ja gar nicht „managen" kann. So wird ein Jahr später die Empathie das Zauberwort für Führungskräfte, aber erst nachdem der Hype um emotionale Intelligenz abgeebbt ist. Und nicht zu vergessen die zahlreichen Initiativen rund um die Einführung einer Feedbackkultur, gefolgt von den allseits gefeierten „Fuck Up Nights", bei der die Chefs aufgefordert werden, Ihre Niederlagen und Verfehlungen preiszugeben und zu feiern – auf der Reise zu einer besseren Fehlerkultur. Diese wird im darauffolgenden Jahr von einer Lernkultur abgelöst. Daher werden nun alle Führungskräfte dazu „verdonnert", an ihrem „Growth Mindset"[73] zu arbeiten. All das aber natürlich erst, nachdem man im Jahr zuvor konzernumspannend die OKR (Objectives and Key Results) angepasst hat. Die vor einigen Jahren eingeführte und gehypte „Open Office" Kultur wurde in den letzten Jahren sukzessive wieder zurückgebaut, da sie doch nicht hielt, was sie versprach. Dafür gibt es aber Tischtennis-platten und Hängematten – wie bei Google.

Wem diese Zeilen jetzt übertrieben erscheinen, dem sei versichert, dass dies insbesondere im Konzernumfeld eher eine Untertreibung darstellt. Jedes Jahr wird eine „Sau" durch das Dorf getrieben, und man ärgert sich, wenn gerade die altgedienten Mitarbeiter nicht enthusias-tisch Beifall klatschen. Dass es gegebenenfalls nicht das Alter dieser Kollegen ist, sondern deren Gewissheit, dass man wieder seine Energie verschwendet für etwas, das nicht nachhaltig auf unseren Erfolg ein-zahlt – auf diese Idee kommen die wenigsten. Erfahrung kann uns im negativen Sinne daran hindern, Neues auszuprobieren. Es kann uns aber auch davor hüten, unsere Energie zu „verschwenden".

Alle aufgeführten Ideen und Methoden haben dabei Ihre Berech-tigung und können durchaus große Wirkung erzielen, von denen ich mich auch selbst habe überzeugen können. Für eine nachhaltige Leistungsentwicklung bedarf es aber neben einer guten Diagnos-tik vor allem viel Hingabe, Durchhaltevermögen und Beharrlichkeit. Diese sicherlich gut gemeinten Initiativen werden aber zu wenigen bis gar keinen nachhaltigen Entwicklungen führen, wenn dem Pati-enten unabhängig von der Diagnose die immer gleiche Medizin ver-abreicht wird. Noch weniger wird man erwarten können, wenn diese Initiativen auf nachhaltige Verhaltensänderungen angelegt sind, aber nach weniger als zwölf Monaten von einer neuen Initiative abgelöst werden. Aktionismus in seiner reinsten Form. Der nachhaltige Effekt auf die Unternehmenskultur wird gegen Null gehen. Die Verwirrung bei Mitarbeitern und vor allem Führungskräften war nie größer als dieser Tage.

Nun ist dies auch nicht weiter verwunderlich, da diese Initiativen selten von der Konzernspitze und noch seltener von der Basis ins Leben gerufen werden, sondern häufig von der Personalabteilung oder wie sie jetzt heißen mögen – dem „People & Culture" Team. Auf Ihrer ganz eigenen Suche nach Sinnhaftigkeit und Selbstwirksamkeit versuchen sie, dem seltsamen Spiel ihren Stempel aufzudrücken. Da der Prophet im eigenen Lande bekanntlich nichts taugt, bedient man sich der Argumentation, dass sich schließlich auch die richtig erfolgrei-chen Unternehmen dieser Methoden bedienen oder bedient haben. Es ist der Trend dieser Tage, vor dem man sich nicht verschließen könne.

Die Wahrheit ist oftmals eine andere. Aus einem guten Buch oder einem begeisternden Ted Talk entstehen ganze Marketingbewegungen, gespickt mit selbsterfüllenden Prophezeiungen und vielen Möchte-gern-Beratern und Coaches, die alle etwas von dem Kuchen abhaben möchten. Und wir nehmen das gern auf in unser Portfolio der gutge-meinten Leistungsverstärker. Viel hilft halt viel. Effekthascherei statt Nachhaltigkeit. Die wahren Erfolgsgaranten Fokus und Konstanz blei-ben leider wiederholt auf der Strecke.

Mentoring als günstige Alternative

Und dann gibt's noch die Mentorenprogramme. Sie gelten als kos-tengünstig, beanspruchen jedoch oft mehr Ressourcen als angenom-men – auch finanziell. Viele dieser Programme dienen als Alibi, ohne klaren Nutzen. Sie verbinden Menschen über Hierarchieebenen hin-weg, signalisieren Engagement für Talente, sind aber teuer und steif. Der Mehrwert dieser Programme wird häufig durch Mentoren verwäs-sert, die für veraltete Führungsqualitäten stehen. Doch spätestens seit Marshall Goldsmith' gleichnamigen Bestseller wissen wir: „What got you here, will not get you there", was dich also bis an diesen Punkt gebracht hat, wird dir nicht unbedingt in Zukunft helfen. Studien zei-gen außerdem, dass die von der Personalabteilung durchgeführten Matchings zwischen jungen potenziellen Führungskräften mit altge-dienten erfolgreichen Managern kaum Effekt haben. Oder können Sie sich vorstellen, dass Felix Magath – beauftragt vom DFB – die junge Trainergarde um Nuri Sahin und Vincent Kompany „mentored"?

Eine effektive Alternative zu Mentorenprogrammen besteht darin, eine Kultur zu schaffen, in der junge oder unerfahrene Mitarbeiter proaktiv Rat bei erfahrenen Kollegen suchen können und das auch tun. Dies trägt wesentlich zur Karriereentwicklung, Arbeitszufrieden-heit und gesteigertem Selbstvertrauen bei.

Der Taktikfehler liegt in den gesetzten Prioritäten: Training wird als Belohnung statt Investition betrachtet. Im Business wird nicht nur an der falschen Stelle – nämlich nach der geleisteten Arbeit – trainiert, sondern auch viel zu selten. Die Gründe sind vielfältig. Manche Füh-rungskräfte sind sich ihrer Rolle nicht bewusst, andere fühlen sich nicht in der Lage, oder es fehlt an Fantasie, wie ein „Coaching-on-the-job" für ihre Mitarbeiter aussehen könnte. Und natürlich mangelt es an Zeit und Geld, um formellen oder informellen Trainingseinheiten die nötige Bedeutung beizumessen.

Statt zu fragen, ob wir uns eine Investition in eine lernende Orga-nisation leisten können, sollten wir uns fragen, ob wir es uns leisten können, dies nicht zu tun. Können wir es uns wirklich erlauben, nur

Pflichtspiele zu bestreiten, ohne zwischendurch zu reflektieren, zu experimentieren oder zu trainieren? Damit leiten wir zum nächsten Kapitel über, in dem es genau darum gehen wird.

Die möglichen Taktikfehler:

Taktikfehler 70: Wir trennen Arbeiten und Lernen strikt nach dem Motto „entweder, oder".

Taktikfehler 71: Wir trainieren wenig, da wir fast nur entscheidende Spiele haben.

Taktikfehler 72: Wir behalten gezielte Weiterbildungen einer Minderheit vor.

Taktikfehler 73: Wir sehen Training als Belohnung, nicht als Investition.

Taktikfehler 74: Wir verwechseln Coaching-on-the-job mit motivierendem Micro Managing.

Taktikfehler 75: Wir starten Trainingsinitiativen ohne Diagnostik und im Gießkannenprinzip.

Taktikfehler 76: Wir verlassen uns auf digitale Selbsthilfe und traditionelle Mentoring-Programme.

Von Lernzonen und Gedankenlesern

„Der Grund, warum viele Menschen unter der Dusche auf gute Ideen kommen, liegt darin, dass dies oft die einzige Zeit am Tag ist, in der sie lange genug vom Bildschirm weg sind, um wirklich klar zu denken. Die Lehre daraus sollte jedoch nicht sein, öfter zu duschen, sondern sich bewusster Zeit zum Nachdenken zu nehmen"[74].

An anderer Stelle haben wir bereits darüber nachgedacht, was passiert, wenn man ständig nur auf die Anzeigetafel starrt und hektisch versucht, mehr zu rennen als der Gegner. Die gängige Praxis, Ergebnisse zu verwalten, anstatt nachhaltige Leistung zu fördern, führt zu zahlreichen Hindernissen und Versäumnissen, die einer gesunden Entwicklung im Wege stehen. Eines der gravierendsten Versäumnisse ist das mangelnde Reflektieren. Unsere Ergebnisfixierung verhindert, dass wir nach der Auswertung in die sogenannte Lernzone eintreten.

Hand aufs Herz: Wie viel Zeit bleibt Ihnen tatsächlich zum Nachdenken, Lernen, Reflektieren und Experimentieren?

Wie wir wissen, lernen wir nicht nur durch bloße Erfahrung, sondern vor allem, indem wir diese bewusst reflektieren. Warum lernen wir mehr aus Niederlagen oder Fehlern als aus Erfolgserlebnissen? Es ist nicht der Fehler selbst, der den Unterschied ausmacht, sondern die Tatsache, dass wir nach Niederlagen tiefer reflektieren als nach Erfolgen. Es ist dieses längere Verweilen in der Lernzone, das entscheidend ist. Dabei geht es um das Reflektieren des „Wie" – unser Verhalten, unser Vorgehen – und nicht um die bloße Feststellung, dass wir beispielsweise zu viele Gegentore kassiert haben.

Die einseitige Fokussierung auf Ergebnisziele in Unternehmen erschwert diese artgerechte Reflexion, die auf Leistungssteigerung abzielt. Kurz gesagt: Unternehmen beschäftigen sich zu sehr mit dem „Was" und vernachlässigen das „Wie".

Der Fokus auf blindem Ergebnisstreben entzieht uns die Möglichkeit, Verhaltensweisen zu reflektieren, die zu guten oder schlechten Ergebnissen führen können. Dies wird noch durch die in der Kognitionspsychologie unter dem Namen „Rückschaufehler" bekannte kognitive Verzerrung begünstigt. Wir Menschen neigen dazu, nachdem ein Ereignis eingetreten ist, die Vorhersehbarkeit dieses Ereignisses zu überschätzen. Das führt auch dazu, dass wir vor dem Ereignis abgegebene Annahmen in der Erinnerung später in Richtung der tatsächlichen Ausgänge verzerren. Wir können das sehr anschaulich an den Stammtischen dieser Welt beobachten. Am Ende eines Spiels oder einer Meisterschaft schwingen sich üblicherweise die Experten auf, die es schon vorher gewusst haben wollen. Erst ihr erschreckendes Abschneiden in der Tippspielrunde bringt sie wieder auf den Boden der Realität.

Dieser Rückschaufehler führt dazu, dass Menschen nach einem Ereignis nicht mehr in der Lage sind, die Umstände und Gründe, die zum Ereignis führten, so zu beurteilen, wie sie es vor dem Bekanntwerden des Ereignisses getan hätten oder haben. Die Tendenz, alles als gut zu betrachten, wenn das Ergebnis stimmt, führt zu einer oberflächlichen Betrachtung. Dieser Effekt hat schon viele Manager und Trainer daran gehindert, sich weiterzuentwickeln. Viele Führungskräfte sind dazu erzogen, Ergebnisse zu managen, anstatt nachhaltige Leistung zu entwickeln. Die korrekte Reflexion ist jedoch unverzichtbar für eine nachhaltige Leistungsentwicklung – und zwar unabhängig von Sieg oder Niederlage.

Dieses Bewusstsein über unsere kognitiven Verzerrungen lässt uns auch erkennen, dass uns Sieg und Niederlage gleichermaßen Einblicke gewähren – wenn auch hin und wieder mit unterschiedlichem

Vorzeichen. Die Lernerfahrungen können ungeachtet des Ergebnisses gleichermaßen hoch sein. Um diesen Fehler zu vermeiden, haben erfolgreiche Trainer früh gelernt: „Don`t trust the result" – „Vertraue nicht dem Ergebnis".

Coach oder Trainer

Im Sport bezeichnet das Reflektieren die Handlung des Athleten, sich in der Lernzone zu befinden und neue Erkenntnisse zu gewinnen. Das „Coaching" ist die Disziplin, die den Athleten genau in diesen Zustand versetzt. Die Bedeutung der Reflexion als integraler Bestandteil der Leistungsentwicklung darf nicht unterschätzt werden. Während wiederholtes Training zweifellos positive Effekte hat, kann die gezielte Reflexion Spielern ermöglichen, wahre Leistungssprünge zu erzielen.

Diese Erkenntnis ist nicht neu, aber dennoch tun sich Trainer wie Manager gleichermaßen schwer mit der Umsetzung. Es gibt noch zahlreiche Trainer, die per se ein eher veraltetes Bild dieser Profession von sich zeichnen – und wir reden nicht nur von den bekannten „Silberrücken". In vielen Fällen sehen sie sich, ähnlich wie manche Führungskräfte, als reine Wissensvermittler. Dieses Bild erinnert an das traditionelle Lehrer-Schüler-Verhältnis in unserem Schulsystem. Ein Lehrer bringt seinen Schülern etwas bei, genauso wie ein Trainer seinen Spielern Fähigkeiten vermittelt oder zumindest dafür sorgt, dass Training und Übung stattfinden. Die Vorstellung: Lehrer und Trainer wissen und können immer mehr als ihre Schüler oder Spieler, und sie vermitteln Wissen, indem sie zeigen, „wie es geht". Sie wissen Dinge also besser und sind sozusagen „Besserwisser" – ohne dies per se negativ belegen zu wollen.

Doch hier liegt oft ein Missverständnis. Im Unternehmensumfeld spiegelt sich dieses Bild oft in der Rolle von Führungskräften wider. Der Manager weiß angeblich alles, gibt Anweisungen und sorgt im Zweifel zumindest dafür, dass Mitarbeiter pünktlich bei der Arbeit erscheinen. Diese Mentalität führt dazu, dass im Geschäftsleben immer noch Spielertrainer entstehen und die besten Ingenieure und Vertriebler zu Abteilungsleitern befördert werden.

Im Sport sind andere Nationen weiter fortgeschritten. Die sprachliche Nuance, dass Trainer in anderen Ländern „Head Coach» und der Co-Trainer ein „Assistant Coach» ist, mag zwar subtil erscheinen, gibt jedoch einen wichtigen Hinweis: Coaching bedeutet nicht nur, Wissen zu vermitteln oder Training zu organisieren, sondern vor allem, Potenziale zu entfalten und das Beste aus der Mannschaft herauszulocken.

Dieser anspruchsvolle Spagat ist in der herkömmlichen Vorstellung eines Trainers nicht in gleichem Maße vorgesehen. Auch in der heutigen Arbeitswelt sucht man verstärkt nach „Bessermachern" statt nach „Besserwissern". Dieser Bedarf hat sich längst etabliert. Zahlreiche Studien belegen, dass Mitarbeiter Führungskräfte bevorzugen, die sie respektieren und von denen sie lernen können. Googles Projekt „Oxygen" brachte hervor, welche Eigenschaften eine effektive Führungskraft auszeichnen. An erster Stelle der Liste: „Sei ein guter Coach"[75]. Das deckt sich mit der 70:20:10-Regel der Mitarbeiterentwicklung, nach der 70 % der Lernerfolge durch „Coaching-on-the-job" erzielt werden.

Doch was bedeutet „Coaching-on-the-job" eigentlich?

Erinnern Sie sich an das bereits zitierte Bonhoeffer-Zitat: „Great coaching is the art of comforting the troubled and troubling the comfortable." Gutes Coaching sollte demnach die Kunst sein, diejenigen aus ihrer Komfortzone zu holen, die es sich dort gemütlich gemacht haben, und denjenigen, die an sich zweifeln, Selbstbewusstsein einzuhauchen. Was ist also das Ziel des Coachings? Der griechische Philosoph Sokrates sagte einst: „Ich kann Leuten nichts beibringen, ich kann sie nur zum Nachdenken bringen." Dies beschreibt einen Grundsatz des Coachings: Menschen zum Nachdenken zu bringen, ihnen neue Einsichten zu ermöglichen und sie anschließend zur Handlung zu bewegen. Die Absicht dabei ist, dem Gegenüber zu helfen, die Person – sei es der Chef, der Spieler oder Trainer – zu werden, die sie sein möchte. Hierfür ist vor allem ein präzises Bild des gewünschten Zustands erforderlich – und der Istzustand muss anfangs ehrlich offengelegt werden.

Es ist nicht meine Absicht, jede Führungskraft zu einem zertifizierten Coach zu machen. Dennoch bin ich überzeugt, dass heutige Führungskräfte einige grundlegende Coaching-Fähigkeiten erwerben sollten, um die nachhaltige Leistungsentwicklung ihrer Teams zu unterstützen. Diese Fähigkeiten stehen im Kontrast zu den oft geschätzten Eigenschaften unserer heutigen Chefetagen. Es geht darum, zuzuhören, Fragen zu stellen, Stille auszuhalten und Ratschläge zurückzuhalten – einfach, aber nicht leicht. Deshalb der Reihe nach.

Die Kunst des Zuhörens

Als Coach bin ich von der Kraft des Zuhörens absolut überzeugt – übrigens einer der zentralen Beweggründe für meine Berufswahl. Im Coaching wird ein Raum für bedingungsloses Zuhören geschaffen, eine Praxis, die im hektischen Alltag oft zu kurz kommt. Jeder, der schon einmal das Glück hatte, einen solchen Gesprächspartner zu haben – sei es im beruflichen, familiären oder freundschaftlichen Kontext – weiß, wie wohltuend es ist, bedingungslos gehört zu werden. Die wahre Kunst, so formuliert es Bestsellerautor Simon Sinek, besteht darin, dem anderen das Gefühl zu vermitteln, verstanden zu werden[76]. Dabei liegt der Fokus weniger auf dem Wort „verstanden" als vielmehr auf dem Wort „Gefühl".

Zuhören zählt wahrscheinlich zu den anspruchsvollsten Fähigkeiten einer modernen Führungskraft. Im Rahmen eines Entwicklungsprogramms für global agierende Vertriebsmannschaften habe ich zahlreiche Workshops für aufstrebende sowie erfahrene Vertriebsmanager moderiert. Es ist bedauerlicherweise kein Klischee, dass es vielen Vertriebsmitarbeitern schwerfällt zuzuhören, obwohl Studien eindeutig belegen, dass diese Fähigkeit für den Vertriebserfolg von entscheidender Bedeutung ist.

Unsere Herausforderung bestand darin, erfolgreichen Vertriebsmanagern einige grundlegende Coaching-Prinzipien zu vermitteln. Über einen Zeitraum von über fünf Jahren erstreckte sich dieses Programm. Ein zentraler Satz, der den meisten Teilnehmern im Gedächtnis blieb, lautete: „Es gibt einen Grund dafür, dass Ihr zwei Ohren, aber nur einen Mund bekommen habt." Dazu überreichten wir den Teilnehmern die „Coach Potato", die mit ihren überdimensionalen Ohren und dem eher kleinen Mund zum Nachdenken über die Funktion und Bedeutung des Zuhörens anregte. Diese etwas eigenwillige, dafür ausdrucksvolle und vor allem wirksame „Coach Potato" findet man auch heute noch, viele Jahre später, auf dem einen oder anderen Bürotisch.

Es ist kein Zufall, dass Unternehmen zunehmend Initiativen rund um das Thema „Zuhören" starten. Ein Beispiel hierfür ist der Automobilzulieferer Webasto. Der damals neue CFO, Dr. Philipp Schramm, initiierte als Teil einer kulturellen Transformation ein Trainingspaket mit dem aussagekräftigen Titel „Listen like a leader" (Zuhören wie eine Führungskraft). In den ersten 16 Monaten nahmen mehr als 500 Mitarbeiter daran teil, und viele beschrieben dieses Programm als lebensverändernd. Es erwies sich als entscheidender Baustein für den erfolgreichen Turnaround der Webasto Gruppe, der unter anderem das Ziel hatte, die Reflexionsfähigkeit der Mitarbeiter zu stärken[77].

Es ist ebenso kein Zufall, dass zahlreiche erfolgreiche Sporttrainer als ausgezeichnete Zuhörer gelten. Die Aussage von Nancy Kline, dass die Qualität der Aufmerksamkeit, die man seinem Gegenüber schenkt, die Qualität des Nachdenkens bestimmt[78], trifft den Nagel auf den Kopf. Zuhören ist ein integraler Bestandteil dessen, was wir als Kommunikation verstehen. Daher überrascht es, dass viele Führungskräftetrainings der Kommunikation viel Raum geben, dem Zuhören jedoch oft zu wenig Beachtung schenken. Die Annahme, dass diese Fähigkeit ohnehin vorhanden ist, ist ein trügerischer Irrtum.

Auch für die Kunst des Zuhörens gibt es zahlreiche Konzepte, die sich mittlerweile in ihrer Komplexität gegenseitig zu übertrumpfen versuchen. Lassen Sie es uns pragmatisch halten und es bei einer vereinfachten Zweiteilung belassen. Die erste Form des Zuhörens, die fälschlicherweise als solches bezeichnet wird, nenne ich „selektive Zustimmung". Hier hören wir nur das, was unsere eigenen Vorurteile bestätigt, oder konzentrieren uns auf Aussagen, die von unseren konventionellen Vorstellungen abweichen. Dieses Zuhören ist oft von Eigeninteressen getrieben, und so enden diese Diskussionen häufig in einer Situation, in der der eine gewinnt und der andere verliert. Der vermeintliche Zuhörer befindet sich in einer Art Warteschleife, um zum richtigen (oder falschen) Zeitpunkt seine Argumente und Weisheiten vorzubringen.

Die zweite Form des Zuhörens dagegen setzt das eigene Ego außer Kraft. Man verfolgt zunächst keine Eigeninteressen, sondern stellt sich in den Dienst des Gegenübers. Man beginnt, die Welt mit den Augen des anderen zu sehen und zu fühlen. Ich bezeichne dies als „Zuhören, um zu verstehen«.

Die erste Form des Zuhörens dürfte Ihnen aus den meisten Besprechungen bekannt sein. Meetings werden oft genutzt, um Machtverhältnisse zu klären oder zu verschieben, anstatt kollektive Weisheit zu nutzen und gemeinsam die besten Entscheidungen zu treffen. Das Ego nimmt oft unbewusst seinen Platz am Besprechungstisch ein, obwohl es nicht eingeladen wurde. Gleiches gilt übrigens für die Talk-Shows dieser Welt.

Wie sieht es jedoch mit der zweiten Form des Zuhörens aus? Wann hatten Sie das letzte Mal das Gefühl, dass Ihnen wirklich zugehört wurde? Ein Gespräch, bei dem das Ego des Gegenübers verschwunden war und Sie im Mittelpunkt standen? Sportler erinnern sich in ihren Biografien gelegentlich an solche Momente mit Trainern, Weggefährten oder Sportpsychologen und betrachten sie retrospektiv als prägend. Wenn Sie dieses Glück hatten, wie hat es sich angefühlt? Welche Ergebnisse oder Erkenntnisse hat es hervorgebracht?

Auch wenn ich mich bei anderen Coaches vielleicht unbeliebt mache, wage ich zu behaupten, dass durch eine bessere Schulung der einfachen Technik des Zuhörens viel Geld umverteilt werden könnte. Die Führungskräfte müssen jedoch die nötige Zeit dafür aufbringen. Wenn sie einmal die Magie des Zuhörens entdeckt haben und beobachten, was in Phasen des bedingungslosen Zuhörens bei ihren Mitarbeitern – und in den allermeisten Fällen auch bei sich selbst – geschieht, werden sie nie wieder darauf verzichten wollen. Wer sich darauf einlässt, wird Zeuge von individueller und nachhaltiger Potenzialentfaltung. Und das ist ja einer der Gründe, warum sich diese Menschen für eine Führungsrolle entschieden haben. Oder etwa nicht?

Wieso, weshalb, warum – wer nicht fragt, bleibt dumm

In den 70er Jahren aufgewachsen zu sein, bedeutet für mich, den Song „Der, die, das" der Sesamstraße immer noch mühelos mitsingen zu können. Diese Melodie markierte täglich um 18 Uhr den Beginn einer halben Stunde gebannter Fernsehunterhaltung, die nicht nur Spaß brachte, sondern uns auch das Lernen ermöglichte. Der Refrain hallt noch heute nach:

> „Der, die, das, wer, wie, was, wieso, weshalb, warum, wer nicht fragt, bleibt dumm!
>
> Tausend tolle Sachen, die gibt es überall zu seh'n, manchmal muss man fragen, um sie zu versteh'n!"

Über die Jahre haben jedoch viele von uns vergessen, was uns dieser eingängige Song nahelegte – nämlich aktiv Fragen zu stellen und unsere natürliche Neugier zu nutzen, um die Welt zu verstehen.

In der Geschäftswelt neigen wir dazu, unsere vermeintliche Inkompetenz zu verbergen, angetrieben von fest verankerten Denkmustern und dem Bild eines allwissenden Chefs. Nach 100 Tagen im Amt, so besagen es Bestseller, wird das Fragen zur Seltenheit. Dann gilt es, ein umfassendes Bild der Situation zu zeichnen und drängende Fragen beantwortet zu haben. Nun geht es darum, die Stutzen hochzuziehen und aktiv zu werden – und zwar möglichst an allen Fronten. Viel hilft viel – wie wir bereits gelernt haben. Wer fragt, verliert – und zwar Zeit, die wir ja bekanntlich nicht haben. Fragen werden vermieden, da sie als Zeitverschwendung gelten, und ein fragender Chef könnte als unsicher, sogar unvermögend erscheinen. Die Sesamstraße preist positive Neugier an, doch in Unternehmen wird oft geflissentlich darauf verzichtet, Fragen zu stellen oder gar zu hinterfragen. Die dringend benötigte Reflexion weicht dem schnellen Entscheiden und Ausführen. Wir sind schließlich nicht in der Sesamstraße.

Es gibt jedoch Momente, in denen selbst die gestandenen Chefs ihre Neugier wiederentdecken – nach gescheiterten Projekten, enttäuschenden Markteinführungen oder Mitarbeitergesprächen mit sogenannten „Low Performern». Plötzlich zeigen sie eine betonte Wissbegierde und begeben sich auf Spurensuche, ähnlich den Sportreportern, die nach einem verlorenen Spiel unangenehme Fragen stellen.

Der Chef als forschender Reporter

„Warum haben Sie das Spiel verloren?" Diese Frage der Sportjournalisten setzt das Gehirn oft in den Rechtfertigungsmodus. Der Befragte sucht reflexartig nach Gründen, die meist außerhalb der eigenen Kontrolle liegen: Schiedsrichterentscheidungen, erst kein Glück, dann auch noch Pech, oder die Verletztenmisere. Letztendlich läuft alles auf ein resigniertes „Haste Sch... am Fuß, haste Sch... am Fuß" hinaus.

Reporter lieben Fragestellungen, die den Gesprächspartner in den emotionalen Rechtfertigungsmodus versetzen. Ein Beispiel ist das legendäre Interview von Waldemar Hartmann mit Rudi Völler nach einem enttäuschenden Länderspiel gegen Island im September 2003. Völler beschuldigte Hartmann übermäßigen Weißbierkonsums und ließ seinen Emotionen freien Lauf. Die Zuschauer lieben und streamen es bis heute, und Hartmann erhielt Gerüchten zufolge einen langfristigen Werbevertrag mit einer Brauerei. Es wird erzählt, dass er sich jedes Jahr am 6. September – dem Tag des besagten Länderspiels – bei Rudi Völler mit einer SMS für seinen „Vulkanausbruch" auf Island bedankte.

Natürlich ist es nicht die Aufgabe des Reporters, dem Trainer kurz nach dem Spiel eine faktenbasierte, nach vorwärts gerichtete, lösungsorientierte Spielanalyse zu entlocken. Und wer von den Zuschauern am Bildschirm wäre auch ernsthaft daran interessiert? Unterm Strich bleibt aber festzuhalten: In solchen Situationen wird der Gefragte oft zum Verlierer erklärt, anstatt ihn bei der Lösungssuche zu unterstützen.

Im sportlichen Geschehen stehen oft nicht die Fakten im Mittelpunkt, sondern die Emotionen. Dies erklärt, warum viele Interviews mit dem magischen Wort „Warum" beginnen. Die Frage, warum der Matchplan im Gegensatz zu den vorherigen Spielen nicht erkennbar war, versetzt den Gefragten sofort in den Rechtfertigungsmodus. Doch wie wäre es, die Frage geschickt zu verändern? Etwa: „Was hat dazu geführt, dass der Matchplan heute nicht so klar erkennbar war wie üblich?" oder sogar: „Was hat Sie daran gehindert, Ihren Matchplan durchzusetzen?" Hiermit wird der Rechtfertigungsmodus überlistet und eine lösungsorientierte Diagnose wird möglich. Es geht nun darum, einen besseren, zielführenden Weg zu eruieren, um beim nächsten Mal die Wahrscheinlichkeit des Sieges zu erhöhen. Eine Nuance in der Fragestellung, die dem neutralen Beobachter vielleicht gar nicht auffallen würde, aber einen himmelweiten Unterschied machen kann.

Erfolgscoaches verstehen die Kunst, ihre Spieler ständig zu verbessern. Kritik dient dazu, Spieler zur Reflexion und somit in die sogenannte Lernzone zu führen. Diese Coaches fragen sich oft „Warum", doch sie formulieren ihre Fragen so, dass die Spieler zum Nachdenken angeregt werden.

So werden sie ihre Spieler niemals fragen, warum sie in einem Spiel versagt haben. Die Wahrscheinlichkeit, dass Spieler in solchen Momenten Erklärungsversuche abliefern, die lediglich ihrer Rechtfertigung dienen, ist zu hoch. Der Raum für Ausreden ist unendlich – sei es der Platz, die Schuhe, die Taktik, der Schiri oder der Gegner. In dieser Spirale der Schuldzuweisungen verpasst das Team die Gelegenheit, aus Niederlagen zu lernen und sich zukünftig besser auf ähnliche Situationen vorzubereiten. Eine vertane Chance, um Potenziale zu entfalten – und zwar nachhaltig.

Stellen wir uns vor, ein Erfolgscoach tritt stattdessen vor sein Team und stellt diese Frage: „Was hat dazu geführt, dass Ihr gestern nicht Eure gewohnte Leistung abrufen konntet?" Plötzlich herrscht Stille in der Kabine, als würden die Spieler die Luft anhalten. Gedanken setzen ein, und die Spieler beginnen zu überlegen. Was hat uns wirklich daran gehindert? War es der Schiri oder unsere Reaktion auf seine Entscheidungen?

Vielleicht meldet sich ein eher stiller Spieler zu Wort – nennen wir ihn in Anlehnung an den „Fußballprofessor" Ralf Rangnick einfach Ralf. Ralf sagt nicht viel, aber was er sagt, hat Hand und Fuß. Er durchbricht die Stille und stellt fest: „Wir haben unsere Konzentration darauf verloren, was wirklich wichtig ist und was wir beeinflussen können."

Hier setzt der Erfolgscoach an: „Also Jungs, was könnten wir zukünftig tun, damit wir bis zum Ende des Spiels konzentriert bleiben?" Die Frage ist subtil anders, aber bedeutet alles. Der Coach vermeidet die Warum-Frage, denn sein Ziel ist es, nach vorne zu schauen und die Mannschaft dabei zu unterstützen, Optionen zu finden, es beim nächsten Mal besser zu machen.

Vielleicht traut sich ein weiterer Spieler aus der Deckung: „Die taktischen Anweisungen in der Halbzeit waren gut, Trainer. Als wir Mitte der zweiten Hälfte unseren Fokus verloren haben, hätten ein paar Worte geholfen, die uns dabei unterstützen, uns wieder auf das Wesentliche zu konzentrieren." Sachlich, lösungsorientiert, nach vorne gerichtet – das ist der Weg zum Erfolg.

Natürlich ist das obige Beispiel stark vereinfacht, aber es veranschaulicht den entscheidenden Unterschied, den ein einziges Wort ausmachen kann. Es entsteht eine neue Qualität der Reflexion mit lösungs- und zukunftsorientierten Einsichten, ohne die Fehler der Vergangenheit zu beschönigen oder gar wegzudiskutieren. „Was statt Warum" ist eine einfache Regel, die nachhaltige Leistungssteigerung bewirken kann, anstatt Frustration zu säen und nach Entschuldigungen zu suchen.

Was können die Führungskräfte von morgen daraus lernen? Die Wahl der Fragestellung beeinflusst nicht nur die Antworten, sondern auch die Denkweise. Wenn Sie nach den Ausreden und Erklärungen für ein Scheitern suchen, fragen Sie weiterhin „Warum". Wenn Sie jedoch die wahren Ursachen herausfinden und zukunftsfähige, lösungsorientierte Optionen erkunden wollen – und davon gehe ich natürlich aus – dann vergessen Sie ab heute die „Warum"-Fragen und setzen Sie auf Fragen, die mit „Was" beginnen. Die Fragestellung sollte dem Interesse des Befragten folgen, nicht dem des Fragenden – wie einst auf Island bei Waldemar Hartmann.

Stellen Sie also das nächste Mal Ihrem Mitarbeiter nicht die Frage: „Warum hast Du im Meeting nichts gesagt?" Sondern: „Was hat Dich daran gehindert, im gestrigen Meeting etwas zu sagen?" Sie werden erstaunt sein, wie viel produktiver die Antwort ausfällt. Diese Art des Fragens fördert das Denken in Möglichkeiten anstatt in Limitierungen und Hürden. Der Rechtfertigungsmodus wird überlistet, und man beginnt, in Optionen und Lösungen zu denken.

Der Chef als TV-Experte

Einen noch größeren Schaden als die „Warum"-Fragen richtet unser Drang an, Ratschläge zu erteilen. Fragt man Führungskräfte danach, ob sie gute Coaches sind, wird man häufig Zeuge einer beinahe beschämenden Selbstüberschätzung. Viele von ihnen sind der Meinung, dass ihre Erfolge als Manager automatisch darauf hindeuten, dass sie auch exzellente Coaches sind. Oft wird Coaching hier als simples „Gute Ratschläge verteilen" missverstanden. Interessanterweise liegt das Problem nicht in schlechten Absichten der Chefs, sondern wurzelt tief in unserer Natur. Wir helfen Menschen gerne, und wir glauben, dass Ratschläge die effektivste Form der Unterstützung sind.

Doch allzu oft hören wir nur so lange zu, bis wir glauben, eine Lösung für unser Gegenüber parat zu haben. Wir versuchen uns oft als „Gedankenleser" und wagen den Versuch, das wohl komplexeste und wandelbarste System unserer Zeit zu entschlüsseln: das Gehirn unseres Gegenübers. Dieses verfügt über rund 86 Milliarden Neuronen, die wiederum durch Synapsen mit durchschnittlich 1.000 bis 10.000 anderen Neuronen verknüpft sind[79]. Ein solches Unterfangen wirkt nahezu unmöglich.

Hinzu kommt, dass gut gemeinte Ratschläge häufig verhindern, dass unser Gegenüber selbst nachdenkt und eigene Lösungen entwickelt. Unbewusst drängen wir anderen unsere eigenen Lösungen auf – natürlich in bester Absicht. Dabei vergessen wir jedoch, dass jeder Mensch höchst individuell ist, ebenso wie das Problem selbst und der Kontext, in dem sich beide befinden.

Der Bestsellerautor Michael Bungay Stanier beschreibt diese fast zwanghafte Neigung, anderen unaufgefordert unsere Lösungsansätze anzubieten als „The Advice Monster" – das Ratschlagsmonster[80].

Eine Studie aus dem Jahr 1984[81] zeigt, dass Ärzte im Durchschnitt nur 18 Sekunden ihren Patienten zuhören, bevor sie mit Ratschlägen aufwarten. Dies erscheint mir durchaus repräsentativ für viele heutige Führungskräfte.

Erfolgscoaches haben sich das Prinzip angeeignet, ihre Athleten mindestens doppelt so oft zu befragen, um sie zum Denken anzuregen, anstatt sofort Ratschläge zu erteilen. Fragen ist zielführender als Gedankenlesen.

Rein in die Lernzone

Gute Ratschläge haben in bestimmten Situationen sicherlich ihre Berechtigung. In der Mehrzahl der Fälle führen sie jedoch nicht zu einer Explosion der Leistung, geschweige denn dazu, dass das Gegenüber ins Denken kommt. Wie im Kapitel „Die Feedback-Falle" erläutert, ist die Wahrscheinlichkeit, dass ein Ratschlag aufgenommen, verarbeitet und umgesetzt wird, ohnehin verschwindend gering und an viele Bedingungen geknüpft.

Trotzdem ist es Teil des Trainerjobs, Antworten zu haben. Erfolgscoaches schaffen es jedoch in der Regel, diese Antworten und gut gemeinten Ratschläge etwas länger für sich zu behalten. In dieser kurzen, aber überaus wichtigen Zeitspanne kann echtes Denken und Lernen stattfinden. Willkommen in der viel zitierten Lernzone.

Gute Trainer, die wie Coaches denken, haben die dafür notwendige Haltung verinnerlicht und verfallen nicht in gewohnte Muster, wenn es stressig wird. Diese Trainer haben gelernt, ihre Spieler in die wichtige Lernzone zu führen – unabhängig davon, wie viel Zeit zur Verfügung steht. Sie wissen, dass dieser Prozess langfristig die besten Ergebnisse bringt. „Quick Fixes" gehören nur dann zu ihren Handlungsoptionen, wenn die Hektik des Spiels kurzfristige Verhaltensänderungen erfordert. Im normalen Training sind sie nicht vorgesehen. Dies liegt allein daran, dass diese „Quick Fixes" möglicherweise momentane Effekte haben, aber beim nächsten Wettkampf oder der nächsten Drucksituation sicher nicht als Handlungsoption erinnert werden.

Wie ich bereits an anderer Stelle betont habe, sind gute Ratschläge nur eine freundlichere Form des Mikromanagements und „quick fixes", die nicht zur nachhaltigen Leistungsentwicklung beitragen. Es wäre daher ratsam, sie etwas länger zurückzuhalten, um Spielern und Mitarbeitern die Gelegenheit zu geben, sich in der „Lernzone" weiterzuentwickeln.

Schweigeminute

„Ich liebe dieses Geräusch, wenn keiner etwas sagt." Gehören Sie zu den Menschen, die sich dieses Sprichwort zu eigen machen können, oder empfinden Sie Stille eher als etwas Unangenehmes? Manchmal gibt es bei Sportveranstaltungen Schweigeminuten, um an Ereignisse oder Sportler zu erinnern. Doch während dieser kurzen Minute ist es selten wirklich still im Stadion. Die Geräuschkulisse mag gedämpft sein, bleibt jedoch präsent und nimmt in der Regel sogar vor dem Ende der Minute wieder erheblich zu. Schweigen scheint vielen Menschen schwerzufallen, Stille ist für viele unangenehm.

Wenn Sie sich zu dieser Kategorie zählen, befinden Sie sich in guter Gesellschaft. In einer Welt, die immer hektischer und lauter wird, fällt es vielen Menschen zunehmend schwer, zur Ruhe zu kommen. Stille wird zu einem gefühlten Mangelzustand, den man aushalten muss. Selbst wenn man sich nach Stille sehnt, wird man schnell unruhig, wenn sie wirklich eintritt – außer vielleicht in bestimmten Meditationspraktiken. Der Schriftsteller Paul Keller bemerkte einst: „Der Weg zu allem Großem geht durch die Stille." Diese Erkenntnis hat bis heute Bestand, denn zur Kunst des Fragens gehört auch das Aushalten von Stille.

Stille auszuhalten ist jedoch eine Fähigkeit, die vielen Trainern und Führungskräften schwerfällt. Unangenehme Stille zu vermeiden, wird zur Triebkraft, die dazu führt, dass Ratschläge zu schnell präsentiert werden. Ein Gefühl der Schuld und Verantwortung drängt sie dazu, die Stille so rasch wie möglich zu durchbrechen.

In meiner Tätigkeit als Sportpsychologe arbeite ich mit Trainern, um diese Fähigkeit zu entwickeln – die Fähigkeit, Stille auszuhalten. Viele Trainer interpretieren Stille als Hilflosigkeit. Doch was, wenn die Spieler zu völlig anderen Schlüssen kommen als der Trainer? Wenn ein Trainer Stille scheut, nimmt er den Spielern die Möglichkeit, wirklich nachzudenken, zu reflektieren und eigene Lösungsansätze zu entwickeln.

Es erfordert Mut, diese bedrückende Stille auszuhalten, besonders, wenn sie plötzlich auftritt. Druck erzeugt Bedrückung, und in Drucksituationen fallen wir oft in alte, gewohnte Verhaltensmuster zurück. So durchbricht man die bedrohliche Stille und gibt Denkanstöße sowie Ratschläge. In diesem Moment dreht sich nicht mehr alles um die Mannschaft, sondern plötzlich steht wieder der Trainer im Mittelpunkt.

Die Chance für junge Sportler, sich in der Lernzone zu bewegen und zu entwickeln, geht in diesem Augenblick verloren. Daher ist es von entscheidender Bedeutung, dass Trainer und Führungskräfte sich darin üben, nicht nur zufällige Momente der Stille auszuhalten, sondern auch bewusst mehr davon zu schaffen und zu genießen. Denn oft sind solche Momente Quellen für neue Ideen und ein Zeichen dafür, dass das Gegenüber gerade die Lernzone betreten hat.

Stille ist kein Zeichen von Hilflosigkeit, in dem wir unser Helfersyndrom ausleben können oder sollten. Vielmehr ist sie ein Zeichen dafür, dass in diesem Moment etwas Wichtiges geschieht und neue Optionen sowie Lösungsmöglichkeiten entstehen könnten. Lassen Sie es geschehen. Diese Momente der Stille sind diejenigen, auf die man als Coach hinarbeitet – Momente, in denen das Gegenüber ins Denken kommt und gelegentlich echte „Wow-Momente" erlebt. Es sind Momente, in denen nachhaltige Leistung entwickelt wird.

Retros in Sport und Wirtschaft

Die Aha-Momente spielen eine entscheidende Rolle bei dem aktuellen „Hype" um die sogenannten agilen Arbeitsmethoden, die der simplen Reflexion neuen Aufwind verleihen. Es mag bedauerlich erscheinen, dass erst ein neuer Trend aufkommen musste, damit die Bedeutung der Reflexion wieder ins Bewusstsein rückt. Dennoch bietet dieser Trend eine ausgezeichnete Gelegenheit zur nachhaltigen Leistungsentwicklung. Die sogenannten „Retros" erfreuen sich seit geraumer Zeit großer Beliebtheit.

In diesen Retrospektiven reflektieren die Projektmitarbeiter nach Abschluss eines Projekts – oder auch regelmäßig – darüber, was gut gelaufen ist und was verbessert werden könnte. Sie identifizieren bewährte Praktiken, die sie im nächsten Projekt beibehalten sollten, und überlegen, welche Anpassungen vorgenommen werden können. Was im Kern gesunder Menschenverstand ist, ging vielen Unternehmen über die Jahre verloren und muss nun mühsam wiederentdeckt und entwickelt werden.

Im Sport wird nach jedem Spiel oder gelegentlich auch nach dem Training reflektiert. Die Erfolgscoaches unter den Trainern nehmen sich die Zeit für eine akribische Reflexion sowohl nach Siegen als auch nach Niederlagen. Doch noch bedeutender ist, dass bei der Retrospektive der Fokus auf den Elementen liegt, die als Erfolgsgaranten identifiziert wurden. Hierbei werden beobachtbare Verhaltensweisen reflektiert, die im Rahmen des vorgegebenen Matchplans betont wurden.

Wurde gegenseitige Unterstützung geleistet? Wurde genug dafür getan, taktische Anweisungen unter Druck umzusetzen? Hatte man sich ausreichend mit dem Gegner auseinandergesetzt? Konnte man den Gegner durch positive Körpersprache beeindrucken? Gelang es, den Fokus trotz widriger Platzbedingungen und vermeintlich ungerechter Schiedsrichterentscheidungen beizubehalten? Haben die Spieler auf der Bank alles unternommen, um ihre Mitspieler zu unterstützen?

Diese Fragen führen dazu, die Erfolgsgaranten zu reflektieren – sie werden geschärft, verbessert oder sogar ausgetauscht. Weil man performance- und nicht ergebnisgetrieben ist, wird der Fokus auf die Dinge unter dem Eisberg verlagert, anstatt sich darin zu flüchten, externe Gründe oberhalb des Eisbergs zu finden, warum das Ziel nicht erreicht wurde. Dies ist „Coaching-on-the-job" in Reinform.

Im Unternehmenskontext könnte dies bedeuten, nicht über verspätete Projekte zu klagen und nach Rechtfertigungen zu suchen, sondern sich selbst zu hinterfragen. Was hat das Team daran gehindert, „Nein" zu sagen? Warum wurden Projekte ohne ausreichende Ressourcen gestartet? Dies ist natürlich nur relevant, wenn das realistische Überprüfen der Ressourcen vor Projektbeginn als Erfolgsgarant betrachtet wurde.

Anstatt sich im Vertriebsteam über den Einbruch des Umsatzes im vierten Quartal zu ärgern und auf die Unvorhersehbarkeit des Marktes zu verweisen, könnte eine Diskussion über einen ausgemachten Erfolgsgaranten geführt werden. Zum Beispiel die enge funktionsübergreifende Kooperation bei Großprojekten, die nicht wie geplant umgesetzt wurde, was zu verlorenen Aufträgen führte.

Der wesentliche Unterschied besteht darin, lösungsorientiert und zukunftsgerichtet zu reflektieren, anstatt nach Erklärungen in der Vergangenheit zu suchen, die oft auf Rechtfertigungen abzielen.

Neue Denk- und Spielräume

Routinen

Hier schließt sich der Kreis zu den in diesem Buch häufig genannten Trainern, die Erfolg nicht nur anhand von Toren oder Tabellenplätzen messen. Sie erkennen, dass Ergebnisse oft nicht einfach zu erklären sind und dass es eine Verkettung von Ursachen gibt. Sie beschäftigen sich mit den Dingen, die sie beeinflussen können, und analysieren, wie sie die Wahrscheinlichkeit des Erfolgs erhöhen können. Keine Schwarz-Weiß-Malerei, keine Brechstange, keine „Extra-Meile" und auch kein „Ausharren" nach dem Prinzip Hoffnung. Vielmehr unterscheiden sie fein säuberlich zwischen den erreichten, messbaren Ergebnissen und den sogenannten Erfolgsgaranten – also den Verhaltensweisen und Handlungsprinzipien, zu denen sich das gesamte Team verpflichtet hat.

Erfolgscoaches folgen in der Regel einer festen Routine, wenn sie mit dem Trainerteam oder der gesamten Mannschaft das vergangene Spiel reflektieren:

- Was hatten wir uns vorgenommen? (Erfolgsdefinition)
- Was haben wir tatsächlich erreicht?
- Welche unserer ausgemachten Erfolgsgaranten konnten wir umsetzen?
- Was hat uns dabei geholfen?
- Gibt es Erfolgsindikatoren, die das bestätigen?
- Bei welchen Erfolgsgaranten haben wir uns schwergetan?
- Was hat uns daran gehindert, diese erfolgreich umzusetzen?
- Gibt es Erfolgsindikatoren, die das bestätigen?
- Haben wir neue Einsichten gewonnen?
- Wie wollen wir diese Einsichten nutzen?
- Welche Verhaltensweisen möchten wir verbessern?
- Wie setzen wir diese Verbesserung um?
- Welches Verhalten möchten wir im nächsten Spiel beibehalten?
- Was werden wir tun, um dies sicherzustellen?

Der Fokus auf die Erfolgsgaranten – also auf zielführendes und nicht zielführendes Verhalten – bietet den zusätzlichen Vorteil, dass Spieler und Teams sich kontinuierlich selbst überprüfen können. Anstatt erst zur Halbserie in Panik zu geraten oder am Saisonende Bilanz zu ziehen, wird Feedback zu einem täglichen Werkzeug. Kollegen, Mitarbeiter und Führungskräfte können sich regelmäßig austauschen, ohne auf das jährliche Mitarbeitergespräch warten zu müssen – als wäre einem der eigene Leistungsstand nicht bewusst. Reflexion wird so zu einem ständigen Begleiter, einer Haltung, die nicht mehr im Kalender festgehalten werden muss, sondern wie andere Routinen einfach Teil des Alltags wird. Auf diese Weise wird Reflexion fest in der Unternehmenskultur verankert.

Diese Herangehensweise führt außerdem dazu, dass diese Trainer sich nicht von einzelnen Datenpunkten der Tabelle nervös machen lassen. Stattdessen betrachten sie ihre Erfolgsindikatoren und analysieren: Stimmen die gemessenen Indikatoren mit unseren Beobachtungen überein? Stimmt der Trend und wie können wir ihn nachhaltig beeinflussen? Dies sind Diskussionen in Teams, in denen Ergebnisse als Konsequenz einer gesunden und nachhaltigen Leistungskultur betrachtet werden. In diesen Teams bleiben Indikatoren das, was sie sind: Indikatoren. Sie dienen zur Überprüfung und ermöglichen es Teams, die richtigen Fragen zu stellen, anstatt als ultimative Antwort auf Erfolg und Misserfolg zu gelten. Sie werden nicht zu Zielen „degradiert". Vielmehr wird man die Trends dieser Indikatoren in der gebotenen Ruhe beobachten, analysieren, diskutieren und dann agieren.

Es sei schließlich betont, dass diese Reflexionen nicht ausschließlich aus dem Mund des Trainers stammen sollten. Im Gegenteil – ein Großteil der Reflexionsarbeit sollte im Kopf der Spieler stattfinden. Deshalb wird gefragt, zugehört und auch einmal die Stille in der Kabine ausgehalten. Ratschläge und korrigierende Maßnahmen des Trainers bleiben wertvoll, doch bei Erfolgscoaches stehen sie nicht mehr am Anfang der Teambesprechung.

Natürlich lässt sich eine Spielbesprechung nicht direkt mit einem Projekt- oder Quartalsreview vergleichen. Dennoch finden Sie vielleicht einige interessante Anregungen, wie man solche Meetings stärker zu nach vorne gerichteten Lerneinheiten gestalten kann, anstatt sie zu „Prüfungen" zu degradieren, bei denen meist nur Rechtfertigungen im Mittelpunkt stehen. Anstatt anschließend krampfhaft zu versuchen, einfach mehr zu rennen als der Gegner oder an der Leistungsbereitschaft des Teams zu zweifeln, könnten Sie so andere Ursachen und

Werkzeuge identifizieren, die Ihr Team gern und eigenverantwortlich umsetzt.

Übrigens: Diese Reflexionsroutine eignet sich natürlich auch hervorragend für Ihre Mitarbeitergespräche.

Die möglichen Taktikfehler:

Taktikfehler 77: Wir wissen nicht, wie man reflektiert.

Taktikfehler 78: Wir reflektieren auf die Ergebnisse, nicht auf das dafür verantwortliche Verhalten.

Taktikfehler 79: Wir nehmen uns zu wenig Zeit, um zu reflektieren.

Taktikfehler 80: Wir reflektieren nur nach Niederlagen.

Taktikfehler 81: Wir stellen „Warum" statt „Was" Fragen.

Taktikfehler 82: Wir verwechseln „Coaching" mit „Rat geben".

Taktikfehler 83: Wir hören nicht zu, um zu verstehen.

Taktikfehler 84: Wir reden zu viel und fragen zu wenig.

Taktikfehler 85: Wir haben Angst vor der Stille.

Taktikfehler 86: Wir überschätzen die Qualität unserer Ratschläge.

Taktikfehler 87: Wir geben zu schnell und zu viele Ratschläge.

Leistung erhalten

Wenn wir von gesunder und nachhaltiger Leistungsentwicklung reden, dann reden wir nicht von den Vereinen oder Athleten, die kometenhaft aufsteigen, um dann genauso schnell wieder in der Versenkung zu verschwinden. Die in diesem Buch verwendeten Beispiele bestechen allesamt durch nachhaltigen Erfolg. Dafür reicht es nicht, über einen kurzen Zeitraum außerordentliche Leistungen zu bringen, sondern Leistung über Jahre auf hohem Niveau zu zeigen. Dazu bedarf es, gesund zu bleiben und die Belastungen zu steuern. Sowohl der Sport als auch Unternehmen stehen zunehmend in der Kritik ob der gestiegenen Belastungen ihrer Angestellten. Können wir in diesem Punkt also wirklich etwas aus dem Sport lernen? Wie schaffen es Profis, leistungsbereit zu sein, wenn es darauf ankommt, sich zu regenerieren und Ihre Energie zu managen? Und welche dieser Geheimnisse lassen sich in der Wirtschaft umsetzen?

Von Energieräubern und Duracell-Hasen

Geht's Ihnen genauso? Wenn der Akku meines Handys in den roten Bereich springt, werde ich – je nach Situation – besorgt und suche schnell nach einer Energiequelle. Wer Teenager großzieht, kennt die Bedeutung eines leeren Akkus: Panikattacken, Schuldzuweisungen und sogar Existenzängste sind keine Seltenheit.

Auch beim Autofahren ist es selbstverständlich, eine Tank- oder Ladestation aufzusuchen, wenn es die Tank- oder die Batterieanzeige signalisiert. Es käme uns nicht in den Sinn, eine Fahrt mit fast leerem Tank zu unternehmen oder ein wichtiges Telefonat mit einem fast leeren Akku zu führen. Die Angst vor einem Energieengpass ist zu groß. Wir haben gelernt, unsere Autos und Handys aufzuladen, wenn ihre Energie erschöpft ist. Oft kümmern wir uns sogar früher darum als eigentlich nötig, dank der Tank- und Akkuanzeige.

Doch wenn es um unsere eigene Energie geht, fällt es uns zunehmend schwer, auf unsere innere Tankanzeige zu achten. Wir erkennen nicht, wenn wir auf dem letzten Energielevel laufen, oder wollen es nicht wahrhaben. Vielleicht wollen wir uns selbst – oder anderen – nicht eingestehen, dass wir erschöpft sind.

Prominente Beispiele im Sport

Im Sport gibt es – wie in vielen Unternehmen – zahlreiche Beispiele von Menschen, die trotz leerer Akkus weitermachen oder erst nach ihrer Karriere offen über ihre mentalen Probleme sprechen. Laut einer Studie leidet jeder zehnte Leistungssportler an Burn-out-Symptomen[82].

Der ehemalige deutsche Skispringer und heutige TV-Experte bei der ARD, Sven Hannawald, gab im April 2004 mit knapp 30 Jahren inmitten seiner Karriere bekannt, dass er nach unzähligen Titeln auf den Schanzen dieser Welt an einem Burn-out-Syndrom litt.

Zu Zeiten Hannawalds galt Sebastian Deisler als eines der größten Talente Fußball-Deutschlands. Nachdem der damals 23-Jährige schon in der Saison 2003/04 aufgrund von Depressionen mehrere Monate aussetzte, folgte sein Karriereende im Januar 2007. Der mittlerweile 27-Jährige besuchte Bayerns damaligen Manager Uli Hoeneß im Rahmen eines

Trainingslagers in Dubai mehrfach in seiner Suite und gab ihm immer wieder zu verstehen, dass er „nicht mehr könne" und am Ende seiner Kräfte sei[83]. Nach der Ankunft in Deutschland gab er sein endgültiges Karriereende bekannt. Mittlerweile lebt Deisler im Südwesten der Republik, nahe seiner Heimatstadt Lörrach. Ruhig, zurückgezogen, abseits allen medialen Trubels.

Schwimmlegende Michael Phelps sprach frühzeitig über seine Depressionen und Selbstmordgedanken nach den Olympischen Spielen 2012.

Tennisstar Naomi Osaka aus Japan und Radprofi Marcel Kittel sind prominente Beispiele aus der jüngeren Vergangenheit – beide haben ihre psychischen Probleme öffentlich gemacht.

Steigendes Bewusstsein

Doch es gibt Hoffnung: Neben Trainern und Athleten, die trotz Erschöpfung antreten und oft erst nach ihrer Karriere darüber sprechen, reagieren immer mehr Menschen rechtzeitig auf die Signale ihres Körpers – oft unterstützt von Sportpsychologen oder Psychotherapeuten. Diese Fälle sorgen manchmal für Überraschung oder Empörung bei den Fans.

Der zweimalige Olympiasieger über 100m Brustschwimmen Adam Peaty verzichtete auf die WM 2023, da er mit seiner mentalen Gesundheit zu kämpfen hatte. Er fühlte sich müde und erkannte, dass er nicht er selbst war. Er genieße den Sport nicht mehr so wie früher. Jetzt wisse er, wie er dieses Ungleichgewicht in seinem Leben angehen kann, um bei den Olympischen Spielen 2024 wieder Höchstleistungen zu erbringen[84]. Er kam zurück und verpasste in einem Herzschlagfinale sein drittes Olympiagold nur um 0,02 Sekunden.

Ein weiteres aufsehenerregendes Beispiel ist Simone Biles, die während der Olympischen Spiele einige Wettbewerbe ausließ, obwohl sie gute Chancen auf einen Sieg hatte. Sie litt unter den „Twisties" – räumlicher Desorientierung bei komplexen Drehungen in der Luft. Diese können die Kontrolle über die Bewegungen beeinträchtigen und das Verletzungsrisiko erhöhen. Stress, Müdigkeit und Leistungsdruck sind häufige Ursachen für dieses Phänomen. In einer Pressekonferenz sagte Biles: „Uns wird immer erzählt, dass wir irgendwie durchhalten müssen. Am Ende des Tages sind wir nicht nur zum Unterhalten hier, wir sind in erster Linie Menschen." Ein Wirkungstreffer, der eine Diskussion über die Sportbranche auslöste, die von Menschen lebt, aber oft Menschen als Ware behandelt.

Die bekannt gewordenen Fälle im Sport sind wahrscheinlich nur die Spitze des Eisbergs. Die öffentliche Wahrnehmung beginnt sich derweil zu ändern. Während Ralf Rangnicks selbstverordnete Auszeit vom Fußballgeschäft 2011 noch mit Stirnrunzeln quittiert wurde, begleitete Jürgen Klopps freiwilligen Rückzug beim FC Liverpool am Ende der Saison 2023/24 eine Welle an Anerkennung und Respekt. Klopp begründete seinen Abschied damit, dass er den Spielern und dem Verein schuldig sei, immer 100 Prozent zu geben, und das könne er in der nächsten Saison nicht mehr garantieren. Er könne nicht auf drei Rädern fahren[85].

Energie ist ein Nullsummenspiel

Nicht nur Trainer und Spitzensportler müssen wissen, wann sie Energie auftanken müssen, auch Manager und Mitarbeiter aller Ebenen sind gefordert, auf ihre Energiereserven zu achten. Energie ist wie Zeit: ein Nullsummenspiel. Das heißt, die Energie ist begrenzt. Wende ich also die Energie für etwas auf, kann ich die gleiche Energie nicht für etwas anderes verwenden. Während die Verwaltung von Zeit ein verbreiteter Irrglaube ist, lässt sich das persönliche Energielevel tatsächlich managen. Die Grundvoraussetzung dafür ist, den eigenen Energiezustand richtig einschätzen zu können. Wie fühlt es sich an, wenn man vor Energie nur so sprüht – also bei 100 Prozent ist? Und wie, wenn man auf „drei Pötten" läuft, wie wir in Norddeutschland sagen? Damit signalisieren wir, dass man heute nicht seinen besten Tag hat – wie ein Auto, das nicht auf allen Zylindern läuft.

In einigen Vereinen überlässt man diese Einschätzung nicht dem Zufall. In der Kabine der SG Flensburg-Handewitt gibt es beispielsweise einen „Buzzer", den die Spieler vor jedem Training betätigen, um ihren Energiestatus auf einer Skala von 1 bis 10 einzuschätzen. Viele andere Profiteams nutzen sportartenübergreifend ähnliche Instrumente, um spielerisch das Bewusstsein für das eigene Level zu schärfen. Diese sollen nicht nur Datenpunkte liefern, um festzustellen, ob die Belastung gesund und nachhaltig ist oder angepasst werden muss, sondern sie dienen den Spielern auch als Warnsignale vor Überlastung. Dabei kann die Belastung nicht nur aus dem Training resultieren, sondern aus verschiedenen Quellen wie familiären Problemen oder mangelnder Schlafqualität. Die Ursachen sind so vielfältig und individuell wie die Spieler selbst.

Athletiktrainer, Performancetrainer und Sportpsychologen überwachen diese Werte aufmerksam und unterstützen die Spieler, wenn der Trend über einen gewissen Zeitraum in die falsche Richtung geht. Sie suchen nach Ursachen, um die Energie des Spielers wieder auf das notwendige Niveau zu bringen, um Spitzenleistungen zu erzielen. Allerdings gibt es auch einen unangenehmen Aspekt dieser Methode: Die Gefahr, dass Spieler nur vorgeben, „gut drauf" zu sein, um dem Trainer zu signalisieren, dass sie beim nächsten Spiel einsatzbereit sind, ist groß. In Sportarten, in denen Existenzen von einer Position in der Startelf abhängen, sollte uns das nicht wundern.

Die Duracell-Hasen

Kommen Ihnen diese Situationen bekannt vor? In Umgebungen, in denen Stärke, falsch verstandenes Selbstbewusstsein und „Beschäftigung" als Indikatoren für Leistungsfähigkeit und Engagement gelten, wird es immer schwieriger, sich verletzlich zu zeigen und einzugestehen, dass man gerade nicht seine Höchstleistung erreicht – ähnlich wie Jürgen Klopp es für die Saison 2024/2025 vorausgesehen hat. Zu oft wird diese Ehrlichkeit und die Stärke, Nein zu sagen, als Schwäche ausgelegt, was dem Karriereweg ein jähes Ende setzen kann. Man gilt als nicht belastbar.

Wer meinem Jahrgang angehört, erinnert sich vielleicht an die Duracell-Hasen aus der Werbung, deren Batterien scheinbar unerschöpflich waren, sodass die Hasen auch dann noch „wühlten", als die meisten ihrer Artgenossen längst aufgegeben hatten. Viele der vermeintlichen „High Performer" in Unternehmen ähneln zunehmend genau diesen Duracell-Hasen – sie arbeiten einfach länger und härter.

Zunächst mag das nicht verwerflich erscheinen, da einige von ihnen aus ihrer Arbeit viel Energie schöpfen, sich effektiv fühlen, ihre Stärken einbringen, Freude an ihren Aufgaben haben und das soziale Umfeld schätzen. Ich bin weit davon entfernt, diese Kollegen zu kritisieren oder belehren zu wollen, denn für manche bedeutet ihre Arbeit Erfüllung und Energiegewinn. Auch ich war viele Jahre lang ein solcher Chef und habe für solche Manager gearbeitet. Und ich habe es in vielerlei Hinsicht genossen. In anderen Fällen hat diese Art des Energiemanagements jedoch weitreichende Folgen und kann schlimmstenfalls in einem Burnout enden. Die Grenze ist oft schwer zu erkennen und daher so schwer zu bestimmen.

Glauben Sie nicht alles, was Sie sehen

Genau wie ich berichten einige dieser Duracell-Häschen unter vier Augen, dass für andere Lebensbereiche keine Energie mehr übrigbleibt. Oft ist es auch für sie die „soziale Erwünschtheit", die sie

antreibt. Es gilt als erstrebenswert, viele Dinge gleichzeitig zu jonglie-
ren, stets beschäftigt zu sein, und zwar vor allem stets beschäftigter
als die anderen. Diese Belastbarkeit und der Aktionismus werden in
vielen Führungsetagen als Zeichen von Qualität angesehen, während
Fokus und Gelassenheit oft weniger geschätzt werden. Dank unserer
limitierenden Denkmuster wird Rastlosigkeit häufig als hohes Energielevel interpretiert, was zuweilen ein Trugschluss ist.

Genauso wie Sie nicht alles glauben sollten, was Sie denken, sollten
Sie auch nicht alles glauben, was Sie sehen. Im Sport rät man den Athleten: „Vergleiche nicht dein Inneres mit dem Äußeren deines Gegners."
Der respektgebietende Gegner kann innerlich nervös sein, obwohl er
nach außen souverän wirkt. So wie Ihr Gegenüber gelernt hat, seine Nervosität zu verbergen, können Sie lernen, sich nicht vom äußeren Erscheinungsbild und von Machtdemonstrationen beeindrucken zu lassen.

Viele Mitarbeiter nehmen das äußere Erscheinungsbild und das
Aktivitätslevel unserer Chefs als Zeichen von Stärke und Belastbarkeit
wahr. Diese Attribute sind im Geschäftsleben sehr geschätzt, wenngleich oft maßlos überbewertet. Selten bedenken wir, dass dieser Aktionismus von innerer Zerrissenheit begleitet sein könnte. Es erscheint
uns befremdlich, dass auch „Alphatiere" von dem Wunsch getrieben
sein könnten, akzeptiert und gemocht zu werden, in den erlauchten
Kreis der High Performer aufzusteigen beziehungsweise ihren Stamm-
platz in dieser Elitetruppe zu zementieren.

Wir wagen es nicht, die offensichtliche Fähigkeit zum Multitasking
(den wir bereits als Mythos entlarvt haben) und den unendlichen Aktionismus als Macht- und Hilflosigkeit zu interpretieren. Stattdessen deuten wir diese Verhaltensweisen als Zeichen von Stärke und Energie.
Und wenn dann doch einer dieser Kollegen krankheitsbedingt ausfällt,
sind alle überrascht, dass sich hinter dem hartgesottenen Manager
doch ein Mensch aus Fleisch und Blut verbirgt.

Unsere „Werkseinstellung" hindert uns an der Diagnose

Vielleicht hätte sich der Manager vorher über den Energiezustand
des „Duracell-Häschens" informieren sollen. Stattdessen beweisen sich
diese Manager bei abnehmender Arbeitsleistung der Mitarbeiter als
Motivationskünstler oder Zirkusdompteure. Zuckerbrot und Peitsche
sind die Methoden, die wir gelernt haben, oder wie die Amerikaner
sagen: „the carrot or the stick".

Unsere eingeschränkte Sicht lässt uns nicht daran zweifeln, dass es
sich bei unserem Mitarbeiter um ein Motivationsproblem oder man-

gelnde Willenskraft handelt. Wir glauben, was wir sehen, und das ist, dass der Kollege das Hamsterrad nicht so schnell dreht wie der Rest des Teams. Unsere „Werkseinstellung" lässt uns sofort handeln, ohne den wahren Ursachen auf den Grund zu gehen.

Selten bedenken wir, dass die Energie des Mitarbeiters schlichtweg nicht ausreicht, um sein Leistungspotenzial zu entfalten. Oder dass die Rahmenbedingungen den Mitarbeitern die Energie rauben. Wie sollten wir erkennen, dass unsere Mitarbeiter auf Sparflamme laufen? Man hört es nicht wie bei einem Auto, sieht es nicht wie beim Handy und wir haben kein Frühwarnsystem wie die Profis der SG Flensburg-Handewitt. Warum eigentlich nicht?

Willenskraft fordert Energie

Ein Appell an die Bereitschaft eines Mitarbeiters, mehr zu geben, kann kurzfristig erfolgreich sein. Willenskraft unterscheidet sich jedoch von der inneren Motivation, einen bedeutenden Beitrag zum Ganzen zu leisten. Willenskraft ist in vielerlei Hinsicht notwendig, erfordert jedoch erheblich mehr Energie als unser innerer Antrieb.

Auf diese Weise züchten wir höchst engagierte Mitarbeiter heran, die während der Woche alles geben, um am Freitagabend erschöpft auf die Couch zu sinken. Sie hoffen, dass die Familie am Wochenende nicht zu viel geplant hat, um sich von den Strapazen der Arbeitswoche zu erholen. Am Montag beginnt dann wieder eine neue Woche voller Aufgaben und Herausforderungen. Diese Mitarbeiter liefern ab, um gemocht, akzeptiert und respektiert zu werden und sich nicht angreifbar zu machen. Das reicht zum Überleben, aber es ist weit entfernt von gesunder und nachhaltiger Leistungsentwicklung.

„Wellbeing" und „Resilienz" nach dem Gießkannenprinzip

Die steigenden Krankheitsraten und die Zunahme von Burnout-Fällen bleiben nicht unbemerkt. Die Dunkelziffer ist sicherlich höher, und man kann davon ausgehen, dass immer mehr Menschen mit halbleeren Akkus zur Arbeit gehen. Wir sind aber keine Duracell-Hasen und keine Computer, die dafür konzipiert sind, über längere Zeiträume hinweg mit hoher Geschwindigkeit und mehreren gleichzeitig laufenden Programmen zu funktionieren.

Die Antwort der Unternehmen auf die steigenden Krankheitsstände und Fehlzeiten ist die Einführung von Wellbeing-Initiativen. Diese werden durch wohlüberlegte interne Kommunikationsmaßnahmen unterstützt und im Gießkannenprinzip angeboten. Für manche mögen

Pflaster auf der Wunde und ein Breitband-Antibiotikum funktionieren, aber oft bleibt es eine kurzfristige Lösung, die sich nur auf die Symptome konzentriert, statt die wahren Ursachen anzugehen.

Eine der Ursachen wird jedoch fast einstimmig erkannt: Die Mitarbeiter scheinen den Veränderungen dieser Welt nicht gewachsen zu sein. Eine Teilschuld wird anerkannt, und man beschließt, mehr für die Mitarbeiter zu tun, um sie besser für den alltäglichen Wahnsinn zu rüsten. Es werden Stress-Seminare angeboten und Hotlines mit psychologischer Ersthilfe eingerichtet. Die Leistungsträger des Unternehmens sollen „resilient" werden, ein Begriff aus der Physik, der beschreibt, dass sich Dinge nach einem Ereignis in den Ursprungszustand zurückentwickeln – ähnlich wie ein Schwamm. Man erhält also den Status Quo zurück, wenn die Krise vorbei ist – na, bravo!

Man lässt diese Ereignisse passieren, aber sie verändern einen nur kurzzeitig, denn wir haben gelernt, so zu reagieren, dass sie uns nichts anhaben können. Ich behaupte, dass dieser Weg die Gefahr birgt, sich als Organisation nicht gesund und nachhaltig zu entwickeln. Die Rahmenbedingungen zu akzeptieren und sich anzupassen wie ein Schwamm, mag fürs Überleben nützlich sein, aber es weckt keine schlummernden Potenziale, fördert keine Innovationen, schafft kein solides Fundament für die Zukunft und führt nicht zur Weiterentwicklung der Organisation.

Bei all dieser Anpassung vergessen wir oft, die grundlegenden Fragen zu stellen. Warum ist es überhaupt notwendig, dass unsere Mitarbeiter resilient werden? Die Organisation begibt sich in eine Art Opferrolle, doch stellt sich die Frage: Opfer von wem? Opfer der sich immer schneller drehenden Welt, der sogenannten VUCA-Welt. VUCA steht für Volatilität, Unsicherheit, Komplexität (complexity) und Mehrdeutigkeit. Wir werden zu Opfern des schnell akzeptierten „new normal" – der neuen Normalität – und den damit einhergehenden, selbst auferlegten Rahmenbedingungen.

Verstehen Sie mich bitte richtig – es ist essenziell, Mitarbeiter und Teams auf Stresssituationen vorzubereiten und ihnen Werkzeuge an die Hand zu geben, um besser damit umzugehen. Es geht darum, sie zu befähigen, Chancen und Risiken realistisch einzuschätzen und ihre emotionale Energie gezielt und effektiv einzusetzen – ähnlich wie Sportpsychologen mit ihren Athleten arbeiten. Doch das entbindet uns nicht davon, auch uns selbst zu hinterfragen und Rahmenbedingungen zu schaffen, bei denen es nicht ums Überleben geht, sondern um die Entwicklung von Leistung – auf gesunde und nachhaltige Weise.

Ohne die richtigen Rahmenbedingungen geben sich beide Seiten wissend oder unwissend mit 40, 50 oder 60 Prozent Leistung zufrieden, weil die Energie für eine optimale Leistung fehlt. 100 Prozent Energie? Viele Mitarbeiter erreichen dieses Level nur nach einem dreiwöchigen Sommerurlaub, bevor sie braungebrannt und voller guter Vorsätze wieder ins Arbeitsleben eintreten. Selbst die Wochenenden reichen oft nur, um aus dem tiefroten Bereich herauszukommen, 100 Prozent Akkuleistung bleiben für viele eine Illusion.

Auf die Frage nach ihrem persönlichen Energielevel antwortet die Mehrheit der Teilnehmer meiner Teamworkshops, dass ihr Akkustand bei etwa 40–60 Prozent liegt. Wenn ich darauf hinweise, dass dies unbefriedigend ist, entgegnen mir die meisten, dass es montags besser aussieht als am Ende der Woche. Außerdem soll ich glücklich sein, den Workshop im Februar und nicht im Dezember abzuhalten, da viele dann im roten Bereich arbeiten und sich nach dem Weihnachtsurlaub sehnen.

Mitarbeiter müssen nicht Saltos und Schrauben wie Simone Biles zeigen und oft haben sie weder Zeit noch Lust auf Luftsprünge. Dennoch können sie mit einem nicht vollständig aufgeladenen Akku ihre Aufgaben bewältigen. Dies birgt nicht das gleiche Risiko einer Verletzung wie bei Simone Biles, führt aber zu Leistungseinbußen, Fehlern und schlechten Entscheidungen – oft ein schleichender Prozess, der für Unternehmen teuer werden kann. Die daraus resultierenden Krankenstände und Burnout-Fälle sind relativ einfach zu identifizieren. Schwieriger ist es jedoch, den schleichenden Leistungsabfall aufgrund niedriger Energielevel bei einzelnen Mitarbeitern, Teams oder ganzen Organisationen zu bemessen.

Energiekiller

In unserer heutigen schnelllebigen und chaotischen Welt sind wir oft geneigt, die Schuld für unsere Energieverluste auf äußere Umstände zu schieben. Doch ein erheblicher Anteil unseres Energiehaushalts wird durch die Unternehmenskultur beeinflusst, die das allgemeine Energielevel der Belegschaft stark mitbestimmt. Auch das gehört zur Wahrheit.

Bei körperlicher Arbeit verbrennen wir Energie, auch bei geistiger Arbeit benötigt unser Körper eine Menge davon, besonders unser Gehirn. Obwohl es nur etwa zwei Prozent unseres Körpergewichts ausmacht, verbraucht es rund 20 Prozent unserer gesamten Energie.

Die These dieses Buches besagt, dass wir neben notwendiger auch viel unnötige Energie verschwenden, um Ergebnisse zu erzielen. Auf der Suche nach den „Energiekillern" treffen wir auf alte Bekannte: die in diesem Buch beschriebenen Denkmuster und Taktikfehler. Sie beeinträchtigen nicht nur Effizienz und Effektivität, sondern rauben uns auch viel Energie. Viele dieser Fehler wirken sich direkt oder indirekt auf unsere Leistung aus und beeinflussen unseren Energiehaushalt nachhaltig, in beide Richtungen. Doch der Reihe nach.

Energieräuber Nr. 1: Unsere Ergebnisgetriebenheit

Wer je im Abstiegskampf gesteckt hat und unbedingt das nächste Spiel gewinnen musste, weiß, wie es sich anfühlt, mit dem Rücken zur Wand zu stehen. Kurzfristig kann das Kräfte mobilisieren, doch langfristig hemmt es Spieler und Verantwortliche, belastet die Nerven, und die meisten sind froh, wenn der Spuk vorbei ist. Dabei spielt es kaum eine Rolle, ob der „Überlebenskampf" zum Nichtabstieg geführt hat oder man den Gang in die nächsttiefere Etage antreten muss. Sobald das Damoklesschwert, das einen ständig an mangelnde Leistung erinnern lässt, weg ist, kann man durchatmen und den „Reset"-Knopf drücken. Man arbeitet an einer zukunftsgerichteten Vision, statt sich an alten, brüchigen Strohhalmen festzuklammern. Ein Neustart kann positive Emotionen freisetzen, auch wenn er anfänglich bitter schmeckt.

Im Geschäftsleben braucht es oft keinen existenzbedrohenden Abstiegskampf, um in den bereits thematisierten „Kampf oder Flucht"-Modus zu geraten. Doch trotz gesunder Finanzen entdecken viele Unternehmen diesen Überlebensmodus als Werkseinstellung. Nicht erreichte Ziele oder auch nur die Angst davor führen zu skurrilen Reaktionen. Überall gibt es Organisationen, Teams oder einzelne Mitarbeiter, die ständig im „Überlebensmodus" agieren, oft unbewusst. Sie haben nicht gelernt, ihre Emotionen wahrzunehmen und mit ihnen umzugehen. Stattdessen unterdrücken sie ihre Gefühle oder versuchen, gegen sie anzukämpfen. Ihre dysfunktionalen und oft unbewussten Selbstgespräche und limitierten Denkmuster verstärken dies. Es leidet nicht nur die Entscheidungsfindung und Kreativität, die ständige «Flucht» zehrt auch an den Energiereserven aller beteiligten Akteure.

Hinterfragen Sie Ihren eigenen Modus hin und wieder. Wenn Sie sich überwiegend «getrieben» fühlen, im übertragenen Sinne im „Überlebensmodus» sind, besteht die Gefahr, dass Ihre Energiereserven und die Ihrer Mitarbeiter schneller schwinden, als Sie es gewohnt sind.

Neue Denk- und Spielräume

Es ist Zeit, sich der Situation bewusst zu werden und Maßnahmen zu ergreifen. In den meisten Fällen bedeutet das nicht, überstürzt zu kündigen, sondern gründlich zu untersuchen, was dieses Gefühl des „Getrieben seins" hervorruft. Ein offenes Gespräch mit dem Chef oder dem Team, in dem Sie Ihre Gefühlswelt und Beobachtungen teilen, kann einen großen Unterschied machen. Es bringt Klarheit und schafft Raum für Veränderung. Ein „einfach weiter so" darf keine Option sein.

Ähnlich verhält es sich mit Teams und Vereinen, die Jahr für Jahr versuchen, dem Abstieg zu entkommen, bis es sie schließlich doch erwischt. Einfach mehr zu laufen als der Gegner, panikartig Trainer zu entlassen oder über Nacht gar das gesamte Spielsystem zu ändern führt selten zu gesunden und nachhaltigen Verbesserungen – genauso wenig wie das Prinzip Hoffnung. Das hat sich nicht geändert, nur weil die Welt vermeintlich weniger vorhersehbar geworden ist und sich schneller zu drehen scheint.

Energieräuber Nr. 2: Unsere „Schwächeorientierung"

Die Ergebnisgetriebenheit führt oft dazu, dass Anerkennung nur dann gewährt wird, wenn das Ergebnis messbar ist. Monatliche Auswertungen zeigen, ob die Anstrengungen erfolgreich waren, und solange das Dashboard nicht durchgehend grün funkelt, konzentrieren wir uns auf die orangen oder rot gefärbten Indikatoren, die dringend behandelt werden müssen.

Dabei übersehen wir oft die kleinen Schritte in Richtung des großen Ziels, die subtilen Fortschritte und Verhaltensänderungen, die unter der Oberfläche stattfinden. Ähnlich wie ein Jogger, der in seiner Fixierung auf Ergebnisse weder die Schönheit der Natur noch seinen überhöhten Puls als „Gejagter" wahrnimmt, verlieren wir die Fähigkeit, die kleinen Dinge zu schätzen und daraus Energie zu ziehen, anstatt sie als selbstverständlich anzusehen. Ironischerweise sind es oft gerade diese kleinen Dinge, die zusammen die Ergebnisse erzielen.

Der ständige Fokus auf selbst kleine Schwächen kostet wertvolle Energie. Es erfordert mehr Energie und Willenskraft, an Schwächen zu arbeiten, als Stärken zu nutzen und zu verbessern. Die dauernde Erklärung der eigenen Schwächen ist energieraubender als das gute Gefühl, wirksam zu sein.

Ein oft übersehener positiver Effekt des Stärkenfokus ist die Energie, die ein Lob sowohl für den Sender als auch für den Empfänger generiert. Man sollte nicht bis zum monatlichen oder gar jährlichen Gespräch warten, um Beobachtungen zu teilen. Kleine Gesten und

Worte der Wertschätzung wirken als wahre Energiebooster für beide Seiten.

Es geht keinesfalls darum, einen „Kuschelkurs" zu fahren und sich gegenseitig des Lobes willen zu loben. Die Kultur der kontinuierlichen Verbesserung, in der auch ich groß geworden bin, ist wertvoll und bringt Freude. Doch diese Verbesserungen sollten nicht auf Kosten der Anerkennung und Wertschätzung kleiner Erfolge gehen. Diese Erfolge treten häufiger auf der Prozess- und Verhaltensebene auf und lassen sich nicht immer durch harte Fakten belegen.

Fehlende Erfolgserlebnisse führen dazu, dass die Energiereserven schwinden, ohne aufgefüllt zu werden. Noch gravierender ist jedoch die Ignoranz gegenüber kleinen Erfolgen, die uns daran hindert, sie wahrzunehmen und zu feiern. Dies ist die natürliche Folge unserer ergebnisorientierten, vielmehr ergebnisgetriebenen Spielweise, die, wie Sie bereits ahnen, zu einer energetischen Erschöpfung führt.

Energieräuber Nr. 3: Unsere Unsicherheit

Die psychologische Sicherheit ist ein Thema und nicht verhandelbares Gut, das heutzutage viel diskutiert wird, vor allem seit Googles` „Aristoteles"-Studie über „High Performing Teams". Psychologische Sicherheit am Arbeitsplatz und eine gesunde Lernkultur sind nicht nur ein wertvoller Wirtschaftsfaktor, weil sie Innovation und bessere Entscheidungen fördern, sondern auch, weil sie verhindern, dass Mitarbeiter unnötig Energie verschwenden.

Es kostet uns immense Energie, wenn wir hinter jeder Mauer einen Scharfschützen vermuten und ständig nach Gefahren Ausschau halten müssen. Energiemanagement ist ein Nullsummenspiel: Je mehr Energie wir darauf verwenden, unseren eigenen Wert zu verteidigen, desto schneller sind wir erschöpft und desto weniger Energie bleibt, um uns weiterzuentwickeln und Werte im Unternehmen zu schaffen.

Personen, die ihre Energie darauf verwenden, eine Rolle zu spielen oder Angst haben, Fehler zu machen oder das Falsche zu sagen, werden im Laufe des Arbeitstages mehr Energie verlieren als diejenigen, die authentisch ihre Fähigkeiten einbringen können, ohne Angst vor Fehlern oder Repressalien. Diese können in der Hoffnung und Überzeugung agieren, dass sie einen wichtigen Beitrag zum Ganzen leisten.

Auch hier gilt: Sich ständig erklären zu müssen, kostet mehr Energie, als sich wirksam zu fühlen.

Wir haben somit drei wesentliche Energiekiller identifiziert, die ihren Ursprung in der Organisationskultur oder der Führungsphilosophie haben. Im Überblick:

- Ergebnisorientierte Zielsetzungen: Der Druck, ständig bestimmte Ergebnisse zu erzielen, kann überwältigend wirken und kostet Energie.

- Fokus auf Schwächen: Anstatt Stärken zu fördern, richten wir unsere Aufmerksamkeit oft übermäßig auf Schwächen. Dies raubt uns ebenfalls wertvolle Energie.

- Mangelnde psychologische Sicherheit: Ein fehlendes Gefühl der Sicherheit kann die Arbeitsumgebung belastend machen und zerrt nicht minder an unseren Energiereserven.

Diese Energieräuber sind tief verwurzelt in der Unternehmenskultur und die Konsequenz unserer bekannten Denkmuster – beides ändert sich übrigens nicht „über Nacht". Die Liste erhebt keinen Anspruch auf Vollständigkeit, repräsentiert aber diejenigen Faktoren, die weniger individuell, dafür allgemein gültig sind.

Sie führen dazu, dass wir uns am Freitag erschöpft ins Wochenende retten, anstatt energiegeladen in die freie Zeit zu starten. Der als gemütlich propagierte, aber jäh schlafend endende Fernsehabend auf der geliebten Couch wird dem Besuch von Freunden vorgezogen. Nicht nur unser Rücken, sondern auch die Schlafqualität leidet darunter, aber im „Überlebensmodus" ist uns das egal.

Die gute Nachricht: Sie müssen nicht auf groß angelegte Wellbeing-Programme oder Stressmanagement-Seminare warten. Nehmen Sie stattdessen die Dinge in Angriff, die in Ihrem Einflussbereich liegen. In den kommenden Abschnitten biete ich Ihnen Denkanstöße und Strategien, die Ihnen helfen, Ihre persönlichen Energiekiller zu identifizieren und zu bekämpfen. Zudem lernen Sie, Warnsignale zu erkennen und hilfreiche Routinen zu etablieren, um Ihren Energiehaushalt stabil zu halten. So laufen Sie gar nicht erst Gefahr, in den roten Bereich zu fahren.

Unsere Werte

Wann haben Sie zuletzt über Ihre persönlichen Werte nachgedacht, also die Dinge, die Ihnen in Ihrem Handeln und Streben am wichtigsten sind? Wenn das eine Weile zurückliegt oder noch nie geschehen ist, sind Sie in guter Gesellschaft.

Viele Menschen vernachlässigen die Reflexion ihrer Werte im Arbeitsalltag. Häufig beginnen sie, Verstöße gegen ihre Werte zu tolerieren und sich selbst von ihnen zu entfernen. Wir akzeptieren oder tun Dinge, die unserem inneren Kompass normalerweise widersprechen. Noch schlimmer: Wir tun Dinge nicht.

Die Realitäten des betrieblichen Alltags setzen uns oft unter Zwang und erfordern gleichzeitig Flexibilität. Diese Zwänge können eine Herausforderung für unsere Willenskraft darstellen, denn intrinsisch motiviert handeln wir in solchen Situationen selten – und das oft auf Kosten unserer eigenen Authentizität und Energie.

Wir haben in diesem Buch bereits erörtert, wie wichtig es ist, sich mit unserem eigenen Wertesystem auseinanderzusetzen, um Selbststeuerung zu erreichen. Doch wir dürfen nicht unterschätzen, wie viel Energie verloren geht, wenn wir bewusst oder unbewusst gegen unsere Werte handeln, oder handeln müssen. Dieser Konflikt belastet uns und kann unsere Energiereserven stark beanspruchen. Oft geschieht dies schleichend und wird erst spät bemerkt und angegangen.

Es ist daher nicht verwunderlich, dass das Festlegen von Teamwerten und die Einhaltung entsprechender Verhaltensweisen eine Standardübung in der Vorbereitung von Leistungsmannschaften ist. Diese Werte dienen als Leitfaden für das Verhalten jedes Einzelnen. Doch für diejenigen, die sich den Teamwerten nur oberflächlich oder mehrheitlich beugen, ohne dahinterzustehen, kann die Saison eine Herausforderung sein. Besonders wenn das Trainerteam die Werte aktiv lebt und reflektiert, statt sie nur als vergilbtes Poster an der Wand des Vereinsheims hängen zu haben.

Im Unternehmenskontext spreche ich nicht von den offiziellen Unternehmenswerten, sondern von den Werten, die im täglichen Miteinander innerhalb eines Teams oder zwischen Abteilungen und Kollegen gelebt werden. Wenn Sie das Gefühl haben, sich täglich verstellen zu müssen, um ins System zu passen, haben Sie bereits einen wichtigen Energieabfluss identifiziert. Dann könnte es an der Zeit sein, Ihre Prioritäten neu zu ordnen.

Unser Wofür

Der nächste mögliche Energieräuber, der nicht vollständig außerhalb unseres Einflussbereichs liegt, ist unser „Wofür". In den ersten Kapiteln haben wir bereits betont, wie wichtig es ist, mit dem „Wofür" zu beginnen, um gezielt handeln zu können. Ein klares „Wofür" fördert die Motivation und versetzt uns im besten Fall in den Zustand des „Flows". Die Arbeit fließt wie von selbst und fühlt sich kaum wie Arbeit an. Es erfordert wenig Disziplin und Willenskraft, um am Ball zu bleiben. Die Freude am Schuften entsteht, weil es unser größeres „Wofür" voranbringt.

Es ist eher unrealistisch, dass in einem Unternehmen ausschließlich intrinsisch hochmotivierte Mitarbeiter mit einem klaren „Wofür" beschäftigt sind. Daher ist es nicht verwerflich, gezielt mit extrinsischen Anreizen nachzujustieren, solange wir die damit verbundenen Nebenwirkungen im Blick behalten, die wir in diesem Buch bereits angesprochen haben. Wir sollten jedoch auch bedenken, dass dies einen weiteren Effekt hat: Aufgaben, die eher aus extrinsischer als aus intrinsischer Motivation heraus erledigt werden, verlangen mehr Energie und Willenskraft. Das ist nicht an sich schlecht, sollte aber bedacht werden, um den Akku nicht zu sehr zu beanspruchen – und letztlich zu erschöpfen.

Wie bereits ausgeführt, ist das „Wofür" einer unserer inneren Motivatoren. Wenn wir wissen, wofür wir etwas tun, und das Gefühl haben, selbstwirksam zu sein und einen wertvollen Beitrag zu leisten, benötigen wir normalerweise keine äußeren Anreize, um leistungsfähig zu bleiben.

Ein Spieler, der das Ziel hat, Profihandballer zu werden und stetig Fortschritte macht, wird keine zusätzlichen Motivations- oder Energieschübe benötigen. Ein anderer Spieler, der sich seit einigen Spieltagen auf der Ersatzbank wiederfindet und sich fragt, wofür er überhaupt noch spielt, benötigt viel Willenskraft und Disziplin, um durchzuhalten. Er fühlt sich nicht wirksam, da er keinen sichtbaren Beitrag für das Team oder für sein eigenes „Wofür" leisten kann. Diese Situation findet sich auch bei unseren Mitarbeitern wieder, auch wenn es in Unternehmen keine direkte Ersatzbank gibt. Dennoch gibt es Möglichkeiten, ihnen ein ähnliches Gefühl zu vermitteln.

Es ist hilfreich, sein eigenes „Wofür" zu hinterfragen. Ohne eine klare Antwort wird die zu verrichtende Arbeit viel Willenskraft und Energie erfordern. Das Gleiche gilt für den eigenen Beitrag zum „Wofür". Ohne gute Antworten darauf führt fehlende Selbstwirksamkeit dazu, dass unsere Energiereserven schneller schwinden als nötig.

Sich seines „Wofürs" sowie der eigenen wichtigen Werte bewusst zu sein, hilft uns, Faktoren zu identifizieren, die uns Energie rauben oder geben. Dieses Bewusstsein ist ein Schlüssel für erfolgreiches Energiemanagement. Darüber hinaus gibt es noch pragmatische und praktische Regeln, die uns helfen, nicht auszubrennen und unsere Energie in einem gesunden Gleichgewicht zu halten. Dafür bedienen wir uns wieder mal der Erkenntnisse aus der Sportwissenschaft.

Die zwei Energiezonen

Im Sport sprechen wir von zwei Zonen: der „Performance Zone", in der körperliche oder geistige Leistung erbracht wird, und der „Recovery Zone", in der die Energiespeicher, sei es körperlich oder mental, wieder aufgefüllt werden. Trainer achten auf eine ausgewogene Belastungssteuerung. Spieler, die sich am Sonntag 90 Minuten auf dem Spielfeld verausgaben, trainieren anschließend so, dass sie zum nächsten Spiel mental und körperlich wieder bereit sind. Auf eine Leistungsphase folgt eine Erholungsphase, damit die Energiespeicher wieder aufgeladen werden.

Im Sport ist dieses Konzept leicht nachzuvollziehen, jedoch wird es im Unternehmensalltag oft anders interpretiert. Da machen auch unsere Duracell-Häschen, denen wir uns zu Beginn dieses Kapitels gewidmet haben, keine Ausnahme. Zurück im Chefsessel interpretieren die meisten von ihnen das Konzept auf eine eher eigenwillige Art und Weise. Die Zyklen, in denen sich diese beiden Phasen abwechseln, sind oft zu lang und geraten gewissermaßen aus dem Gleichgewicht.

In deutschen Führungsetagen sieht es oft so aus: Von Montag bis Freitag arbeiten viele in der Leistungszone. Am Freitagabend schaltet man in die Erholungszone, um am Sonntagabend mit dem Checken der E-Mails langsam wieder in den Leistungsmodus zu wechseln. Auch werktags verlassen wir die Leistungszone nur kurz, wenn uns die Müdigkeit überkommt und wir mit Gedanken an den nächsten stressigen Tag einschlafen. Nach meist nur fünf bis sechs Stunden eher unruhigen Schlafes werden wir abrupt von unserem Handy geweckt, oft noch mit dem grässlichen Standardklingelton, da wir keine Zeit gefunden haben, eine angenehmere Melodie zu wählen, die uns aus unseren (Alp)Träumen reißt.

Pendeln zwischen den Energiezonen

Menschen arbeiten am effektivsten, wenn sie rhythmisch zwischen zwei Energiezonen wechseln: einer energieintensiven Phase und einer Erholungsphase. Dies steht im Gegensatz zu den Gepflogenheiten vieler Führungsetagen, die oft lange Leistungsphasen bis zum wohlverdienten Urlaub oder die 70 Stunden-Arbeitswoche bis zum freien Wochenende einfordern. Stattdessen sollte man den Energiehaushalt über den Tag und die Woche hinweg ausgleichen, indem man bewusst zwischen Anstrengung und Erholung wechselt.

Wie bei Sportlern ermöglicht diese Art der Belastungssteuerung eine gesunde, nachhaltige Leistung, die abrufbar ist, wenn es darauf ankommt. Es ist wichtig, die Definition von „High Performance" im Kontext dieses Buches zu überdenken: Hier bedeutet es, gesund und nachhaltig Leistung zu erbringen und zu entwickeln. Ein High Performer ist nicht jemand, der bis zum Burnout arbeitet und nur durch einen langen Urlaub regenerieren kann. Er ist nicht derjenige, der bis spät in die Nacht Mails beantwortet, weil er tagsüber aufgrund eines nervenzehrenden Meetingmarathons nicht dazu gekommen ist. Ein High Performer ist auch nicht derjenige, der morgens prahlt, dass er nur vier Stunden geschlafen hat, weil er sich seit drei Uhr nachts den Kopf über das alles entscheidende Projekt zerbricht.

Vielmehr ist ein High Performer jemand, der es schafft, sein Energielevel über den Tag hinweg auf einem hohen Niveau zu halten, um produktiv zu arbeiten. Dieser Mensch gleicht energieintensive Aktivitäten mit erholsamen Tätigkeiten aus. Er erkennt, wenn seine Energie knapp wird, und handelt entsprechend, um sich zu regenerieren. Wenn die Energie auf ein kritisches Niveau sinkt, besteht ein höheres Risiko, schlechte Entscheidungen zu treffen, und das „Monkey Brain" übernimmt in Stresssituationen die Kontrolle – dem beugt er vor, in dem er korrigierend eingreift.

„Self-Care" als Führungsaufgabe

Es ist nicht schwer zu erkennen, dass allein die Vermeidung der in diesem Buch beschriebenen Taktikfehler dazu beitragen wird, dass Ihre Mitarbeiter mit vollem Energietank an die Arbeit gehen. Oft sind es selbst geschaffene Rahmenbedingungen, die als Energiekiller fungieren. Dazu zählen eine zu starke Ergebnisorientierung, das Fokussieren auf Schwächen, fehlende psychologische Sicherheit oder das vor lauter Aktionismus aus den Augen verlorene „Wofür".

Als Führungskraft liegt es in Ihrer Verantwortung, diese Rahmenbedingungen so anzupassen, dass der Energiehaushalt Ihres Teams nicht negativ beeinflusst wird. Führen und begleiten Sie inhaltlich und prozessbezogen, ohne sich von Ihren Zielen einfangen zu lassen und im „Überlebensmodus" zu agieren – oder noch schlimmer, nur zu reagieren. Setzen Sie auf eine stärkenorientierte Führung, die Sicherheit und Vertrauen schafft und Raum für Fehler und kontroverse Perspektiven lässt. Sorgen Sie dafür, dass Ihre Teammitglieder authentisch bleiben können, da auch das Energie erzeugt. Halten Sie das „Große und Ganze" im Blick und definieren damit das „Wofür" für das Team und jeden einzelnen Mitarbeiter.

Zeigen Sie als Führungskraft Selbstbewusstsein im eigentlichen Sinn – nicht die betrieblich definierte Version. Erkennen Sie Ihre eigenen Stärken, Werte und Ziele. Nur wenn Sie sich selbst gut kennen, können Sie Ihre Mitarbeiter dabei unterstützen, ihre Werte, Stärken und ihr „Wofür" zu erkennen und potenzielle Energiekiller zu identifizieren.

Sich seiner selbst bewusst zu sein bedeutet auch, für sich selbst sorgen zu können, indem man seinen eigenen Energiehaushalt im Blick behält und weiß, wann es Zeit für eine Pause ist. Glänzen Sie nicht durch ständige Erreichbarkeit, sondern dadurch, dass Sie – wie Spitzensportler – Ihre Energiereserven geschickt managen und ein gesundes Gleichgewicht zwischen Belastung und Erholung herstellen. So geben Sie ein Vorbild für Ihre Mitarbeiter ab, die es Ihnen bestenfalls nachmachen und mit hoher Leistungsbereitschaft und Zufriedenheit danken.

Im Leistungssport gibt es professionelle Trainer und Betreuer, Physiotherapeuten und Sportpsychologen, die Athleten vor Überlastung schützen. Wohlwissend, dass ein leerer Energiespeicher über kurz oder lang zu Minderleistung oder gar zu Verletzungen bis hin zum Karriereende führen kann. Aber wie können wir ohne einen solchen Stab von Experten sicherstellen, dass wir unseren Energiehaushalt effektiv managen? Im nächsten Kapitel beschäftigen wir uns damit, wie wir mehr Zeit im grünen Bereich und weniger im Überlebensmodus verbringen können und wie wir die beiden Energiezonen nutzen, um unsere Leistung gesund und nachhaltig zu steigern.

Die möglichen Taktikfehler:

Taktikfehler 88: Wir verbringen zu viel Zeit im „Überlebensmodus".

Taktikfehler 89: Wir managen unsere Zeit und nicht unsere Energie.

Taktikfehler 90: Wir kennen unsere wahren Energiekiller nicht.

Neue Denk- und Spielräume

Von Pitstops und Powernaps

Der berühmte Satz „Das Spiel dauert 90 Minuten" stammt von Sepp Herberger, dem legendären Trainer der deutschen Fußballnational-mannschaft von 1954. Heute wissen wir jedoch, dass dieses seit 1897 bestehende Mantra nicht immer zutrifft. Bereits das zitierte Finale der Champions League 1999, in dem Manchester United die Bayern in der Nachspielzeit besiegte, sowie die ausufernden Nachspielzeiten seit der Fußball-WM 2022 in Katar zeigen, dass das Spiel oft weit über die reguläre Spielzeit hinausgeht.

Früher dauerte ein Fußballspiel übrigens so lange, bis eine bestimmte Anzahl von Toren erzielt wurde, was oft zu langen „Schlachten» führte. Das erinnert an unseren Arbeitsalltag, in dem wir oft so lange arbeiten, bis die Aufgaben erledigt sind, der Chef das Büro verlässt oder wir uns eingestehen müssen, dass einfach nichts mehr geht.

Während Herbergers Aussage über die Spieldauer überholt ist, sind sich Wissenschaftler in Bezug auf die Dauer der sogenannten „ultradi-anen Rhythmen» einig. Diese Zyklen dauern 90 bis 120 Minuten und beschreiben den Übergang unseres Körpers von einem energiereichen Zustand in ein physiologisches Tief. Am Ende jedes Zyklus sehnt sich der Körper nach einer Erholungsphase. Zu den Anzeichen zählen körperliche Unruhe, Gähnen, Hunger, Tagträumen, emotionale Labilität und ein Nachlassen der Konzentration.

Pitstops wie in der Formel 1

In der Formel 1 dienen die „Erholungsphasen" dem Auftanken der Fahrzeuge. Ein strategisch eingesetzter Boxenstopp kann den Unterschied zwischen Sieg und Niederlage ausmachen. Auch Athleten müssen ihre Energiereserven auffüllen. In der Trainingslehre spricht man vom „Prinzip der lohnenden Pause". Unser Organismus kann sich sowohl bei körperlicher als auch geistiger Belastung in kurzer Zeit regenerieren. Man tankt quasi auf – wie der Bolide in der Boxengasse.

In dieser Zeit regeneriert das Gehirn ähnlich wie eine Muskelzelle nach Belastung. Abfallprodukte und Schlacken aus der vorherigen Energiegewinnung sowie verbrauchte Enzyme und Hormone werden aus den Zellen ausgeschieden. Die Zelle wird gewartet und reaktiviert, sodass sie nach kurzer Zeit bereit für die nächste Belastungsphase ist.[86]

Wird die Pause verwehrt, kann der Organismus dies vorübergehend durch Stresshormone kompensieren, doch dieser Effekt ist zeitlich begrenzt. Die Konsequenz ist eine deutliche Verringerung der Leistungsfähigkeit und Konzentration.

Das passiert, wenn wir die Signale der ultradianen Rhythmen ignorieren und versuchen, über zu lange Zeiträume mit Koffein, Süßigkeiten, Nikotin oder anderen „Drogen" gegen die nachlassende Konzentration und zunehmende Müdigkeit anzukämpfen. Dazu gesellen sich Nebenwirkungen wie Gereiztheit, Nervosität und Erschöpfung.

Menschliche Leistungsfähigkeit ist nicht linear, sondern basiert auf rhythmischen Zyklen von 90 bis 120 Minuten. Diese Rhythmen zu beachten, ist entscheidend für gesunde und nachhaltige Leistung. Konzentration und geistige Leistungsfähigkeit erfordern hohen Energieverbrauch. Während einer 90- bis 120-minütigen Hochleistungsphase arbeiten Atmung, Blutdruck und Herzfrequenz in einem bestimmten Takt zusammen. Nach dieser Phase ist eine Erholungspause notwendig[87].

Leider werden diese biologischen Grundlagen in der modernen Arbeitswelt oft sträflich ignoriert. Viele Menschen haben gelernt, diese Signale auszublenden und einfach weiterzuarbeiten. Die Kalender der Führungskräfte sind oft so voll, dass nicht einmal Zeit für Toilettenpausen zwischen den Meetings bleibt.

Wir verfallen dank unserer Denkmuster dem Irrglauben, dass der Verzicht auf Pausen und Regeneration am Ende des Tages zu mehr Produktivität führt. Tatsächlich beeinträchtigt dies jedoch sowohl die Leistung als auch die Gesundheit nachhaltig. Die Arbeit wird anstrengend, fehleranfällig, und es wird schwierig, die volle Leistung zu erbringen.

Gelegentliche „Boxenstopps» zum Auftanken sind für eine gesunde und nachhaltige Leistung ebenso essenziell wie in der Formel 1. Während ein Boxenstopp in der Formel 1 nur wenige Sekunden dauert, sollten wir unserem Körper 15 bis 20 Minuten geben, um den Regenerationsprozess anzuschieben und abzuschließen. Ein kurzer Gang zur Kaffeemaschine reicht oft nicht aus, zumal die Wege zur Kaffeemaschine heutzutage kurz sind, um die Mitarbeiter nicht lange von der Arbeit abzuhalten oder ihren gestiegenen Ansprüchen gerecht zu werden. Das Prinzip der Erholung besagt, dass der Körperteil, der beansprucht wurde, in der Erholungsphase regeneriert, also nicht weiter belastet werden sollte. Während bei einem Sportler nach einer intensiven Krafteinheit das Spielen an der Konsole durchaus entspannend wirken kann, empfiehlt es sich nach einer anstrengenden mentalen Leistung, lieber eine Runde um den Block zu gehen.

Neue Denk- und Spielräume

Der meist fremdbestimmte Arbeitsalltag erlaubt es uns nicht immer, solche Pausen einzulegen. Wenn 15-20 Minuten nicht möglich sind, sollten wir dennoch versuchen, kurze Erholungspausen einzubauen. Finden Sie eine Routine, die für Sie funktioniert. Sobald Sie die positiven Auswirkungen dieser Pausen spüren, werden Sie den nächsten Schritt zu mehr Selbstbestimmung, Leistungsfähigkeit und Wohlbefinden machen.

Manchmal reicht es bereits, Meetings etwas zu verkürzen oder nicht immer zur vollen Stunde zu beginnen, um den Teufelskreis der Meeting-Marathons zu durchbrechen.

Das musst Du „wegatmen"

Da es um Entspannung geht, ist es keine Überraschung, dass Atemtechniken ein Schlüssel zum Erfolg sind. Genau wie sie einem Sportler helfen, sich aus dem „Kampf oder Flucht"-Modus zu befreien, können gezielte Atemübungen auch im Arbeitsalltag Stress abbauen und den Erholungsmodus aktivieren.

Die Atmung ist ein zentrales Element, um vom Stress- in den Erholungsmodus zu wechseln: „Unter akutem Stress steigt die Atemfrequenz auf 20 bis 30 Atemzüge pro Minute, während sie im entspannten Zustand nur bei sechs bis zehn Atemzügen pro Minute liegt. An dieser Stelle wird deutlich, warum die Atmung der universelle Schlüssel zur Entspannung ist. Sämtliche Stressreaktionen werden vom autonomen Nervensystem gesteuert. Und weil es eben autonom agiert, können wir unseren Herzschlag, Blutdruck oder unsere Muskelspannung nicht bewusst steuern. Das einzige System, auf das wir bewusst Einfluss nehmen können, ist unsere Atmung."[88]

Durch langsames und tiefes Atmen beeinflussen wir gezielt das Getriebe des autonomen Nervensystems – wann immer wir möchten. Verlangsamen wir das Zahnrad der Atmung, reduzieren sich automatisch auch Herzschlag, Blutdruck und Muskelspannung. So aktivieren wir den Parasympathikus, der das Bremspedal des autonomen Nervensystems darstellt, und verringern die Aktivität des Sympathikus, des Gaspedals. Dieser Mechanismus bildet die Grundlage aller Atemtechniken, die seit Jahrtausenden in fast allen Kulturen sowohl zur Entspannung als auch zur Fokussierung eingesetzt werden. Zahlreiche Topathleten nutzen mittlerweile diesen Mechanismus vor und sogar während des Wettkampfs. Die sozialen Medien zeigen Szenen, in denen diese Sportler in Spielpausen in einem fast meditativen Zustand verweilen. Sie profitieren von dem Prinzip der „reziproken Hemmung", das besagt, dass man nicht gleichzeitig ängstlich und entspannt sein kann. Der nicht zielführende Gefühlszustand wird gewissermaßen mit dem angestrebten Zustand der Entspanntheit „überschrieben".

Bereits wenige Minuten bewusster Atmung durch das Zwerchfell oder die Bauchregion genügen, um Körper und Geist in den Entspannungsmodus zu versetzen. Entscheidend ist jedoch nicht nur die Reduzierung der Atemfrequenz, sondern eine Verlängerung der Ausatmung. Eine Faustregel besagt, dass die Ausatmung etwa doppelt so lang sein sollte wie der natürliche Einatmungsreflex.

Die detaillierte Beschreibung verschiedener Atemtechniken würde den Rahmen dieses Buches sprengen. In den letzten Jahren hat der Markt für Apps, die Ihnen helfen, richtig zu atmen und Atemtechniken zur Entspannung anzuwenden, rasant zugenommen. Noch besser ist es natürlich, wenn Sie sich an Experten wenden, die Ihnen bei ihrer ganz persönlichen Herausforderung durch richtiges Atmen unterstützen können.

Schlafen Sie sich glücklich

Eine weitere Methode, um Konzentration und Leistungsfähigkeit wieder zu stabilisieren, sind sogenannte Power Naps – kurze Nickerchen, die Ihnen helfen, sich vollständig zu entspannen und Ihre Energiereserven aufzuladen. Diese kurzen Schlafphasen wirken sich nicht nur positiv auf Ihr Glücksgefühl aus, sondern haben auch einen belegten beflügelnden Effekt auf Ihre Produktivität[89]. Daher hat sich das angelsächsische geflügelte Wort „nappiness" etabliert.

In diesem Buch geht es jedoch nicht vorrangig ums Glücklichsein, sondern um nachhaltige und gesunde Leistungsentwicklung. Dennoch bewirken „Power Naps" auch in diesem Bereich wahre Wunder. Die Wissenschaft ist sich einig, dass kurze Schlafphasen die Konzentration, Kreativität und Produktivität erheblich verbessern können. Eine NASA-Studie zeigte, dass Power Naps die Aufmerksamkeit um signifikante 54 Prozent erhöhen können[90].

Da sich die Erkenntnis durchsetzt, dass Erholungsphasen die Leistungsfähigkeit der Mitarbeiter steigern, haben Unternehmen wie Google, Microsoft und Salesforce „nap spaces" eingerichtet, in denen die Beschäftigten ihre Energiereserven wieder aufladen können. Die Realität in traditionellen Bürotrakten sieht jedoch anders aus. In Einzelbüros könnten Sie vielleicht eine Yogamatte nutzen, während in Großraumbüros eher der Tag im Home-Office eine Option sein könnte, um diese Schlafroutine auszuprobieren – und zu kultivieren, wenn's Ihnen guttut.

Die Wirkung von „Power Naps" variiert von Person zu Person. Die optimale Dauer und Zeit für ein Nickerchen hängen von individuellen Bedürfnissen ab. Eine Faustregel besagt, dass Power Naps nicht länger als 25 Minuten dauern sollten, um den Körper nicht aus der Tiefschlafphase zu reißen. Genauso wichtig wie die Dauer ist das „Timing". Menschen, die einem „normalen" Tagesablauf folgen und zwischen 6 und 8 Uhr aufstehen, sollten ihr Nickerchen am frühen Nachmittag einplanen. Schlafen sie zu spät, riskieren sie, ihr natürliches Schlafbedürfnis künstlich zu verringern. Die Folge: Sie fühlen sich am Abend nicht müde.

Probieren Sie aus, was für Sie machbar und sinnvoll ist. Die Zeit zum Experimentieren ist jetzt.

Guter Schlaf gehört zum „Job"

Für eine steigende Zahl von CEOs sind die Zeiten des Experimentierens hingegen vorbei. Sie achten mittlerweile auf guten Schlaf – nicht nur weil es dem Wohlsein zuträglich ist, sondern auch weil zahlreiche Studien zeigen, dass Schlafmangel die Qualität unserer Entscheidungen beeinträchtigt.

Eine weiterhin hohe Anzahl der Führungskräfte arbeitet hingegen noch immer nach dem Motto: „Schlafen kann ich, wenn ich tot bin." Dieser lapidar dahingesagte Spruch dient oft als Zeichen von Belastbarkeit und unerschöpflicher Energie. Doch in Wirklichkeit erhöht anhaltender Schlafmangel das Risiko für Herz-Kreislauf-Erkrankungen und damit tatsächlich die Gefahr, zu früh für immer einzuschlafen.

Schlaf ist ein fundamentales menschliches Bedürfnis und unabdingbar für Leistungsfähigkeit sowie allgemeine Gesundheit. Dennoch wird dieser Aspekt, selbst im Hochleistungssport, bisweilen vernachlässigt oder unterschätzt.

Der englische Fußballverein Brentford FC erkannte früh die Bedeutung von Schlaf und war einer der ersten Klubs, der auf die Expertise einer Schlafspezialistin setzte. Anna West, eine renommierte Expertin für Schlaf und Regeneration, betreut die Fußballer des Vereins seit mehr als acht Jahren. Bereits zu Beginn der Zusammenarbeit war ihr klar, dass sowohl das Personal als auch die Spieler zunächst lernen mussten, wie essenziell Schlaf für ihre Leistungsfähigkeit ist und wie er gezielt in die Strategien zur Optimierung integriert werden kann. Es ging nicht allein darum, die Theorie über den Schlaf zu verstehen, sondern vor allem, dieses Wissen praktisch anzuwenden, um konkrete Ergebnisse zu erzielen. Brentfords Verantwortliche ließen sich schnell überzeugen – die Fakten sprachen für sich.

Mittlerweile folgen viele andere Profimannschaften diesem Beispiel und arbeiten ebenfalls mit Schlafforschern zusammen, um die Leistungsfähigkeit und Regeneration ihrer Athleten zu maximieren. Für Sportler im Profibereich ist ein gesunder Schlaf mittlerweile unverzichtbar und längst Teil ihres Berufsalltags. Durch die fortschreitende Kommerzialisierung verschiedener Sportarten und die zunehmende Anzahl an Wettkämpfen steigt die Belastung der Spieler kontinuierlich. Anna West prognostiziert, dass die Schlaf- und Erholungsfähigkeit eines Athleten zukünftig ein wichtiges Kriterium im Scouting-Prozess des Fußballs sein wird[91].

Auch außerhalb des Sports, etwa in den Führungsetagen, wächst die körperliche und mentale Belastung seit Jahren stetig an, wie zahlreiche Studien belegen. Dennoch gilt hier oft ein anderes Prinzip. Wenig Schlaf wird als Zeichen von Belastbarkeit und Stärke angesehen. Wie eine Art Verdienstkreuz. Doch diese Einstellung steht der nachhaltigen und gesunden Leistungsentwicklung im Weg. Um zu verstehen, warum, sollten wir uns ansehen, was im Schlaf wirklich passiert.

Schlaf ist mehr als eine Ruhepause

Was sorgt dafür, dass wir durch den Schlaf regenerieren und leistungsfähig in den neuen Tag starten? Die Zirbeldrüse schüttet den Botenstoff Melatonin aus, der den Körper bei Dunkelheit informiert, dass es Zeit ist, zu ruhen und den Energieverbrauch zu senken. Das Gehirn sendet Signale an die Muskeln, um Entspannung zu fördern, und der Körper senkt Herzschlag und Blutdruck.

Entgegen der landläufigen Ansicht ist Schlaf jedoch keine Energiesparmaßnahme des Körpers. Im Schlaf bleibt der energetische Grundumsatz fast so hoch wie im Wachzustand. Auch für den Geist ist der Schlaf keine Ruhepause, das Gehirn ist sogar teils aktiver als am Tag.

Gleichzeitig werden Stoffwechselprozesse angestoßen, die Zellen führen Reparaturprozesse durch und Abfallprodukte werden abgebaut und abtransportiert. Das Immunsystem wird gestärkt, und der Körper schüttet große Mengen an Wachstumshormonen aus, die dafür sorgen, dass sich Knochen, Muskeln und Organe erneuern können.

Das Gehirn nutzt den Schlaf, um sich zu konsolidieren, zu regenerieren und neu zu sortieren. Erinnerungen werden gefestigt, während unwichtige Informationen aussortiert werden. Die Eindrücke, Informationen und Bilder, die tagsüber gesammelt werden, verarbeitet unser Gehirn in der Nacht. Neue Gedächtnisinhalte entstehen während eines gesunden Schlafs, bestehende werden verfestigt.

Forschungsergebnisse legen nahe, dass Träume dem Gehirn helfen, Emotionen zu verarbeiten, insbesondere solche, die mit emotionalen Ereignissen des Vortags verbunden sind.

Schlaf ist also nicht nur dazu da, dem Körper Ruhe zu verschaffen, sondern ihm die Möglichkeit zu geben, Arbeiten zu erledigen, die im hektischen Alltag sonst vernachlässigt würden. Diese leistungsfördernden Prozesse können nicht während kurzer Pausen oder Power Naps während der Arbeitszeit vollbracht werden. Der Körper schafft das übrigens auch nicht, während man zu Hause auf der Couch lungert, Fernsehen schaut, „netflixed" oder sich gar von fragwürdigen Inhalten auf Social Media-Plattformen berieseln lässt. Gesunder Schlaf bildet das Fundament, um uns tagsüber körperlich, geistig und emotional fit zu fühlen.

Wie bei vielen anderen Dingen im Leben erkennt man die Bedeutung von gesundem und ausreichendem Schlaf oft erst, wenn er ausbleibt. Viele Menschen, die schlaflose Nächte durchlebt haben oder, wie ich, häufig zwischen verschiedenen Zeitzonen reisen, können dies bestätigen: Der folgende Tag verläuft selten produktiv. Oft wird er von geringer Konzentrationsfähigkeit, kurzer Geduld, nachlassender Empathie und erhöhter Reizbarkeit begleitet. Die allgemeine Aufmerksamkeit sinkt, und ebenso die Fähigkeit, effektiv zu reagieren, rationale Entscheidungen zu treffen und Probleme zu lösen. Sie stimmen sicherlich zu, dass all dies im Arbeitsalltag eher hinderlich ist.

Schlaflose Nächte beeinträchtigen die Konzentration und Denkleistung erheblich. Wie gut jemand schläft, beeinflusst die Leistungsfähigkeit des Gehirns[92].

Ungewöhnliche Schlafgewohnheiten

Kommen wir zurück zu Sportpsychologen, die keine Athleten betreuen, bevor sie nicht „beweisen" können, dass sie ausreichend und gesund schlafen. Was muss ein Athlet vorweisen? Fünf, sieben oder neun Stunden Schlaf?

Die Antwort kann nicht pauschal gegeben werden, aber die Forschung ist sich weitgehend einig, dass Erwachsene im Allgemeinen etwa sieben bis neun Stunden Schlaf benötigen, um ihr volles Leistungspotenzial gesund und nachhaltig entfalten zu können.

Ausnahmen bestätigen wie immer die Regel, auch wenn diese in der Tierwelt noch spektakulärer ausfallen: Flamingos schlafen auf einem Bein, Pottwale im „Stehen" und Katzen bis zu 18 Stunden. Elefanten hingegen kommen mit zwei Stunden Schlaf aus. Der Schlafbedarf scheint also nichts mit der Größe des Tieres zu tun zu haben.

Die spektakulärste „menschliche" Ausnahme ist wohl der fünfmalige Weltfußballer Cristiano Ronaldo, dessen extravaganten Schlafgewohnheiten einige Jahre durch die Medien wandelten und mittlerweile von Experten bezweifelt werden. Bei aller Extravaganz bleibt aber festzustellen, dass auch Ronaldos Schlafroutinen den 90-Minuten-Zyklen zu folgen scheinen, die wir bereits am Anfang des Kapitels als „ultradiane Rhythmen" kennengelernt haben.

Die Forschung ist sich inzwischen einig, dass wir Menschen auch im Schlaf den bereits erwähnten „ultradianen Rhythmen" folgen. Das ist wenig überraschend. Anfang der 50er-Jahre entdeckten die Forscher Eugene Aserinsky und Nathaniel Kleitman, dass der nächtliche Schlaf in Zyklen von durchschnittlich 90 Minuten verläuft. Auch nachts wechseln sich leichtere Schlafphasen mit intensiver Gehirnaktivität und tiefere Schlafphasen ab, in denen die Gehirnaktivität abnimmt und die gründlichste Erholung stattfindet.

Dieser propagierte 90-minütige Zyklus ist jedoch nur ein statistischer Durchschnittswert. Tatsächlich variieren die Zyklen bei zwei Dritteln der Menschen zwischen 70 und 110 Minuten. Man kann sich also nicht starr an diese 90 Minuten halten. Ronaldos Schlafzyklen könnten daher auch 70 oder 110 Minuten dauern.

Die Länge eines individuellen Schlafzyklus lässt sich im Schlaflabor bestimmen. Alternativ können Sie im Urlaub ein paar Tage bewusst ohne Wecker aufwachen. Sie werden ein Schema erkennen, das Ihre individuellen Schlafzyklen widerspiegelt. Gehören Sie zu den „Durchschnittsschläfern", so werden Sie feststellen, dass die Wahrscheinlichkeit am höchsten ist, nach 6, 7 1/2 oder 9 Stunden Schlaf aufzuwachen. Es wäre daher ratsam, den Wecker so zu stellen, dass Sie nicht aus einer Tiefschlafphase gerissen werden. Wenn Sie beispielsweise um 23:00 Uhr einschlafen, sollten Sie den Wecker um 05:00, 06:30 oder 08:00 Uhr stellen. Probieren Sie es aus, Sie werden den Unterschied bemerken, wobei die 05:00-Option unter der allgemein empfohlenen Schlafdauer von sieben bis neun Stunden liegt.

Finden Sie Ihren gesunden Rhythmus, der es Ihnen ermöglicht, Ihre Leistung zu maximieren – gesund und nachhaltig. Danach geht es darum, die dafür notwendigen Rahmenbedingungen zu schaffen. Es gibt nur wenige Gründe – und vor allem keine guten – dafür, dass sich Mitarbeiter nach der inneren Uhr des Chefs richten müssen. Den Preis zahlen nicht nur die Mitarbeiter, sondern auch das Unternehmen in Form von Leistungseinbußen.

Rituale wie im Sport

Sowohl für Leistungssportler als auch für Unternehmer oder Angestellte kann es herausfordernd sein, täglich ausreichend Schlaf zu finden. Späte Spiele, lange Arbeitssitzungen, unbequeme Hotelbetten, Jetlag durch Reisen über Zeitzonen hinweg oder Kinder, die nicht einschlafen können oder wollen, sind nur einige der Faktoren, die dies erschweren. Obwohl unser Schlafbedürfnis über die Jahrhunderte konstant geblieben ist, haben sich die Lebensbedingungen stark verändert. Oft stehen moderne Anforderungen im Widerspruch zu den natürlichen Bedürfnissen und sind weniger vereinbar als früher. Doch was lässt sich dagegen unternehmen?

Die Schlafexpertin Anna West, die seit 2021 auch für den Deutschen Fußball-Bund tätig ist, kennt die Herausforderungen der Athleten aus der Arbeit mit Proficlubs genau. Nach einem aufregenden Abendspiel unter Flutlicht kommen viele Spieler oft erst in den frühen Morgenstunden im Hotel zur Ruhe, was es nahezu unmöglich macht, genügend erholsamen Schlaf zu bekommen.

West empfiehlt, den Fokus nicht nur auf die Schlafdauer, sondern vor allem auf die Qualität der erholten Stunden zu legen. Eine allzu strikte Fixierung auf die Menge des Schlafs kann zusätzlichen Stress erzeugen und im schlimmsten Fall zu Panik führen – besonders, wenn der Schlafplan vor wichtigen Wettkämpfen nicht eingehalten werden kann. Vielmehr sollte das Ziel sein, an möglichst vielen Tagen ausreichend zu schlafen, sodass der Körper eventuelle Defizite besser ausgleichen kann. Zudem rät West, am Morgen nach dem Aufwachen positive Aktivierungsmechanismen zu nutzen. Ein Spaziergang im Tageslicht und ausreichende Flüssigkeitszufuhr sind einfache, aber effektive Mittel, um den Körper nach einer schlechten Nacht zu unterstützen.

Zwar lässt sich verlorener Schlaf nicht nachholen, doch kann der Körper auf die kommende Nacht vorbereitet werden. Wie in vielen anderen Bereichen des Sports spielen auch beim Schlafen Routinen und Rituale eine entscheidende Rolle. Sie schaffen Stabilität in einer schnelllebigen und oft unvorhersehbaren Welt. Anna West betont, dass es darum geht, wissenschaftlich fundierte Erkenntnisse praktisch anwendbar zu machen, um den Schlaf zu verbessern. Ein anschauliches Beispiel hierfür zeigt, wie wichtig es ist, durch wiederkehrende Gewohnheiten eine Struktur zu schaffen, die den Schlaf langfristig fördert.

Mannschaften bilden oft nach dem Spiel einen Kreis, unabhängig vom Ergebnis. Dieser Kreis hilft Trainern und Spielern, einen Schlussstrich zu ziehen, ohne die Partie im Detail zu analysieren. Es ermöglicht den Spielern, mit einem positiven Gefühl in den Feierabend zu gehen und sich mit einer optimistischen Haltung auf das nächste Spiel vorzubereiten. Eine Routine, die sich durchaus bewährt hat.

Wie Spieler nach einer Niederlage Gefahr laufen, ihre Probleme mit nach Hause zu nehmen, besteht auch für Mitarbeiter das Risiko, ihre beruflichen oder privaten Sorgen ins Bett mitzunehmen. Individuelle Rituale können helfen, quälende Gedanken vor dem Schlafengehen loszulassen und den Kopf freizubekommen – bevor die Gedanken sie selbst kontrollieren.

Erinnern Sie sich? Dieses Szenario haben wir schon kennengelernt, als wir uns mit der Selbststeuerung befasst haben. Gedanken zu notieren oder eine Atemtechnik zu praktizieren, kann helfen, Sorgen zu verarbeiten. Ihrer Kreativität und Experimentierfreude sind keine Grenzen gesetzt. Zudem gibt es zahlreiche Schlaf-Apps, die unterschiedliche Methoden anbieten. Falls alles andere fehlschlägt, gibt es heutzutage qualifizierte Schlafexperten, die sie dabei unterstützen können, hilfreiche Routinen für einen ausreichenden gesunden Schlaf zu entwickeln.

Rahmenbedingungen schaffen

Und auch wenn es mal nicht für ausreichend Schlaf reicht, so können wir zumindest dafür sorgen, dass die zur Verfügung stehende Zeit für gesunden Schlaf „ausgekostet" wird. Auch hier gilt: Gesunder Schlaf ist die Konsequenz unseres Handelns und der Rahmenbedingungen, die wir schaffen. Die Klassiker für gesunden Schlaf seien hier aufgeführt:

- ein abgedunkelter, ruhiger Raum
- ein kühles Schlafzimmer (16 und 20 Grad Celsius)
- keine schweren Mahlzeiten ca. drei Stunden vor dem Schlafengehen
- kein Alkohol und Nikotin
- kein Koffein am späten Nachmittag oder Abend
- keine Nutzung von Handys oder Tablets ca. 60-90 Minuten vor dem Schlafengehen

Ganz im Sinne dieses Buches – tun Sie das, was Sie beeinflussen können, und akzeptieren Sie den Rest. Die anderen Ratschläge der Schlafexpertin mögen Ihnen ebenfalls bekannt vorgekommen sein.

Auch in diesem Fall geht es darum, die richtigen Rahmenbedingungen zu schaffen, die wissenschaftlichen Erkenntnisse anwendbar zu machen und Verhaltensweisen zu kultivieren, die auf das Ziel des gesunden Schlafs einzahlen.

Was uns daran hindert? Sie ahnen es. Es sind unsere Denkmuster, die Schlaf als notwendiges Übel oder als eine unangenehme Pause ansehen lassen – eine Pause, die uns davon abhält, produktiv zu sein. Dabei verhält es sich genau umgekehrt - je schneller wir das Rad drehen, desto mehr wird auch die Regenerationsfähigkeit zu einer Schlüsselkompetenz wie bei den eingangs erwähnten Fußballern.

Die Vernachlässigung der Regeneration verhindert, dass wir unser volles Leistungspotenzial entfalten können. Sie führt dazu, dass wir schlechtere Entscheidungen treffen, weniger empathisch agieren, weniger kreativ sind und schneller unsere Willenskraft verlieren. Je stärker Mitarbeiter an ihre Belastungsgrenze gehen, desto länger und intensiver müssen die Erholungsphasen ausfallen. Doch diese Grenze ist oft schwer zu fassen, da sie fließend verläuft. Der Sportpsychologe Sebastian Altfeld vergleicht diesen Zustand in seinem lesenswerten Buch „Das Einmaleins der Erholung"[93] anschaulich mit einem Sonnenbrand: Bemerkt man, dass man es übertrieben hat, ist der Schaden bereits eingetreten.

Ebenso wie Spitzensportler profitieren auch Unternehmen von einer vorausschauenden Steuerung der Balance zwischen Belastung und Erholung. Nur so kann langfristiger Erfolg auf gesunde und nachhaltige Weise gesichert werden.

Natürlich können und sollten Unternehmen nicht in einem so hohen Maße in die Privatsphäre eindringen, wie es bei den hochbezahlten Profis der Fall ist. Aber was hindert uns daran, ein bisschen mehr Aufklärung zu betreiben, unsere Denkmuster zu hinterfragen und Rahmenbedingungen zu schaffen, die es möglich machen zu regenerieren?

Werden Sie für Ihr Team zum COE, dem „Chief of Energy", und helfen Sie Ihren Mitarbeitern dabei, ihr Energielevel zu managen. Diese Aufgabe ist sowohl ethisch als auch wirtschaftlich sinnvoll. Sie gewinnen dadurch wichtige Einblicke, wie Sie das Energielevel Ihrer Mitarbeiter optimieren können, um gesunde und nachhaltige Leistung zu ermöglichen.

Die gute Nachricht ist, dass immer mehr Unternehmen sich ihrer Verantwortung bewusstwerden und erkennen, welchen Nutzen sie durch ein verantwortungsbewusstes Handeln erzielen. Infolgedessen sind auch entsprechende Apps und Befragungstools, von einfachen bis zu komplexeren Lösungen, auf dem Vormarsch – eine positive Entwicklung.

Doch es muss nicht immer kompliziert sein. Manchmal reicht eine einfache Frage nach dem Wohlbefinden, die über das im amerikanischen Sprachgebrauch übliche „How are you?" hinausgeht. Ein echtes Interesse an den Mitarbeitern kann Wunder wirken. Es zeigt Wertschätzung und hilft dabei, Energiekiller zu identifizieren und gegebenenfalls zu eliminieren oder zu reduzieren – im Sinne einer gesunden und nachhaltigen Leistungsentwicklung.

Die möglichen Taktikfehler:

Taktikfehler 91: Wir überschätzen die Dauer unserer eigenen Leistungsfähigkeit.

Taktikfehler 92: Wir vernachlässigen die Erholungsphasen für die Leistungsentwicklung.

Taktikfehler 93: Wir glauben, Pausen halten uns davon ab, etwas zu leisten.

Taktikfehler 94: Wir glorifizieren die „Unermüdlichen".

Neue Haltung

Die Führungskraft – vom Ergebnis- manager zum Erfolgscoach

„Ein guter Trainer kann eine Mannschaft um 10 Prozent verbessern, ein schlechter macht sie 50 Prozent schlechter." So drückte es Fuß- balltrainer-Legende Giovanni Trapattoni aus, um die Bedeutung eines guten Trainers zu unterstreichen – und zwar sowohl in die eine als auch in die andere Richtung.

In der Welt des leistungsbezogenen Mannschaftssports ist die Aus- wahl des Trainers von entscheidender Bedeutung. Diese Entscheidung entspricht in der Geschäftswelt der Besetzung kritischer Führungspo- sitionen in Unternehmen. Oft hört man im Sport von der Notwendig- keit, dass die „Chemie stimmen" muss. Die Frage der Passung steht im Fokus. An den Stammtischen wird oft heftig darüber debattiert, ob die- ser bodenständige Trainer wirklich zu diesem großen Verein passt. Die Geduld mit einem Trainer ist begrenzt, manchmal gibt man ihm nur so lange Zeit, bis der erste Schnee fällt. Die Diskussionen gehen weiter, ob ein „großer" Trainer besser gewesen wäre als der bisherige Co-Trainer im Chefsessel. Oder ob man einen charismatischeren Coach bevorzugt hätte, der attraktiveren Fußball spielen lässt. Die Meinungen über die richtige Trainerauswahl sind so vielfältig wie die Meinungen über die deutsche Fußballnationalmannschaft, den berüchtigten „Kölner Keller" oder die Torkameratechnik.

Wenn wir jedoch der Meinung sind, dass diese endlosen Diskus- sionen der verantwortungsvollen Rolle eines Trainers nicht gerecht werden, sollten wir einen Moment innehalten. Die Wahrheit ist, dass die Auswahl von Führungskräften in Unternehmen oft noch einfacher gestrickt ist.

Was ist das Gegenteil von Schwarz? Ist es Weiß? Nein, richtig müsste es heißen: alles außer Weiß. Es könnte also auch Blau, Grün, Gelb oder Rosa sein. Wir denken gerne und oft digital, anstatt in Skalen – mit Ausnahme unserer jährlichen Leistungsbeurteilungen, natürlich.

Beim Thema Führung hat unsere Bewertungsskala ebenfalls häufig nur zwei Pole. Entweder „Man kann führen" oder eben nicht. Manch- mal versuchen wir dennoch, die Dinge zu nuancieren. Wir könnten sagen: „Er ist zu nachsichtig" oder „Sie hat den Ruf, hart durchzugrei- fen." Manchmal beziehen wir uns auf das Alter und behaupten, jemand sei zu jung oder zu alt für eine Führungsposition. Gelegentlich bedie- nen wir uns unserer vertrauten Denkmuster: „Der junge Mitarbeiter ist hervorragend, ein fleißiger Arbeiter, der bereit ist, die ‚Extra-Meile' zu gehen. Er ist ein echter Macher." Im Sport würde man sagen, dass er dorthin geht, wo es wehtut. Dies erinnert an das legendäre Fußball-WM-Finale 2014 zwischen Deutschland und Argentinien, in dem unser Leader trotz einer Kopfverletzung alles gegeben hat, bis Mario Götze das umjubelte Siegtor erzielte. Übrigens hörte dieser Leader auf den Namen „Schweini" – vielleicht nicht unbedingt der erste Name, der an angeborene Führungsstärke und „Executive Presence" denken lässt.

Wir verwenden oft den Begriff „Executive Presence", ohne genau zu wissen, was damit gemeint ist. Aber eines wissen wir mit Sicherheit: Entweder man hat diese „Executive Presence" von Natur aus, oder man hat sie nicht, und sie ist nicht erlernbar. Damit sind wir jedoch am Ende unserer Feinheiten und Beschreibungen von Führungsqualitäten angelangt. Letztendlich bleibt es dabei: Entweder man kann führen oder eben nicht. Punkt.

Es ist erstaunlich, dass wir uns in der Geschäftswelt selten Gedanken über die Passung zwischen einer Führungskraft und ihrem Team machen. Dabei haben wir genauso viele Facetten von Führungskräften zur Verfügung, wie es Trainerprofile im Sport gibt. Vielleicht kommen Ihnen einige Prototypen ja bekannt vor?

Der Spielertrainer

Einige unserer heutigen Führungskräfte erinnern sich vielleicht noch an die sehr rar gewordenen Spielertrainer, die sich in den letzten zehn Minuten selbst einwechselten, wenn es die Mannschaft allein nicht hinbekam. Eine Spezies, die im Leistungssport längst ausgestorben ist. Doch im Geschäftsleben erfreut sich diese Art von Führungskraft zunehmender Beliebtheit. Statt sich darauf zu konzentrieren und Freude daran zu haben, die Fähigkeiten der Mitarbeiter zu verbessern, wird der Fokus auf den eigenen Heldenstatus gelegt. Manchmal geschieht dies aus Mangel an Alternativen, da der Co-Trainer und andere Spezialisten eingespart wurden und auch der Wunschspieler nicht verpflichtet werden konnte. So wird aus einer Führungskraft schnell ein Spielertrainer mit Heldenstatus. Die Förderung und Forderung der Mitarbeiter bleiben auf der Strecke. Im Profisport gibt es heute keine Spielertrainer mehr – aus gutem Grund.

In Unternehmen hingegen sind „Spielertrainer" unter den Führungskräften recht populär. Sie fordern in der Regel keine neuen „Spieler" ein, da sie insgeheim auf die Momente warten, in denen sie selbst im Rampenlicht stehen können. Das macht sie ein Stück weit unverzichtbar und gibt ihnen das gute Gefühl, noch gebraucht zu werden, wie die Spielertrainer von einst. Ab und zu empfiehlt man diesen Führungskräften zwar, besser zu delegieren, unterstützt sie jedoch nicht wirklich dabei. Solange die Arbeit erledigt wird und die Ergebnisse stimmen, scheint es nicht so wichtig zu sein. Man sagt es zwar, aber letztendlich ist es egal, solange sie nicht ausbrennen. Denn das wäre das Schlimmste, was passieren könnte. Das entspräche in der Sportwelt dem Szenario, in dem der Trainer, der Zeugwart, der Physiotherapeut und der Athletiktrainer vor einem wichtigen Turnier gleichzeitig ausfallen. Dieser Typ von Chef passt gut in unser Denkmuster: Sie liefern konstant, arbeiten hart und setzen die Erwartungen an ihre Mitarbeiter meist selbstlos um.

Der Ehrenspielführer

Wie viele Nationalspieler kennen Sie, die nach ihrer Profikarriere als Trainer wirklich erfolgreich waren? Und wie viele Namen fallen Ihnen ein, die kläglich gescheitert sind? Das wohl bekannteste Beispiel, Lothar Matthäus, ist in guter Gesellschaft – und zwar sportartübergreifend.

Bereits 1969 wurde ein Buch veröffentlicht, das weltweit zu einem Bestseller wurde: „Das Peter-Prinzip"[94]. In diesem Buch untersuchen die beiden Autoren die Vermutung, dass in jeder Unternehmenshierarchie Mitarbeiter so lange gefördert werden, bis sie auf Positionen gelangen, für die sie inkompetent sind. Dieses Phänomen, das in nahezu jedem Unternehmen anzutreffen ist, nennen sie das „Unfähigkeitsprinzip" oder, wie es im Buchtitel heißt, das „Peter-Prinzip". Es besagt, dass in Unternehmen irgendwann jede Position mit einem Mitarbeiter besetzt ist, der mit seiner Aufgabe völlig überfordert ist. Obwohl als Satire gedacht, enthält es leider oft einen wahren Kern. Ein sichtbares Zeichen im Sport hierfür ist der Trugschluss, dass ein herausragender Fußballspieler zwangsläufig ein guter Trainer sein müsste. Ebenso falsch ist die Annahme in Unternehmen, dass der erfolgreichste Verkäufer die besten Voraussetzungen für die Teamführung mitbringe. Es ist auch irreführend zu denken, dass der höchste Abschluss in Ingenieurswissenschaften automatisch die Führung des Entwicklungsteams bedeuten sollte. Obwohl Fachwissen und Erfahrung sicherlich hilfreich sind, erfordert das Führen eines Teams völlig andere Fähigkeiten als die, die einen zum Star des Teams gemacht haben. In dieser Konstellation verlieren alle. Man verliert den besten Verkäufer und bekommt vielleicht einen „Leader", der sich seiner Aufgabe nicht gewachsen fühlt.

Was treibt also einen erfolgreichen Verkäufer dazu, sich für den Chefposten zu bewerben? Im besten Fall haben sie die Motivation, das Team zu führen und weiterzuentwickeln, um gemeinsam noch erfolgreicher zu sein. Wenn das der Fall ist, sieht die Zukunft vielversprechend aus.

Häufig besteht die Motivation hingegen darin, einen größeren Firmenwagen, ein höheres Gehalt oder eine lukrative Bonusregelung zu erhalten. Kein Wunder, dass viele Menschen darauf hinarbeiten, aufzusteigen, unabhängig davon, ob sie die Führung wirklich wollen. Sie nehmen es halt in Kauf, die Führungsaufgaben zu übernehmen. Auf diese Weise werden nicht immer diejenigen Führungskräfte, die die richtige Motivation mitbringen, sondern oft diejenigen, deren Hauptmotivation darin besteht, sich selbst zu belohnen.

Und dann gibt es noch einen weiteren Grund, warum erfolgreiche Verkäufer in die Chefetage streben. Dies hat erneut mit unseren Denkmustern zu tun. Sie fühlen sich fast verpflichtet, ihre Karriere zu schützen, da die Karriere eines Ehrenspielführers irgendwann endet, wenn sie körperlich nicht mehr mithalten können. Wer sich nicht rechtzeitig um eine Karriere nach der Profikarriere kümmert, wird entweder Experte oder Trainer. Im Gegensatz dazu kann die Karriere eines guten Verkäufers schneller enden als erwartet. Schauen Sie, was passiert, wenn ein Verkäufer sich nicht für eine freie Stelle bewirbt oder das Angebot des Chefs, in eine leitende Position aufzusteigen, ablehnt. „Will er wirklich keine Karriere machen?" oder „Er ist nicht ehrgeizig genug" sind noch die harmloseren Kommentare. Man wird schnell von „der besten Wahl" zu demjenigen, in den nicht mehr investiert werden sollte. Und so versuchen viele dieser erfolgreichen Mitarbeiter, in die Führungsebene aufzusteigen, ohne wirklich die Leidenschaft dafür zu empfinden. Unseren Denkmustern folgend erscheint es fast alternativlos, den Erwartungen zu entsprechen und der Karriereleiter zu folgen.

Und so tummeln sich in den Chefetagen die „einst Erfolgreichen", die wenig Interesse daran haben, das volle Potenzial ihrer Mitarbeiter zu entfalten. Die Verlierer sind meist die Mitarbeiter, die unter der Leitung einer Führungskraft stehen, die diese Aufgaben aus anderen Beweggründen übernommen hat als die Lust an Mitarbeiter- und Teamentwicklung. Dieser Teufelskreis führt oft zu enttäuschten Erwartungen und ungenutzten Potenzialen.

Der Feuerwehrmann

Die Feuerwehrmänner unter den Trainern und Führungskräften werden gerufen, wenn es brennt, wie der Name schon sagt. Sie sind in der Regel Trainer, die dem Team kurzfristig neues Leben oder das notwendige Selbstvertrauen einhauchen. Wie beispielsweise Fußballtrainer Peter Neururer, der den 1. FC Köln in der Saison 1995/96 legendär vor dem drohenden Abstieg rettete. Der Inbegriff des Feuerwehrmanns ist zweifellos der viel zu früh verstorbene Jörg Berger, der 1999 Eintracht Frankfurt mit dem unvergesslichen 5:1 Sieg gegen Kaiserslautern die Lizenz für die erste Liga sicherte. Der „Knurrer von Kerkrade" Huub Stevens schaffte ebenfalls ein Kunststück, als er dem leblosen HSV in der Rückrunde der Saison 2006/2007 wieder zu Siegen verhalf. Stolze 30 Punkte in 15 Spielen verhinderten den Abstieg.

In der Unternehmenswelt würde man diese Profile eher als „Turnaround"-Manager bezeichnen. Sie kommen nicht, um zu bleiben, sondern um das Schlimmste abzuwenden. Sie fahren das Schiff bestenfalls wieder in ruhigere Gewässer, bevor es ihnen zu langweilig wird. Man erwartet von ihnen nicht, dass sie ihre Mitarbeiter entwickeln. Hier geht es um nackte Zahlen – ums Überleben. Somit passen die Feuerwehrmänner gut in unsere Denkmuster. Sie liefern uns kurzfristig messbare Ergebnisse und schaffen wahre Wunder mit ihrer Motivationskunst. Echte Helden halt.

Die „Beidfüßigen"

Die Freude am Führen entsteht aus der Beobachtung, wie Menschen mehr erreichen, als sie sich je zugetraut hätten. Dieser Gedanke von Leadership-Experte Simon Sinek spiegelt wider, was man häufig von erfolgreichen Trainern auf Weltklasseniveau hört – und zwar sportartübergreifend. Es handelt sich dabei jedoch nicht nur um leere Worthülsen, sondern um eine tief verwurzelte Philosophie, die außergewöhnliche Trainer von der breiten Masse abhebt. Man könnte annehmen, auf diesem Level hätten die Spieler ihr Maximum erreicht und es ginge nur noch darum, das Starensemble bei Laune zu halten und taktische Finessen zu verfeinern. Doch das ist ein Irrtum, wie man daran erkennt, dass die Marktwerte dieser Teams sich über die Jahre signifikant steigern – auch ohne kostspielige Transfers. Unter der Leitung dieser Trainer wächst nicht nur die Mannschaft als Ganzes, sondern jeder einzelne Spieler entwickelt sich in wenigen Monaten weiter und erhöht seinen Wert – unabhängig von seiner Rolle.

Diese Trainer verfolgen zwei zentrale Ziele: den Erfolg und die Freude daran, das Potenzial ihrer Spieler zu entfalten. Sie leben quasi die Gedanken von Simon Sinek, dessen Aussage den Wunsch unterstreicht, Rahmenbedingungen zu schaffen, die das gesamte Team voranbringen und nicht nur dem eigenen Aufstieg dienen. Solche Trainer sehen die Spieler nicht primär als Athleten, sondern interessieren sich auch für den Menschen dahinter. Spieler dieser Trainer berichten wiederum einhellig, dass sie sich wertgeschätzt fühlten und daher selbst unangenehme Entscheidungen akzeptieren konnten[95]. Sie leben das Prinzip, das den belgischen Fußball in den letzten Jahren zu einem Höhenflug verholfen hat: „Erst der Mensch, dann der Spieler, dann das Team"[96]. Diese Trainer schaffen es, dass sich ihre Spieler einzigartig und selbstwirksam fühlen, an ihre Stärken glauben und diese auch unter Druck abrufen können. Sie behandeln ihre Spieler so, als würden sie den Unterschied machen – und werden dabei selten enttäuscht. Zudem sorgen sie dafür, dass ein Umfeld entsteht, in dem sich die Spieler wohlfühlen, entwickeln und Bestleistungen abrufen, wenn es darauf ankommt.

Diese Trainer zeichnen sich nicht nur durch die typischen Kompetenzen eines Spitzenmanagers aus, sondern auch durch Eigenschaften, die man eher einem HR-Experten zuschreiben würde, wie sie in vielen großen Unternehmen etabliert sind. Selbstverständlich beherrschen sie ihr sportliches Fach und können mit Druck und medialer Aufmerksamkeit umgehen. Was sie jedoch vereint, ist die Leidenschaft, ihre Spieler kontinuierlich weiterzuentwickeln. In Anlehnung an „beidhändige" Unternehmen, die operativ exzellent und zugleich innovativ sind, bezeichne ich diese Trainerelite als „beidfüßig". Sie stehen auf zwei stabilen Beinen: Leistung bringen und Potenziale entfalten, idealerweise in umgekehrter Reihenfolge. Sie haben Freude am Gewinnen und gleichzeitig daran, ihre Spieler und Teams zu fördern.

Einige von ihnen haben ihre Karriere als Jugendtrainer begonnen, andere sammelten langjährige Erfahrungen als Co-Trainer. Auch im deutschen Fußball gibt es hierfür prominente Beispiele: Joachim Löw war Co-Trainer beim VfB Stuttgart und unterstützte Jürgen Klinsmann in dessen Amtszeit als Bundestrainer rund um das WM-Sommermärchen 2006. Hansi Flick verbrachte vor seinem Durchbruch als Cheftrainer bei Bayern München 13 Jahre als Co-Trainer bei Red Bull Salzburg, der deutschen Nationalmannschaft und eben Bayern München. Julian Nagelsmann wiederum arbeitete viele Jahre als Jugend- und Co-Trainer, bevor er bei der TSG Hoffenheim seine erste Profimannschaft übernahm. Die Liste erfolgreicher „Head Coaches", die ihr Handwerk in diesen Rollen erlernt haben, ist lang. Diese Erfahrungen halfen ihnen zweifellos, sich zu Cheftrainern zu entwickeln, die die Bedürfnisse und Antriebe ihrer Spieler verstehen und es schaffen, sie in das Kollektiv zu integrieren, ohne dass das Individuum sich vernachlässigt fühlt. Sie spüren den Puls ihrer Mannschaft, hören zu, stellen Fragen, fördern die Reflexion ihrer Spieler und bleiben stets neugierig. Natürlich gibt es Ausnahmen, die die Regel bestätigen – Jürgen Klopp etwa erlebte einen rascheren Aufstieg. Seine Leidenschaft, Potenziale zu erkennen und zu fördern, könnte aus seiner eigenen Spielerkarriere stammen, in der, bei allem Respekt, nicht mehr herauszuholen war.

Holt man sich diese Art von „Coaching Leaders" in sein Team, bedarf es Mut und vor allem Geduld. Diese Investition zahlt sich in der Regel langfristig aus – die Erfolge werden nachhaltig sein.

Natürlich gibt es auch in Unternehmen Führungskräfte dieser Art, man muss nur genauer hinschauen. Die Mitarbeiter- und Teamentwicklung steht üblicherweise auch in den Jobbeschreibungen heutiger Führungskräfte, jedoch weicht die Realität oft davon ab. „Grau ist alle Theorie - entscheidend ist auf'm Platz", wie Alfred „Adi" Preisler gesagt hätte. Sobald der Druck steigt oder die Ergebnisse ausbleiben, werden Entwicklungspläne genauso schnell verworfen wie die guten Vorsätze an Silvester.

Der „beidfüßige" Chef ist eine Rarität. Warum, erahnen Sie sicher schon. Unsere fest verwurzelten Denkmuster verlangen nach einem anderen Chef-Typ. Wir möchten schnelle Ergebnisse und jemanden, der zupackt, das Team motiviert und keinen „weichen" Menschenversteher. Es geht darum, als Gewinnertyp wahrgenommen zu werden, der Leistung bringt und vorangeht, so wie „Schweini" damals im WM-Finale oder wie „Kloppo". Noch wichtiger ist, sich selbst als solchen Gewinnertypen zu vermarkten, und das entspricht nicht notwendigerweise dem Naturell der „beidfüßigen" Trainertypen. Sie sind die heimlichen Stars dieser Vereine, ohne als solche wahrgenommen zu werden. Ihre Energie fließt in das tägliche Training und den Wunsch, jeden Einzelnen und das Team zu verbessern. Das Ergebnis ist für diese Trainer eine natürliche Konsequenz der täglichen Arbeit – nicht mehr, aber auch nicht weniger.

Was nicht passt, wird passend gemacht

Daher erscheint es vielen „Chefs" effektiver, so zu führen, dass ihre Führung als passend wahrgenommen wird, wie ein Mosaikstein in den Denkmustern der Chefetage. Ergebnisorientiert (tatsächlich eher ergebnisgetrieben), hart arbeitend und die Mitarbeiter bis an ihre Grenzen fordernd. Konsequenterweise finden sich in den Chefetagen Spielertrainer, Ehrenspielführer und Feuerwehrmänner. „Beidfüßige" Führungskräfte verirren sich seltener dorthin – schade.

Bisher haben wir festgestellt, dass Führungsqualitäten oft sehr starr betrachtet werden, die Passung spielt im Auswahlprozess in Unternehmen oft eine untergeordnete Rolle. Die Einstellung eines neuen Chefs erfolgt oft pragmatisch: Der Chef erklärt seinen Mitarbeitern in der ersten Woche seinen Führungsstil, und was nicht passt, wird passend gemacht. Das erinnert ein wenig an den Versuch von Jose Mourinho mit Zlatan Ibrahimovic, bevor er das Weite suchte. Jedoch ist nicht jeder Mitarbeiter ein so begehrtes Talent wie Ibrahimovic. In der Regel passen sich die Mitarbeiter auf die eine oder andere Weise an, machen das Beste aus der Situation und warten auf den nächsten Chef, denn der wird nicht lange auf sich warten lassen.

Ob es sich bei diesem nächsten Chef eher um einen Ehrenspielführer, Spielertrainer, Feuerwehrmann oder einen „Beidfüßigen" handelt, lässt sich natürlich nicht vorhersagen. In den meisten Fällen weiß man jedoch, wer im Pool der Kandidaten ist, denn dies ähnelt dem berühmten Trainerkarussell. Während im Sport die Trainer, die aufgrund mangelnder Alternativen oder vergangener Spielererfolge Trainer werden, relativ schnell ausgetauscht werden und nach zwei bis drei Misserfolgen oft in den Amateurklassen verschwinden, ist es im Geschäftsleben häufig anders: einmal Führungskraft, immer Führungskraft.

Die vorherrschenden Bedingungen in vielen Unternehmen führen dazu, dass Führungskräfte nicht aufgrund ihrer Motivation und Leidenschaft ausgewählt werden, sondern aufgrund der althergebrachten Denkmuster, die sie fördern. Genau deshalb sollten wir die heutigen Spielertrainer, Ehrenspielführer und Feuerwehrmänner unter den Chefs nicht pauschal verurteilen, zumal sie in gewissen Situationen durchaus ihren Dienst tun. Stattdessen sollten wir denjenigen helfen, die Freude an der Potenzialentfaltung wiederzufinden, dessen urmenschliches Interesse, anderen zu helfen, lediglich verschüttet wurde. Und das geschieht im Interesse aller Beteiligten und vor allem im Sinne der Unternehmen, die in einem sich wandelnden Arbeitsumfeld gesunde und nachhaltige Leistungssteigerung erfahren möchten.

Häufig, jedoch nicht immer, sind die heutigen Führungskräfte Opfer der vorherrschenden Rahmenbedingungen und Denkmuster, in die sie hineinsozialisiert wurden. Dies ist übrigens der Grund, warum ich die oben genannten, nicht beidfüßigen Trainertypen weniger verurteile als einige meiner Mitstreiter. Es liegt an uns, die Arbeitswelt von heute und morgen positiv zu beeinflussen. Lassen Sie uns einen Weg für alle Beteiligten aufzeigen, statt die gleiche Schwarz-Weiß-Malerei zu betreiben wie unsere Vorgänger. Trainertypen sind nicht in Stein gemeißelt, und es ist nie zu spät, das vermeintlich schwächere Bein zu trainieren.

Die möglichen Taktikfehler:

> **Taktikfehler 95:** Wir machen Mitarbeiter zu Führungskräften, ohne deren Motivation zu ergründen.

> **Taktikfehler 96:** Wir fördern aufgrund vergangener Heldentaten und geschickter Selbstvermarktung.

> **Taktikfehler 97:** Wir kennen nur eine Richtung der Beförderung (Einmal Chef, immer Chef).

> **Taktikfehler 98:** Wir kümmern uns zu wenig um die Passung zwischen Chef und Team.

> **Taktikfehler 99:** Wir erwarten, dass sich Mitarbeiter an den Führungsstil des Chefs anpassen.

> **Taktikfehler 100:** Wir fördern und fordern Ergebnismanager statt Erfolgscoaches.

HR – vom Personaler zum Performance Coach

Warum ist es den meisten Personalabteilungen (häufig liebevoll „Perso" genannt) bisher nicht gelungen, genau diese „beidfüßigen" Erfolgscoaches zu Tage zu fördern, die Denkweisen in den Chefetagen nachhaltig zu verändern, die Entscheidungsträger dabei zu unterstützen, taktische Fehler zu vermeiden und eine Unternehmenskultur zu etablieren, die den Herausforderungen unserer Zeit gerecht wird? In vielen Unternehmen hat sich das Drei-Säulen-Modell etabliert, das operative, transaktionale Aufgaben von den strategischen Aufgaben der Personalabteilung trennt. Doch dieses Modell wird zunehmend als gescheitert betrachtet, und neue Konzepte werden diskutiert, die der HR-Funktion (HR= Human Resources") die notwendige Durchschlagskraft verleihen sollen. Es ist bezeichnend, dass sich die Personalabteilungen seit Jahren darüber austauschen, wie sie sich organisieren sollen.

In diesem Kapitel liegt mein Fokus nicht auf den operativen Aufgaben der Personaler, sondern ausschließlich auf dem strategischen HR-Management, dessen Bedeutung laut zahlreicher Studien weiter zunehmen wird[97]. Im Folgenden werde ich der Einfachheit halber die Personen, die in diesem Bereich tätig sind, als „HRler" oder „Personaler" bezeichnen – schlichtweg weil sie in der Mehrzahl der Organisationen liebevoll so genannt werden.

Ursprünglich sollte dieses Kapitel nur ein kurzer Abschnitt werden, doch es entwickelte sich zu einem leidenschaftlichen Appell an die HR-Community, der auch ich angehöre. Während ich meine Gedanken zu Papier brachte, wurde mir noch deutlicher, welche Chance die HR-Abteilungen heute haben, die Arbeitswelt von morgen nachhaltig zu gestalten. Die Reise hin zu gesünderer und nachhaltiger Leistungsentwicklung wird ohne die Unterstützung der HRler nur schwer umzusetzen sein. Zu tief verwurzelt sind die heutigen Denkmuster, die viele von uns in einem Hamsterrad gefangen halten. Und wenn wir von Haltung und Verhalten sprechen, dann sprechen wir auch von Kultur – ein Thema, das zumindest bei den meisten HRlern auf der Agenda steht.

HR im Wandel: Von „Human Resources" zu „People & Culture"

Auch wenn die HR-Abteilungen noch nicht vollständig durchdrungen haben, wie sie sich intern organisieren wollen, so haben doch viele zumindest nach außen hin sichtbare Versuche unternommen, einen Wandel zu vollziehen. Auf den Bürotüren steht nun nicht mehr „Personalabteilung" oder „Human Resources", sondern Begriffe wie „People & Culture". Während „People" sich von selbst versteht, war es bisher weniger offensichtlich, dass auch die Entwicklung der Unternehmenskultur in den Verantwortungsbereich der HR-Abteilungen fällt – doch das ergibt durchaus Sinn. Oder?

Wer sonst sollte sicherstellen, dass die „richtigen" Personen gefördert und befördert werden? Wer sonst sollte verhindern, dass die „falschen" Mitarbeiter eingestellt oder gar entlassen werden? Wer sonst sollte die interne Zusammenarbeit effektiver und effizienter gestalten? Wer sonst sollte dafür sorgen, dass die Unternehmenswerte nicht nur Lippenbekenntnisse bleiben, die am Ende nur dem Zynismus der Belegschaft zuträglich sind?

Und wer sonst sollte gewährleisten, dass mindestens einmal im Jahr Gespräche zwischen Manager und Mitarbeiter stattfinden, in denen es nicht ausschließlich um Projektmeilensteine und Finanzkennzahlen geht, sondern um den Menschen, seine Ziele, Treiber und Entwicklungsmöglichkeiten? Wer sonst sollte dafür sorgen, dass all das fein säuberlich dokumentiert wird, um am Ende doch nicht genutzt zu werden? Wer sonst sollte dafür sorgen, dass die Gehälter leistungsgerecht sind und nicht unkontrolliert ausufern? Und wer sonst sollte sicherstellen, dass jeder Manager auf Knopfdruck weiß, wer ihn eines Tages beerben wird – zumindest in der Theorie?

Man könnte nun annehmen, dass dies alles Aufgaben sind, die – wenn es gut läuft – die Führungskräfte selbst meistern sollten, vorausgesetzt, sie finden die entsprechenden Rahmenbedingungen vor. Doch wie wir wissen, ist das leider nicht in jeder Organisation der Fall. Zum einen werden oft die „falschen" Personen befördert, und zum anderen finden diese Führungskräfte Bedingungen vor, die es ihnen kaum erlauben, beidfüßig zu spielen – also sowohl Ergebnisse zu liefern als auch die Leistungsfähigkeit ihrer Mitarbeiter und Teams gesund und nachhaltig zu entwickeln.

HR als Bewahrer des Status Quo?

Statt diese Bedingungen zu schaffen und am System zu arbeiten, arbeiten die Personaler häufig im System. Sie kompensieren das, was die Führungskräfte entweder aufgrund ihres Profils, mangelnder Erfahrung, fehlender Bereitschaft oder ungünstiger Rahmenbedingungen nicht leisten können. Damit erweisen sie der Organisation einen Bärendienst. Es ist so traurig wie wahr – damit tragen sie wie kaum ein anderer dazu bei, dass sich nichts verändert, dass der Status quo erhalten bleibt und die bestehende Kultur zementiert wird.

Damit befinden sie sich in guter Gesellschaft, denn auch die Chefetage ist häufig nicht willens, die Unternehmenskultur zu durchleuchten und ihr punktuell oder radikal neues Leben einzuhauchen.

In den meisten Unternehmen ist das Wort „Kultur" zu einem „Buzz-Word" geworden – etwas, das schwer greifbar ist, das sich von selbst entwickeln muss und das sich gelegentlich auch verselbständigt – in die eine oder andere Richtung. Kultur lässt sich nicht managen, und das missfällt unseren Ergebnismanagern natürlich. Also schaut man lieber weg oder akzeptiert, dass es so ist, wie es ist. Es ist eben kein

Ponyhof hier. Wem das nicht gefällt, der kann ja gehen. Dann übernimmt eben jemand anderes den Job.

Das Problem ist nur, dass dieser „andere" möglicherweise andere Ansprüche hat, vielleicht sogar mehr verdienen und nur vier Tage pro Woche arbeiten möchte, davon zwei Tage von zu Hause aus. Oder es gibt diesen „anderen" gar nicht – zumindest nicht hier, wo wir unseren Standort haben. Oder man setzt auch in diesem Fall auf das Prinzip Hoffnung – irgendwie wird es schon klappen. HR wird's schon richten.

Und genau das ist der Trugschluss. Wenn eine Funktion in heutigen Unternehmen nicht dazu befähigt oder in der Lage ist, einen Kulturwandel einzuleiten, dann ist es die Personalabteilung – und das sage ich mit dem größtmöglichen Respekt vor all den Personalern dieser Welt, die sich täglich daran machen, die Unternehmenskultur positiv zu beeinflussen – so wie auch ich es über Jahre gemacht habe.

Die einen können also nicht, und die anderen wollen nicht. Warum die einen nicht wollen, haben wir in diesem Buch ausführlich diskutiert. Ihre Denkweisen hindern sie daran und die folgenschweren Taktikfehler zementieren eine Arbeitsweise, die weit entfernt ist von einer gesunden und nachhaltigen Leistungskultur.

Was hindert zahlreiche HR-Abteilungen also daran, etwas zu bewegen? Es mag ironisch klingen, aber es ist unsere Leidenschaft, die uns blind macht. Es ist der „Lohn" unserer harten Arbeit, unserer Systemtreue und unseres Servicegedankens. Doch der Reihe nach.

HR als Zeugwart

Im Zuge der Diversitäts- und Inklusionsbemühungen benutzen wir Personaler oft markige Sprüche, wie: „Es nützt nichts, zu einer Feier eingeladen zu sein, wenn man nicht mittanzen darf." Dabei vergessen wir allzu häufig, dass wir es selbst sind, denen dieses Schicksal widerfährt. Nicht weil wir schwarz oder weiß sind, jung oder alt, männlich oder weiblich, sondern weil wir uns selbst in eine Lage manövriert haben, in der wir zwar geduldet, aber nicht immer respektiert werden.

Das Bild wird noch düsterer: Hin und wieder werden wir zum Tanzen aufgefordert – allerdings zu einer Musik, die wir uns nicht ausgesucht haben und oft auch gar nicht mögen. Statt den Mut zu haben, den Tanz abzulehnen oder eine andere Musik vorzuschlagen, fügen wir uns unserem Schicksal und tanzen, bis wir von unserem Tanzpartner wieder zurück an unseren Platz geführt werden. Dort können wir das Geschehen wieder von außen betrachten. Und wenn dann jemand mit einem halbleeren Bierglas vorbeikommt und zugibt, die Musik auch nicht zu mögen, fühlen wir uns zumindest nicht mehr so allein. Die Feier wird dadurch nicht besser, aber erträglicher.

Viele Personaler verkommen in dieser Rolle zu Erfüllungsgehilfen auf der einen und Meckerkästen auf der anderen Seite. Eine solche Position ist weder für die Betroffenen erfüllend noch für das Unternehmen eine lohnende Investition. „People & Culture"? Ein bisschen „People" vielleicht, „Culture" hingegen kaum.

Um sich zu trösten, wiederholen einige von uns gebetsmühlenartig den Satz, dass man sie erst vermissen würde, wenn wir nicht mehr da wären. Diesen Satz höre ich, seitdem ich mich entschieden habe, Unternehmen aus der HR-Perspektive zu begleiten und zu unterstützen. Was damit gemeint ist, hat sich mir nie ganz erschlossen. Stattdessen bereitete mir dieser Gedanke Sorgen, da er stets ein wenig rechtfertigend, hilflos und frustriert klang. Es scheint, als wüssten viele Personaler selbst nicht genau, welchen Beitrag sie eigentlich leisten. Der Gedanke, dass „die anderen sich schon wundern würden, wenn wir nicht mehr da wären", mag kurzfristig tröstlich sein, verbessert die Situation jedoch keineswegs.

Der Vergleich: Zeugwart oder Co-Trainer?

Was, glauben Sie, würde eine Mannschaft mehr schmerzen? Der Ausfall des Zeugwarts, der die Getränke mixt, die Trikots wäscht und die Sorgen mit der Freundin anhört, oder der des Co-Trainers, der den Spielern hin und wieder die Hammelbeine langzieht, sie auffordert, sich nicht in ihrer Komfortzone auszuruhen, und stetig die richtige Haltung sowie Einstellung beschwört? Wen werden sie mehr vermissen? Die Antwort liegt auf der Hand – es ist der Zeugwart.

Wenn man plötzlich seine Getränke selbst mixen, die schmutzigen Stutzen eigenhändig waschen und den Trikotkoffer selbst in den Mannschaftsbus tragen muss, wenn der Schlüssel für die Kabine fehlt und die Duschen kalt bleiben, dann wird einem die Abwesenheit des Zeugwarts deutlich unangenehmer auffallen als das Fehlen des Co-Trainers, auf dessen mahnende Worte man noch ein paar Tage länger hätte verzichten können.

Zahlreiche Personaler sind eher Zeugwarte als Co-Trainer. Das mag kundenzentriert wirken, aber es ist kein Zufall: Die meisten Führungskräfte bevorzugen tatsächlich eher einen Zeugwart als einen Co-Trainer. Das Problem ist jedoch, dass diese Einstellung das Unternehmen genau dort verharren lässt, wo es sich gerade befindet.

In den meisten Fällen gilt: HRler sind nur so stark wie die Führungs-kräfte, für die sie arbeiten. Warum ist das so? Der Einfluss der meisten Personaler auf ihre Chefs ist verschwindend gering. Sie agieren – oder besser gesagt, reagieren – mehr als Erfüllungsgehilfen. Genau deshalb würde man sie vermissen, wenn sie nicht mehr da wären – genauso wie die Spieler ihren Zeugwart vermissen würden.

Auch in anderen Aspekten ähneln HRler oft einem Zeugwart. Sie sorgen dafür, dass der Chef glänzt und im wahrsten Sinne des Wortes gut aussieht. Sie tragen den Führungskräften die Unterlagen nach und stellen sicher, dass alles bereit ist, wenn das „Spiel" beginnt. Und wenn es vorbei ist, helfen sie beim „Wunden lecken". Im schlimmsten Fall müssen sie die Scherben zusammenkehren, die als Ergebnis eines emotionalen Ausbruchs des leidenschaftlichen Managers in den Büro-fluren verstreut liegen.

HR als Hütchenaufsteller

Ein- bis zweimal im Jahr dürfen Personaler in die Rolle des Co-Trai-ners schlüpfen – allerdings nicht in die eines modernen Co-Trainers, der auf Augenhöhe mit dem „Head Coach" agiert, sondern eher in die eines traditionellen Co-Trainers des alten Schlags, der Hütchen auf-stellt und Leibchen verteilt.

Diese Gelegenheit bietet sich den HRlern meist dann, wenn das Teammeeting ansteht. Üblicherweise fällt dies ins erste Quartal, wenn noch niemand ahnt, dass die „stretched targets" wieder einmal ver-fehlt werden. Dann hallt es selbstbewusst aus dem Chefzimmer: „Frau Schmidt, die ersten zwei Tage des Meetings widmen wir uns dem Busi-ness. Sie können gern zuhören, wenn Sie möchten. Am letzten Tag haben wir ein paar Stunden ohne Agenda. Kümmern Sie sich doch bitte um den ‚people part'. Ihnen fällt sicher etwas ein. In meiner alten Firma haben wir immer ein paar lustige Aktivitäten gemacht, vielleicht etwas Vertrauensbildendes?"

Der Wunsch des Chefs erinnert oft an das sagenumwobene „Ü-Ei" – Spannung, Spiel und Schokolade. Und wer könnte einem Chef mit seinen funkelnden Kinderaugen diesen Wunsch abschlagen? Also wird das Teammeeting organisiert. Die Kollegen dürfen ein wenig klettern oder rudern, und wenn das Budget reicht, am Lagerfeuer oder an der Hotelbar den Abend ausklingen lassen. Das macht viele Teilnehmer glücklich – zumindest für einen Tag. Natürlich nennen wir das Ganze nicht Teamparty, sondern Teambuilding – das klingt professioneller. Auch wenn die nachhaltige Wirkung solcher Events häufig ausbleibt, hat die Personalabteilung dennoch geliefert. Und wenn es gut läuft, erinnern sich die Kollegen bei der Weihnachtsfeier an Frau Schmidts Einsatz und danken ihr für die Mühe. Apropos Weihnachtsfeier: Sie musste aufgrund der schlechten Marktlage virtuell stattfinden. Auch diese Feier wurde von keiner Geringeren als Frau Schmidt organisiert.

Frau Schmidt findet das nicht schlimm. Sie genießt es, die Chefetage bestmöglich zu unterstützen. Mit dieser Haltung steht sie nicht allein da. Grundsätzlich ist daran auch nichts auszusetzen. Solange der Chef die Kultur fördert, die er fordert, kann Frau Schmidt durchaus helfen, diese Kultur nachhaltig zu entwickeln. Doch was, wenn der Chef ein – nun ja, sagen wir, unangenehmer Mensch ist? Dann zählt das „Hinterherräumen" eher rückwärts – fast wie bei der Kindererziehung.

Apropos Kindererziehung. Als ich beschloss, meiner Konzernkarriere eine Pause zu gönnen und mich stattdessen im HR-Bereich zu engagieren, kontaktierte ich eine Freundin, die in einer ähnlichen Position in einem internationalen Unternehmen tätig war. Da mein bisheriger Werdegang nicht dem klassischen Profil eines HR-Partners entsprach, fragte ich sie, welche Ausbildung für diese Funktion ideal sei. Die Antwort kam prompt: „Kindergärtner."

Ich ahnte, worauf sie hinauswollte, aber hakte nicht weiter nach – sondern lächelte verlegen.

HR als Kassenwart

Die HR-Abteilung kann auch andere Seiten aufziehen, als man es vielleicht gewohnt ist. Es ist fast ein Dilemma: Je mehr die Belegschaft im Laufe der Jahre nach Wertschätzung und Entwicklungsmöglichkeiten verlangte, desto schneller drehte sich das Hamsterrad in den Unternehmen. Die kontinuierlich steigende Ergebnisorientierung führte dazu, dass immer mehr leistungssteigernde „Präparate" in Form von Bonussystemen und Zielvereinbarungen eingeführt und verwaltet werden mussten. Doch je mehr Energie auf die Steigerung der Leistungsbereitschaft der Mitarbeiter verwendet wurde, desto weniger Zeit blieb, um sich auch mit der tatsächlichen Entwicklung ihrer Leistungsfähigkeit zu beschäftigen, geschweige denn, diese sukzessive und nachhaltig zu fördern. Führungskräfte und damit auch die HR-Abteilung wurden Opfer der selbst geschaffenen Rahmenbedingungen.

Um der mangelnden Bereitschaft der Ergebnismanager, sich zumindest gelegentlich mit der Entwicklung ihrer Mitarbeiter auseinanderzusetzen, zu begegnen, wurden strenge Regeln eingeführt. Zunächst wurde die Frequenz der Mitarbeitergespräche festgelegt.

Nachdem festgestellt wurde, dass viele Chefs Schwierigkeiten hatten, diese Gespräche mit sinnvollen Inhalten und Fragen zu füllen, wurden impulsartig Gesprächsvorlagen und Checklisten entwickelt. Diese Maßnahmen steigerten nicht zwingend die Quantität und Qualität der Gespräche, halfen jedoch der einen oder anderen Führungskraft, ihre gefühlte Hilflosigkeit zu überwinden. Dies funktionierte so lange, bis durch die fortschreitende Digitalisierung in Form von Personalmanagementsystemen die Möglichkeit entstand, nachzuverfolgen, ob diese Gespräche tatsächlich stattfanden. Neben dem Planen des „people parts" in den Team-Meetings konnten die HRler nun auch den Finger in die Wunde legen. In vielen Fällen agierten sie jedoch nicht als coachende Co-Trainer, sondern als mahnende Kassenwarte. Einige, weil sie nicht konnten, andere, weil sie nicht durften.

Was blieb, waren Prozesse, die sich immer weiter verkomplizierten. Gesprächsleitfäden, die immer länger und verwinkelter wurden, und eine Vielzahl frustrierter Führungskräfte. Auf der einen Seite standen diejenigen, die solche Gespräche ohnehin geführt hätten oder dies sogar viel regelmäßiger tun, als es der HR-Prozess vorschreibt. Auf der anderen Seite standen jene, die ohnehin nicht verstanden, wozu das alles gut sein soll, und obendrein noch einen Chef hatten, dem es genauso ging.

Ich möchte an dieser Stelle nicht zu hart mit den Personalern ins Gericht gehen, denn Fakt ist auch, dass viele der heutigen Chefs ihrer Rolle als „Bessermacher" nicht gerecht werden und diese Rolle auch nicht verinnerlicht haben. Das Problem ist jedoch, dass das Wirken vieler Personaler nicht zu mehr Selbstverantwortung der Führungskräfte führt. Im Gegenteil – die Teamleiter werden fast schon konditioniert, mit ihren Gesprächen zu warten, bis die nette Dame aus der Personalabteilung dazu aufruft. Fragen abseits des Protokolls? Häufig Fehlanzeige. Es gleicht dem Ausfüllen eines digitalen Anmeldeformulars. Hauptsache, die Felder sind ausgefüllt und bestehen den Plausibilitätscheck. Das Ziel ist, den „Submit"-Button drücken zu können, ohne dass irgendwo rote Felder aufleuchten. Es fehlt nur noch das witzige Bilderrätsel, bei dem man durch das Anklicken relevanter Bilder glaubhaft darlegt, dass man kein Roboter ist. Sie ahnen es schon – Compliance statt Commitment. Der Beitrag zur nachhaltigen Leistungsentwicklung: nahezu null.

Wir halten in HR an traditionellen Prozessen fest, die uns heute jedoch nicht mehr helfen, sondern wie ein Korsett einschnüren. Strikte Regeln und Prozesse sind nun mal für diejenigen gemacht, die sie brauchen, und diese Personen vermehren sich in solchen Unternehmen wie von Zauberhand. Auf der anderen Seite frustrieren und vergraulen sie jedoch diejenigen, die ihre Rolle auch ohne strikte Regeln und Prozesse ausfüllen würden. Es ist ein schmaler Grat, um nicht zu sagen ein gefährlicher Pfad, auf dem sich die HR-Abteilungen heutzutage bewegen.

Als Nebenprodukt dieser „Mahnfunktion" fiel jedoch auch eine reizvolle Aufgabe für die Personaler ab: Sie sind es, die nun wissen, wie man mit diesen HR-Systemen umgeht. Sie wissen, welche Knöpfe zu drücken sind und vor allem wann. Bei ausgemachten „Low Performern" wissen sie, wo man im Intranet den sogenannten „Performance Improvement Plan" findet. Einige von ihnen meisterten sogar das Kunststück, den HR-Corporate-Jargon in eine Sprache zu übersetzen, die jeder Chef auf jeder Führungsebene versteht. So profilierte man sich mit Erklärvideos oder Präsentationen, die den Personalern das Gefühl gaben, einen Mehrwert zu stiften.

Und wenn die Wertschätzung trotz aller Erwartungen ausblieb, wusste man zumindest eines: „Sie werden es schon merken, wenn wir plötzlich nicht mehr da sind." In diesem Selbstverständnis sind wir Personaler dem bescheidenen Zeugwart und Kassenwart überlegen.

So erziehen wir uns hilflose Führungskräfte, die es gewohnt sind, von ihren Personalern genauso an ihre Pflichten erinnert zu werden, wie zu Hause von ihrem Ehepartner, den Müll rauszubringen. Dabei verkommen die meisten Personalabteilungen dieser Tage zu Service-Organisationen, die damit beschäftigt sind, ihren Mehrwert zu rechtfertigen. Diese Not verspürt übrigens weder der Zeugwart noch der Kassenwart.

HR als Taktiktrainer

Da kommt es gelegen, dass alle Jahre wieder eine neue Welle über die HR-Landschaft schwappt, die den Personalern eine neue Aufgabe bietet. Doch wie auch in anderen Bereichen entpuppt sich der vermeintliche Heilige Gral oft als alter Wein in neuen Schläuchen. Auch die Errungenschaften der New-Work-Bewegung drohen in der Kategorie „wir haben es zumindest versucht" zu enden. Bei näherer Betrachtung handelt es sich bei vielen Ideen ohnehin eher um ein „new word" als wirklich „new work".

Bevor diese Erkenntnis jedoch einsetzt, fühlen wir uns berufen, es zumindest auszuprobieren. Einerseits sind wir bestrebt, die eigene Existenz zu rechtfertigen, andererseits verspüren wir die Euphorie über den vermeintlich letzten Strohhalm, der von den zahlreichen Vordenkern in Form eines neuen Bestsellers, eines leicht verdaulichen TED-Talks oder Podcasts gereicht wird.

Unsere anfängliche Zurückhaltung weicht urplötzlich einem nie dagewesenen Selbstbewusstsein. Schließlich steht es dort schwarz auf weiß: Es muss sich etwas ändern. Große, erfolgreiche Unternehmen machen es uns vor. Das, was wir schon immer geahnt haben, wird nun endlich zur Gewissheit.

In gleichbleibender Regelmäßigkeit schwappen solche HR-Themen in die Chefetagen. Dieser Rhythmus orientiert sich ungefähr an der Fähigkeit der Buchindustrie, einen neuen „HR-Hype" zu vermarkten, und an der Geschwindigkeit, mit der die Gilde der Führungskräftetrainer die ursprüngliche Buchidee bis zur Unkenntlichkeit in umsetzbare und skalierbare Konzepte verwandeln kann.

Die HRler treten dann als eine Art Taktik- oder Standardtrainer auf, die den „Head Coaches" die neuesten Taktikideen und Standards präsentieren. Je länger es her ist, dass das Unternehmen sichtbar etwas für die Belegschaft und deren Entwicklung getan hat, desto höher ist die Chance, dass die Chefetage auf den selbsternannten Standardtrainer hört und das Projekt durchwinkt. Richtig, das Projekt. Ein Projekt hat schließlich einen Anfang und ein Ende. Es wird nebenbei erledigt und bleibt nur so lange relevant, wie es „schockt". In dieser Herangehensweise verlieren die Beteiligten schnell den Fokus auf das „Wofür". Entwickelt sich die Organisation nicht schneller als unser Sixpack, an dem wir seit dem Neujahrsversprechen arbeiten, schwindet die Motivation genauso rasch. Die Frage ist dann nur, ob wir zuerst die Mitgliedschaft im Fitnessstudio kündigen oder unsere Freundschaft mit dem Taktiktrainer aus der HR-Abteilung.

Open Offices, agiles Arbeiten, Feedbackkultur, psychologische Sicherheit, OKRs (Objectives & Key Results) – die Themen gehen so schnell nicht aus. Doch eine nachhaltige Wirkung sollte man dabei nicht erwarten. Das liegt nicht nur daran, dass diese Themen als Projekte behandelt werden und die Begeisterung rasch erlischt. Es liegt auch daran, dass die Projektleiter zwischen Meilensteinen und Dashboards den Kontext vergessen oder ihn teilweise nie wirklich verstanden haben.

Immerhin vermeiden wir das Gießkannenprinzip und verteilen die neue „Medizin" nur an jene, die sie wirklich benötigen. Und das sind natürlich alle – außer die Chefetage. Diese ist entweder zu „busy" oder hat ihren Lernprozess nach eigener Ansicht bereits abgeschlossen –

meistens jedoch beides. Es bleibt dabei - solange unsere Denkmuster nicht hinterfragt werden, bleibt nachhaltige Leistungsentwicklung eine Herausforderung.

Und deshalb dauert es zumeist nicht lange, bis wir zum „business as usual" zurückkehren – und zwar genau so lange, bis die nächste Welle rollt. Der nachhaltige Beitrag dieser gut gemeinten Initiativen zur Leistungsentwicklung ist in diesen Fällen nicht nur gleich null, sondern häufig negativ. Ressourcen werden gebunden, Hoffnungen geschürt, Unsicherheiten genährt und Erwartungen enttäuscht – all das steht einer gesunden und nachhaltigen Leistungsentwicklung im Wege. Während die HR-Abteilung dabei noch glimpflich davonkommt, gehören die Führungskräfte und die Organisation zu den klaren Verlierern.

Und im Nachhinein haben es dann sowieso alle gewusst, dass so etwas hier bei uns nicht klappen wird. Was früher die Werbeabteilung war, ist heute „People & Culture". Jeder kann ein bisschen mitreden. All diese gescheiterten „Projekte" sind Wasser auf die Mühlen der Besserwisser, fördern aber nur selten Bessermacher. Auch damit erreicht die Personalabteilung das Gegenteil von dem, was sie eigentlich erreichen wollte und sollte. Anstatt wie ein Taktik- und Standardtrainer alte Denkmuster zu hinterfragen, schaffen wir es, die bestehenden noch weiter zu zementieren.

HR als Physiotherapeut

„Je schlechter die Führung in den Geschäftseinheiten, desto aktiver sind die HR-Partner." Diese Aussage eines meiner Kunden ließ mich innehalten und nachdenken. Tatsächlich hatte auch ich ähnliche Dynamiken beobachtet. Wenn HR-Partner besonders betriebsam werden, ist dies nicht unbedingt ein gutes Zeichen. Es könnte vielmehr darauf hindeuten, dass HR die einzige Instanz ist, die noch Menschlichkeit wahrt. „Wenn wir nicht für unsere Werte einstehen, wer soll es dann tun?" HR kompensiert oft für die Führungskräfte, die nicht ausgewogen agieren, sondern primär ergebnisorientiert handeln. Es wirkt fast so, als kämen manche HR-Profis erst dann richtig in Fahrt, wenn sie ihrem Beschützerinstinkt nachgeben können. Je mehr Extraschichten von oben gefordert werden, desto mehr versucht HR, dem entgegenzuwirken und die Führungskräfte dabei zu unterstützen, ihre Work-Life-Balance zu wahren. Je weniger Wertschätzung das mittlere Management erfährt, desto mehr Gelegenheiten bietet HR, um Dampf abzulassen, sein Leid zu klagen und sich auszuweinen.

Es scheint fast so, als würden HR-Partner bewusst eine Gegenposition einnehmen wollen. Yin und Yang, Good Cop, Bad Cop – nennen Sie es, wie Sie wollen. Ihre Rolle ähnelt der eines Physiotherapeuten im Sport – nur ohne Massagebank. Natürlich ist die Hauptaufgabe eines Physiotherapeuten, die Athleten wieder fit zu machen. Doch die Realität zeigt, dass sie weit mehr tun. Insbesondere dort, wo keine Sportpsychologen tätig sind, übernehmen die „Physios", wie sie liebevoll genannt werden, viel mehr als nur das Kneten von verhärteten Waden. Ob sie es wollen oder nicht, sie hören sich die Sorgen der verletzten, übertrainierten oder frustrierten Spieler an. Oftmals wirkt das schlichte Zuhören der Physiotherapeuten Wunder. Einige behaupten sogar, es sei wirksamer als die Massagen oder Übungen. Andere berichten, dass die Spieler die Physios vor allem deshalb aufsuchen, weil dort endlich jemand ist, der ihnen zuhört und sie versteht.

Ja, es tut gut, sich einfach mal alles von der Seele zu reden – zumindest kurzfristig. Es bringt Erleichterung und kann zu mehr Klarheit führen. Es ist wichtig, dass Spieler und Mitarbeiter diesen sicheren Raum haben, in dem sie offen sprechen können. Einen Raum, in dem sie sich verstanden fühlen. Doch genau hier liegt der Knackpunkt: Sie werden verstanden, aber in den seltensten Fällen gecoacht. Es ähnelt tatsächlich eher dem, was ein guter Physiotherapeut leisten kann. Dies soll keineswegs abwertend klingen.

Selbstverständlich unterliegen solche Gespräche einer Art „Schweigepflicht". So pendelt der HR-Partner ständig zwischen dem Mitleid mit den erschöpften Managern und Mitarbeitern und der Loyalität gegenüber dem eigenen Chef. Dieser mag zwar hin und wieder einige Werte mit Füßen treten, steht aber selbst unter enormem Druck. So fühlt sich jeder vom HR-Partner verstanden. Doch die Wirkung auf eine nachhaltige Leistungsentwicklung – Sie ahnen es bereits – ist gleich null.

Da die Physios dank ihrer Expertise einen leistungsbereiten Spieler wieder in einen leistungsfähigen Athleten verwandeln können, verlieren die HR-Partner auch hier den Vergleich mit dem Sport.

Was macht Transformationen nachhaltig erfolgreich?

Nach der eher ernüchternden und zugegebenermaßen einseitigen Analyse unserer heutigen Personalabteilungen, lassen Sie uns einen Blick auf erfolgreiche Kulturentwicklungen werfen. Im nächsten Schritt wollen wir herausfinden, welche Rolle die HR-Abteilung übernehmen kann – und sollte –, um den Weg zu einer gesunden und nachhaltigen Leistungskultur zu ebnen. Dabei vermeiden wir gängige Taktikfehler und greifen auf die Denkanstöße aus den vorherigen Kapiteln zurück. Wenn Sie im Personalwesen tätig sind, ermutige ich Sie dazu, sofort in die Umsetzung zu gehen. Falls Sie keine HR-Verantwortung tragen, hoffe ich, dass Sie dieses Kapitel an Ihre Personalabteilung weiterleiten – vorausgesetzt, Sie können sich mit der veränderten Rolle Ihrer „People & Culture"-Abteilung identifizieren.

Die in diesem Buch zitierten erfolgreichen Kulturtransformationen zeigen bemerkenswerte Parallelen. Da ist der SC Freiburg, ein Fußballclub, der trotz begrenzter Mittel seit Jahren in der Bundesliga einstellige Tabellenplätze belegt. Da ist Athletic Bilbao - ein Verein, der durch seine einzigartige Nachwuchsphilosophie eine unvergleichliche Identifikation schafft und trotz oder gerade wegen seines eingeschränkten „Talentpools" seit Jahrzehnten zu den erfolgreichsten Clubs Spaniens gehört. Die belgischen Fußballer haben sich durch einen sogenannten „Coaching Switch" – eine Veränderung in der Haltung der Trainer über alle Altersklassen hinweg – bis auf Platz 1 der FIFA-Weltrangliste vorgearbeitet. Auch der FC Midtjylland und der FC Brentford verdienen eine Erwähnung in diesem Buch, da beide Vereine erfolgreich alte Mythen und Denkmuster durchbrachen. Sie tragen nicht nur Daten und wissenschaftliche Erkenntnisse zusammen, sondern nutzen diese auch gezielt für ihren eigenen Erfolg. Nur wenige Kilometer südlich von Midtjylland sammelt der Handballbundesligist SG Flensburg-Handewitt seit Jahrzehnten Titel und verkörpert wie kein anderer Verein norddeutsche Unaufgeregtheit und Kontinuität. Ebenso zeigt der erstmalige Aufstieg von Holstein Kiel in die Fußballbundesliga das Ergebnis jahrelanger, fokussierter und, trotz aller Ergebnisorientierung, unaufgeregter Arbeit auf allen Ebenen.

Ähnliche Beispiele haben wir in der Wirtschaft gesehen. In diesem Buch nannten wir zwei Beispiele, die exemplarisch für andere erfolgreiche Transformationen stehen. Da ist zum einen Netflix mit seinem „Culture Code", der nicht in den HR-Abteilungen verstaubte, sondern dessen Prinzipien auf allen Unternehmensebenen kultiviert wurden. Ebenso beeindruckend ist das Beispiel Microsoft und seinem CEO Satya Nadella, der das Unternehmen von einer „Know-it-all"-Mentalität zu einer frisch denkenden „Learn-it-all"-Kultur transformierte.

Auch die erfolgreichen Initiativen, die ich begleiten durfte, zeigen vier grundlegende Parallelen:

1. Eine klare Definition von Erfolg: Es wurde präzise festgelegt, wer man sein will und wofür es sich lohnt, Einsatz zu zeigen.

2. Übersetzung in konkrete Handlungsprinzipien: Die Erfolgsgaranten wurden in klare, handlungsleitende Prinzipien und Verhaltensweisen umgesetzt.

3. Vorleben durch die Führung: Die Unternehmenskultur wurde nicht von oben herab verordnet, sondern von der Führungsetage selbst vorgelebt.

4. Langfristige Beharrlichkeit: Die Verantwortlichen hatten einen langen Atem und blieben konsequent „am Ball".

Häufig ging diesen Transformationen ein Wechsel an der Unternehmensspitze voraus. Doch es gibt auch zahlreiche Beispiele, bei denen ein solcher Wechsel keine kulturelle Veränderung nach sich zog. Worin liegt der Unterschied? Neben vielen anderen Rahmenbedingungen liegt er darin, dass die „Neuen" Handlungsbedarf in Bezug auf Haltung und Verhalten erkannten. Sie setzten nicht einfach ambitionierte Wachstumsziele, um den neuen Kurs klarzustellen. Stattdessen stellten sie sich die Frage: „Wer wollen wir sein?" Sie erkannten, dass zwischen der angestrebten Vision und der Realität eine Lücke klaffte, die sie sukzessive und mit Beharrlichkeit zu schließen begannen.

Diese Lücke war für sie der entscheidende Impuls. Sie wussten, dass die bestehende Kultur, die Haltung der Mitarbeiter und deren Verhaltensweisen ihnen langfristig nicht den Erfolg bringen würden, den sie anstrebten. Über Jahrzehnte nutzten Führungskräfte sogenannte „burning platforms", um Veränderungen anzustoßen und ihre Organisationen aus der Lethargie zu reißen. Doch obwohl Angst ein mächtiger Treiber ist, verpufft ihre Wirkung mit der Zeit. Die Folge ist ein Stop-and-Go-Modus, wie man ihn beim seit Jahren strauchelnden Fußballclub Hamburger SV beobachten kann: erst die Angst vor dem Abstieg, dann die Angst vor dem „Nicht-Aufstieg" – das Ergebnis ist bekannt. Ob es die neue sportliche Leitung mit Stefan Kuntz und Steffen Baumgart besser macht? Wir werden es erfahren.

Von Ambition zu Aspiration: Der entscheidende Unterschied

Die Protagonisten der erfolgreichen Beispiele brauchten meist keine „burning platform". Nach der Philosophie von Agnes Callard hatten sie nicht nur eine Ambition, sondern eine Aspiration. Während eine Ambition ein Ergebnis ausdrückt, das man erreichen möchte, beschreibt eine Aspiration, wer man zu werden hofft. Dieses „Wofür" ist ein starkes Motiv, das es wert ist, mit Fokus, Disziplin und Beharrlichkeit verfolgt zu werden.

Es gibt viele CEOs mit sowohl Ambition als auch Aspiration – ähnlich wie es viele Sportler gibt, die wir dennoch nie bei Weltmeisterschaften oder Olympischen Spielen sehen. Sie vergessen schlichtweg die Punkte 2 bis 4. Einige scheitern daran, die Erfolgsgaranten zu identifizieren und diese in konkrete Handlungsprinzipien und beobachtbare Verhaltensweisen zu übersetzen. Andere schaffen es nicht, die neuen Handlungsprinzipien vorzuleben, die sie von allen anderen erwarten. Und schließlich verlieren manche zu früh die Geduld. Sie hören auf, das gewünschte Verhalten bewusst zu praktizieren, bevor es im Unbewussten verankert ist. In stressigen Situationen greifen sie dann auf alte Gewohnheiten zurück, was dazu führt, dass die guten Vorsätze nur ein Strohfeuer bleiben und keine nachhaltige Entwicklung bewirken. Athletiktrainer bemühen sich häufig um den Slogan: „Use it or lose it" – bei neuen Gewohnheiten verhält es sich wie bei Muskeln. Entweder sie werden regelmäßig benutzt, oder man verliert sie wieder.

People & Culture: Ein neuer Anspruch erfordert neuen Inhalt

Wenn Personaler zukünftig zu Recht das Label „People & Culture" tragen möchten (und das sollten sie unbedingt anstreben), dann reicht es nicht aus, lediglich als „Zeugwart" den Chefs die Ausrüstung hinterherzutragen, als unerfahrener „Kassenwart" Regeln für die Belegschaft aufzustellen, als „Physio" bei der Wundheilung zu helfen oder mit halbgaren Ratschlägen als „Taktiktrainer" aufzutreten. Dies soll keineswegs den Wert dieser wichtigen Rollen in den Vereinen schmälern. Doch auf dem Türschild des Zeugwarts steht auch nicht „Equipment & Culture". Ebenso wenig trägt der Kassenwart den Titel „Finance & Culture", der Physio „Health & Culture" oder der Taktiktrainer „Tactics & Culture". Auch wenn all diese Rollen einen signifikanten Einfluss auf die Kultur eines Vereins haben, reicht dieser Einfluss nicht aus, um eine neue, umfassendere Berufsbezeichnung zu rechtfertigen.

Noch einmal: Die neue Bezeichnung „People & Culture" macht durchaus Sinn. Doch damit diese gerechtfertigt ist, muss sich auch der Inhalt, der diese Rolle ausfüllt, ändern. Ansonsten werden falsche Erwartungen geweckt, die zwangsläufig zu Enttäuschungen führen. Gehen wir also die vier Schritte einer erfolgreichen Kulturentwicklung durch und beleuchten dabei die Rolle der Personaler in diesem Prozess.

Erfolgsdefinition: Neue Fragen für neue Antworten

Ein Blick auf die Transformation der deutschen Nationalmannschaft kurz vor der Heim-EM 2024 zeigt, wie entscheidend neue Fragen und Denkmuster sein können. Innerhalb weniger Wochen gelang es dem neuen Bundestrainer Julian Nagelsmann, dem Team und der gesamten Nation ein neues Selbstverständnis zu vermitteln. Dies war nicht primär das Resultat taktischer Raffinessen oder allein das Comeback des nach der EM 2021 zurückgetretenen Toni Kroos. Vielmehr stellte Nagelsmann sich und seinem Umfeld neue Fragen und förderte ein frisches, optimistisches Denken – mit ansteckender Wirkung auf die Mannschaft und ganz Fußball-Deutschland.

Natürlich könnten Sie darauf warten, dass ein neuer CEO antritt und wie Nagelsmann die Denkweise der gesamten Belegschaft aufrüttelt. Das wäre eine einfache Lösung, aber eine, die außerhalb Ihres Einflussbereichs liegt – und somit nicht der Philosophie dieses Buches entspricht.

Was passiert eigentlich, wenn ein neuer CEO seinen Dienst antritt? Ist es seine Strahlkraft oder seine Fähigkeit, den Mitarbeitern noch ein wenig mehr abzuverlangen, um das Unternehmen in rasantem Tempo in eine neue Richtung zu bewegen? Oder liegt es vielmehr daran, dass der neue CEO – ähnlich wie Nagelsmann – andere Fragen stellt und neue Denkmuster mitbringt?

Wer von Ihnen schon einmal die Firma oder Abteilung gewechselt hat, erinnert sich vielleicht daran, wie Sie Fragen stellten, die die alten Hasen überrascht haben. Vielleicht haben Sie sich aber auch zurückgehalten, aus Angst, als unwissend zu gelten. Wenn das der Fall war, haben Sie eine große Chance verpasst. Denn genau diese vermeintlich „dummen" Fragen sind oft die, die sich langjährige Mitarbeiter nicht mehr stellen. Ihr Verhalten läuft im Autopiloten, ihre Denkmuster sind festgefahren. Diese „Arbeit", die neue Kollegen in den ersten Wochen nach ihrem Eintritt leisten, ist eine wertvolle Gelegenheit für jede Abteilung, sich selbst zu hinterfragen und kontinuierlich weiterzuentwickeln. Deshalb ist frisches Blut in verdaulichen Dosen jedem Unternehmen zuträglich – besonders, wenn diese neuen Kollegen kognitive Diversität mitbringen, also andere Denkmuster und Perspektiven – und diese auch gehört werden.

Die Zeit ist reif

Laut einer Studie der Personalberatung Egon Zehnder erkennen nahezu 80 % der CEOs die Notwendigkeit, sich selbst zu hinterfragen, ihre blinden Flecken zu reflektieren und sich intensiver weiterzuentwickeln[98]. Nur auf diese Weise, so die Einschätzung der CEOs, können sie ihre Unternehmen erfolgreich in die Zukunft führen. Executive Coaches und Sportpsychologen setzen genau das tagtäglich in ihrer Arbeit um. Sie unterstützen ihre Klienten darin, festgefahrene Denkmuster zu hinterfragen, und ermutigen sie, diese kritische Auseinandersetzung mit tief verwurzelten Überzeugungen nicht als Bedrohung, sondern als Chance zu betrachten – eine Chance, neue Denk- und Handlungsräume zu erschließen.

Es bleibt abzuwarten, wie stark das Interesse der Führungsebene wirklich ist, diese Reflexion aktiv zu fördern und veraltete Denkweisen zu hinterfragen, oder ob sich erneut bewahrheitet, was der Harvard-Psychologieprofessor Dan Gilbert einmal sagte: „Human beings are works in progress that mistakenly think they're finished."[99]. Frei übersetzt bedeutet dies: „Menschen glauben fälschlicherweise, dass sie bereits fertig entwickelt sind."

Doch eines steht fest: Die Möglichkeit, Neues auszuprobieren, ist gegeben – die Fenster sind genauso weit geöffnet wie einst für die Pioniere des Fußballs, als sie das Gegenpressing entwickelten, oder für den Erfinder des „7-gegen-6-Überzahlspiels" im Handball. In beiden Fällen wurden althergebrachte Überzeugungen hinterfragt, um innovative Ansätze zu erschaffen. Im Fußball durchbrachen Trainer die alte Vorstellung, dass man nach einem Ballverlust sofort zurücklaufen und das eigene Tor verteidigen muss. Stattdessen lautete die neue Devise: Sofortige Attacke – für etwa vier Sekunden nach dem Ballverlust.

Dr. Rolf Brack, bekannt als der „Handballprofessor", ging ebenfalls unkonventionelle Wege, als er während eines Angriffs seinen Torwart durch einen zusätzlichen Feldspieler ersetzte – und das nahezu 20 Jahre bevor diese Regel 2016 allgemein anerkannt wurde und Trainer auf die farbigen Leibchen für den zusätzlichen Feldspieler verzichten konnten. Auch wenn Brack dies später als taktische Verzweiflungstat bezeichnete, bewies sein Ansatz, dass das Hinterfragen etablierter Muster und die Offenheit für wissenschaftliche Erkenntnisse oft der Schlüssel zu neuen Lösungen sind[100].

Um solche neuen Denk- und Handlungsräume zu betreten und zu nutzen, ist es entscheidend, die richtigen Fragen zu stellen. Wer immer dieselben Fragen stellt, erhält häufig auch dieselben Antworten. Auf der Suche nach neuen Antworten sollten man hin und wieder die Perspektive wechseln und andere Fragen stellen – so wie es Executive Coaches und Sportpsychologen machen. Stellen Sie die Fragen, die Sie sich vom zukünftigen CEO erhoffen würden. Stellen Sie Fragen, die zum Nachdenken anregen und Diskussionen auslösen. Fragen Sie jene, die Sie möglicherweise in den Fluren hören, wenn die Führungsebene nicht anwesend ist. Seien Sie der Nagelsmann, der neue Fragestellungen einbringt und damit Entwicklungsprozesse anstößt.

Selbst wenn Sie über Jahre darauf trainiert wurden, als Problemlöser wahrgenommen zu werden, vermeiden Sie es, auf taktische Lösungen zu setzen oder mit Expertise oder Halbwissen zu glänzen und über die neuesten Managementpraktiken zu philosophieren. Stattdessen stellen Sie die richtigen Fragen: Wer wollen wir sein? Oder auch: Wer müssten wir sein? Wer müssten wir sein, um am Markt wettbewerbsfähig zu bleiben, unsere besten Mitarbeiter zu halten, neue Fachkräfte und junge Talente zu gewinnen, das Engagement der Belegschaft zu steigern und die Krankheitsraten zu senken?

Sorgen Sie dafür, dass diese Fragen angesprochen werden und dass Sie am Tisch sitzen, wenn darüber diskutiert wird. Stellen Sie sicher, dass Sie nicht nur eingeladen, sondern auch aktiv am Geschehen beteiligt sind. Sie wollen mittanzen. Übernehmen Sie die Verantwortung für die Musik, den Rhythmus und die Richtung der Diskussion. Ich habe viele Managementteams gesehen, die überrascht waren, wie einseitig sie Erfolg definierten. Die Definition von Erfolg veränderte sich signifikant, als ein neuer Blickwinkel erlaubt wurde und die kollektive Weisheit im Raum genutzt wurde. In der heutigen Zeit ist es unabdingbar, Diversität und Inklusion zu fördern, um bessere Entscheidungen zu treffen. Es ist Zeit, es mal auszuprobieren und die Erkenntnisse praktisch umzusetzen.

Was könnte Sie daran hindern? Sie ahnen es – Ihr vermutlich altes Rollenverständnis. Befreien Sie sich von Ihrer bisherigen Rolle als Zeugwart, Kassenwart oder Physio. Wenn nötig, nehmen Sie die Rolle des Platzwartes ein – Sie entscheiden, auf welchem Platz gespielt wird. Seien Sie nicht der traditionelle Co-Trainer, der lediglich die Hütchen aufstellt, sondern der Co-Trainer auf Augenhöhe, der Dinge sieht, die der „Head Coach" nicht wahrnimmt. Seien Sie der Co-Trainer, der Informationen aufnimmt, die andere nicht hören, und der das Wissen besitzt, das anderen fehlt. Seien Sie der Co-Trainer, der dem Chef hilft, noch bessere Entscheidungen zu treffen.

Hätten wir 2006 das „Sommermärchen" erlebt, wenn Jürgen Klinsmann allein gewesen wäre? Co-Trainer Jogi Löw war damals ein essenzieller Bestandteil des Trainerstabs von „Klinsi", vielleicht sogar noch mehr. In vielen Fällen ergänzen sich Head Coach und Assistant Coach so, dass eins und eins mehr als zwei ergibt. Auch in der Geschäftswelt und Politik sehen wir zunehmend Doppelspitzen oder Jobsharing. Angesichts der gestiegenen Anforderungen an Führungskräfte ist das sinnvoll. Wenn Sie die Unternehmenskultur nachhaltig beeinflussen wollen und nicht nur durch Ihren Titel glänzen möchten, übernehmen Sie die Rolle des Co-Trainers auf Augenhöhe. Sollten Sie dazu nicht bereit sein, ändern Sie zumindest wieder Ihren Titel.

Wenn nicht jetzt, wann dann?

Brauchen Sie einen triftigen Grund für ein solches Gespräch? Vielleicht denken Sie, eine Krise oder eine „burning platform" sei notwendig. Doch diese Krise unterscheidet sich von den üblichen Krisen der letzten Jahre. Sie ist keine bereits „brennende Plattform", sondern eher ein Schwelbrand, dessen Gefährlichkeit oft erst erkannt wird, wenn es bereits zu spät ist. Diese „burning platform" tritt in einem anderen Gewand auf. Sie ist wie ein trojanisches Pferd, das erst dann sichtbar wird, wenn andere Unternehmen sich weiterentwickeln und Sie selbst nur auf der Stelle treten. Wenn Sie Ihre loyalsten Mitarbeiter an die Konkurrenz verlieren und sich nur noch auf Hochglanzbroschüren verlassen, um den aufstrebenden Talenten den Glanz vergangener Zeiten vorzugaukeln. Wenn die Fluktuation in Ihrem Unternehmen Rekordzahlen erreicht und Sie gezwungen sind, unpopuläre Maßnahmen wie eine Umstellung von der Viererkette auf Manndeckung mit Libero zu ergreifen, dann handelt es sich nicht um eine Krise, die an den wöchentlichen Finanzkennzahlen ablesbar ist.

Die gute Nachricht ist, dass den Vorständen längst klar ist, dass es sich hierbei nicht um ein reines HR-Thema handelt, sondern um ein erhebliches Risiko für das gesamte Geschäft. Diese Einsicht wächst, auch wenn sie noch nicht flächendeckend in den Chefetagen angekommen ist. Es ist an der Zeit für die HR-Abteilungen, sich proaktiv zu positionieren und nicht darauf zu warten, dass weißer Rauch aufsteigt und sie mit neuen Aufgaben betraut werden.

„Wenn nicht jetzt, wann dann?" – dieses Lied der Höhner trieb die deutschen Handballer zum WM-Titel 2007 im eigenen Land und sollte auch für die Personaler von heute gelten. Diese Aufforderung richtet sich ebenso an die CEOs und Geschäftsführer weltweit. Der beste

Zeitpunkt, um in den Dialog zu treten, war vor einigen Jahren. Der zweitbeste Zeitpunkt ist jetzt – vergleichbar mit dem Pflanzen eines Apfelbaums. Der Songtext lautet weiter: „Wenn nicht wir, wer sonst" und endet mit: „Es wird Zeit, komm wir nehmen das Glück in die Hand."

Wo ist die Lücke?

Nun gilt es herauszufinden, an welchen Stellschrauben gedreht oder welche größeren Baustellen in Angriff genommen werden müssen. Wie weit sind Sie von einem „guten" Zustand entfernt? Nehmen Sie sich nicht nur einen DinA4-Zettel mit ins Meeting – die Mängelliste ist heutzutage oft länger.

Wenn die Antwort lautet: „Es gibt zwar kleinere Verbesserungspotenziale, aber das ruckeln wir schon zurecht" und Sie mit dem Ergebnis der Diskussion einverstanden sind, dann gratuliere ich Ihnen. Natürlich können Sie sich fragen, ob es sich überhaupt gelohnt hat, dieses Buch zu lesen. Halten wir es wie beim Monopoly – Sie gehen einfach direkt über Los zum Ziel.

Sollten Sie jedoch dem Ergebnis der Diskussion nicht zustimmen können, haben Sie zumindest Ihren Job getan und sollten schnellstmöglich nach einer neuen Position Ausschau halten. Andernfalls riskieren Sie, ein Erfüllungsgehilfe für etwas zu werden, woran Sie nicht glauben. Sie stellen nur Hütchen und Regeln auf, anstatt einen bedeutenden Beitrag zur nachhaltigen Leistungsentwicklung Ihres Unternehmens zu leisten. Verschwenden Sie nicht Ihre Zeit.

Wenn Ihre Chefetage zu der Erkenntnis gelangt, dass die neue Erfolgsdefinition attraktiv erscheint und Sie den Weg dorthin mit der Unterstützung der HR-Funktion beschreiten möchte, dann nehmen Sie sich in den kommenden Jahren nicht viel anderes vor. Diese Reise wird viel Energie kosten. Wenn Sie jedoch die in diesem Buch erläuterten Taktikfehler vermeiden, werden die nächsten Jahre Ihnen, Ihrer Chefetage und vor allem allen Mitarbeitern Ihres Unternehmens bedeutende positive Energie zurückgeben. Niemand wird sich mehr fragen, warum auf Ihrem Türschild „People & Culture" steht.

Erfolgsgaranten bestimmen

Im zweiten Schritt geht es darum, die Erfolgsgaranten zu identifizieren, die Sie Ihrer Erfolgsdefinition näherbringen und die Lücken zwischen Wunsch und Realität schließen. Um dies zu erreichen, müssen Sie überzeugend darstellen, dass es das Denken und Handeln der Akteure ist, das Ihre Organisation effektiv und effizient macht. Genau darum dreht sich eine nachhaltige Transformation: Sie betrifft Haltung und Verhalten. Diese Veränderungen benötigen Zeit, sind jedoch nachhaltiger und wirkungsvoller als jede Umstrukturierung oder „burning platform". Fordern Sie die nötige Zeit ein, wohlwissend, dass erfolgreiche Transformationen meist von CEOs initiiert wurden, deren Planungshorizont nicht auf zwei oder maximal drei Jahre begrenzt war. Viele dieser prägnanten Führungspersönlichkeiten blieben zehn Jahre und länger in ihren Positionen – eine Zeit, in der sich Haltungen und Verhaltensweisen ändern und schließlich so festigen können, dass sie für die Mitarbeiter „in Fleisch und Blut", oder, wie es Sportpsychologen formulieren, in den Autopiloten übergehen. Diese Beständigkeit mag heute beinahe befremdlich wirken, wird aber in erfolgreichen Vereinen stets bewundert, sei es die langjährig beständige Führung des FC Bayern oder die Konstanz auf der Trainerbank des SC Freiburg. In beiden Fällen – da werden Sie mir zustimmen – war diese Kontinuität ein Garant für langfristigen Erfolg und nachhaltige Leistungsentwicklung.

Kultur kodieren

Wie in diesem Buch bereits ausführlich erläutert, erhalten Sie nicht zwangsläufig das, was Sie messen. Stattdessen bekommen Sie, worauf Sie fokussieren, was Sie wertschätzen und was Sie tolerieren. Wie Aristoteles schon wusste: Wir werden zu dem, was wir immer wieder tun.

Um die gewünschte Kultur zu kodieren, sollten Sie Handlungsprinzipien festlegen, die künftig als Leitplanken oder Eckpfeiler für alle Beteiligten dienen. Diese kultivierten Verhaltensweisen sind nicht nur in erfolgreichen Sportmannschaften zu beobachten; selbst in unterklassigen Fußballmannschaften existieren solche Prinzipien – sowohl auf dem Spielfeld als auch außerhalb. In vielen Organisationen weltweit fällt es uns jedoch erstaunlich schwer, diese Prinzipien oder Leistungsstandards klar zu definieren und umzusetzen. Auch die HR-Abteilungen tragen hierzu ihren Teil bei. Nachdem Sie kodiert haben, „wer" Sie als Unternehmen sein möchten, ist es an der Zeit, das „wie" zu kodieren. Wie wollen Sie sich verhalten? Welche Haltung soll gefördert und gefordert werden? Welche Verhaltensweisen sollen unterstützt, verlangt und geschätzt werden? Welche Verhaltensweisen werden toleriert und vor allem, welche werden nicht toleriert?

Sobald diese Handlungsprinzipien definiert sind, sollten Sie sich nicht nur auf die Wirkung und Kommunikationsstärke des CEO verlassen. Selbstverständlich wird sein Verhalten nicht unbemerkt bleiben und über die Zeit Nachahmer auf den folgenden Hierarchieebenen finden. Doch es liegt an den Personalabteilungen, diesen Effekt zu verstärken, zu beschleunigen und einen unumkehrbaren Schneeballeffekt zu erzeugen, dessen Auswirkungen auch nach dem Ausscheiden des CEOs nachhaltig bleiben werden.

HR als Reflexionscoach, Videoanalyst, Platzwart und Athletiktrainer

In dieser Phase der „Reise" ist es kontraproduktiv, wenn Sie sich weiterhin mit Aufgaben wie dem Aufräumen von Klamotten, dem Aufstellen von Hütchen oder dem Überwachen von Regeln beschäftigen. Stattdessen sollten Sie andere Rollen übernehmen, die einen wesentlichen Beitrag zu einer gesunden und nachhaltigen Leistungsentwicklung leisten.

Übernehmen Sie die Rolle eines Videoanalysten, wie sie in größeren Vereinen etabliert ist. Diese Analysten unterstützen Trainer dabei, Spielszenen zusammenzustellen, um sowohl erfolgreiche Verhaltensweisen und Aktionen als auch Verbesserungspotenziale zu identifizieren. Nehmen Sie an Besprechungen teil und reflektieren Sie das Verhalten Ihrer Kollegen. Analysieren Sie nicht nur die Ergebnisse, sondern auch die Spielweise. Scheuen Sie sich nicht, auch die Dynamiken auf der Führungsebene zu analysieren. Diese Reflexion ist unerlässlich, wenn Sie eine umfassende und nachhaltige Unternehmensentwicklung vorantreiben möchten.

Schlüpfen Sie in die Rolle eines Reflexionscoaches, wie sie bereits in einigen Vereinen zu finden ist. Wenn Sie eine lernende Organisation fördern möchten, unterstützen Sie diese beim Reflektieren. Es ist ein Irrtum zu glauben, dass man nur aus Fehlern lernt. Der wahre Lernprozess erfolgt durch das Reflektieren aller Erfahrungen – unabhängig von deren Natur. Schaffen Sie Raum für Reflexion in unterschiedlichen Kontexten und fordern Sie diese auf allen Ebenen ein.

Übernehmen Sie die Aufgaben eines Platzwarts und sorgen Sie für optimale Bedingungen am „Arbeitsplatz" – überall dort, wo Leistung erbracht wird. Identifizieren Sie die Rahmenbedingungen, die eine nachhaltige Leistungsförderung ermöglichen, und vermeiden Sie solche, die demotivieren oder leistungshemmend wirken. Es nützt den Akteuren wenig, wenn die Tornetze straff aufgehängt und die Ersatzbänke überdacht sind, wenn der Platz einem Rübenacker gleicht und das Flutlicht auf dem Trainingsplatz nicht funktioniert. Ein Obstkorb oder ein Rabatt im lokalen Fitnessstudio sind nette Gesten, die jedoch nur geschätzt werden, wenn die grundlegenden Bedingungen stimmen.

Gleiches gilt für abteilungsübergreifende Kooperationen: Diese können nicht funktionieren, wenn abteilungsspezifische Bonussysteme und Zielvereinbarungen dem entgegenwirken. Identifizieren Sie solche limitierenden Faktoren und besprechen Sie diese mit der Teamleitung oder der Geschäftsführung.

Agieren Sie wie ein proaktiver Athletiktrainer. Anstatt sich erst um die Mitarbeiter zu kümmern, wenn sie bereits „verletzt" sind (eine Aufgabe, die in der Regel den Physios obliegt), sorgen Sie dafür, dass sie kontinuierlich leistungsfähig bleiben. Übernehmen Sie die Verantwortung für eine leistungsfördernde Belastungssteuerung – stets im Sinne einer gesunden und nachhaltigen Leistungsentwicklung. Erklären Sie allen im Unternehmen, was Leistung bedeutet und wie auch Pausen eine positive Wirkung auf die Leistungsfähigkeit haben können, wenn sie richtig eingesetzt werden. Helfen Sie Ihren Mitarbeitern, ihre Energie, statt nur ihre Zeit zu managen. Investieren Sie nicht in Stress-Hotlines, sondern unterstützen Sie Ihre Mitarbeiter bei der Selbststeuerung.

HR als Performance Coach

Nun sind wir beim Kern dieses Buches angekommen: die Anwendung sportpsychologischer Ansätze zur Förderung einer gesunden und nachhaltigen Leistungsentwicklung in Unternehmen. Übernehmen Sie die Rolle eines Performance Coaches, indem Sie den Mitarbeitern auf allen Ebenen helfen, ein tieferes Selbstbewusstsein zu entwickeln. Dies bedeutet, sich der eigenen Stärken bewusst zu werden und zu verstehen, was geschieht, wenn diese Stärken übertrieben werden. Ebenso wichtig ist es, die eigenen Werte zu erkennen und die möglichen Konsequenzen zu verstehen, wenn diese Werte gefährdet sind.

Unterstützen Sie Ihre Mitarbeiter dabei, ihre Denkmuster zu erkennen und zu unterscheiden, welche dieser Muster sie fördern und welche sie einschränken. Helfen Sie ihnen, sich ihrer eigenen Stärken bewusst zu werden und mögliche Übertreibungen zu vermeiden. Seien Sie ein Schutzschild für Ihre Teamleiter und verhindern Sie, dass gut gemeinte Motivationsversuche unbeabsichtigt demotivierend wirken.

Arbeiten Sie mit den Teams daran, Fokus und Disziplin zu bewahren und sich nicht von alltäglichen Dingen ablenken zu lassen. Anstatt sich auf bunte PowerPoint-Präsentationen mit Wertepyramiden zu konzentrieren, fördern Sie die Entwicklung von Gewohnheiten, die täglich trainiert und reflektiert werden können. Denken Sie groß, aber beginnen Sie mit kleinen, konkreten Schritten. Statt Regeln zu diktieren, erinnern

Sie die Teams an grundlegende Handlungsprinzipien oder Leistungsstandards.

Schlüpfen Sie auch in die Rolle eines Konditionstrainers. Achten Sie darauf, dass Ihre Führungskräfte und Teamleiter nicht unter Kurzatmigkeit leiden. Viele Veränderungsbemühungen scheitern nicht an mangelnder Bereitschaft, sondern daran, dass zu früh eine Zielerreichung erwartet oder ungeduldig auf Ergebnisse gewartet wurde. Vermeiden Sie es, mit einer Brechstange zu arbeiten. Spielen Sie das Spiel – unabhängig vom Ergebnis – besonnen zu Ende, wie es Real Madrid seit Jahren erfolgreich vormacht oder wie Leverkusen es in der Saison 2023/2024 demonstrierte. Verhaltensänderungen erfordern Zeit, Geduld und Fokus, um nachhaltig zu sein. Stellen Sie sicher, dass jeder die notwendige Geduld aufbringt und den Fokus nicht verliert. Und vergessen Sie nicht, hin und wieder als Stadionsprecher aufzutreten, um die Erfolge und deren Akteure zu feiern.

Sorgen Sie dafür, dass die neue Unternehmenskultur nicht nur in den Bürotrakten gelesen, sondern wie in der Fankurve für alle Beteiligten fühlbar und sichtbar wird. So tragen Sie zu Recht das Label „People & Culture". In Anlehnung an die Prinzipien dieses Buches würde ich sogar ein anderes Label vorschlagen: „People and Performance". Beginnen Sie jedoch nicht mit dem neuen Titel, sondern mit der eigentlichen Arbeit. Die Titel sind das Ergebnis dieser Arbeit und nicht das endgültige Ziel. Titel verpflichten und spiegeln die Qualität der geleisteten Arbeit wider.

Die möglichen HR Taktikfehler:

Taktikfehler 101: Wir haben nur unsere Verpackung geändert, nicht den Inhalt.

Taktikfehler 102: Wir agieren als Zeug- und Kassenwart statt als Performance Coach.

Taktikfehler 103: Wir arbeiten im System, nicht am System.

Taktikfehler 104: Wir kompensieren für fehlende Führungsqualität, statt sie zu entwickeln.

Taktikfehler 105: Wir befinden uns im Rechtfertigungsmodus.

Taktikfehler 106: Wir sympathisieren, statt zu coachen.

Taktikfehler 107: Wir kommen mit Lösungen statt mit Fragen.

Taktikfehler 108: Wir bevorzugen Regeln vor Handlungsprinzipien.

Taktikfehler 109: Wir fördern „Compliance statt Commitment".

Taktikfehler 110: Wir akzeptieren Lippenbekenntnisse „von oben".

Taktikfehler 111: Wir haben einen zu kurzen Atem.

Leistung entwickeln, statt Ergebnisse zu managen

Es steht 1:0, und die letzten Minuten des Spiels laufen. Die neutralen Zuschauer fiebern dem Ausgleich entgegen, um noch eine halbe Stunde aufregenden Fußball genießen zu können und möglicherweise sogar das Drama eines Elfmeterschießens mitzuerleben. Die Fans der führenden Mannschaft hingegen wünschen sich nichts sehnlicher als den erlösenden Schlusspfiff oder den einen entscheidenden Konter, der „den Deckel drauf macht", wie man es in der Fußballersprache gern ausdrückt.

Genau das werde ich jetzt versuchen – den Deckel draufzumachen. Doch worauf eigentlich? Auf den Versuch zu erklären, was uns in heutigen Unternehmen daran hindert, eine gesunde und nachhaltige Leistungsentwicklung zu fördern – und wie wir mit Hilfe sportpsychologischer Erkenntnisse Wege finden können, dies zu ändern.

Zunächst gehen wir einen Schritt zurück und fragen uns, woher die Motivation zur Veränderung überhaupt kommen sollte. Die lange Zeit gültige Gleichung Talent + harte Arbeit = Erfolg, die uns über Jahrzehnte hinweg Resultate beschert hat, scheint – wie zu Beginn des Buches beschrieben – ihre Wirkkraft bzw. Nachhaltigkeit verloren zu haben.

In diesem Buch haben wir aufgezeigt, wie zahlreiche Taktikfehler einer gesunden und nachhaltigen Leistungsentwicklung in Organisationen im Wege stehen. Zudem haben wir fest verwurzelte Denkmuster identifiziert, die diese Taktikfehler begünstigen. Erinnern Sie sich?

1. Wir spielen ergebnisorientiert

Wir akzeptieren, dass nur das messbare Ergebnis zählt. Die Überzeugung lautet: „Wir bekommen, was wir messen." Wir machen uns zu Getriebenen unserer eigenen Zielvorgaben. Um diese nicht zu verfehlen, greifen wir oft zur „Brechstange" oder anderen kurzfristigen Maßnahmen. Diese einseitige Fokussierung auf Ergebnisziele führt dazu, dass kurzfristige Ergebnisse über nachhaltige Erfolge gestellt werden und dass wir den wichtigen, unmessbaren Erfolgsgaranten nicht genug Aufmerksamkeit schenken.

2. Wir müssen die Spieler motivieren

Im Irrglauben, dass Mitarbeiter ständig motiviert werden müssen, investieren wir viel Energie in die Steigerung der Leistungsbereitschaft, anstatt die Leistungsfähigkeit und Selbstwirksamkeit der Teams und jedes Einzelnen zu fördern. Diese Denkweise ignoriert die Tatsache, dass echte Motivation von innen her kommt und dass Mitarbeiter dann ihr Bestes geben, wenn sie sich wirksam fühlen und ihre Stärken und Fähigkeiten einbringen können.

3. Wir rennen mehr als unsere Gegner

Wir glorifizieren die „Extra Meile" und befördern diejenigen zu Führungskräften, die am härtesten für den Erfolg arbeiten und ihre Anstrengungen zur Schau stellen. Dieser Kult um die Überanstrengung führt dazu, dass Leistung mit Quantität statt mit Qualität gleichgesetzt wird. Die Konsequenz ist eine Sackgasse, in der immer mehr Arbeit als notwendiger Schlüssel zum Erfolg gesehen wird.

Diese drei Denkmuster verstärken sich gegenseitig und schaffen einen sich selbst verstärkenden Teufelskreis, aus dem es schwierig ist auszubrechen – es sei denn, man hinterfragt diese Denkmuster kritisch und mit frischer Perspektive. Dann wird plötzlich klar, dass wir in vielen Fällen nicht mehr tun müssen, sondern weniger. Wir erkennen, dass keine allumfassenden Organisationsänderungen oder groß angelegten Transformationsprojekte notwendig sind, sondern vielmehr eine sukzessive Anpassung unserer Haltung und unseres Verhaltens an die überarbeitete Definition von Leistung und Erfolg. Wie so oft im Leben können kleine Änderungen große Wirkungen entfalten.

Anstatt sämtliche Taktikfehler nochmals im Detail aufzurollen, sollen hier die wichtigsten Erkenntnisse zusammengefasst werden. Zunächst sollte man erkennen, dass viele Unternehmen sich selbst täuschen, wenn sie behaupten, ergebnisorientiert zu handeln. Diese scheinbare Ergebnisorientierung endet oft in einer Ergebnisgetriebenheit, die auf die „Brechstange" als adäquates Mittel zur Zielerreichung setzt. Es wird schneller und mehr gearbeitet, und Prozesse werden suboptimal angepasst, was den Führungsetagen ein Gefühl der Kontrolle gibt. In Wirklichkeit ist es jedoch der deutlichste Beweis für einen Kontrollverlust.

Selbst Unternehmen, die sich erfolgreich vom bloßen Fetischismus der Zielerreichung befreien, handeln häufig nicht wirklich leistungsorientiert. Stattdessen fixieren sie sich auf die erzielten Ergebnisse, anstatt die zugrundeliegende Leistung zu betrachten. Diese Fokussierung auf das Endergebnis hat eine fundamentale Schwachstelle: Sie veranlasst uns, über Resultate nachzudenken, statt über Verhaltensweisen, Einstellungen, Routinen und Gewohnheiten. Diese Ergebnisorientierung behindert uns sogar darin, bessere Resultate zu erzielen. Das ständige Starren auf die „Anzeigetafel" verhindert, dass wir in die sogenannte Lernzone eintreten und uns auf das konzentrieren, was wir tatsächlich beeinflussen können – unsere Haltung und unser Verhalten. Auf diese Weise entstehen exzellente Ergebnismanager, jedoch keine Erfolgscoaches, die wir benötigen, um Potenziale zu entfalten und eine generationenübergreifend gesunde und nachhaltige Leistungsentwicklung zu ermöglichen.

Doch was machen jene Organisationen anders, die nicht ständig im ergebnisgetriebenen Überlebensmodus operieren, sondern Ergebnisse liefern, indem sie gesunde und nachhaltige Leistung entwickeln und gleichzeitig den Nährboden für Erfolgscoaches bereiten?

Auf dem Weg zu einer echten Leistungskultur gilt es zunächst zu akzeptieren, dass Ergebnisse lediglich eine Konsequenz unseres täglichen Handelns sind oder, wie es American Football Trainerlegende Bill Walsh ausdrückte: „The score takes care of itself." Mit anderen Worten – die Ergebnisse kommen von alleine. Diese Erkenntnis eröffnet Unternehmen die Möglichkeit, mehr Zeit im „Hier und Jetzt" zu verbringen, statt vergangene Resultate zu erklären und zukünftige zu planen.

Solche Organisationen haben sich von der althergebrachten Definition von Leistung gelöst, die harte Arbeit und das Abliefern um jeden Preis glorifiziert. „Dreckige Siege" sind für sie nicht unbedingt besser als knappe Niederlagen, denn sie bewerten Leistung anhand der Qualität des täglichen Denkens und Handelns, das auf ihre individuelle Definition von Erfolg einzahlt. Diese Erfolgsdefinition umfasst weit mehr als bloße Ergebnisse. Sie bietet den Rahmen, um wirklich Wichtiges von weniger Wichtigem zu unterscheiden. Sie haben verinnerlicht, dass man nicht das bekommt, was man misst, sondern das, worauf man fokussiert, was man wertschätzt und was man toleriert.

Diese erweiterte Erfolgsdefinition ermöglicht es diesen Unternehmen, die dafür notwendigen Erfolgsgaranten zu identifizieren und ihre Energie und Aufmerksamkeit darauf zu richten. Dabei verfallen sie nicht dem Irrglauben, alles messbar machen zu müssen, sondern erlauben sich, auch beobachtbares Verhalten in den Fokus zu stellen und dieses regelmäßig zu reflektieren. Sie wissen, dass es nicht die „stretched targets" sind, die die Ergebnisse liefern, sondern das konsistente und zielgerichtete Verhalten, das den Erfolg trägt. Kontinuität wird daher höher geschätzt als Aktionismus, Fokus höher bewertet als Multitasking. Diese Unternehmen setzen die oft geforderte Agilität nicht mit hektischem Aktionismus und reiner Reaktionsschnelligkeit gleich. Stattdessen haben sie gelernt, Impulse als solche zu erkennen und zu verstehen. Anstatt ständig im Überlebensmodus zu reagieren, haben diese Organisationen gelernt, bewusst zu agieren.

Es geht um Disziplin, auch wenn dieses Wort heutzutage vielleicht nicht mehr in Mode ist. Es geht nicht darum, für alle sichtbar härter zu arbeiten als der Durchschnitt. Es geht nicht um Effekthascherei und das bloße Abhaken von To-do-Listen, sondern darum, bei jeder Handlung zu hinterfragen, welchen Beitrag man zum großen Ganzen leistet. Es geht darum, der Beste für das Team zu sein, anstatt sich darauf zu konzentrieren, der Beste im Team zu werden. Auch das ist Disziplin. So wird nach Beitrag und Potenzial befördert, statt Heldentaten und Selbstvermarktung zu belohnen.

Diese Organisationen haben aufgehört, der Mehrheit ihrer Mitarbeiter zu signalisieren, sie seien nur Durchschnitt. Weiterentwicklung und Potenzialentfaltung sind nicht elitär und beschränken sich nicht auf wenige „High Performer" und „High Potentials". Stattdessen bemühen sich diese Organisationen, das Potenzial jedes einzelnen Mitarbeiters zu entfalten. Dabei trennen sie klar zwischen der in der Vergangenheit erbrachten Leistung (Performance) und dem zukünftigen Potenzial. Ihr Ziel ist es, die Selbstwirksamkeit jedes Einzelnen zu stärken. Dadurch laufen sie weniger Gefahr, die Selbstbewussten noch selbstbewusster und die Bescheidenen noch bescheidener zu machen.

In Unternehmen, die sich einer gesunden und nachhaltigen Leistungsentwicklung verschrieben haben, ist die Potenzialentfaltung und Stärkung der Selbstwirksamkeit der Mitarbeiter kein sporadisches Ereignis, sondern ein integraler Bestandteil des Alltags. Diese

Unternehmen reagieren auf den Fachkräftemangel nicht mit teuren Employer-Branding-Kampagnen oder Lockangeboten, sondern agieren proaktiv und investieren in ihre bestehenden Mitarbeiter. In einer vernetzten Welt erweist sich dies als weitaus wirkungsvoller als jede geschaltete Werbung. Statt einen kostspieligen „Königstransfer" zu tätigen, setzen sie auf das Wachstum ihrer eigenen Talente und geben ihnen die Chance, sich zu entwickeln.

Diese Organisationen erkennen die Einzigartigkeit jedes Mitarbeiters an und verzichten darauf, Weiterentwicklung nach dem Gießkannenprinzip anzubieten. Sie verschreiben keine „Medizin" ohne vorherige Diagnostik und berücksichtigen dabei stets mögliche Nebenwirkungen.

In Unternehmen, die sich einer nachhaltigen Leistungsentwicklung verpflichtet fühlen, wird das Beobachten höher geschätzt als das Beurteilen. Es geht nicht darum, mehr zu wissen, sondern die richtigen Fragen zu stellen. Nicht das Reden wird trainiert, sondern das Zuhören. Anstelle von Feedbacktechniken wird eine Kultur gefördert, in der Mitarbeiter von sich aus Ratschläge einholen, um sich zu verbessern.

Mitarbeiter solcher Organisationen verbringen – wie erfolgreiche Sportler auch – regelmäßig Zeit außerhalb ihrer Komfortzone, nämlich in der Lernzone. Die Panikzone, also die Zone der chronischen Überforderung, wird hingegen konsequent vermieden. „Coaching on the job" ist hier kein unverständliches „Buzz-Word", sondern eine zentrale Führungsaufgabe, die ebenso wichtig ist wie nachhaltige Ergebnisse zu erreichen. Potenziale zu entfalten und die Leistungsfähigkeit gesund und nachhaltig zu entwickeln, sind eine gemeinsame Verantwortung von Mitarbeitern und Managern.

Diese Unternehmen steigern kontinuierlich die Leistungsfähigkeit aller Beteiligten, anstatt ihre Energie darauf zu verwenden, die Leistungsbereitschaft der Mitarbeiter zu sichern und zu erhöhen. Sie haben erkannt, dass sie ihre Mitarbeiter mittel- und langfristig nicht motivieren müssen und auch nicht können. Stattdessen konzentrieren sie sich darauf, ihre Mitarbeiter nicht zu demotivieren. Der Fokus liegt darauf, die Leistungsfähigkeit, nicht aber die Leidensfähigkeit der Mitarbeiter zu steigern.

Diese Haltung ermöglicht es den Unternehmen, mehr Zeit im Hier und Jetzt zu verbringen, statt sich von messbaren Ergebniszielen treiben zu lassen und den Großteil ihrer Zeit mit der Rechtfertigung vergangener und der Planung zukünftiger Resultate zu verbringen. Man konzentriert sich auf das, was wirklich beeinflussbar ist, und hat gelernt, Geräusche von Signalen zu unterscheiden. Dadurch gibt es weniger Nebenschauplätze und der sogenannte „Shit Ratio" – also der Anteil an Dingen, die nicht direkt oder indirekt auf den Erfolg einzahlen – ist verschwindend gering.

Dies ist nicht zuletzt darauf zurückzuführen, dass diese Unternehmen die Bedeutung der richtigen Haltung erkannt haben. Die Haltung entscheidet darüber, ob unser Verhalten zielführend ist. Während andere Unternehmen viel über das „richtige Mindset" reden, ohne wirklich zu wissen, was damit gemeint ist oder wie es aussieht, unterstützen diese Unternehmen ihre Mitarbeiter dabei, nicht nur ihr Handeln, sondern auch ihr Denken zu optimieren. Sie kultivieren eine Haltung, die den Erfolg fördert und jeden Einzelnen dazu befähigt, seinen größtmöglichen Beitrag zu leisten – sei es im Meeting mit der Vorstandsetage oder im „Maschinenraum". Diese Selbstwirksamkeit der Mitarbeiter ist wiederum der ideale Nährboden für ihre Lernkultur.

In diesem Kontext geht es auch um Selbstbewusstsein – jedoch nicht im klassischen Sinne. Es bedeutet vielmehr, dass sich die Mitarbeiter dieser Organisationen ihrer selbst bewusst sind. Sie kennen ihre Stärken und wissen, was passiert, wenn sie diese übertreiben. Sie sind sich ihrer emotionalen Trigger und tief verwurzelten Werte bewusst und haben gelernt, ihre Emotionen zu nutzen, statt sie zu verdrängen oder sich von ihnen kontrollieren zu lassen. Dieses „Bewusstsein" führt dazu, dass die Mitarbeiter sich häufiger reflektieren – und zwar zukunftsorientiert, um daraus zu lernen.

In den erfolgreichsten Unternehmen ist kontinuierliche Verbesserung tief in der DNA verankert – nicht nur als leere Phrase auf vergilbten Postern in den Aufzügen der Konzernzentrale. Statt sich in trügerischer Selbstzufriedenheit zu wiegen, verpflichten sich diese Unternehmen, sich ständig selbst zu hinterfragen und weiterzuentwickeln. Sie haben verstanden, dass es kein endgültiges „Geschafft" gibt.

Während viele Unternehmen noch die falschen Personen befördern und diese dann auch noch an den falschen Kriterien, nämlich Ergebniszielen, messen, haben nachhaltig erfolgreiche Unternehmen andere Maßstäbe etabliert. Ergebnisse sind zwar weiterhin wichtig, doch die Haltung und das Verhalten potenzieller Führungskräfte sind zu gleichwertigen Kriterien geworden. Auch die Entwicklung von Mitarbeitern und Teams ist nicht mehr nachrangig, sondern zu einem zentralen Erfolgsfaktor aufgestiegen. Diese „Erfolgscoaches" denken nicht in Schwarz-Weiß-Kategorien, Grautöne irritieren sie nicht, denn sie sind in der Lage, in Skalen zu denken und zu handeln.

Diese Führungskräfte managen nicht ihre Zeit, sondern ihre Energie – und zwar so, dass sie dem großen Ganzen dienen. Wie Leistungssportler pendeln sie bewusst zwischen Phasen der Performance und der Erholung, in dem Wissen, dass sie nur so ihr volles Potenzial langfristig ausschöpfen können. Sie haben verstanden, dass der einstige „Karriereturbo", einfach mehr und härter zu arbeiten, ausgedient hat, und diesen sogar als Flaggschiff der Diversitätskiller identifiziert. Sie erlauben auch Karrieren jenseits der traditionellen und viel zu eingeschränkten Karrierefenster. Allein dadurch verfügen sie über einen Talentpool, der auch ohne Quoten wesentlich diverser daherkommt als der ihrer Konkurrenten. Aber auch Anforderungsprofile schließen nicht mehr diejenigen aus, die neben einer erfüllenden Arbeit auch andere Lebensbereiche wie Hobbys, Ehrenämter oder Familien managen.

Diese Unternehmen suchen nicht einfach nach Ergebnismanagern, sondern nach Erfolgscoaches, nach Bessermachern statt Besserwissern, nach den Selbstbewussten statt den Selbstverliebten, nach den Beharrlichen statt den Aktionisten und nach den Energiemanagern statt den Zeitmanagern. Sie schätzen auch die Leisen, nicht nur die Lauten, und erkennen die Bedeutung der „Wasserträger", die im Hintergrund agieren. Ihre Führungskräfte lieben nicht nur den Erfolg und die Leistung, sondern haben auch Freude daran, das Potenzial ihres Teams und jedes Einzelnen zu entfalten – sie spielen beidfüßig.

Als Konsequenz werden diese Unternehmen gesunde und nachhaltige Ergebnisse erzielen, die weit über das hinausgehen, was mit einer rein ergebnisorientierten Taktik möglich wäre. Anstatt ihre Energie in das Korrigieren von Taktikfehlern zu stecken, investieren sie in wertschöpfende und erfolgversprechende Aktivitäten. Fokus, Disziplin und Lernbereitschaft führen dazu, dass sie mit weniger Aufwand mehr erreichen – oder mit gleichem Aufwand signifikant bessere und nachhaltigere Ergebnisse erzielen.

Niemand muss auf Ergebnisse und Höchstleistungen verzichten, wenn gleichzeitig gesund und nachhaltig gehandelt wird. Diese Elemente schließen sich nicht gegenseitig aus, sondern bedingen einander. Die Basis dafür ist das Bewusstsein für den Teufelskreis, in dem viele Unternehmen gefangen sind, und die Bereitschaft, die zugrundeliegenden Denkmuster zu hinterfragen und anzupassen. Wie im klassischen Coaching oder in der Sportpsychologie ist diese Reflexion der Anfang, um vielen der heutigen Herausforderungen zu begegnen – sei es der vermeintliche Generationenkonflikt, der Fachkräftemangel, der zu kleine Talentpool, die geringe Bereitschaft, Führungsverantwortung zu übernehmen, die fehlende Diversität, die gestiegenen Krankheits- und Burn-out-Raten oder die ausbleibenden Ergebnisse.

SCORE - Vom Denken zu Handeln

Einfach mal machen – auch das ist eine Weisheit, die niemals aus der Mode kommt. Denn so sagte schon Franz Beckenbauer vor dem WM-Titel 1990: „Geht's raus und spielt's Fußball". Julian Nagelsmann kleidete die gleiche Weisheit in eine etwas modernere Sprachvariante, indem er vor der Heim-EM 2024 zu Protokoll gab: „Wir müssen einfach kicken." 1990 brachte uns diese Marschroute den Weltmeistertitel. Auch wenn Deutschland im Viertelfinale 2024 in einem nervenaufreibenden Spiel gegen Spanien ausschied, war das Rückbesinnen auf das Wesentliche dennoch zielführender als das bloße Ausgeben eines Ergebnisziels.

Dieses „Wesentliche" ist unser tägliches Denken und Handeln, das wir in diesem Buch durch die über 100 Taktikfehler darzustellen versucht haben. Vielleicht haben Sie sich in dem einen oder anderen Kapitel „erwischt" gefühlt – unabhängig davon, ob Sie eine Führungskraft, Geschäftsführer, Personalverantwortlicher oder auch ein Mitarbeitender, Mitlenkender, Mitdenkender oder Mitfühlender sind.

Ich bin mir jedoch sicher, dass Sie in den meisten Fällen vieles bereits richtig und gut umsetzen. Andernfalls hätten Sie dieses Buch vermutlich gar nicht erst in die Hand genommen, geschweige denn es bis zum Ende gelesen.

Wie ich bereits zu Beginn des Buches erwähnt habe, war es nicht mein Ziel, eine weitere Sammlung von Pauschallösungen für gute Führung zu verfassen. Mein Anliegen als Coach und Autor ist es, Sie zum Nachdenken anzuregen – und zwar genau dort, wo Sie selbst spüren, dass Reflexion angebracht ist.

Natürlich bin ich an einigen Stellen nicht umhingekommen, Lösungsmöglichkeiten anzubieten. Ich hoffe, dass die eine oder andere Anregung für Sie interessant sein könnte. Der Fokus liegt jedoch darauf, Denk- und Taktikfehler zu erkennen.

Die Lösungen, um diese Fehler zu vermeiden und durch zielführendere Maßnahmen zu ersetzen, werden sehr individuell ausfallen. Als Coach bin ich überzeugt, dass die meisten Antworten bereits in Ihrem Kopf vorhanden sind – sie müssen nur ans Licht gebracht werden. Vielleicht ist das sogar schon während des Lesens geschehen?

Wie bereits im Laufe des Buches erläutert, führt eine reine Vermeidungsstrategie in den meisten Fällen nicht zum gewünschten Erfolg und kann im schlimmsten Fall sogar kontraproduktiv sein. Es geht also nicht nur darum, Taktikfehler zu vermeiden, sondern vielmehr darum, alte Denkmuster, Haltungen, Rahmenbedingungen oder konkrete Verhaltensweisen durch neue, effektivere Ansätze zu ersetzen.

Deshalb lade ich Sie ein, einen Schritt weiterzugehen. Konzentrieren Sie sich auf die wenigen Taktikfehler, die Sie als besonders hinderlich für sich selbst, Ihr Team oder Ihre Organisation identifiziert haben. Dies ermöglicht es Ihnen, tiefer nach den Ursachen zu forschen und nachhaltige Lösungen zu entwickeln.

Wählen Sie aus der Liste der Taktikfehler diejenigen aus, bei denen Sie das Gefühl haben, dass sie die Leistung – sei es Ihre eigene, die Ihres Teams oder Ihrer gesamten Organisation – behindern, gesund und nachhaltig zu wachsen.

Nun stelle ich Ihnen ein einfaches Coaching-Modell vor, das eine Kombination aus bewährten Konzepten des Executive Coachings (GROW-Modell) und einer Methode aus dem Sport (WOOP-Konzept) darstellt.

Ich habe es, wie sollte es anders sein, SCORE genannt. SCORE setzt sich aus den englischen Anfangsbuchstaben der einzelnen Phasen des Coaching-Prozesses zusammen:

Success   Definieren Sie Ihre Vorstellung von Erfolg,
                   also das gewünschte Verhalten.

Current State Beschreiben Sie, wie sie sich heute verhalten.

Options   Evaluieren Sie mögliche Handlungsoptionen,
                   die Sie vom IST zum SOLL führen können.

Roadblocks   Identifizieren Sie potenzielle Hindernisse
                   auf dem Weg zum Erfolg.

Execution   Definieren Sie die konkreten nächsten Schritte.

Mit Pauschallösungen wäre die Streuweite zu groß – um es in der Sprache des Sports auszudrücken. Dieses Modell ersetzt kein professionelles Coaching, doch bin ich überzeugt, dass es Ihnen helfen wird, zielführende Diskussionen anzuregen, konkrete Schritte zu planen, einschränkende Denkmuster und Hindernisse zu identifizieren und hinderliche Taktikfehler zu vermeiden, um Ihrer eigenen Definition von

Erfolg näherzukommen. Wenn gesunde und nachhaltige Leistungsent-wicklung ein Teil dieser Definition ist, hat sich das Schreiben dieses Buches mehr als gelohnt.

Ich wünsche Ihnen viel Freude beim „einfach mal Machen" und beim Reflektieren, denn schließlich ist Reflektieren wie Machen – nur krasser.

Nachspielzeit

Die Taktikfehler auf einen Blick

Taktikfehler 1-4: Seite 25-31

1. Wir setzen Erfolg mit messbaren Ergebnissen gleich.
2. Wir verwenden zu viel Energie für die Zielbestimmung und -abstimmung.
3. Wir handeln ergebnisgetrieben statt leistungsorientiert.
4. Wir vernachlässigen wichtige, nicht messbare Erfolgsgaranten.

Taktikfehler 5-6: Seite 31-35

5. Wir versuchen, Mitarbeiter extrinsisch zu motivieren.
6. Wir unterschätzen die unbeabsichtigten Konsequenzen von Bonussystemen.

Taktikfehler 7-10: Seite 35-46

7. Wir nehmen „Talent Scouting" wichtiger als „Talententwicklung".

8. Wir unterschätzen die „Total-Costs" von Neuzugängen.

9. Wir erwarten Top Leistung unserer „Neueinkäufe" von Tag 1.

10. Wir lassen uns von den vergangenen Heldentaten des Neuzugangs blenden.

Taktikfehler 11-14: Seite 47-54

11. Wir schließen von erhöhter Wechselbereitschaft auf höhere Motivation.

12. Wir bezahlen zu viel.

13. Wir „bauen" Teams zusammen, statt sie kontinuierlich zu entwickeln.

14. Wir unterschätzen die Wichtigkeit von Teamkohäsion.

Taktikfehler 15-20: Seite 54-60

15. Wir beurteilen und verurteilen, statt zu fördern und zu fordern.

16. Wir messen und managen Leistung, anstatt sie zu entwickeln.

17. Wir versuchen zu messen, was nicht zu messen ist.

18. Wir nennen 90% unserer Mitarbeiter „Durchschnitt".

19. Wir verwenden zu viel Zeit für die vermeintlichen „Low und High Performer".

20. Wir belohnen sich selbst vermarktende Helden und konforme Ja-Sager.

Taktikfehler 21-22: Seite 61-66

21. Wir schließen von heutiger Leistung und Sichtbarkeit auf zukünftiges Potenzial.

22. Wir denken schwarz und weiß. Entweder Du bist ein Talent oder eben nicht.

Taktikfehler 23-24: Seite 66-71

23. Wir fördern zu „elitär".

24. Wir selektieren zu früh.

Taktikfehler 25-27: Seite 72-79

25. Wir unterteilen Mitarbeiter in die „Motivierten" und die „Nicht-Motivierten".

26. Wir kennen die Grundbedürfnisse unserer Mitarbeiter nur unzureichend.

27. Wir demotivieren unsere Mitarbeiter, ohne es zu merken.

Taktikfehler 28-32: Seite 80-90

28. Wir schauen zu häufig auf die Anzeigetafel.

29. Wir holen die Brechstange heraus, um Ergebnisse zu erreichen.

30. Wir fordern die „Extra-Meile", um Ergebnisse zu erreichen.

31. Wir üben uns im „Blame game".

32. Wir ändern zu häufig unser (Spiel-)System.

Taktikfehler 33-37: Seite 90-98

33. Wir kennen unsere wahren Erfolgsgaranten nicht.

34. Wir haben keine konkreten Handlungsprinzipien.

35. Wir wählen die falschen Erfolgsindikatoren, um unsere Leistung zu überprüfen.

36. Wir betrachten Indikatoren isoliert.

37. Wir machen gut gewählte Indikatoren zu Zielen.

Taktikfehler 38-47: Seite 98-117

38. Wir haben keine Definition von Erfolg.

39. Wir haben keine einheitliche Definition von wichtig und dringlich.

40. Wir konzentrieren uns nicht auf das Wesentliche.

41. Wir verwenden zu viel Energie auf den Nebenschauplätzen.

42. Wir lassen uns von Impulsen steuern.

43. Wir reagieren, statt zu agieren.

44. Wir sind uns unserer Störfaktoren nicht bewusst.

45. Wir verbringen zu wenig Zeit im „Hier und Jetzt".

46. Wir verbringen zu viel Zeit mit dem Rechtfertigen der Vergangenheit.

47. Wir verbringen zu viel Zeit mit dem Planen und Vorhersagen der Zukunft.

Taktikfehler 48-53: Seite 117-132

48. Wir verwechseln Emotion mit Leidenschaft.

49. Wir sind uns unserer emotionalen „Trigger" nicht bewusst.

50. Wir unterschätzen die Bedeutung individueller Werte.

51. Wir versuchen Emotionen zu unterdrücken, anstatt sie zu nutzen.

52. Wir nutzen den Raum zwischen Emotion und Verhalten nur ungenügend.

53. Wir rationalisieren unsere emotionalen Entscheidungen.

Taktikfehler 54-59: Seite 132-146

54. Wir haben keine gelebten Verhaltensregeln.

55. Wir deuten „Zuspätkommen" als Zeichen von „busyness".

56. Wir tolerieren, dass Kollegen unvorbereitet oder kalt ins Spiel gehen.

57. Wir sind uns über das „Wofür" des Meetings im Unklaren.

58. Wir verzichten darauf, vor dem Meeting unsere Haltung zu überprüfen.

59. Wir nutzen Meetings nicht, um besser zu werden.

Taktikfehler 60-63: Seite 146-156

60. Wir lassen Entwicklungsgespräche zu einer jährlichen Pflicht verkommen.

61. Wir fokussieren auf Schwächen.

62. Wir versuchen die Mitarbeiter zu schleifen, anstatt ihre Stärken zu nutzen.

63. Wir machen die Selbstbewussten selbstbewusster und die Bescheidenen bescheidener.

Taktikfehler 64-69: Seite 156-170

64. Wir nutzen Datenpunkte zur Beurteilung statt zum Coaching.

65. Wir geben zu wenig positives Feedback (1:6 statt 6:1).

66. Wir fokussieren auf Feedback-Techniken statt auf unsere Lernhaltung.

67. Wir vernachlässigen das Fundament für Feedback – Vertrauen und Selbstwirksamkeit.

68. Wir unterschätzen die „Trigger", die Feedback ins Leere laufen lassen.

69. Wir vergessen unsere Absicht zu prüfen, bevor wir Feedback geben.

Taktikfehler 70-76: Seite 170-177

70. Wir trennen Arbeiten und Lernen strikt nach dem Motto „entweder – oder".

71. Wir trainieren wenig, da wir fast nur entscheidende Spiele haben.

72. Wir behalten gezielte Weiterbildungen einer Minderheit vor.

73. Wir sehen Training als Belohnung, nicht als Investition.

74. Wir verwechseln Coaching-on-the-job mit motivierendem Micro Managing.

75. Wir starten Trainingsinitiativen ohne Diagnostik und im Gießkannenprinzip.

76. Wir verlassen uns auf digitale Selbsthilfe und traditionelle Mentoring-Programme.

Taktikfehler 77-87: Seite 177-193

77. Wir wissen nicht, wie man reflektiert.

78. Wir reflektieren auf die Ergebnisse, nicht auf das dafür verantwortliche Verhalten.

79. Wir nehmen uns zu wenig Zeit, um zu reflektieren.

80. Wir reflektieren nur nach Niederlagen.

81. Wir stellen „Warum-" statt „Was-"Fragen.

82. Wir verwechseln „Coaching" mit „Rat geben".

83. Wir hören nicht zu, um zu verstehen.

84. Wir reden zu viel und fragen zu wenig.

85. Wir haben Angst vor der Stille.

86. Wir überschätzen die Qualität unserer Ratschläge.

87. Wir geben zu schnell und zu viele Ratschläge.

Taktikfehler 88-90: Seite 194-210

88. Wir verbringen zu viel Zeit im „Überlebensmodus".

89. Wir managen unsere Zeit und nicht unsere Energie.

90. Wir kennen unsere wahren Energiekiller nicht.

Taktikfehler 91-94: Seite 211-222

91. Wir überschätzen die Dauer unserer eigenen Leistungsfähigkeit.

92. Wir vernachlässigen die Erholungsphasen für die Leistungsentwicklung.

93. Wir glauben, Pausen halten uns davon ab, etwas zu leisten.

94. Wir glorifizieren die „Unermüdlichen".

Taktikfehler 95-100: Seite 224-232

95. Wir machen Mitarbeiter zu Führungskräften, ohne deren Motivation zu ergründen.

96. Wir fördern aufgrund vergangener Heldentaten und geschickter Selbstvermarktung.

97. Wir kennen nur eine Richtung der Beförderung (einmal Chef, immer Chef).

98. Wir kümmern uns zu wenig um die Passung zwischen Chef und Team.

99. Wir erwarten, dass sich Mitarbeiter an den Führungsstil des Chefs anpassen.

100. Wir fördern und fordern Ergebnismanager statt Erfolgscoaches.

Elf Taktikfehler in den Personalabteilungen: Seite 232-256

101. Wir haben nur unsere Verpackung geändert, nicht den Inhalt.

102. Wir agieren als Zeug- und Kassenwart statt als Performance Coach.

103. Wir arbeiten *im* System, nicht am System.

104. Wir kompensieren für fehlende Führungsqualität, statt sie zu entwickeln.

105. Wir befinden uns im Rechtfertigungsmodus.

106. Wir sympathisieren, statt zu coachen.

107. Wir kommen mit Lösungen, statt mit Fragen.

108. Wir bevorzugen Regeln vor Handlungsprinzipien.

109. Wir fördern „Compliance statt Commitment".

110. Wir akzeptieren Lippenbekenntnisse „von oben".

111. Wir haben einen zu kurzen Atem.

Schlusspfiff

Die sogenannten Nachspielzeiten im Fußball sind über die Jahre immer länger geworden. Einige Teams nutzen diese zusätzliche Zeit fokussiert für ihren Matchplan, anstatt hektisch zu agieren und die Brechstange auszupacken. Häufig werden sie dafür belohnt und wenden das Spiel in letzter Minute zu ihren Gunsten. Genau das möchte ich jetzt tun, bevor wir dieses Spiel abpfeifen und Sie Ihre ganz eigene Spielidee umsetzen.

Es ist der Moment gekommen, um Danke zu sagen – all jenen, die mich bei diesem Buchprojekt auf ihre ganz besondere Art und Weise unterstützt haben.

Mein tiefster Dank gilt meiner Frau Svenja, die mir stets die Freiheit ließ, meine Projekte zu verfolgen. Sie ist eine wertvolle Kritikerin und eine liebevolle Unterstützerin gleichermaßen. Einen solchen Menschen an seiner Seite zu wissen, ist von unschätzbarem Wert. So konnte ich mich an zahlreichen Wochenenden zurückziehen, recherchieren und schreiben – mal in der Gartenhütte, mal mit dem Wohnmobil an den Stränden der dänischen Nordseeküste.

Auch meiner Tochter Nike gebührt besonderer Dank, denn sie hat geduldig auf „ihr Buch" verzichtet. Ursprünglich hatte ich mir nämlich vorgenommen, während meiner einjährigen Auszeit ein sehr persönliches Werk für sie zu verfassen. Dieses Vorhaben ist nur aufgeschoben, nicht aufgehoben – versprochen. Dennoch hoffe ich, dass dieses Buch einen kleinen Beitrag zu einer besseren Zukunft in der Arbeitswelt leisten kann, wovon auch kommende Generationen – und damit meine Tochter – profitieren.

Dass ich heute diese Zeilen schreiben kann, verdanke ich meinen Eltern, Christel und Frank Draeger. Sie haben mir Werte vermittelt, diese vorgelebt und mir den Freiraum gegeben, meinen eigenen Weg zu finden. Sie zeigten mir auch, dass man unabhängig vom Alter offen für Neues bleiben und sich sogar noch einmal neu erfinden kann, wenn die Zeit dafür gekommen ist.

Mein Bruder Thomas spielte eine besondere Rolle, insbesondere in den Zeiten, als ich beruflich durch die Welt reiste. Unsere Gespräche in seinem „Wildgarten" waren kontrovers, doch stets respektvoll, bereichernd und bodenständig. Diese Momente erinnerten mich daran, was im Leben wirklich zählt.

Ich bin dankbar für all die Chancen, die mir während meiner Karriere geboten wurden. Ich durfte lernen, experimentieren, führen und in unterschiedlichen Kontexten Erfahrungen sammeln. Dabei entdeckte und schätzte ich verschiedene Kulturen und arbeitete mit Kolleginnen und Kollegen weltweit zusammen, mit denen ich mich bis heute verbunden fühle.

Alle meine Vorgesetzten, die mir diese Aufgaben anvertrauten, waren nicht perfekt – und genau das war gut so. Ihre Stärken zeigten sich oft dann als Schwächen, wenn sie übertrieben wurden. Doch sie alle hatten eines gemeinsam: Wertschätzung und Vertrauen. Sie gaben mir die Möglichkeit, Verantwortung zu übernehmen und zu wachsen – über zwei Jahrzehnte hinweg.

Ein besonderer Dank gilt John Galyen, meinem ersten Chef, der mich aus den USA führte. Er erkannte den Strategen in mir, förderte diese Eigenschaft und fragte mich immer, welches meiner Projekte ich zurückstellen möchte, wenn ich mal wieder ein weiteres anstoßen wollte.

Ebenso danke ich Jürgen Fischer, der vom ersten Tag an Vertrauen in mich setzte, mir Verantwortung übertrug und mir Raum für Fehler ließ, um daraus zu lernen. Die Transformation der Geschäftseinheit zu einer kundenorientierten Organisation gehörte zu den aufregendsten Aufgaben meiner Laufbahn und fand sogar ihren Weg in meine Executive Master-Arbeit. Jürgen investierte in die Entwicklung seines Teams und unterstützte mich nicht nur als Manager, sondern auch als Mentor. Ich bin stolz und dankbar, dass wir uns noch immer treffen, um uns auszutauschen.

In der Inhouse Consulting Gruppe begegnete ich Bendt Jörgensen, der als „Hardliner" bekannt war. Sein Team erzielte weltweit Jahr für Jahr beachtliche Produktivitätssteigerungen. Doch ich lernte Bendt auf eine andere Art kennen: als Menschen, der sich für seine Mitarbeiter einsetzte und ihnen vertraute. Dabei zeigte er eine klare Haltung gegenüber fehlendem Fokus und mangelnder Kontinuität – Werte, die seine Führung und den Erfolg seines Teams prägten.

Christina Fuchs, meine erste Managerin im Bereich Human Resources, gab mir trotz oder gerade wegen meines untypischen beruflichen Werdegangs die Chance, in der HR-Welt Fuß zu fassen. Das Experiment erwies sich für uns beide als bereichernd und erfolgreich. Dieser Wechsel der Perspektive legte schließlich den Grundstein für mein Buch. Besonders die kontroversen Diskussionen und die schwierigen Phasen, die wir gemeinsam durchstanden, prägten mich. Obwohl sich unsere beruflichen Wege vor einigen Monaten trennten, bleibt unser persönlicher und fachlicher Austausch lebendig und inspirierend.

Ein großes Dankeschön geht an alle Mitarbeiter, die ich in den letzten zwei Jahrzehnten führen durfte. Sie trugen maßgeblich zu meiner Entwicklung bei und formten meine Sicht auf die Welt, insbesondere auf die Arbeitswelt der Zukunft. Die Arbeit mit globalen Teams war für mich nicht nur faszinierend, sondern richtungsweisend.

Ebenso möchte ich meine Kunden würdigen, die nicht nur Geschäftspartner waren, sondern auch als „Testleser" mein Buch kritisch begleiteten. Ihre Rückmeldungen schärften meine Wahrnehmung und führten zu neuen Einsichten.

Einen besonderen Platz in meinem Dank verdient die Zusammenarbeit mit Sportlern und Trainern, die meine Coachingpraxis und mein Leben bereicherten. Diese Erfahrungen lieferten entscheidende Anstöße für mein Buch. Meine enge Kooperation mit der Flensburg Akademie, dem Nachwuchsleistungszentrum des Handballbundesligisten SG Flensburg-Handewitt, ermöglichte das zu Beginn des Buches beschriebene „Kabinengeflüster", eine Veranstaltung der „Erfolgsmannschaft". Diese Initiative, die während der Pandemie entstand, verknüpft regionale Unternehmen mit Sportlern und Wissenschaftlern, um über Führungsthemen zu diskutieren und voneinander zu lernen. Aus den inspirierenden Diskussionen entstanden zahlreiche Ideen für mein Buch. Ein besonderer Dank geht an die Mitbegründer Jan Holpert und Johann Volquardsen.

Ein großer Dank gilt auch allen Profisportlern, Trainern, Akademieleitern und Experten, die mir bereitwillig Rede und Antwort standen. Diese Gespräche offenbarten viele erhellende Momente zu gesunder und nachhaltiger Leistungsentwicklung, die in meine Arbeit einflossen.

Zwei Netzwerke haben meine Sichtweisen in den letzten Jahren geprägt. Erstens die Meyler Campbell Community, ein Kreis erfahrener Executive Coaches, dessen Fülle und Qualität an Wissen und Erfahrung einmalig und unersetzlich sind. Besonders möchte ich Emilio Galli Zugaro hervorheben, der mich während meiner Auszeit ermutigte, ein Buch zu schreiben, sowie Christian Greiser, der mir wertvolle Tipps gab und mit seinem wunderbaren Buch „Wenn der Erfolg plötzlich Pause macht"[101] ein Vorbild war. Zweitens danke ich der Gruppe der Sportpsychologen, die mich während meiner sportpsychologischen Ausbildung in Köln und darüber hinaus begleitete und mir half, mein Denken zu schärfen und zu festigen.

Ein besonderer Dank gebührt Freunden, Verwandten, Bekannten und Nachbarn, die sich die Zeit nahmen, meine Rohfassungen zu lesen und mit Engagement Feedback zu geben. Ihre Unterstützung motivierte mich, mein Bestes abzuliefern. Ich schätze auch jeden einzelnen meiner Freunde, die über drei Jahre hinweg bei jedem Treffen neugierig nach dem Stand des Buches fragten und nie den Glauben an mein Vorhaben verloren.

Ein großer Dank geht an meinen Verleger Klaus Altepost, der mir zu jeder Tag- und Nachtzeit mit Rat und Tat zur Seite stand und das Projekt mit unermüdlichem Einsatz auf Kurs hielt. Ich bedanke mich auch bei meinem Lektor Carsten Tergast, der mich insbesondere im ersten Teil meiner Reise unterstützte und mir half, meine Gedanken zu strukturieren.

Der größte Dank allerdings gilt meinem Freund Timo Görlitz, einem Freund aus Kindertagen. Unsere gemeinsame Kindheitsidee, Sportreporter zu werden, verlor sich noch vor dem ersten Schulwechsel. Als wir uns 2023 eher zufällig im Urlaub trafen, erzählte ich ihm von meinem Buchprojekt und der Situation, dass ich mich seit Wochen im Kreis drehe. Ohne zu zögern, bot Timo seine freundschaftliche Hilfe an. Seine Texte in der Stadionzeitung unseres Heimatvereins TuS Nortorf hatten mich schon damals beeindruckt, und heute ist Timo beruflich in der Unternehmenskommunikation zu Hause. So entstand die Idee, dass wir 40 Jahre später die Welt mit einem Buch überraschen werden, statt mit unseren verbalen Künsten am Reportermikrofon zu glänzen. Timo wurde bei jedem Kapitel mein engster Begleiter, Ratgeber und Lektor. Ohne Dich, lieber Timo, hätte meine Autorenkarriere vermutlich genauso geendet wie unser Wunsch, Sportreporter zu werden – nämlich noch bevor sie überhaupt begonnen hat.

Nun ist es vollbracht. Dies erfüllt mich mit Stolz und Dankbarkeit und ich freue mich darauf, die in diesem Buch angestoßenen Denkräume umzusetzen und weiter mit Leben zu füllen.

Über den Autor

Markus Draeger
Executive Coach, sportpsychologischer Experte,
Familienmensch und Autor

Markus Draeger, geboren 1973 in Hamburg, ist Executive Coach, sportpsychologischer Experte und Autor. Er unterstützt Menschen und Organisationen, ihre Leistung gesund und nachhaltig zu entwickeln. Sein
Schwerpunkt liegt dabei in der Entwicklung von Trainern, Führungskräften und Teams sowohl im Sport als auch in der Wirtschaft. Als Keynote-
Speaker gibt er seinen Zuhörer:innen Denkanstöße auf ihrem Weg zu
einer gesunden und nachhaltigen Leistungsentwicklung.

Nach seiner Banklehre studierte Markus Betriebswirtschaftslehre
in Flensburg. Sein Auslandssemester verbrachte er in der englischen
Fußballhochburg Liverpool. Nach einem kurzen „Intermezzo" bei einer
Unternehmensberatung begann seine über 20 Jahre andauernde Karriere in einem international tätigen Konzern. Zwölf Jahre lang beklei-
dete er verschiedene globale Marketingpositionen, bei denen er nicht
nur das strategische Denken entwickelte, sondern insbesondere das
Führen von globalen Teams kennen- und schätzen lernte.

Nachdem Markus Draeger verschiedene Veränderungsprojekte leiten und erleben durfte, absolvierte er zwischen 2012 und 2014 berufs-
begleitend seinen „Executive Master in Consulting and Coaching for
Change" an der Oxford University/Said Business School. Seine Einsicht:
Veränderung muss entwickelt und kann nicht „gemanaged" werden.
Seine Masterarbeit zum Thema „Markt- und kundenorientierte Unternehmensführung" setzte er erfolgreich als Mitglied des Führungsteams
in einer der Geschäftseinheiten um.

Nach dieser erfolgreichen Transformation wurde Markus Draeger
in die Inhouse Consulting Gruppe für den Bereich Vertrieb und Marketing berufen, als dessen Leiter er über fast fünf Jahre die weltweite
Digitalisierung und Optimierung der Kundenerfahrungen verantwor-
tete – eine intensive und prägende Zeit, die ihn darin bestätigte, dass
nachhaltige Veränderung nur durch die betroffenen Menschen selbst
gestaltet werden kann.

Seine Neugier am Menschen und der Wunsch, Potenziale zu entfalten, führten schließlich zu einem Schritt, den er in der Retrospektive als „Game Changer" bezeichnet: Ende 2018 verließ Markus die typische Konzernlaufbahn und wechselte in den Bereich „Human Resources". Als HR Business Partner unterstützte er fortan Executives und Managementteams in ihrer persönlichen und beruflichen Entwicklung. Zu diesem Zeitpunkt schloss er auch seine einjährige, berufsbegleitende Coaching-Ausbildung in London ab. Die neue Perspektive änderte seine Sichtweise auf Führung und Zusammenarbeit und eröffnete ihm neue Denkräume. Auf dieser Einsicht basiert auch der Grundgedanke seines Buches: „Neue Denkräume für die Führung von morgen".

Einen weiteren Perspektivwechsel „gönnte" sich Markus Draeger im Jahre 2021. Nach 20 Jahren Konzernleben nahm er sich eine einjährige „Atempause", die er dazu nutzte, seine eigene Definition von Erfolg neu zu justieren. Er ließ sich in Köln zum sportpsychologischen Experten ausbilden, gründete sein Coaching-Unternehmen und war fortan in beiden Welten zu Hause – im Sport und in der Wirtschaft. Durch seine sportpsychologische Arbeit reifte in ihm die Erkenntnis, dass nicht nur Veränderung, sondern insbesondere Leistung entwickelt und nicht „gemanaged" werden sollte.

Heute unterstützt er vorrangig Trainer und Führungskräfte dabei, ihre auf ihren ganz persönlichen Werten, Motiven und Stärken basierende Führungsphilosophie zu definieren und umzusetzen. Er begleitet Mannschaften, Führungsteams und Organisationen dabei, eine Erfolgskultur zu entwickeln, die Ergebnisse schafft – gesund und nachhaltig. Sein Unternehmen hat er vielsagend „Beyond Results" getauft, was so viel heißt wie „Jenseits von Ergebnissen". Er unterstreicht damit seine Sichtweise, dass Ergebnisse nicht erreicht werden, indem man ihnen hinterherjagt, sondern indem man kontinuierlich an den relevanten Erfolgsgaranten arbeitet, die oftmals „unter dem Eisberg" liegen und nicht über der Oberfläche glitzern.

Sein besonderes Faible für den Teamsport kommt nicht von ungefähr. Schon als Kind entdeckte Markus den Fußball. Mit Blick auf sein mangelndes spielerisches „Talent" und trotz seiner geringen Körpergröße wurde er zum Torwart bestimmt. Über die Jahre gelang es ihm, seine Schwächen durch andere Stärken zu kompensieren. Der Fußball gab ihm das, was ihm sein anderes Hobby Tennis nicht zu geben vermochte – das Gefühl, dazu zu gehören und gemeinsam Großes schaffen zu können. Noch heute pflegt er enge Freundschaften zu seinen alten Mannschaftskameraden des TuS Nortorf und guten Freunden aus seiner Jugend.

Im Alter von 25 Jahren landete Markus beim Traditionsfußballclub Flensburg 08 und hütete einige Jahre das Tor des nördlichsten Viertligisten der Republik. Die Tatsache, dass er für das Kicken plötzlich bezahlt wurde, war für ihn eher befremdlich als motivierend, half ihm jedoch, sein Studium zu finanzieren. Noch wichtiger: Auch hier entstanden Freundschaften, die bis heute andauern. Im Alter von 32 Jahren entschied er sich schließlich, seine berufliche Karriere in den Vordergrund zu stellen und die Fußballschuhe an den Nagel zu hängen.

Seine Zeit im Fußball prägte sein Verständnis von Führung. Markus wurde ein Verfechter der stärkenorientierten Führung und widmete sich fortan der Entfaltung von Potenzialen. Für ihn steht fest, dass diese Entwicklung gesund und nachhaltig erfolgen muss. Ein Schlüsselerlebnis in der behüteten Kindheit an der Seite seines Bruders prägte diese Überzeugung nachhaltig: Während Markus sich auf das Abitur vorbereitete, erkrankte sein Vater an einer Depression – eine Folge dauerhafter beruflicher Überforderung. Damals noch schwer zu diagnostizieren, ist diese Erkrankung heute weit verbreitet – fast schon eine „Volkskrankheit".

In den folgenden Jahren wurden seine Eltern zu seiner Inspiration. Sein Vater besiegte die Depression, seine Mutter wuchs über sich hinaus und entfaltete in dieser schwierigen Zeit ungeahnte Fähigkeiten. Ihre lebensbejahende, optimistische Haltung erwies sich als die beste Medizin. Nach überstandener Krankheit strotzte sein Vater vor Ideen und Unternehmergeist und nutzte seine Stärken, um seine Werte zu leben. Im zarten Alter von 82 Jahren nahm er an seinem bisher jüngsten Start-up-Wettbewerb teil. Gesunderhaltung steht für Vater und Mutter sehr weit oben auf der Prioritätenliste.

Auch diese familiären Erfahrungen haben Markus Draeger geprägt. Genau wie seine Mutter ist er gern „in Bewegung" – am liebsten an der frischen Luft. Neben seinem allmorgendlichen Yogaprogramm läuft er regelmäßig oder steht mit seiner Frau auf dem Stand Up Paddle.

Ein Adrenalin-Junkie ist er deshalb aber nicht. Und so ist das Laufen des Berlin-Marathons schon die extremste Erfahrung, der er sich selbst aussetzte. Vielmehr sind für ihn gerade in einer Zeit der Unsicherheit und Komplexität Klarheit und Kontinuität die Schlüssel zum Erfolg. Das ist wohl der Grund dafür, dass er die zum Teil effektheischenden Management-Konzepte ebenso ablehnt wie großangelegte Transformationen auf dem Reißbrett. Stattdessen glaubt er an die kleinen Verhaltens- und Haltungsänderungen, die in der Summe und über die Zeit zu Erfolg und Misserfolg führen.

So ist es nur konsequent, dass er insbesondere die Vereine, Athleten und Trainer schätzt, die durch kontinuierliche Arbeit und eine klare Philosophie nachhaltige Erfolge erzielen, und dass er den „Fahrstuhlmannschaften" eher wenig abgewinnen kann.

Gemeinsam mit seiner Frau Svenja und seiner Tochter Nike lebt Markus glücklich im für ihn schönsten deutschen Bundesland Schleswig-Holstein. In seiner Freizeit sieht er seiner Tochter gern beim Handball zu, hilft ihr im Stall bei der Pflege ihres Pferdes „Delilah", schmust mit der Familienkatze „Mucki" oder erkundet gemeinsam mit seiner Frau neue Orte im Wohnmobil. Sein ständiger Begleiter ist sein „Kindle". Und natürlich verbringt er auch Zeit auf den Sportplätzen und in den Sporthallen der Region, um die Fortschritte „seiner" Sportler und Sportlerinnen zu verfolgen.

Dankbar für die Chancen, die ihm seine Konzernkarriere bot, sieht sich Markus nicht als harscher Systemkritiker. Vielmehr ist er überzeugt, dass die Arbeitswelt von morgen durch das Hinterfragen alter Denkmuster und das Etablieren neuer Prinzipien noch interessanter, motivierender und gesünder gestaltet werden kann. Er ist der Überzeugung, dass Gesundheit, Nachhaltigkeit und Spitzenleistungen sich nicht ausschließen, sondern einander bedingen – genauso wie im Leistungssport. Den vermeintlichen Generationenkonflikt sieht er als Chance, die insbesondere CEOs und Personalverantwortliche nutzen sollten. Vielleicht nennt er sich deshalb auch einen „optimistischen Realisten". Er vereint in seiner Person die Bodenständigkeit eines Familienmenschen und die positive Neugier eines Coaches. Seine Fähigkeit, Menschen und Teams auf ihrem Weg zu nachhaltigem Erfolg zu begleiten, macht ihn zu einem gefragten Experten in Sport und Wirtschaft.

Literaturverzeichnis

Vorbemerkung: Der Autor übernimmt keine Garantie, dass die bei Drucklegung existierenden Links in den Folgejahren noch im Netz zu finden sind.

1. Hammermann, A., & Stettes, O. (2024), *Verwaiste Chefsessel in deutschen Unternehmen. Einflussfaktoren auf die Karriereambitionen von Beschäftigten – Eindrücke aus dem IW-Personalpanel und der IW-Beschäftigtenbefragung 2023,* IW-Report, Nr.16

2. Groysberg, B., Schmidt, S., & Flegr, S. (2021), *How ,Small C' Change Can Beat Large-Scale Rebuilding, Harvard Business School:* https://hbswk.hbs.edu/item/how-small-c-change-can-beat-large-scale-rebuilding

3. Walsh, B., Jamison, S., & Walsh, C. (2010), *The score takes care of itself – My Philosophy of Leadership,* Penguin Publishing Group, New York

4. Biermann, C. (2009), *Die Fußball-Matrix: Auf der Suche nach dem perfekten Spiel,* Verlag Kiepenheuer & Witsch, Köln

5. Küpper, J., Tacke, T., Beiderbeck, D., Frevel, N., & Krüger, H. (2020), *Mc Kinsey: The value pitch: The importance of team value management:* https://www.mckinsey.com/industries/consumer-packaged-goods/our-insights/the-value-pitch-the-importance-of-team-value-management#/

6. Haufe (2023), *Zu wenig Struktur beim Onboarding,* Haufe Verlag, Freiburg https://www.haufe.de/personal/hr-management/umfrage-zum-onboarding-in-unternehmen_80_396926.html

7. kicker.de (2024), https://www.kicker.de/la-liga/titeltraeger

8. Teßmann, L.-J., & Sen, G. (2022), *Denkfabrik Nachwuchsfussball,* Schau ma moi Verlag, Bad Driburg

9. https://www.transfermarkt.de/transfers/transfersalden/statistik/

10. Lyttleton, B. (2018), *Edge: Leadership Secrets from Footballs`s Top Thinkers,* Harper Collins, New York

11. Haufe (2023), *Zu wenig Struktur beim Onboarding,* Haufe Verlag, Freiburg https://www.haufe.de/personal/hr-management/umfrage-zum-onboarding-in-unternehmen_80_396926.html

12./13. Swaab RI, Schaerer M, Anicich EM, Ronay R, Galinsky AD (2014), *The too-much-talent effect: team interdependence determines when more talent is too much or not enough. Psychological Science.* 2014 Aug; 25(8): 1581-91

14. https://www.ted.com/talks/margaret_heffernan_forget_the_pecking_order_at_work?subtitle=en&lng=de&geo=de

15. Die Welt. (2016, Oktober 13), https://www.welt.de/sport/fussball/article158742659/Klopp-fuehrt-Gehaltsobergrenze-fuer-Talente-ein.html

16. Herbert, G., Sierck, J. (2024), *Die Jungs gaben mir mein Leben zurück: Die Erfolgsgeschichte des deutschen Basketballs,* Next Level Verlag, Gräfelfink

17./18. Köster, P. (2008), *Setzen Sechs. Spiegel Sport:* https://www.spiegel.de/sport/fussball/noten-fuer-fussballer-setzen-sechs-a-543832.html

19. Livingston, J. (2008), *Pygmalion im Management.* Harvard Business Manager, April 2008, 62-76

20. Düncher, C. (2020), OP-Online.de: https://www.op-online.de/sport/kickers-offenbach/offenbach-kickers-ofc-bundesliga-u19-a-jugend-spieler-talent-kader-90011495.html

21. Peitz, D. (2021), Interview vom 15 September 2021; Interviewer: Markus Draeger

22. https://www.youtube.com/watch?v=PXQEfVVG9bU

23. Bisselik, B. (2024) – Interview vom 6. September 2024, Interviewer: Markus Draeger

24. Herbert, G., Sierck, J. (2024), *Die Jungs gaben mir mein Leben zurück: Die Erfolgsgeschichte des deutschen Basketballs,* Next Level Verlag, Gräfelfink

25. Lyttleton, B. (2018), *Edge: Leadership Secrets from Footballs`s Top Thinkers,* Harper Collins, New York

26. Pink, D. (2010), *Drive: The Surprising Truth About What Motivates,* Penguin Publishing Group, New York

27. Ankersen, R. (2012), *The Gold Mine Effect: Crack the Secrets of High Performance,* Icon Books, London

28. Rock, D. (2024), *Neuroleadership Institute.* https://neuroleadership.com/tools/scarf-assessment/v2

29. Honigstein, R. (2017), *Ich mag, wenn es kracht. Jürgen Klopp, Die Biographie,* Ullstein Verlag Berlin

30. Assaiante, P., & Zug, J. (2010), *Run to the Roar: Coaching to Overcome Fear,* Penguin Publishing Group, New York

31. Abrahams, D. (2013), *Soccer Brain: The 4C Coaching Model for Developing World Class Player Mindsets and a Winning Football Team,* Bennion Kearny Limited, London

32. Biermann, C. (2018), *Matchplan,* Verlag Kiepenheuer & Witsch, Köln

33. Lyttleton, B. (2018), *Edge: Leadership Secrets from Footballs`s Top Thinkers,* Harper Collins, New York

34. McCord, P. (2017), *Powerful - Building a culture of freedom and responsibility,* Ingram Publishing, Tennessee

35. Jürgens, T., & Gieselmann, D. (2024), *11 Freunde.* https://www.11freunde.de/international/champions-league/die-mutter-aller-niederlagen-a-4dd37d4c-0004-0001-0000-000000556988

36. Drandarevski, A. (2021), *Die Anwendung psychoanalytisch-interaktioneller Positionen in der fußballerischen Praxis,* Springer Verlag, Berlin

37. Tseng, J., & Poppenk, J. (2020), *Brain meta-state transitions demarcate thoughts across task contexts exposing the mental noise of trait neuroticism.* nature communications

38. O'Neil, S. M. (2021), *Be where your feet are, St. Martins Essentials*

39. Ferris, T. (2011), *The 4-hour work week,* Vermillion Sands, Kalifornien

40. Covey, S. R. (2004). *The 7 habits of highly effective people: Powerful lessons in personal change,* Simon & Schuster, New York

41. Jordet, G. (2024), *Pressure – Lessons from Psychology of the Penalty Shoot-out,* New River Books, London

42. Ellis, A. (1962), *Reason and Emotion in Psychotherapy,* Lyle Stuart, New York

43. Kahnemann, D. (2011), *Thinking fast and slow,* Farrar, Sraus & Giroux, New York

44. Peters, S. (2012), *The Chimp Paradox: The Acclaimed Mind Management Programme to Help You Achieve Success, Confidence and Happiness,* Vermillion Sands, Kalifornien

45. Kossak, T. (2024), Podcast „Sport im Kopf" – Teamresilienz und Teamdynamik – erfolgreich in High-Performance-Teams. Interviewer: C. Schöpf

46. Siegel, D. J. (2012). *The developing mind: How relationships and the brain interact to shape who we are (2nd ed.),* Guilford Press, New York

47. Williams, C., & Penman, D. (2011), *Mindfulness: A Practical Guide to Finding Peace in a Frantic World,* Piatkus, London

48. Rogelberg, S. (2018), *The surprising science of meetings,* Oxford Universities Press, Oxford

49. Dunning, D., Kruger, J. (1999), *Unskilled and Unaware of It: How Difficulties in Recognizing One's Own Incompetence Lead to Inflated Self-Assessments,* Journal of Personality and Social Psychology, Vol. 77, No. 6, 1999, S. 1121–1134

50./51. Herbert, G., Sierck, J. (2024), *Die Jungs gaben mir mein Leben zurück: Die Erfolgsgeschichte des deutschen Basketballs,* Next Level Verlag, Gräfelfink

52. Wolff, S. (2024), kicker. https://www.kicker.de/kiel-sportchef-wehlmann-adelt-rapp-1028889/artikel

53. Bandura, A. (1997), *Self-Efficacy: The Exercise of Control,* W.H. Freeman, New York

54. Transfermarkt.de (2024), https://www.transfermarkt.de/yann-sommer/profil/spieler/42205

55. Gallup (2022), *The Human-Centered Workplace – Building organizational cultures that thrive,* https://www.gallup.com/analytics/472658/workplace-recognition-research.aspx

56. Hattie, J., & Timperley, H. (2007), *The Power of Feedback.* Review of Educational Research, 77(1), 81-112

57. Gino, F. (2019), *Cracking the Code of Sustained Collaboration,* Harvard Business Review

58. Rock, D., Jones, B., & Weller, C. (2018), *Using neuroscience to make feedback work and feel better, Strategy & Business*, Issue 93

59. Scott, K. (2019), *Radical Candor - Be a Kick-Ass Boss Without Losing Your Humanity,* St. Martin´s Press

60. Stone, D., & Heen, S. (2014), *Thanks for the feedback,* Penguin Publishing, New York

61. Resnick, B. (2017), Retrieved from https://www.vox.com/science-and-health/2016/12/28/14088992/brain-study-change-minds

62. Dweck, C. (2017), *Selbstbild: Wie unser Denken Erfolge oder Niederlagen bewirkt,* Piper Verlag, München

63. Gervais, M. (2023), *The first rule of Mastery: Stop worrying about what people think of you,* Harvard Business Review Press, Brighton

64./65. Amorose, A. (2007), *Autonomy-supportive coaching and self-determined motivation in high school and college athletes: A test of self-determination theory.* Psychology of Sport and Exercise, 654-670

66. Gervais, M. (2024), *How to manage Feedback like an Olympic Athlete.* Harvard Business Review https://hbr.org/2024/08/how-to-manage-feedback-like-an-olympic-athlete

67. Bersin, J. (2022), *Irresistible: The Seven Secrets of the World's Most Enduring,* Employee-Focused Organization. Ideapress

68. Beer, M., Finnström, M., & Schrader, D. (2016), *Why leadership training fails – and what to do about it, 50-57,* Harvard Business Review, Brighton

69. Milner, J. (2023, 03 06), *The surprising truth in how to be a great leader - TEDx Talks.* You Tube: https://www.youtube.com/watch?v=sW_PN3BDa0A

70. Telegraph. (2014, 07 01). *For Sabella the brain comes first.* Telegraph Online. https://www.telegraphindia.com/sports/for-sabella-the-brain-comes-first/cid/168124

71. Sinek, S. (2011), *Start with Why.* Penguin Publishing Group, New York

72. Brown, B. (2015), *Daring Greatly: How the Courage to Be Vulnerable Transforms the Way We Live, Love, Parent, and Lead,* Penguin Life, München

73. Dweck, C. (2017), *Selbstbild: Wie unser Denken Erfolge oder Niederlagen bewirkt,* Piper Verlag, München

74. Clear, J. (2024, 10 01). James Clear. Retrieved from https://jamesclear.com/quotes/the-reason-people-get-good-ideas-in-the-shower-is-because-its-the-only-time-during-the-day-when-most-people-are-away-from-screens-long-enough-to-think-clearly-the-lesson-is-not-to-take-more-showe

75. Groysberg, B. (2014), *Headhunters reveal what candidates want.* Harvard Business Review. https://hbr.org/2014/01/headhunters-reveal-what-candidates-want

76. Sinek, S. (2021, Sept), *The art of listening. Medtronic Leadership Lab Cultural Circle*, YouTube: https://www.youtube.com/watch?v=qpnNsSyDw-g

77. Welbourne, T., & Schramm, D. (2017), *The pains of Employee Engagement: lessons from Webasto to mediate and reverse the pain*. Employment Relations Today, 17-25

78. Kline, N. (2015), T*ime to Think: Listening to Ignite the Human Mind.* Cassell

79. Ramachandran, V. (2005). *A Brief Tour of Human Consciousness, Plume,* Penguin Publishing Group, New York

80. Stanier, M. B. (2016), *The Coaching Habit: Say Less, Ask More & Change the Way You Lead Forever.* Box of Crayons Press

81. Beckmann, H., & Frankel, R. (1984). *The effect of Physician Behavior on the collection of data.* Annals of Internal Medicine, Vol. 101, Nr 5

82. Klein, F. (2014). Ärztezeitung, https://www.aerztezeitung.de/Medizin/Burn-out-trifft-jeden-10-Leistungssportler-241163.html

83. Hoeneß, Uli (2019), https://www.welt.de/sport/video203010986/FC-Bayern-Uli-Hoeness-Erinnerungen-an-Sebastian-Deisler-Video.html

84. Spiegel. (2023). Spiegel Sport. https://www.spiegel.de/sport/mentale-probleme-schwimm-olympiasieger-adam-peaty-verpasst-wm-a-0f270456-e8df-4909-95d8-8dce61f1076f#

85. Klopp, J. (2024), YouTube: https://www.youtube.com/watch?v=h-f4yMb-vm9M

86. Hornig, M. (2013), *30 Minuten Flow,* Gabal Verlag, Offenbach

87. Rossi, E. L., & Nimmons, D. (2007), *20 Minuten Pause: Seelischen und körperlichen Zusammenbruch verhindern: Wie Sie seelischen und körperlichen Zusammenbruch verhindern können,* Junfermann Verlag, Paderborn

88. Hornig, M. (2013), *30 Minuten Flow,* Gabal Verlag, Offenbach

89. Wiseman, R. (2014). *Night School: The Life-Changing Science of Sleep*, MacMillian, New York

90. Rosekind, M., Smith, R., Miller, D., Co, E., Webbon, L., Gander, P., & Lebacqz, J. (1995), *Alertness management: strategic naps in operational settings.* Journal of sleep research, 62-66

91. West, A. (2024), Interview vom 6. September 2024, Interviewer: Markus Draeger

92. AOK. (2022, Sept 23). AOK Gesundheitsmagazin: https://www.aok.de/pk/magazin/wohlbefinden/schlaf/warum-schlaf-wichtig-fuer-koerper-und-psyche-ist/

93. Altfeld, S. (2022), *Das Einmaleins der Erholung*, Lemon Media, Berlin

94. Peter, L. J., & Hull, R. (1970), *Das Peter – Prinzip oder Die Hierarchie der Unfähigen*, Rowohlt Verlag, Hamburg

95. Greskowiak, A., & Haubrichs, A. (2024), *Der Bessermacher: Von Spitzensportlern lernen*, Herder Verlag, Freiburg

96. Van der Haegen, K. (2020). *The Coaching Switch.* You Tube: https://www.youtube.com/watch?v=PXQEfVVG9bU

97. Bruch, H., Lohmann, T. R., & Neu, M. (2024), *PWC Trend Barometer: People Management 2030 – Im Umbruch zwischen Technologie und Kulturtransformation,* https://www.pwc.de/de/workforce-transformation/trend-barometer-people-management-2030.html

98. Najipoor-Smith, K., & Patton, D. (2021), *It starts with the CEO.* Egon Zehnder International: https://www.egonzehnder.com/it-starts-with-the-ceo

99. Gilbert, D. (2014), *The Psychology of your future self.* www.ted.com/talk/dan_gilbert_the_psychology_of_your_future_self

100. Rux, J. (2020), handballytics: https://handballytics.de/sieben-gegen-sechs-anzahl/

101. Greiser, C. (2022). *Wenn der Erfolg plötzlich Pause macht,* Gabal Verlag, Offenbach